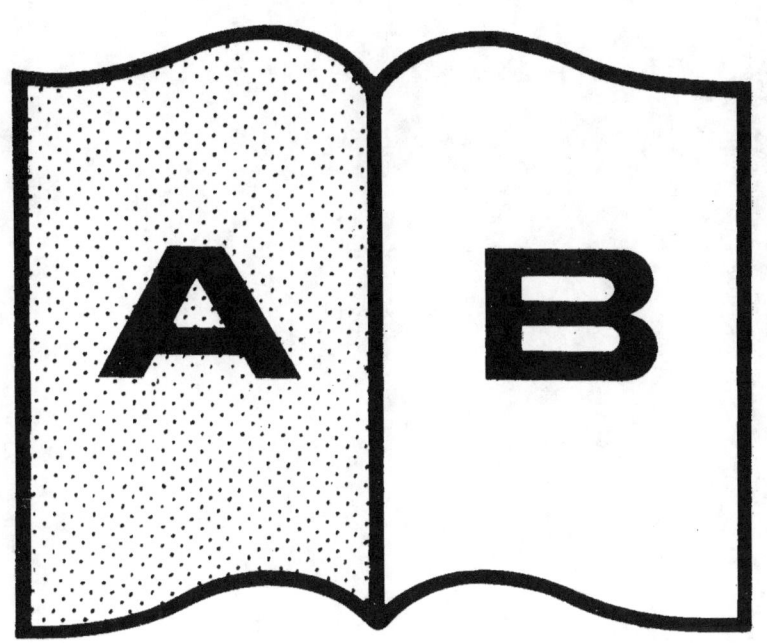

Contraste insuffisant

NF Z 43-120-14

M. 20 septemb. 1637.

$L_n \, \smallint_A^{27}$

MODELE
DE LA
PERFECTION
RELIGIEVSE
En la Vie de la Venerable Mere
IEANNE ABSOLV,
DITE DE SAINT SAVVEVR,
Religieuse de Hautes-Bruyeres, de l'Ordre de Fontevrault.

SECONDE EDITION,
Augmentée d'vne troisiesme Partie,

PAR M. IEAN AVVRAY, PRESTRE.

A PARIS,
Chez la vefve de SEBASTIEN HVRE',
ET
SEBASTIEN HVRE', ruë Sainct Iacques au Cœur-Bon.

M. DC. LV.
Auec Approbation & Priuilege du Roy.

VOEV

A LA TRES-SAINTE VIERGE Marie, digne Mere de Dieu.

TRes-Sainte Vierge, digne Mere de Dieu, & de tous les enfans de son adoption, depuis la premiere Edition de cette histoire Religieuse, de cette vie cachée, humble & souffrante auec Iesus-Christ crucifié, considerant le fruict qu'elle a produit de mesme espece, non seulement dans l'Ordre de Fonteurault, mais en quelques autres où l'on m'en a rendu tesmoignage, il me semble que c'est à vous que ce fruict doit estre rapporté, & que le Liure estant ainsi deuenu vostre, la seconde Edition vous en doit estre offerte & dédiée. I'en presentay la premiere à celle qui par la grace de sa vocation represente l'image de vostre Maternité vers S. Iean, dans l'Ordre où i'ay trouué pour le bien public ce Modele particulier de perfection Religieuse; à celle qui n'estime point ce qu'elle a du sang royal dans l'ordre de la nature, comme ce qu'elle a dans cét ordre Religieux pour conseruer la grace primitiue de son establissement.

Ce que i'ay donc rendu premierement à vostre image, tres-sainte Vierge, estoit pour le raporter à vous-mesme, selon l'Esprit de l'Eglise, qui veut que nous honorions ainsi toutes les autres. Ce que ie fais auec confiance d'obtenir de vostre faueur trois choses principales que ie vous demande. La premiere, que du Chef visible d'vn Ordre si

ã iij

saint, les graces de son esprit primitif découlent sur toutes les parties qui le composent: La seconde, qu'en tout cét ordre, & particulierement en vostre famille de Hautes-Bruyeres, les Editions de cette vie soient multipliées par des accroissemens iournaliers, & tousiours nouueaux en l'amour de la vie cachée, & de la Croix de Jesus-Christ, selon le Modele qui s'en trouue en cette histoire Religieuse; & la troisiesme qu'à mon esgard il vous plaise, tres-sainte Vierge, d'agreer le petit seruice que ie rends à vn ordre où nostre Seigneur, qui vous a donné S. Iean pour fils, vous donne encore des enfans par vn vœu qui conserue tousiours en l'Eglise la memoire & l'esprit de ce mystere: Il vous plaise de considerer que hors cét Ordre, dans le Clergé, & parmy les Chrestiens vous auez encore des enfans d'adoption, qui vous ont esté donnez par la grace estenduë du mesme mystere : Il vous plaise enfin, me regardant en ce nombre, de prendre sur moy tous les droits de Mere, & de me vouloir tenir tousiours pour vostre, selon la grace que i'ay receüe au Baptesme, selon le nom qu'il me fait porter, selon la profession que ie fais au fonds du cœur de vous appartenir, & selon le tesmoignage que i'en donne au public dans ce Liure que ie vous dédie.

AVANT-PROPOS
AV LECTEVR.

LE fruict qu'a fait la premiere Edition de ce Liure, a esté le motif de cète seconde, sur laquelle j'ay seulement deux ou trois choses à representer au Lecteur dans la suite de ce discours. Ie ne le fais point encore pour recommander cét ouurage, ny le motif qui me fit entreprendre de le mettre au iour pour la premiere fois, ny maintenant ce qui m'oblige d'adjouster dans vne troisiéme & nouuelle Partie, & en quelques endroits des deux premieres plusieurs remarques considerables, qui peuuent seruir à l'édification des ames.

Ce me doit estre assez que Dieu soit iuge de mon motif, & quant à l'ouurage, comme il est à luy, c'est à luy d'en rendre le succés tel qu'il voudra pour sa gloire. Ce qu'on y trouuera de fautes est ce qu'on y doit appeller mon œuure, que ie seray tousiours prest de reformer quand ie trouueray des esprits charitables pour m'en aduertir. I'ay cète consolation qu'il n'y ayt pas vn trait qui ne soit pour honorer la sainteté de Dieu, dont ie fais voir quelques émanations en l'vne de ses Espouses. Souuent i'ay trouué sujet de dire; Qui me donnera les aisles de la Colombe, pour la suiure autrement que par le foible vol de ma plume? Mais ne pouuant esperer cela de mes forces, i'en cherche le moyen ailleurs; & i'ay cète confiance que plusieurs bonnes ames Religieuses à qui ie m'adresse en ce lieu, me donneront vne communion pour m'obtenir céte grace de Dieu, de pratiquer auant ma mort ce qu'il m'a fait connoistre de ses desseins en céte vie.

I'ay tasché de n'y mettre rien de superflu; mais seulement ce qu'il falloit pour en faire l'ordre, pour lier les chapitres, & les matieres, donnant quelques aduis en passant, succinctement, & dans les occurrences, pour l'vtilité des personnes Religieuses. Ie n'ay point enflé la matiere, ny estendu mon discours; l'ay pressé l'vn & l'autre, & mis en petit quelque chose d'assez grand pour arrester l'attention des plus spirituels.

Ce qui est de son oraison est delicat, à cause des choses extraordinaires qui s'y sont passées: On n'a pas jugé qu'il fust à propos maintenant d'écrire plusieurs visions & reuelations qu'elle a eües. Ie les laisse dans mes Memoires, n'estimant pas auec d'autres, qu'il faille découurir ce qui se passe au Thabor, lors principalement qu'on n'a pas entendu la voix du ciel. On a tousiours douté de l'Estoile qui parut à la Naissance du Sauueur, si c'estoit vn Astre ou bien vne Comete; Mais on est demeuré d'accord que Dieu s'en est seruy pour mener les Roys à l'adoration de Iesus-Christ. Ainsi, quoy qu'on puisse juger des apparitions, & reuelations faites à la Mere de saint Sauueur, on verra dans le progrés de sa vie que c'estoient des moyens dont Dieu s'est seruy pour la mener dans le chemin de la perfection.

Voila comment j'en écriuis, en donnant au public les deux premieres Parties de ce Liure, & quoy que depuis ce temps là plusieurs personnes m'ayent témoigné beaucoup de desir de voir les choses extraordinaires que j'ay laissées, la Prouidence de Dieu, dont ie tasche en tout de reconnoistre les ordres & de les suiure, m'a bien permis de les mettre par écrit; mais non pas de les publier. A quoy ie me suis trouué confirmé par le sentiment de ceux qui m'ont fait écrire l'histoire d'vne sainte Carmelite de

Beaune

Beaune, dite Sœur Marguerite du saint Sacrement, dans la vie de laquelle plusieurs choses extraordinaires s'étans passées que plusieurs ont desiré voir, on ne me les a pourtant proposées que comme ces Estoiles que Dieu tient sous le sceau du secret; ce qui m'a fait vser de reserue dans l'vne & dans l'autre de ces histoires conformement au conseil de personnes considerables, par leur doctrine & leur pieté, par leur intelligence dans la science des Saints, par vne longue experience, & par le rang qu'ils tiennent dans la faculté de Theologie de Paris : Conformément aux ordres du saint Concile de Trente, qui deffend d'admettre aucuns nouueaux miracles, aucunes nouuelles reliques, ny par consequent aucunes choses extraordinaires qu'apres vne information, & par l'approbation de l'Euéque des lieux auec le conseil de quelques Theologiens habiles & pieux; conformément à vn Decret de la Faculté de Paris, portant deffense aux Docteurs d'approuuer les liures, où l'on fait mention de visions, de reuelations, & de miracles, sinon apres que les ordinaires des lieux auront bien reconnu la verité de ces voyes extraordinaires, & les auront approuuées: conformement aux dispositions des ames saintes, qui ne s'arrestent point à ces voyes comme sujettes à beaucoup d'illusion, & dont sainte Therese apparoissant apres sa mort à vne de ses Religieuses, luy dit qu'elle aduertit le Prouincial qu'on ne fit point d'estat en ses Monasteres de visions, de reuelations, & d'autres choses semblables : Conformement en fin à ce qu'en a écrit le Bien-heureux François de Sales, Iuge excellent en ces matieres, dont ie pourray rapporter quelques endroits dans la conclusion de cét ouurage, en donnant moyen d'en tirer du fruict. Apres quoy ce qui me reste à faire, en suiuant l'exemple des autres, qui ont trauaillé depuis peu sur semblables sujets que moy, c'est d'obeïr au Decret du Pape Vrbain huictiéme, daté du 13. de Mars de l'an 1625. & à l'explication qui l'a suiuy le 5. de Iuin 1631. e mdeclarant en céte seconde Edition, comme

Stellas claudit quasi sub signaculo, Iob. 7. 7.

En sa vie escrite par l'Euéque de Tarass. 1. part. l. 1. c. 39

en la premiere, & dauantage faisant protestation qu'en rapportant ce qui est dans les trois parties de ce Liure, c'est en la façon qu'on parle, & qu'on écrit des choses qui ne sont apuyées que sur la foy & le témoignage des hommes, & non sur l'authorité de la sainte Eglise, c'est pour faire considerer les vertus d'vne bonne Religieuse, qui peuuent seruir de modele à plusieurs Ordres pour viure selon la dignité, les regles, & les perfections de cét estat.

TABLE DES CHAPITRES
de la premiere Partie de ce Liure.
CHAPITRE I.

De sa naissance, de son education & mariage, page 1.

Ch. 2. Comment elle se comportoit vers son mary, & de son esprit naturel, 4

Ch. 3. De sa charité durant qu'elle estoit au monde, 5

Ch. 4. Comme elle se comporta à la mort de son mary, 7

Ch. 5. Ce qui se passa en elle, ayant esté frapée de maladie contagieuse, 11

Ch. 6. Des attraits qu'elle auoit à la Religion, & commët elle entra aux Capucines de Paris, 12

Ch. 7. De son retour au monde, & de sa façon de viure durant le seiour qu'elle y fit, 14

Ch. 8. Du desir qu'elle eut d'entrer à Sainte Awoye, 17

Ch. 9. De son entrée en la maison de Hautes-Bruyeres, 18

Ch. 10. Elle prend l'habit à Hautes-Bruyeres, 22

Ch. 11. De sa profession, & des diuers emplois qui lui furent donnez, 26

Ch. 12. Du dessein qu'on eut de la faire Superieure, 31

Ch. 13. Comment elle fut faicte Maistresse des Nouices, 32

Ch. 14. De ses exercices iournaliers, 35

Ch. 15. Comment Madame de Longueuille demanda la Mere de S. Saueur à Madame de Fonteuvrault, 40

Ch. 16. De sa mort, 43

Ch. 17. De son inhumation, 51

Table des Chapitres de la seconde Partie.

Ch. 1. De son naturel, 55

Ch. 2. De sa foy, 58

Ch. 3. De son esperance & confiance en Dieu, 61

Ch. 4. De sa charité, 64

Ch. 5. De son amour vers l'humanité de N. S. I. Chr. & de ses souffrances, 68

Ch. 6. De la charité qu'elle auoit pour le prochain, 77

ẽ ij

Table des Chapitres.

Ch. 7. De sa conformité aux volontez de Dieu, 83

Ch. 8. De sa devotion à la S.V. & aux Saints, 91

Ch. 9. Discours de la perfection, qui a tousiours esté le desir de la Mere de S. Sauueur, 94

Ch. 10. I. degré de perfectiõ Rel. de l'or. de la M. de S. Sauueur. 97

Ch. 11. De son recueillement dans les actions exterieures, 99

Ch. 12. Des sentimens qu'elle auoit de l'oraison, & des discours qu'elle en tenoit, 101

Ch. 13. Du bon vsage que la M. de S. Sauueur faisoit des Sacremens, 104

Sect. 1. De sa Communion, 106

Sect. 2. De sa Confession, 107

Sect. 3. De l'estime qu'elle faisoit des Confesseurs & de la confiance qu'elle auoit au sien, 108

Ch. 14. Second degré de perfection Religieuse.

De l'exacte obseruance des vœux & des Regles.

De l'amour qu'auoit la Mere de S. Sauu. pour la pauureté, 113

Ch. 15. Du mespris du monde, 117

Ch. 16. De son obeyssance, 121

Ch. 17. De sa chasteté, 124

Ch. 18. De l'obseruance des Regles, 131

Ch. 19. De son exactitude à garder les austeritez de la Regle, 136

Ch. 20. De la maniere dont elle renouuelloit ses vœux, 138

Ch. 21. Troisiéme degré de la perfection Religieuse.

Des vertus de la vie souffrante.

Des mortifications exterieures de la M. de S. Sauueur, 140

Ch. 22. De ses mortifications interieures, 151

Ch. 23. De sa patience, 155

Ch. 24. De son amour à la solitude & vie cachée, 160

Ch. 25. De son humilité, selon les degrez de cette vertu, marquez en la Regle de S. Benoist, & suiuis en celle de l'Ordre de Fontevrault, 166

Sect. 1. Premier degré d'humilité.

Ch. 26. D'auoir la crainte de Dieu continuellement deuant les yeux, & de se souuenir de ce qu'il a commandé pour l'accõplir, 168

Sect. 2. Second & 3. degré d'humilité.

Ch. 27. Le second, de ne point faire sa volonté: le 3. de s'assuietir & soûmetre à ses Superieurs, 172

Sect. 3. Quatriéme degré d'humilité.

Ch. 28. D'embrasser la patiẽce aux choses rudes & contraires, qui sont enioin̈tes par obeyssance, ou imposées par penitence, 176

Sect. 4. V. degré d'humilité.

Table des Chapitres.

Ch.29.De confesser ses propres pechez, 179

Sect. 5. Sixiesme & septiesme degré d'humilité.

Ch.30. Le 6.de se dire la moindre de toutes les creatures, & le 7.de se croire telle, 185

Suite du precedent suiet.

Ch.31. Effet du 7.degré d'humilité, de s'abaisser au dessous des inferieurs, 194

Sect. 6. Huitiéme degré d'humilité.

Ch.32. De suiure la Regle commune du Monastere, 198

Sect.7. Derniers degrez d'humilité.

Ch.33.De composer l'exterieur à la modestie, de regler la langue & la veuë, moderant l'vsage de l'vne & de l'autre. 200

Ch.34. Des sentimens qu'elle auoit sur le suiet de la vie souffrante, 205

Quatriesme degré de la perfection Religieuse.

Des vertus qui regardent le prochain.

Ch.35.Exemple en la Mere de S.Sauueur, 208

Ch. 36. De sa façon de traiter auec le prochain, 211

Ch. 37. De la conduite qu'elle eut des Nouices, & de sa maniere de les gouuerner, 215

Ch. 38. De sa façon de conduire les ieunes Professes, 220

Ch.39.Diuers discours qu'elle a tenus, & conseils de perfection qu'elle a donnez aux vnes & aux autres, 226

Chap. dern.Des témoignages qu'on a rendus d'elle. 232

Table des Sommaires des Chap. de cette 3. Partie.

De l'oraison & de ses effets en la Mere de S.Sauueur.

Ch. 1. De la maniere de son oraison, 245

Ch. 2. Les moyens qui ont fait connoistre quelle estoit la voye de la Mere de S.Sauueur, 251

Ch.3. L'exercice spirituel qui lui seruoit de Regle pour l'interieur, 254

Ch. 4. Que la M.de S.Sauueur ne se porta pas d'elle-mesme à cète maniere d'oraisõ & de vie, 255

Ch. 5. De la priuation qui luy arriua de la veuë corporelle que Dieu fit seruir à son recueillement interieur, 257

Ch. 6. Effets extraordinaires de l'oraison venant de Dieu & de l'ame, 263

Ch. 7. Que ce genre éleué d'oraison est vn suiet de croix à la Mere de S.Sauueur, 265

Ch. 8. Des suiets qu'elle eut de craindre qu'elle fust trompée en son oraison par le Diable, de sa défiance d'elle-mesme, 268

ẽ iij

Table des Chapitres.

Ch. 9. *Effects de l'oraison qui sont des signes de discernement pour iuger de tous les autres qui sont plus douteux, de l'extase d'esprit, & de l'extase de volonté,* 279

Ch. 10. *Suite de la matiere precedente : Autres marques encore plus certaines de l'operation de Dieu dans l'ame, en l'oraison & voyes extraordinaires de la Mere de saint Sauueur,* 284

Ch. 11. *Effets de l'amour souffrant,* 291

Ch. 12. *Mesure de la croix de la Mere de S. Sauueur, pour mieux iuger de la sainteté de son ame, par ce qu'elle a souffert dans ses voyes extraordinaires,* 296

Ch. 13. *Autres graces données à la Mere de S. Sauueur pour le bien spirituel des ames, comme sont le don de discerner les esprits & de toucher les cœurs,* 307

Ch. 14. *Quelques signes d'une vie sainte, qui ont suiuy la mort de la bonne Mere,* 320

Ch. 15. *Aduis sur l'Exercice de la Mere de S. Sauueur,* 330

Exercice spirituel qui fut donné à la Mere de S. Sauueur, lors qu'elle estoit encore dans le siecle, 332

Explication du precedent Exercice spirituel, sur les conseils dont il est composé : Explication du premier article. 334

Explication des articles trois & cinquiesme, 339

Explication du 4. & 6. article, 344. 345

Conclusion de tout cét ouurage: Du profit qu'on doit tirer de la vie des Saints, 349

L'vtilité de ces lectures, 351

Dispositions pour lire auec fruit les vies des Saints, 357

Oraisons de l'Eglise qu'on peut faire seruir à demander à Dieu la grace de viure selon la vocation Chrestienne, & la vie des Saints, 367

Approbation des Docteurs.

NOus sous-signez Docteurs en Theologie de la Faculté de Paris, certifions auoir leu le Liure intitulé, *Modele de la Perfection Religieuse, en la Vie de la Venerable Mere IEANNE ABSOLV, dite de Saint Sauueur, Religieuse de l'Ordre de Fontevrault, au Conuent de Hautes-Bruyeres, composé par le Sieur AVVRAY Prestre*, dans lequel nous n'auons rien trouué qui soit contraire à la doctrine de l'Eglise Catholique, Apostolique & Romaine, ains l'auons reconnu tout remply de tres-bons enseignemens, pour acquerir vne vraye, & vrayement religieuse deuotion : En témoignage dequoy nous auons signé la presente.

ROVSSE, Curé de S. Roch.

I. *COCQVERET, Principal du College des Graßins.*

Extraict du Priuilege du Roy.

PAr Grace & Priuilege du Roy, donné à Paris le 17. Aoust 1655. signé Olier, il est permis à Sebastien Huré, Marchand Libraire Iuré à Paris, d'imprimer ou faire imprimer vn Liure intitulé, *Modele de Perfection Religieuse, en la vie de la V. Mere Ieanne Absolu, dite de S. Sauueur*, composé par M. Iean Auvray Prestre, durant le temps & espace de neuf ans finis & accōplis, à compter du iour & datte qu'il sera acheué d'imprimer, auec deffenses à toutes personnes de quelque qualité & condition qu'elles soient, de l'imprimer ou faire imprimer pendant ledit temps, à peine de mille liures d'amende pour chacun contreuenant, de tous despens, dommages & interests, comme plus au long est contenu dans lesdites lettres de Priuilege.

Acheué d'imprimer le 31. Aoust 1655.

MODELE

MODELE
DE LA
PERFECTION
RELIGIEVSE,
en la Vie de la Venerable Mere
IEANNE ABSOLV,
DITE DE SAINT SAVVEVR,
Religieuse de Hautes-Bruyeres.

CHAPITRE I.

De sa Naissance, de son Education, & Mariage.

L n'est pas du nombre des Saincts comme des Astres, sous la comparaison desquels le saint Esprit mesme les louë en l'Escriture. Les anciens Astrologues ont tenu le compte des Estoiles si exact, qu'ils ont osté l'esperance d'en voir de nouuelle creation. Les modernes ne sont pas de cette opinion, & contredisent les autres par les experiences du contraire qui leur font soustenir qu'il peut naistre des Estoiles de nouueau, sans admettre d'alteration dans les Cieux. Quoy qu'il en soit, con-

A

siderant les Saincts sous la comparaison des Astres, dont ils ont la lumiere, & la pureté, il est certain que le nombre n'en est pas limité, que l'Eglise est vn Ciel où nous en voyons leuer de nouueau, & comme le sein de Dieu, appellé par la Bible le principe du iour eternel, ne cesse d'épandre ses lumieres, il paroist de temps en temps des Saincts capables de les receuoir, pour luire dans toute l'estenduë de l'eternité. Et comme Dieu ne fait leuer ces Astres qu'afin que nous jettions les yeux dessus; comme luy-mesme a parlé de releuer l'esclat des bonnes œuures, afin qu'elles soient imitées des hommes, c'est entrer dans les desseins de sa prouidence d'exposer en veuë ce qui se trouue d'admirable en la vie des Iustes, quand apres auoir vescu parmy nous, ils sont morts en opinion de sainteté.

On dit de la beauté qu'elle croist quand elle est loüée: Mais ce n'est rien en comparaison de la Vertu; la gloire la fait croistre quand elle trouue des esprits disposez au bien. C'est pour cela que Dieu propose des couronnes: de là est venu l'vsage d'enuironner de rayons la teste des Saincts: C'est pour ce motif qu'on leur fait des Images, c'est dans ce dessein qu'on décrit leur vie. Mais le plus grand bien qu'on en puisse tirer, c'est de proposer l'imitation de leurs vertus parmy les honneurs qu'on leur rend: & ce dernier motif est celuy qui me fait écrire, dans l'esperance que i'ay que plusieurs ames Religieuses seront excitées de l'honneur que ie rends à la memoire d'vne des plus vertueuses, & prendront occasion de suiure ses vestiges.

Auec cette intention que i'offre toute à Dieu, ie vay déduire fidellement pour sa gloire, & l'edification du prochain, ce qui m'est fidellement rapporté de la vie de Ieanne Absolu, dite de saint Sauueur, Religieuse Professe de Hautes-Bruyeres, Ordre de Fonteurault. Elle fut fille de Nicolas Absolu, yssu d'vne maison noble au Comté de Dreux, lequel mourant ieune, & sa femme quelque temps apres, laisserent leurs enfans, & particulierement cette fille à la garde, & conduite de leurs parens. Lors qu'elle fut en âge aucunement nubile, elle fut recherchée de plusieurs bons partis, & quelque temps apres promise, par l'aduis commun de ses parens, à Antoine Hotman, qu'on a veu exercer durant les troubles de la Ligue l'Office d'Aduocat general en Parlement auec tant d'honneur, & satisfaction du Roy. Et dautant que sa mere Paule de Marle, vefue de Pierre Hotman, Conseiller en la Cour, estimée vne des plus sages & plus honorables Dames de son temps, s'offrit de la tenir prés de soy, deslors ils la luy consignerent volontiers, & y demeura mesme jusqu'à la mort de cette bonne Dame, laquelle estant de soy fort graue & majestueuse, auoit neantmoins vn abord si gratieux que cette jeune fille, au lieu d'apprehender en elle cette humeur serieuse, elle s'en approchoit par inclination, & se plaisoit tellement à sa compagnie qu'elle ne l'abandonnoit point. Cette Dame estoit en si bonne odeur de vertu, que Madame de Nemours demanda au Parlement, qu'vne de ses parentes fust mise en sa garde, afin d'estre formée au bien par sa conuersation. Ce fut auec elle que Ieanne Absolu prit les premieres impressions de cette grande vertu, qu'on a depuis reconnuë à ses actions. Car se rafraischissant la memoire des excellentes parties qu'elle auoit remarquées en sa belle-mere, par le recit qu'elle en faisoit souuent, elle les imprimoit tellement en son esprit, que tousiours elles luy estoient presentes pour s'y former, & les imiter.

Il paroist bien que la nature veut faire de la rose vn œuure d'admiration par le soin qu'elle a d'armer sa tige, & luy donner certains apuis qui seruent à tenir en estat les feüilles de cette fleur apres en auoir conserué le bouton. De mesme il paroist bien que Dieu dans l'ordre de la grace a des desseins particuliers sur les ames qu'il a choisies, quand il les met en bonne main pour receuoir vne bonne regle sous laquelle les vertus s'éleuent, se maintiennent, se font voir, & respandent en mesme temps leur bonne odeur.

CHAPITRE II.

Comment elle se comportoit vers son Mary, & de son esprit naturel.

SON inclination naturelle à la vertu fut grandement aidée par la conuersation ordinaire de son mary, qui rencontrant en son esprit plus de solidité & de capacité, qu'il ne s'en rencontre ordinairement en son sexe & en l'âge qu'elle auoit lors, il employoit les heures de son loisir à l'entretenir de discours serieux, & telle qui faisoit professiō particuliere d'humilité, ne presumant rien de soy; mais iugeant que son mary s'abaissoit à dessein de luy donner les habitudes à vne parfaite vertu, s'en ressentoit tellement obligée, qu'outre les tesmoignages de respect qu'elle luy deuoit par les loix du mariage, elle redoubloit ses soins & demonstrations d'amour vers luy, n'auoit autre veuë que de luy complaire, veiller à sa santé, & à ce qu'elle estimoit luy pouuoir estre necessaire; iusques-là, que si elle reconnoissoit en luy tant soit peu de melancolie pour quelque sujet que ce fut, elle trouuoit l'inuention de le diuertir, ou par sa propre adresse, ou par le moyen de leurs amis qu'elle employoit tres prudemment à ce dessein, sans qu'on s'en apperceust.

Au reste, elle auoit si bonne grace à receuoir les compagnies, que chacun se plaisoit d'aller en sa maison, & son mary lequel, apres le penible exercice de sa charge auoit besoin de diuertissement, en trouuoit chez luy par ce moyen. Et comme il estoit homme d'estude, aussi estoit-il recherché des gens de sçauoir, auec lesquels il auoit ordinaire communication, & comme aussi tout reüssit à bien à ceux qui ayment Dieu, sa femme, qui par inclination & par vertu s'assujettissoit tousiours prés de luy trauaillant à son ouurage, ne laissoit pas de prester l'oreille aux bons discours de la compagnie. Ce n'estoit pas sans faire profit de ce qu'elle en recuelloit; de sorte que tout contribuant à la bonté de son naturel, elle se perfectionnoit insensiblement, & deuint l'vne des mieux disantes de son temps, non pour les affeteries & cajolleries qui luy déplaisoient extrememẽt, mais en toutes choses serieuses & loüables, employant la facilité qu'elle auoit de bien parler, à faire le bien, à la consolation des personnes affligées, à la gloire de Dieu, à l'edification du prochain. Ce n'estoit pas en des Romans, qui ressemblent à ces mauuaises viandes, où l'on ne trouue presque rien pour se nourrir, & beaucoup de choses à éplucher, & à rejeter : ce n'estoit pas en ces autres lectures, qui ne sont que fables, qu'elle auoit jetté les yeux, & formé sa langue : mais par la lecture de plusieurs bons liures où elle se plaisoit, tant pour la solidité du sens, que pour la bonté du discours. Entre les autres, elle aymoit fort ceux qui traitent de la Philosophie Morale ; mais il faut remarquer que lisant les Autheurs Payens auec vn esprit Chrestien, elle receuoit cette doctrine, non comme venant d'vn homme mortel, mais comme venant du Principe de toutes les lumieres, selon qu'elle l'a dit depuis à son Confesseur.

CHAPITRE III.

De sa Charité durant qu'elle estoit au monde.

ON pourroit rendre ce témoignage d'elle que Iob se rend à soy-mesme, que la commiseration luy estoit aussi naturelle, que si elles fussent nées ensemble, & que comme deux iumeaux elles n'eussent succé qu'vn mesme laict. Elle sçauoit bien que si la condition distingue les riches des pauures, leur naissance les rend semblables : que la vertu, & le vice seulement mettent de la difference en leur mort, & que l'honneur d'estre formé des mains de Dieu est commun aux plus grands & aux plus petits. Considerant ainsi les pauures, elle auoit peine de les voir renuoyer à quelques-vns qui adioustent à leur misere le déplaisir, & la honte d'estre refusez. Comme son cœur estoit exempt d'orgueil & d'auarice, comme elle auoit les vertus contraires; par l'vne elle les receuoit, leur parloit & les confoloit, & par l'autre elle leur donnoit; fi bien qu'en leur ouurant le cœur, & les mains, & faifant l'aumône elle faifoit toufiours également paroiftre & fon humilité & fa charité. On ne peut dire laquelle de ces deux vertus elle aymoit dauantage : fouuent elle faifoit des actes de cette derniere, l'exerçant auec grande ferueur, premierement à l'endroit de fes domeftiques qu'elle confideroit, & qui doiuent eftre pour ce regard au premier ordre, & puis à l'endroit des eftrangers, regardant les vns & les autres dans les entrailles de la mifericorde de Dieu, & les follicitant fans s'épargner mefme aux plus vils offices, affiftant les plus neceffiteux & de fon miniftere & de fes biens; de telle forte que rien ne leur manquoit, & que bien fouuent fa cuifine eftoit autant occupée pour les pauures que pour fa famille. Durant les troubles de la Ligue, lors que le fiege eftoit deuant Paris, elle fit paroiftre fa prudente charité dans la difpenfation de fon bled, auec tel ordre qu'elle pourueut fa famille du neceffaire, & n'oublia pas celle de Iefus-Chrift dans le befoin de toutes chofes. Ce qu'elle rendoit ainfi à la charité n'empêchoit point ce qu'elle deuoit à fa maifon, qu'elle fçauoit bien gouuerner, & maintenir en paix. Aux commandemens qu'elle faifoit, elle vfoit de telle adreffe & de telle grace, que fes domeftiques fe tenoient trop heureux de la feruir, & ne trouuoient rien difficile de ce qu'ils faifoient par fes ordres, qu'elle mêloit de douceur & de grauité. Par ce moyen elle attiroit l'amour & le refpect, & donnoit vn exemple de ce que peut la vertu en vne perfonne fuperieure, quand principalement elle vfe de fon droit auec difcretion, & en bien faifant. Neantmoins, comme il y a des perfonnes qui abufent de tout, entr'autres domeftiques elle eut vne feruante qu'elle affectionnoit pour fa fidelité; mais parce que d'ailleurs elle eftoit fort ruftique, vn iour qu'elle luy voulut donner quelque aduis fur fon humeur, il ne fut pas fi bien pris que donné; ce correctif, qui n'eftoit que pour purger l'humeur, l'émût & l'irrita, la seruante s'en estant offensée, & l'ayant témoigné par des reparties d'aigreur, sa bonne Maistresse, sans considerer la qualité qu'elle auoit sur elle, se mit à genoux, comme pour luy baiser les pieds, & pour luy demander pardon. Il n'y a guere de cœur qui ne s'attendrisse, ny d'orgueil qui ne soit confondu par de semblables actions. Il n'y a que Iudas qui puisse voir son maistre à ses pieds sans en deuenir meilleur.

Comment elle se comporta à la mort de son Mary, & dans son veufuage.

CHAPITRE IV.

Elle auoit vne si grande resignation en Dieu, qu'elle se remettoit de tout à sa volōté, & ainsi sembloit immobile dans tous les accidens, quelques grands qu'ils fussent. Celuy qui la pouuoit plus sensiblement toucher par toutes raisons, deuoit estre la mort de son mary qu'elle cherissoit vniquement. Neantmoins, apres l'auoir soigneusement traité durāt plus d'vne année de maladie, bien qu'elle le vist déchoir d'heure à autre (car il mourut du mal de poulmon) pour ne le point affliger, & plustost pour luy augmenter le courage, elle paroissoit tousiours prés de luy auec vn visage serain & gay, ne répandāt ses larmes qu'en secret. Elle diuertissoit son malade par vn doux entretien, mélant en ses discours quelques traits de la constance que doit auoir vn Chrétien, & du mépris qu'il faut faire de la mort; ce que son mary témoignoit auoir bien à gré, & cōme il étoit hōme excellent, & parfait Philosophe, il encherissoit sur elle de quelques beaux raisonemens qui étoiēt à luy passetemps, & à elle vne profitable leçon. Aussi sceut elle à propos s'en seruir, quand il plust à Dieu desirer leur separation, sur le poinct de laquelle son mary iugeāt bien que sa derniere heure estoit proche, il demanda d'estre seul, & voulut que chacun se retirast pour ne penser plus aux choses du monde. Quand il en fallut venir là, le cœur de céte vertueuse épouse fut serré de telle douleur, qu'en ce rencontre il fut besoin que tout ce qu'elle auoit acquis de vertu se vint vnir à elle, & luy donnast la force de s'éloigner. Ce qu'elle fit sãs pouuoir, à la verité, proferer aucune parole, mais aussi sans les cris & les autres suites ordinaires au temps des afflictions, qui ne sont pas souffertes auec la parfaite resignation qu'elle fit paroistre, lors qu'étant arriuée en sa chambre, & se jettant deuant vn Crucifix elle dit : *Mon Dieu vous me l'auiez donné, vous le retirez : Ie n'ay rien à dire, vostre volonté soit faite, seulement ie vous demande la fermeté qui m'est necessaire pour ne laisser prendre le dessus à la nature, qui reçoit par ce coup vne cruelle blessure.* Demeurant à ces mots, elle fut releuée par ses amis qui délors satisfirẽt aux offices accoustumez en ces occasions, luy representans ce qu'elle deuoit à soy-méme & à ses enfans. Elle les écoutoit, mais ce n'estoit ny d'eux ny du tẽps qu'elle attendoit des consolatiõs, qu'elle mit toutes en Dieu pour s'vnir dauãtage à luy par céte separation, & pouuoir dire auec effet ces mots qui furent depuis si souuent dans son cœur & dans sa bouche, *Vn Dieu & rien plus.* Paroles qui raportent à la deuise d'vne tres-vertueuse Dame d'Italie, de naissance illustre, mere de Iean Galeas, Duc de Milan, qui portoit le nom de Bonne, comme elle en faisoit les actions. Apres la mort de son mary elle prit vn Phœnix pour sa deuise, auec ces mots : SOLA FACTA SOLVM DEVM SEQVOR. *Maintenant que ie suis seule, ie ne cherche plus que Dieu.* Ie ne puis omettre en ce rencontre cét exemple de courage & de pieté, ayant à luy donner vn second d'égale vertu, ce me semble.

Céte perte sensible luy fit prendre le dueil, qu'elle ne quita point depuis, quoy qu'elle soit demeurée au mõde plus de 20. ans apres, vaquãt continuellement à ses deuotions qu'elle faisoit en sa paroisse, sãs choisir iamais d'autre lieu, & perseuerant en ses charitez vers les pauures, ausquels elle n'épargnoit ny ses soins ny ses biens. Le reste se donnoit au reglement de sa maisõ, & principalement à l'institution

tution de ses enfans. Vn d'eux, qui est maintenant tres-digne Religieux, luy rend ce témoignage, que jamais sa bonne mere ne se seruoit de ses Domestiques pour donner l'aumône aux pauures; mais qu'elle vouloit que ce fust vn de ses enfans qui la leur portast auec grand respect, & le chapeau en main. Elle disoit qu'elle auoit retenu de sa mere deux inclinations, à sçauoir de fuïr la vanité, & de cherir les pauures, & c'estoit vn bel heritage qu'elle vouloit transmettre aux siens par de bonnes pratiques, qu'elle leur enseignoit de faire. C'estoit bien iuger de la dignité de cét œuure, qui estoit aussi l'exercice des Iustes de l'ancienne Loy: car nous lisons d'Abraham & de Sara, qu'ils ne se reposoient pas sur le soin de leurs seruiteurs des charitez qu'ils vouloient faire, & quoy qu'ils eussent plus de trois cens domestiques à leur commandement, c'estoient leurs propres mains qu'ils employoient au traitement des pauures. Bien-heureuses sont les familles où les pere & mere donnent à leurs enfans d'aussi bons exemples, & de pareilles instructions.

Nostre vertueuse Damoiselle continua dans son veufuage, d'auoir vn soin particulier de ceux qui luy furent laissez par son mary. Et parce que les prieres sont plus vtiles que les aduis, comme Iob se leuoit tous les matins auant le Soleil, pour offrir autant d'holocaustes qu'il auoit d'enfans, en sorte qu'il est dit, que par ce moyen il les rendoit Saincts, *sanctificabat illos*. De mesme cette bonne mere auoit en premiere recommandation d'offrir tous les iours ses enfans à Dieu, de leur imprimer dans le cœur son amour & sa crainte, & de les maintenir ensemble, non seulement par les liens de la nature & du sang, mais plus particulierement par les liens indissolubles de la charité. Ce fut auec cét effet sur l'vn d'eux qu'il se rendit Religieux, & prit l'habit de Capucin. Il est aisé de croire qu'il n'eut pas peine de faire agréer son dessein à sa bonne Mere. A la premiere ouuerture qu'il luy en fit, elle en receut vne ioye nompareille qu'elle luy témoigna par ces paroles : *Mon Enfant, tu me donnes plus de contentement en m'apportant cette nouuelle, que si ie te voyois éleu pour Roy de France* : Et sur ces mots, elle le fit entrer dans vne petite chambre où elle couchoit, qu'elle tenoit tousiours fermée, & luy declara par vne mutuelle ouuerture de cœur qu'elle estoit en volonté d'entrer aux Capucines, & que pour s'essayer elle faisoit quelques austeritez couchant sur vne paillasse picquée, & portoit sur sa chair vne ceinture de crin, qu'elle n'ostoit point que quand elle estoit toute vsée, & pleine de vermine, ce qu'on a sceu seulement apres sa mort par la bouche de son fils, qui luy fournissoit de ces armes depuis qu'il fut Capucin.

Vn autre de ses enfans fit vn autre choix, qui sans doute ne luy fut pas vn sujet de pareille joye, parce qu'il prit les armes, qui sont aujourd'huy perilleuses par la difficulté d'y faire son salut. Elle ne voulut pas pourtant le détourner de cette profession, disant que ses enfans estoient plus à Dieu qu'à elle, qu'il sçauoit bien à quoy sa prouidence les destinoit, & qu'en toute profession on pouuoit faire son salut, qu'il y auoit eu des gens-d'armes aussi grands Saincts que les autres, qu'elle supplioit seulement nostre Seigneur de prendre ses enfans en sa protection, & qu'elle esperoit n'estre point éconduite dans les prieres, que iournellement elle feroit pour eux. Elle les a tousiours nourris dans le respect qu'ils luy deuoient, & les y conuioit par son exemple, se pouuant dire auec verité, que iamais elle n'entra dans leur chambre, & ne les quitta sans leur faire la reuerence. Elle receuoit leurs amis auec honneur, & leur faisoit accueil de si bonne grace, qu'ils demeuroient extremement satisfaits de son procedé, & donnoient par tout des loüanges à l'honnesteté de Mademoiselle Hotman. Outre que cét honneur reflechissoit sur elle, qui le faisoit. Elle entretenoit ses enfans en tel respect à son égard, que s'ils eussent voulu s'échapper, ils n'en eussent pû trouuer le pretexte, tant elle les traitoit raisonnablement. Sa conduite faisoit bien voir la verité de ce discours de saint Paul, en la premiere Epistre à Timothée, que la pieté est vtile à tout, & qu'en elle se rencontre ce qu'on se peut promettre de paix, de contentement, & de bon-heur en ce monde, aussi bien qu'en l'autre. Elle ne vouloit arrester aucun affaire sans leur en communiquer, quoy que peut estre ils n'eussent pas alors toute la suffisance requise, mais son dessein estoit de leur donner bien-tost des occupations serieuses pour diuertir ainsi leur esprit des amusemens inutiles de la jeunesse.

Ce qui se passa en elle, ayant esté frappee de maladie contagieuse.

CHAPITRE V.

L'Affection qu'elle auoit pour ses domestiques, le soin qu'elle en prenoit, & la douceur qu'elle exerçoit enuers tous, luy gaignoient les cœurs d'vn chacun: & comme Dieu veut en ce monde mesme recompenser les biens-faits, il luy fit éprouuer la gratitude de ses gens, au grand hazard où elle se trouua, ayant esté frappée de peste, au retour des deuotions qu'elle venoit de faire en sa Paroisse, peut-estre par l'air de quelque pauure infecté de ce mal; dautant que pour l'ordinaire, & facilement elle s'en laissoit approcher, & iamais ne les rebutoit. Or il est remarquable qu'en ce danger, qui fait vne si grande solitude à l'entour d'vne personne malade, & separe ordinairement ceux mesme que la nature & l'amitié tiennent plus estroitement liez; non seulement tous ceux qui estoient ses domestiques ne la voulurent point abandonner: mais aucuns mesmes qui estoient sortis de sa maison, & qu'elle auoit mis en pension pour apprendre à gaigner leur vie, se rendirent prés d'elle, & la seruirent (quelques prieres qu'elle leur fit de se retirer) en sorte qu'auec l'aide de Dieu elle échapa de ce peril, par le recouurement parfait de sa santé, sans qu'aucun fust atteint de mal en l'assistant. Durant ses plus grandes douleurs, & dans l'ardeur extréme de sa fiévre, elle témoigna tousiours beaucoup de patience, & declara souuent qu'elle ne souffroit rien qui ne luy fust tres-agreable, puisque son Dieu l'auoit ainsi ordonné. Elle adjoustoit par fois qu'elle se confioit grandement en sa bonté ; neantmoins qu'elle apprehendoit sa iustice, se reconnoissant criminelle : & vn iour qu'elle estoit profondement dans ces pensées, cela luy augmentant la fiévre, elle tomba en réuerie, & témoigna qu'on luy faisoit son procez, dont elle parut fort en peine : sur quoy l'vn de ses gens s'aduisa de luy dire par ie ne sçay quel mouuement qu'il eut, Mademoiselle, l'Arrest est donné; hé qu'est-il ordonné? demanda-t'elle incontinent, & il luy répondit, que vous serez Religieuse, à quoy elle repliqua; O que Dieu soit beny! & où sera-ce? à l'*Aue Maria*, dit le seruiteur : O cela ne peut estre, répondit-elle, dautant qu'on n'y reçoit point de veufues. Peu de temps apres, ses réueries cesserent, soit que son mal ne deuant pas durer dauantage la laissast en repos, soit que son calme procedast de la satisfaction que luy pouuoit donner l'esperance d'appartenir vn iour à Dieu en qualité de Religieuse, ce qui est depuis arriué.

CHAPITRE VI.

Des attraits qu'elle auoit à la Religion, & comment elle entra aux Capucines de Paris.

SOn desir ayant tousiours esté de mourir Religieuse, elle se resolut de marier vne fille qui luy restoit au monde, l'aisnée ayant desia pris le party qu'elle vouloit choisir. Elle auoit inspiration à cela, mais Dieu ne luy en ouurit pas si tost les moyens. Ceux qui l'ont bien connuë, disent qu'elle a beaucoup contribué à faire venir les Filles de la Passion en France, & les assistoit grandement, esperant tousiours d'auoir le bon-heur d'estre en leur compagnie. Les Religieuses s'y attendoient aussi ; mais comme elle estoit proche d'entrer, vn obstacle se presenta, qui fut vne deffense du Pape faite à ces Filles, de receuoir des vefues en leurs maisons. Cette nouuelle l'affligea beaucoup, & n'y voyant plus d'esperance, elle fut aux Filles de sainte Elizabeth, où estoit le R. Pere Vincent pour lors Prouincial ; elle luy dit le desir qu'elle auoit d'estre de l'Ordre de Saint François, elle en eut sa permission : & peu de temps apres estant proche d'y entrer, elle alla à Meudon pour voir son fils Capucin, & pour luy dire adieu. Bientôt apres les premiers discours de l'abord, elle luy montra sa permission, laquelle ayant veuë, il luy demáda si elle n'esperoit plus d'entrer aux Capucines, & si elle trouueroit bon qu'il allast communiquer de ses desseins au R.P. Prouincial, qui étoit pour lors en ce lieu là. Elle agrea sa propositió, & luy mit en main son papier, sur la veuë duquel & la connoissance de son premier desir, le Pere Prouincial luy fit dire qu'elle differast encore d'entrer. Bien-tost, dit-il, ie dois aller à Rome auec le R. Pere Leonard, qui est son parent, il démandera sa permission au Pape, & ie la receuray. Au rapport que luy fit son fils de ce discours, elle en conceut beaucoup de ioye : & ce nouueau sujet qu'elle eut d'esperer son entrée aux Capucines, luy en renouuela l'affection. Ha ! si pour passer, disoit-elle, sur des charbons ardens j'auois ce bien, ie le ferois volontiers. Elle s'en retourna dans cette pensée auec grande consolation, & quelques iours apres vn personnage illustre par sa qualité dans l'Eglise, ayant apris de son Confesseur ce qui l'empéchoit en son dessein, se chargea de faire leuer cét empéchement, estant à Rome, où il alloit; ce qu'il executa comme il l'auoit promis, luy enuoyant en bref vne dispense, & commandement exprés aux Religieuses de la receuoir.

Elle y entra donc à la fin, mais non pas pour long-temps; car apres quelques mois elle en sortit, non pour infirmité qui l'empéchast de porter les peines du corps, & les austeritez de cette Regle; mais à cause des peines interieures, & des combats qu'elle sentoit en son esprit. Durant qu'elle y fut, elle n'eut aucun repos ny contentement. Dieu ne la vouloit en ce lieu que pour y prendre de bons exemples & les donner ailleurs. Elle a dit depuis sa sortie qu'elle estoit tellement gesnée en cette maison, qu'elle s'étonnoit comment elle y pouuoit viure; car d'vn costé, disoit-elle, ie voyois le bien infiny de la Religion; de plus, ie voyois autant de saintes que de Religieuses, dont ie pouuois tirer de grands profits; mais d'autre part ie sentois de si grandes repugnances d'y demeurer, que de ces deux estats il se faisoit vn grand combat en mon ame. Dieu commença de l'éprouuer par ce moyen, & par les autres demeures qu'elle fit ailleurs auant que d'entrer au Desert, pour y viure de la manne qu'elle desiroit. Il luy fallut encore passer quelque temps dans le monde, dont le sejour estoit vn Egypte à cette ame qui le consideroit auec Saint Paul, comme vn sujet de Croix. Cependant elle viuoit de cette esperance, que Dieu feroit à temps reüssir les desseins qu'elle auoit de quitter tout pour luy. De sorte que releuant son courage au dessus de toutes les difficultez, elle fit resolution de s'adonner entierement à la vie interieure. Ce qu'elle commença par la lecture de bons liures spirituels, & la conference de personnes qui la pouuoient aider en ce dessein. Sans specifier ny les liures ny les personnes, on verra bien par le chemin qu'elle a fait, que Dieu luy auoit donné de bons guides.

De son retour au Monde, & de sa façon de viure durant le seiour qu'elle y fit.

CHAPITRE VII.

Outre le conseil d'vn homme tres expert & vertueux, dont elle prenoit la direction, elle rendoit vn compte fort exact de son interieur à son Confesseur ordinaire, qui de sa part pour répondre aux desseins de perfection que Dieu monstroit auoir sur cette ame, ne luy laissoit pas passer la moindre imperfection sans l'obliger d'en faire quelque penitence. Et comme de son naturel elle aymoit d'estre toûjours propre, par permission ou commandement de son Confesseur, elle mit vne menuë seruiette en bouchon entre sa robe & son dos, qui la faisoit paroistre bossuë, & se monstroit en cét état pour faire mourir la nature par ce moyen.

Le desir d'estre instruite luy fit quitter Paris. L'Espoux l'appelloit tousiours au desert, pour luy parler au cœur ; & pour répondre à de si saints mouuemens, elle sortit de l'agitation du monde pour aller demeurer en sa maison des champs, qui estoit proche les R. Peres Capucins de Meudon. Elle y fit vn sejour de six mois, durant lesquels elle vacquoit continuellement à son interieur, communiquant tous les iours auec vn Pere de cét Ordre, tres-experimenté en la conduite des ames, qui luy donna les fondemens de la vie spirituelle, la formant à l'exercice de la presence de Dieu, à la conformité de ses volontez aux siennes, à vne grande pureté d'intention pour ne rien regarder que luy dans ses œuures, & pour les faire toutes par des motifs surnaturels d'amour. Les sujets ordinaires de ses meditations estoient pris de la Passion de Nostre Seigneur. C'estoit par ces torrens d'agreable amertume, que cette ame prenoit plaisir d'étancher la premiere soif qu'elle auoit pour la Iustice. Dans ces commencemens elle estoit exercée en la vie purgatiue, tant par son Directeur que par son Confesseur, qui la mettoient dans la pratique des solides vertus ; comme par exemple, d'vn entier détachement de toutes choses creées, d'vne humilité profonde, d'vne obeyssance aueugle, & parfaite soûmission de iugement qu'elle a continué de pratiquer durant tout le cours de sa vie, comme on poûrra voir au traité de ses Vertus. Elle a dit depuis à aucunes de ses Sœurs de Religion, parlant de ce temps-là, croyez qu'ils m'ont bien fait manger du pain bis auec les croutes, encore estoient-elles bien dures. Ils l'instruisoient à contredire tellement sa nature, qu'elle ne luy pardonnast rien, par cette raison, qui conuainquoit son esprit, & touchoit son cœur, que quand le Diable ne la tiendroit que par vn cheueu, il luy suffisoit qu'il la tenoit.

Ayant esté durant six mois en ce genre de vie dans vne parfaite resignation aux volontez de Dieu, nostre Seigneur, pour recompenser sa fidelité, la tira dés-lors à la vie contemplatiue, où elle receuoit de grands traits d'amour, qui la tenoient toute en Dieu, & la rendoient souuent si fixe, que cela paroissoit mesme au dehors : Et ie sentois, disoit-elle à son Confesseur, des attraits si puissans, que i'eusse bien conuié toutes les creatures à aymer Dieu. Elle receut de grandes graces à l'Oraison, dans laquelle elle se tenoit en la presence de Dieu, preste d'obeïr promptement à toutes ses volontez ; & pour fruit ordinaire de ses meditations, il luy restoit vn grand desir de la pureté de vie, disant que ce luy estoit vne grande Croix qu'au lieu de voir son Dieu en toutes ses actions, il luy sembloit qu'elle n'agissoit que pour la nature : Croix qu'elle a ressentie iusqu'à la mort, Dieu l'ayant tousiours cachée à elle-mesme. Il la sevra bien-tost, & changea les douceurs du laict de deuotion aux viandes solides, qui ne sont bien digerées que par les grandes ames.

En effet, elle a tousiours dit à son Confesseur de Religion, que depuis ces traits d'amour elle estoit tousiours demeurée en de grandes tenebres & secheresses, neantmoins sans perdre la tranquillité de la partie superieure ; & quoy qu'elle sentist de grandes tristesses de cœur, qui luy venoient de perdre la connoissance de son Estat, & de n'auoir pas mesme le discernement de son intention, ne voyant en soy qu'infidelitez, ce luy sembloit ; neantmoins, en ces dispositions de peine & d'épreuue, elle n'eut pas voulu estre autrement, pourueu que Dieu n'y fust point offensé. Sous cette condition elle s'offroit à tout souffrir, & deslors Dieu luy fit connoistre qu'il l'auoit choisie pour honorer les souffrances de son Fils, en la conduisant par la voye des delaissemens, des tenebres, des priuations, dans laquelle vne ame reduite à tousiours souffrir, est exercée & sanctifiée en ces détroits,

troits,détroits qui sont penibles; mais qui meinent à la haute perfection, & se terminent dans la gloire. Nous aurons lieu de parler dauantage de cét Estat, comme nous en aurons l'occasion quand nous toucherons la fidelité, que cette Sainte ame a gardée à Dieu quelques efforts qu'ayt fait Satan pour l'en éloigner.

Du desir qu'elle eut d'entrer à sainte Auoye.

CHAPITRE VIII.

DAns les grands attraits qu'elle auoit pour la Religion, elle aspiroit sans cesse à ce bien, qu'elle estimoit vn moyen efficace pour son salut & sa perfection. Cette Colombe estant sortie de l'arche, ne trouuoit rien dans le monde où elle voulust arrester ses affections. Elle sentoit toûjours que Dieu l'appelloit en Religion, mais elle ne sçauoit ny l'ordre ny le lieu. Il y auoit à Paris en la ruë qu'on appelle de Sainte Auoye vne maison de Religieuses, tant de vefues que de filles, qui viuoient ensemble en cette maison, où sont maintenant les Religieuses Vrsulines, qui animées d'vne charité parfaite, instruisent les jeunes filles à la vertu & pieté. Or parce qu'elle aymoit vniquement la pauureté & simplicité, elle auoit vne grande affection d'entrer en cette maison auec ces bonnes vefues & filles, disant qu'elle croyoit que Dieu regnoit bien absolument parmy ces paures & simples Religieuses. Souuent elle les alloit visiter, quoy que la maison fust beaucoup éloignée de la sienne, & qu'aussi ce luy fust vne grande Croix de sortir. Souuent elle leur proposa d'entrer auec elles, les priant de la receuoir, ce qu'elles refusoient toûsiours, ne s'estimant pas dignes d'vne femme si sainte & si parfaite. Neantmoins apres plusieurs instances elles s'y accorderent; pour cét effet elle apprit le petit Office de Nostre-Dame, pour le pouoir réciter auec ces bonnes Religieuses, & disoit qu'elle n'auroit point

C

de repos que cela ne fut fait. Mais ses parens en ayant ouy parler, firent tout leur possible pour l'en détourner, & n'y pouuant rien gaigner, luy firent dire par des personnes de science & de vertu, que Dieu ne la vouloit pas là dedans, & aussi-tost, quoy qu'elle eust de grandes inclinations d'y entrer, elle s'en departit entierement.

Elle vécut encore quelques années dans le monde, où elle ne demeura pas oisiue. Ayant entendu dire qu'au Bourg d'Argentueil quelques bonnes filles simples, natiues du lieu, commençoient de s'assembler pour faire vne petite Communauté, elle y voulut aller, afin de leur donner courage, & les exciter au dessein d'instruire les jeunes filles de ce bourg, premierement aux exercices de vertu, & puis à lire, à écrire, & à faire des ouurages conuenables à leur condition. Elle leur fit sur ce sujet de bons & de feruens discours: & pour leur en donner le moyen aussi bien que le desir, apres auoir ouuert leurs cœurs, elle leur ouurit sa bourse, leur donnant vne bonne somme d'argent pour commencer, leur en procurant encore d'ailleurs, & faisant contribuer à ce dessein quelques Dames de qualité, comme M. Gamin, & autres. Elle receut vne si grande ioye de cette visite, que ce fut à regret qu'elle quitta ces pauures & simples filles. Elle prenoit plaisir d'entretenir de petites villageoises, de les interroger de leur croyance, de leur enseigner à faire des actes d'adoration & d'amour de Dieu: Elle honoroit ces simples Ames qui luy representoient, disoit-elle, sainte Geneuiefue gardant les brebis à la campagne: Enfin, ce fut à force qu'on la tira de cét employ, & d'auec vne si douce compagnie.

CHAPITRE IX.

De son entree en la maison de Hautes-Bruyeres.

IL sembla quelque temps qu'elle fut destinée pour la maison de saint Sauueur d'Evreux, où s'étant renduë par le conseil que luy en donna son Directeur, qui auoit lors la conduite de cette Abaïe, elle y passa prés d'vn an; mais l'air de cette maison ne luy estant pas propre, elle fut pareillement obligée de s'en retirer, & Dieu s'en voulut seruir au Monastere de Hautes-Bruyeres, où sa fille aisnée estoit Religieuse. Ce fut là qu'elle prit l'habit; & qu'elle fit profession. C'est là qu'elle a vécu vingt & vn ans entiers dans vne bonne odeur de vie, qui s'est répanduë en cette maison par ses bons exemples, & en plusieurs autres lieux par la reputation de sa vertu. L'Espoux qui a plusieurs jardins ou vergers remplis de plantes aromatiques, permit que celle-cy, apres auoir esté deux ou trois fois transplantée d'vn lieu à vn autre, prit en fin racine à Hautes-Bruyeres; & ce n'est pas vn petit sujet de recommandation, de pouuoir dire que ce terroir soit propre aux diuines semences qui produisent les Saints. Plaise à la diuine Bonté qu'il y ayt, comme ie l'estime, plusieurs rejettons de cét arbre mystique, & que croissans de iour en iour, ils s'étendent en des branches aussi spacieuses, & rapportent d'aussi bons fruits. C'est par l'esperance d'vn bien pareil à celuy-là que ie veux loüer cette maison, plustost que parce qui la rend d'ailleurs considerable. C'est vn Prieuré qui dépend de l'Abbaye de Fontevrault, dont la place fut donnée par Louys VI. Roy de France au R. Pere Robert Fondateur de cét Ordre, pour y faire bastir vn Monastere de Filles.

Depuis, ce Monastere fut beaucoup augmenté par les Comtes de Montfort, qui n'en est qu'à vne lieuë, & singulierement par l'Illustre & genereux Simon troisiéme du nom, qui fut Chef de la guerre contre les Albigeois, & fut tué au siege de Thoulouze l'an 1217. Son corps fut apporté & inhumé au Conuent de Hautes Bruyeres, auquel de son viuant il auoit fait plusieurs dons, & entr'autres de la vraye Croix. Elles ont la teste de Simon, fils de Simon troisiéme, tenu pour Martyr, dans vne chasse d'argent faite en son honneur, par l'aduis du Reuerendissime Prelat Monseigneur Philippe Cospean Euêque de Lisieux, & l'approbation du Reuerendissime Prelat Monseigneur Leonor d'Estampes Euêque de Chartres.

On trouue aussi dans les Chartres de cette maison, qu'Amaury Comte de Montfort Connestable de France, ayant accompagné le Roy saint Louys à la sixiéme guerre sainte, à son retour, apres auoir executé plusieurs actes genereux, mourut en Calabre l'an 1241. Son corps fut porté à Rome, par l'exprés commandement du Pape Gregoire neufiéme, qui le fit honorablement inhumer en l'Eglise de saint Iean de Latran, & enuoya son cœur en France pour estre porté à Hautes-Bruyeres, selon qu'il l'auoit ordonné par estime qu'il faisoit de la deuotion & pieté des Religieuses de ce lieu-là. Ie ne puis obmettre que par mesme sentiment pour cette maison, le grand François premier y voulut laisser son cœur; qu'elles gardent en leur Eglise dans vn tombeau de marbre blanc, graué & enrichy de figures. Ce que i'ay pensé deuoir mettre icy, pour monstrer que ce n'est pas d'aujourd'huy que la maison de Hautes-Bruyeres est en estime de singuliere vertu. Dieu soit beny de ce qu'il y a des eaux qui se ressentent de leur source.

L'an 1610. vn vertueux Ecclesiastique fort affectionné au bien spirituel de cette maison, qui connoissoit particulierement la Mere de saint Sauueur, qu'on appelloit au monde Mademoiselle Hotman, parlant en confiance à quelques-vnes de celles qui estoient lors en charge, leur témoigna qu'il leur souhaitoit ce tresor dans leur famille, estimant que cette grande seruante de Dieu leur seroit vne lumiere, dont il se seruiroit pour leur faire connoistre ce qu'il demandoit d'elles. Par ce recit toutes les bonnes Meres conceurent vn grand desir de la voir, non seulement comme estrangere au dehors; mais au dedans, comme faisant vne partie de leur corps. L'effet de cette conference fut, que ce vertueux Ecclesiastique en ayant entretenu Mademoiselle Hotman, il luy fit naistre enuie d'aller à Hautes-Bruyeres, & prendre à cét effet l'occasion d'y voir sa fille Geneuiefue Hotman. Elle en fit le dessein, & l'executa bien-tost: & parce qu'il se rencontra que sa fille estoit lors malade, elle fut priuée du bien de la voir ; mais non pas de celuy d'entretenir à cœur ouuert la Reuerende Mere Superieure, qui luy dit qu'on luy donneroit l'entrée pour sa fille, à condition qu'elle y demeureroit tousiours ; ce qu'elle proposoit seulement comme par maniere de recreation. Mais elle qui ne respiroit tousiours que la solitude, s'estant mise à genoux, & répondant à ce discours par les sentimens de son cœur, fit connoistre à la Mere Prieure qu'il n'y auoit rien qu'elle desirast auec plus d'ardeur, que veritablement elle estoit vne pauure creature, & inutile à tout; mais que si c'estoit la volonté de son Dieu, elle seroit toute preste de l'accomplir. Cela les obligea d'en parler serieusement, la bonne Damoiselle les priant de recommander cette affaire à Dieu, & leur disant que si elle auoit le bien d'entrer en leur maison, elle n'y seroit jamais que Sœur laye. Les Meres luy repartirent que ce n'estoit pas pour cela qu'elles la desiroient, mais pour leur seruir en la vie spirituelle. Sur ce qu'elle allegua la foiblesse de sa veuë, pour s'excuser d'entrer au Chœur, on luy dit qu'on luy trouueroit des liures de gros caracteres, où elle n'auroit pas beaucoup de peine à lire, mais elle protesta tousiours de ne vouloir estre que Sœur laye, disant qu'elle s'entendoit bien à faire la cuisine, & en suite s'adressant à vne jeune Sœur; Ma grande amie, luy dit-elle, si nostre Seigneur permet que j'entre ceans, il faudra garder vn silence exact : quand nous nous rencontrerons, par vn simple regard nous connoistrons dans le fonds de nos cœurs les besoins de nos ames, il ne faut point tant de paroles : Ainsi nous nous aiderons & encouragerons à porter la Croix de nostre Seigneur; il faut auoir vn bon courage pour cela, & vn grand desir de le seruir.

Dés ce voyage, apres ce premier entretien, la Reuerende Mere Prieure considerant la vertu de cette seruante de Iesus-Christ, & la reputation de sainteté qu'elle auoit dans le monde, iugeant lors du bon heur que la maison en a receu depuis, sans attendre dauantage fit sonner le chapitre,

& sur la proposition qui en fut faite, elle fut admise de toutes. Quand on luy dit ce qui s'estoit passé, l'excés de sa joye ne luy fit pas oublier celuy de son humilité, qu'elle fit paroistre en remerciant la compagnie de la grande affection qu'elle luy témoignoit en ce rencontre, s'en reputant indigne, & s'estonnant qu'elle pust estre desirée en si bon lieu, où elle protestoit tousiours d'entrer, afin de seruir les autres en qualité de Sœur laye. Elle demanda quelque temps pour disposer de ses affaires, & particulierement pour en communiquer auec son Directeur. Il en fut bien-tost consulté, mais il n'en fut pas si-tost d'auis : Les difficultez pourtant qu'il en faisoit ne procedoient que du sejour qu'elle auoit déja fait en deux autres maisons. Et ce fut à cette bonne Damoiselle vn sujet de mortification assez sensible, lors que menant vn jeune homme au R. Pere Superieur des Capucins pour le luy presenter, il luy dit : Mademoiselle, vous ressemblez aux cloches, menant tout le monde à la Religion & n'y pouuant estre. Cette parole luy toucha si viuement le cœur, qu'elle se resolut de prendre l'occasion qui luy estoit offerte à Hautes-Bruyeres, & l'ayant fait trouuer bon à son Directeur, elle y alla pour y demeurer le 9. iour du mois d'Octobre 1610.

CHAPITRE X.

Elle prend l'habit à Hautes-Bruyeres.

Elle fut receuë auec grande joye de toute la Compagnie, & comme elle auoit tousiours témoigné de vouloir entrer au rang des Sœurs Layes, elle y persista lors, & demanda d'estre receuë en cette condition qu'elle estimoit grandement, parce qu'elle luy sembloit plus conforme à la vie aneantie de nostre Seigneur. On y acquiesça par la consideration du grand desir qu'elle en auoit, entrant auec resolution de s'humilier, & de se détacher parfaitement. Ce n'est plus icy, disoit-elle, le Diocese du corps, mais celuy de l'esprit; il ne faut plus écouter la nature. Celuy qui l'auoit dirigée dans le monde, luy osta tous les exercices qu'elle y pratiquoit, & luy donna cet aduis de ne voir plus qu'vn Iesus-Christ crucifié, & d'étudier bien sa regle, parce qu'elle contient toutes les voyes & les moyens de sa perfection, que cela luy deuoit suffire, & qu'elle n'auoit plus besoin de luy.

Au bout de huit iours elle prit l'habit, pour commencer son année d'approbation dans l'exercice des Sœurs Layes, auec lesquelles elle vécut d'vne maniere admirable, que nous verrons tantost dans la consideration particuliere de ses vertus. Estant proche de faire profession son fils l'estant allé voir, & trouuant que la compagnie l'auoit receuë, luy demanda si pour faire profession, elle pensoit estre en estat de pouuoir accomplir les vœux qu'elle feroit à Dieu ; Sçauez-vous faire la cuisine, luy disoit-il, elle luy répondit que non; sur quoy ce bon Pere adjousta, vous allez donc promettre ce que vous ne pourrez tenir, car que pourrez-vous faire en cette condition? Mon fils, dit-elle, ie puis bien obeïr à tout ce qui me sera commandé. Il ne suffit pas, luy repliqua-t'il; Comprenez vous la difference qu'il y a entre vne Sœur du Chœur, & vne Sœur Laye? Vous sçauez ce que dit l'Euangile, que celuy qui veut édifier vne tour, doit premierement compter les frais & dépences necessaires à ce dessein. Il doit considerer s'il a les moyens d'acheuer ce qu'il veut entreprendre, afin qu'aprés qu'il aura mis les fondemens, & laissé son ouurage imparfait, tous ceux qui verront son mécôte ne se moequent pas de luy, disans, cet homme a commencé vn édifice, & n'a pû l'acheuer.

Ce discours pris de l'Escriture, & de la bouche mesme de Iesus-Christ, tendoit à luy faire voir qu'elle ne deuoit pas faire profession d'vne vie qui estoit au dessus de ses forces naturelles, sur quoy la Mere Prieure estant interuenuë, le R. Pere Iean Marie luy demanda : Hé bien, vous auez receu ma mere ; mais en quoy pensez-vous qu'elle puisse seruir à voſtre communauté, n'eſtant pas propre à la vocation qu'elle veut embraſſer? dequoy vous ſeruira-t'elle? Ie la prendray pour mon conſeil, dit-elle, cela eſt bon pour vous, ma mere, qui luy faites l'honneur de l'affectionner, mais vous ne ſçauez pas ſi celles qui viendront apres vous s'en voudront ſeruir. D'ailleurs, qu'eſt-ce que le conſeil d'vne perſonne particuliere, & encore d'vne Sœur Laye? Si vous propoſez vne affaire à voſtre compagnie, & qu'elle vous donne vn aduis contraire à celuy de toutes, ſuiurez-vous le ſien contre le ſentiment des autres? Sur ces difficultez, ils aduiſerent enſemble d'aſſembler le Chapitre, afin que la Sœur de ſaint Sauueur repreſentaſt à toute la communauté, qu'elle ne trouuoit pas en ſes forces, dequoy répondre à tous les trauaux attachez à la condition de Sœur Laye, & qu'on verroit en ce rencontre les ſentimens des vnes & des autres. Ainſi fut executé ce qui fut ainſi conclu: La Sœur de ſaint Sauueur s'adreſſant à toute la compagnie, luy demanda ſi elle auroit agreable de la receuoir, pour faire ce qui luy ſeroit poſſible; à quoy la compagnie s'accorda volontiers, & auec grande facilité, qui fut vn témoignage public de l'eſtime particuliere que chacune faiſoit de ſa vertu, paſſant en ſa faueur ſur des formes qui ſont d'ailleurs bien conſiderables. Mais comme le ſaint Eſprit eſt au deſſus de toutes les regles, comme il eſt luy-meſme la ſouueraine Loy, auſſi quand il parle on n'entend que luy. Le tout pourtant fut fait auec la permiſſion de M. de Fonteuraut.

Quelques temps apres, le Reuerend Pere Seguieran eſtant à Hautes-Bruyeres, demanda des nouuelles de Mademoiſelle Hotman, & s'enquit des raiſons pour leſquelles elle demeuroit en la condition de Sœur Laye, & n'entroit pas au nombre des Filles du Chœur, on luy dit qu'elle auoit ardemment deſiré cette vacation, & que d'ailleurs ſa veuë eſtant fort mauuaiſe, elle n'euſt pas pû s'acquiter de l'Office Canonial. Qu'à cela ne tienne, dit le Pere, ie luy feray venir vne diſpenſe du Pape. Cette nouuelle propoſition changea les deſſeins de la compagnie, qui ne s'eſtoit comblée à

la

de Saint Sauueur. 25

la mettre au rang des Sœurs Layes, que parce qu'elle auoit toussiours témoigné grand desir pour cette condition. Les choses donc estant arrestées au contraire, la bonne Nouice eut des contradictions extrémes, iusqu'à dire qu'elle aymoit mieux sortir que de quiter cette vie d'abaissement. Elle l'aymoit si fort, que quand on en parloit en des termes contraires ou inferieurs, aux sentimens d'estime qu'en donne l'humilité, ce luy estoit vne grande Croix. Souuent elle a dit qu'elle preferoit cét Estat à toutes les grandeurs de la terre, considerant ce que disoit nostre Seigneur, qu'il estoit venu pour seruir, & non pas pour estre seruy.

Neantmoins, comme elle resistoit d'estre fille du Chœur par humilité, elle s'y soûmit par obeïssance, parce qu'on luy fit voir que Dieu demandoit cela d'elle; ce qu'entendant elle dit: Ie dis à Dieu, il fera de moy ce qu'il luy plaira. Il faut remarquer que le desir particulier de la compagnie estoit qu'en la mettant du Chœur, on s'en seruiroit à la charge de Superieure, & autres importantes de la maison. En quoy l'on faisoit des projets, dont ses pretensions estoient bien éloignées, à cause qu'elle ne visoit qu'à se cacher à toutes les creatures. Les mesures estant ainsi prises, entr'autres exercices de son Nouiciat, on la mit à l'école pour aprendre le chát de l'Eglise enuiron 4. mois deuant sa profession. Quoy que la bonne Nouice crût qu'elle ne le pourroit apprendre, elle en fit essay neantmoins, pour obeïr, & ne manquer à aucun deuoir. Elle fit tout ce qu'elle pust pour en venir à bout auec tant de soûmission, d'humilité & de reconnoissance du soin qu'on auoit de l'enseigner, que celle qui luy rendoit cette charité en estoit toute confuse, tant elle en receuoit d'actions de graces & d'exemples d'édification. Vn iour il luy fut commandé de mener la sœur de saint Sauueur, auec vne corde au col, & sans voile depuis la porte du refectoir, iusques deuant la Mere Superieure; & l'action estant finie, elle remercia celle qui luy auoit rendu cét office de mortification auec vn contentement nompareil, & vne joye extraordinaire. Ayant apris du chant ce qui luy fut possible

D

26 *La vie de la venerable Mere*

elle eut ordre de se trouuer au Chœur, & d'assister auec les autres à l'Office. Ce qu'elle faisoit auec tant de modestie & d'attention, & y estoit tellement recueillie, & si bien occupée de Dieu, qu'elle demeuroit souuent immobile parmy ses compagnes.

CHAPITRE XI.

De sa Profession, & des diuers emplois qui luy furent donnez.

APres son temps de probation, elle fit profession de ses vœux à la soixantième année de son âge, le iour de sainte Scholastique, & comme on reconnut que par la foiblesse de sa veuë, elle ne pouuoit s'acquitter de son Breuiaire, le Reuerend Pere Sequieran luy fit auoir la dispense, que le Reuerend Pere Bertrix de la compagnie de Iesus luy apporta de Rome. Ce fut du temps du Pape Paul V. qui luy ordonna de dire au lieu de son Breuiaire pour Matines & Laudes, cinq fois *Pater* & soixante-trois *Aue Maria*, auec le Psalm. *Miserere*; & le Cantique *Benedictus*: Au lieu de Prime, Tierce, Sexte, & None, pour chacune de ces Heures, sept fois le *Pater* & *Aue Maria*, auec le Psalm. *De profundis*. Pour Vespres douze fois *Pater* & *Aue Maria*, auec le Psalm. *Dixit Dominus*, le Cantique *Magnificat*. Pour Complies sept fois le *Pater noster*, & l'*Aue Maria*, le Psal. *Qui habitat*, & le Cantique *Nunc dimittis*, vne fois le *Credo*.

Apres sa Profession on la mit en diuers lieux auec plusieurs meres, en l'Office de la porte, & du Tour; en celuy de la porte dont elle s'acquitoit si bien, qu'encore qu'elle eut plus de soixante ans elle faisoit tout ce qu'il y auoit de penible; elle rendoit à la mere auec qui elle estoit des seruices qui surpassoient ceux des plus jeunes professes, ce qu'elle faisoit auec vne joye indicible, parce qu'elle n'auoit point de plus grande inclination que de seruir. Elle trouuoit bien

de Saint Sauueur.

son conte auec cette Mere, qui pour la contenter luy permettoit tous les iours de se mettre à genoux deuant elle, luy demandant pardon & penitence des fautes qu'elle auoit commises : ce qu'elle faisoit pour les moindres, pour de legeres imperfections, & des inaduertences. Estant en cét Office auec vne Sœur infirme, non seulement elle prenoit tous les moyens qui s'offroient de la soulager ; mais elle les cherchoit, elle en auoit le soin qu'vne Mere a de son enfant, elle faisoit vne grande partie de ses deuoirs auec les siens, & redoubloit le trauail, afin que luy laissant moins à faire elle eust vn peu plus de repos pour remettre sa santé.

Nostre Seigneur luy donna de grands & continuels sujets de mortification en l'office du Tour, où elle fut mise pour aider à vne bonne Mere, qui ne goustant pas sa façon d'agir auoit peine à la supporter : Dieu permettant cette repugnance naturelle pour donner à l'vne & à l'autre matiere d'exercice. La Mere de saint Sauueur s'en apperceuant estoit pour cét effet dans vne grande contrainte, la charité la faisoit condescendre aux humeurs du prochain; mais comme l'attention qu'elle faisoit sur soy, luy donnoit connoissance de ses moindres fautes, ce luy estoit vne grande violence de retenir les actes d'humilité, par lesquels elle desiroit ardamment reparer ses defauts. En effet, craignant d'obmettre le bien par respect humain, elle rentroit dans la pratique de dire ses fautes, d'en demander pardon, & de souffrir plustost le rebut d'vne humeur contraire, que de manquer aux occasions d'exercer sa chere vertu, qui estoit l'humilité. Pour peu que cette mere luy fit paroistre de mécontement, elle se jettoit incontinent à ses pieds pour répondre à ce moyen de perfection, marqué dans la regle. Elle obeïssoit à toutes celles auec qui elle estoit en obedience, aussi punctuellement qu'à la Superieure mesme, suiuant en cela tres-parfaitement le conseil de l'Euangile, se rendant la plus petite, se soûmettant à ses inferieures, & donnant sur soy tel pouuoir qu'on eust voulu prendre. Cela ne se faisoit pas sans vne grande repugnance du costé de la partie infe-

Ch. 28. de la R. de Fonteurant, que les sœurs obeyssent l'vne à l'autre.

D ij

rieure, qui luy difputoit tous ces deffeins de vertu, mais qui n'empéchoit pas qu'en la partie fuperieure de l'ame, elle ne fut tres contente qu'on difpofaft ainfi d'elle, & qu'on la fit obeïr comme vn enfant. Malgré les combats qui viennent de la nature, elle demeuroit ferme & ftable, fans fe foulager par aucun fentiment, afin de la faire mourir. Elle ne luy pardonnoit rien fans en tirer quelque forte de reparation pour l'empécher de faillir par la peine de fatisfaire, & pour vaincre le mal par le bien, comme dit l'Apoftre.

La condition des Sœurs Layes eftoit toufiours dans fon inclination; fouuent pour les foulager elle leur reportoit les pots des pauures auec beaucoup de contentement, parce que d'vne part elle aymoit tout ce qui feruoit aux pauures, & d'autre part elle eftoit bien aife de rendre à ces bonnes fœurs ce témoignage d'affection, & de reconnoiftre par quelque feruice ce qu'elle eftimoit leur deuoir, pour luy auoir aidé aux exercices de fa mortification. Sa ferueur luy faifoit quelquesfois porter des charges bien pefantes, & qui furpaffoient fes forces. Portant les pots des pauures qui eftoient tous gras, elle les baifoit auec vn fentiment d'amour nompareil, & difoit que c'eftoient fes Reliques. Sa fille la rencontrant ainfi chargée, & luy témoignant qu'elle auoit peine de la voir dans cette humiliation, la bonne Mere luy difoit, comment mamie, ce font nos freres à qui ie rends ce feruice, difons-nous pas tous enfemble *Pater nofter*? Dans le defir qu'elle auoit de n'eftre pas inutile à la Religion, elle eftoit fort exacte & fidelle à bien s'acquitter de toutes fes obediences, & fa fille fe rencontrant quelquesfois auec elle luy donnoit vn peu d'exercice, dautant qu'elle ne vouloit pas permettre qu'elle fit ce qui la pouuoit trauailler. Ainfi les affections de la fille faifoient les plus ordinaires mortifications de la Mere, qui ne refpiroit qu'à feruir à la Religion; neantmoins fi toft que la fuperieure luy monftroit defirer, qu'elle fift feulement ce que fa fille luy diroit, elle témoignoit fon obeyffance à n'en pas faire dauantage, & à foûmettre mefmes fes defirs à la regle qu'on donnoit à ses actions ; en sorte qu'elle demeuroit en paix, faisant ainsi mourir ses inclinations, où les reduisant à la conformité qu'vne Religieuse doit auoir auec les volontez de ses Superieurs, qui sont celles de Dieu.

Pendant qu'elle fut en l'Office du Tour, qu'on estime estre le plus plein de tracas de la Religion, elle n'en estoit pas moins distraite que si elle eust esté dans vne profonde contemplation. Elle joignoit en soy Marthe & Magdelaine, & pendant qu'elle employoit les mains au seruice de la maison, elle écoutoit Dieu dans son cœur. Pour en dire le vray, elle ne faisoit que se prester aux choses exterieures, & s'arrestant dauantage à la meilleure partie, elle se donnoit toute à Dieu par les actes interieurs, dont elle accompagnoit ses actions. Ainsi voyant plusieurs choses, entendant plusieurs sortes de nouuelles, tout cela se passoit en elle sans faire impression sur son esprit, & sans laisser d'images en sa memoire. Souuent quand on l'interrogeoit, elle ne pouuoit que répondre à la demande, & l'on eust eu raison de dire à celles qui la faisoient agir, laissez dormir l'Espouse, & gardez que le bruit de la vie actiue ne la réueille d'vn sommeil qui plaist à l'Espoux. De toutes choses rien ne luy demeuroit en l'esprit qu'vn Iesus-Christ souffrant, aux peines duquel elle vnissoit les siennes ; & quoy qu'elle endurast interieurement, ou au dehors, jamais on ne voyoit de changement en son visage. Que si par l'exercice continuel de la presence de Dieu, elle estoit tousiours toute en luy, c'estoit pourtant de telle sorte qu'elle ne laissoit pas d'estre parfaitement vnie au prochain, en luy rendant tous les deuoirs dont se peut aduiser vne ingenieuse charité. Elle prenoit vn singulier plaisir de faire du bien à tout le monde, elle entroit dans les interests d'vn chacun, & ne manquoit au besoin de personne par defaut de cœur & de soin.

C'estoit sa grande inclination d'estre toute à tous, pour donner contentement à tous selon son pouuoir, & tousiours auec cette veuë de chercher d'aymer & de contenter en tous nostre Seigneur. Sa charité s'estendoit, & se faisoit sentir au dehors jusqu'au moindre des domestiques, les regardant comme membres de Iesus-Christ, & redoublant ses soins à leur égard, quand aucuns d'eux estoient malades, preuoyant à toutes leurs necessitez, auec vne consolation particuliere de leur seruir en quelque chose, & se priuant quelquefois auec permission d'vne bonne partie de sa nourriture, pour rendre meilleure celle de ces bonnes gens; & lors qu'ils la remercioient de sa charité, elle leur disoit, mes bons amis reprenez vostre remerciement, dans cette consideration qu'elle apportoit, qu'il n'y a que Dieu qui doiue estre reconnu de ses biens. Elle auoit vne si grande auersion à toutes les paroles d'honneur, qu'estant en cét Office du Tour, où elle parloit aux seruantes du dehors, elle les conjura de luy donner ce contentement de l'appeller sœur de saint Sauueur, leur promettant de prier Dieu pour elles plus souuent, & leur disant que nous sommes tous freres & sœurs en Iesus-Christ. Il paroissoit bien qu'elle en parloit selon les sentimens de son cœur, par la grande douceur & suauité qui accompagnoient tous ses discours, dont elle faisoit ses demandes & ses réponses.

On la mit aussi dans l'Office de sous-Celeriere, où elle prit beaucoup de peine, tant à seruir la compagnie au Refectoir, qu'à soulager les Sœurs Layes, selon l'estenduë de son pouuoir. Elle trauailloit comme vne jeune professe, & faisoit faire à son zele ce que ses forces luy refusoient. Quand on luy faisoit reproche de quelque retardement, elle l'enduroit auec grande patience, & vne autrefois, quoy qu'elle fust ennemie de l'empressement, elle se hastoit dauantage pour s'accommoder aux pas des autres, & les soulager dans leur besongne. Quand par oubly, ou par faute d'actiuité elle manquoit au besoin de quelqu'vne à table, elle luy demandoit pardon, & souuent à genoux, lors mesme que c'estoit vne Nouice, ou Sœur Laye. Elle portoit au Tour de grandes charges de linges sans vouloir jamais permettre qu'on l'assistast, tant elle estimoit le trauail de ces obediences. Il ne faut pas obmettre le trait d'abnegation

de Saint Sauueur. 31

qu'elle monſtra d'elle-meſme, lors qu'ayant manqué de quelques heures au ſecours qu'elle auoit promis à vne Sœur Conuerſe, elle accepta la penitence que cette Sœur luy en donna, qui eſtoit de faire vne Croix de ſa langue ſur la terre.

CHAPITRE XII.

Du deſſein qu'on eut de la faire Superieure, & ce qui l'empeſcha.

EN l'année 1621. on jetta l'œil ſur elle au temps de l'Eſlection pour la faire Superieure, pluſieurs la deſiroient dans cette charge, mais le deſſein qu'elles auoient de l'y faire entrer ne puſt pas reüſſir, parce que d'autres s'arreſterent à quelques raiſons qui en furent l'empeſchement. Elles en firent difficulté pour ne voir pas en elle quelques qualitez exterieures, qui ſont neceſſaires aux fonctions de cette charge, comme de pouuoir officier au Chœur, & de voir par elle-meſme pluſieurs petits defauts qu'elle n'apprendroit que par le rapport d'autruy. Mais ce qui les arreſta le plus, ce fut le jugement qu'elles faiſoient, que ſon eſprit touſiours diſtrait ne luy pourroit pas permettre de vacquer aux affaires d'vne grande Communauté, & de ſatisfaire à la multiplicité des emplois où l'on eſt engagé dans cette condition. A trois ans de là, le grand eſtime qu'on faiſoit de ſa ſainteté renouuela les penſées & le deſir de la voir Superieure; mais Dieu qui ne la vouloit que pour luy, ne permit pas encore qu'elle fuſt éleuë. Ces bonnes Filles ont cette humilité de croire, que c'eſtoient leurs pechez qui mettoient oppoſition à ce deſſein; ce que j'attribuë aux prieres ardentes qu'elle fit à Dieu pour le détourner, & à vne prouidence particuliere de noſtre Seigneur qui la deſtinoit à vne vie cachée. Quand cette bonne Mere apprit que le ſort eſtoit tombé ſur vne autre, il ne ſe peut dire combien elle en receut de joye, ny combien de graces elle rendit à Dieu de luy laisser le moyen de demeurer en sa sainte retraite, qu'elle cherissoit plus que toute autre bien. Car quoy qu'elle connust ce qu'on peut dans les grandes charges pour auancer la gloire de Dieu, neantmoins elle preferoit sa chere solitude à ces sortes d'emplois, où les Vertus se font paroistre auec plus d'éclat, mais quelquesfois auec moins de pureté. Elle ne faisoit estat que d'estre seule auec Dieu seul, qu'elle disoit estre *son Tout & son grand Tout*. Quelqu'vne l'estant allé visiter, & luy parlant du dessein qu'on auoit eu de l'élire, elle luy dit : O fille! que Dieu est bon de m'auoir laissée dans mon Neant, lors que ses creatures me vouloient éleuer : C'est mon centre que de n'estre rien, qu'il en soit eternellement glorifié!

CHAPITRE IX.

Comment elle fut faite Maistresse des Nouices, & perdit l'vsage de la veuë.

LA Mere de saint Sauueur s'estant dignement & vertueusement employée aux obediences que ie viens d'écrire, vne Superieure jugea qu'il estoit à propos de la faire Maistresse des Nouices, pensant qu'elle contribuoit beaucoup à former les esprits pour les rendre capables de seruir à Dieu & à la Religion, les nourrissant dans la pratique des vertus de mortification, d'humilité, de simplicité, & autres. Elle taschoit dans ses instructiõs de leur donner vne grande estime de la Religion, afin que leur faisant bien conceuoir les biens qui se rencontrent en cét estat, elle les pust entretenir dans ce desir, & faire mourir dans leur cœur les inclinations du monde. Pour leur faire aymer les actions d'humilité & de mortification, elle leur apportoit l'exemple de nostre Seigneur, leur faisant voir que par amour qu'il auoit pour elles il auoit pratiqué ces choses pour elles ; & comme la Religion estoit l'Escole de Iesus-Christ, qu'aussi ne deuoit-on on enseigner que ce qu'il auoit fait & dit. Souuent elle les faisoit souuenir de ses paroles : *Apprenez de moy que ie suis doux & humble de cœur.* Elle les mortifioit doucement, & s'opposoit auec adresse à ce qu'il y auoit de mauuais dans leurs petites inclinations, leur faisoit voir leurs fautes, & leur donnoit des penitences conuenables à cét âge, & seulement pour les accoustumer à l'esprit d'humilité. Quand elle voyoit qu'elles estoient trop actiues, elle les moderoit auec douceur, & retenoit cette actiuité, de peur que cette inclination naturelle estant fortifiée par les habitudes les rendist trop exterieures, & les empéchast dans la suite de l'âge de s'adonner, autant qu'il est desirable à la vie interieure.

Il eust esté bien auantageux à la maison qu'elle eut continué dauantage dans cét employ, mais Dieu qui auoit d'autres desseins sur elle, luy en osta le moyen, la priuant de la veuë six ans auant sa mort. Et comme la Lune estant priuée de lumiere du costé de la terre, en est plus lumineuse du costé qu'elle regarde le Ciel, ainsi depuis cét aueuglement qui luy ferma les yeux du corps aux choses de la terre, ceux de l'ame luy furent plus ouuerts à la consideration des choses diuines. Dieu commença de la posseder plus particulierement encore qu'auparauant, quoy qu'elle en fut déja fort occupée. Il la regarda lors comme saint Paul, pour luy monstrer ce qu'il vouloit qu'elle endurast, pour se communiquer à elle, non par des douceurs & des suauitez ; mais en luy faisant gouster l'amertume de la Croix de son Fils, de ses peines interieures, de ses priuations & delaissemens. Tous ceux qui l'ont connuë ont admiré la grande conformité de son esprit aux voyes de Dieu, souffrant auec vne amoureuse patience toutes les humiliations & contrarietez qu'il enuoye aux ames éleuës, comme des marques de sa bien-veillance.

On peut dire d'elle auec sujet, ce que le Sage dit, parlant des Iustes ; que Dieu en a fait experience comme de l'or en la fournaise. Il est certain qu'il a de plus grands desseins sur les ames par les souffrances que par toutes les autres voyes de grace. C'est l'esprit du Christianisme, c'est le grand chemin de la perfection, & le moyen d'imiter Iesus-Christ, qui est la regle & l'exemplaire de nos actions. C'est enfin à quoy cette bonne Mere fut particulierement appellée, & c'est en quoy sa fidelité s'est fait paroistre répondant à cette vocation. Depuis qu'elle eut perdu l'vsage de la veuë, ce luy fut vne necessité bien contraire à son naturel, de dépendre d'autruy dans tous ses besoins, parce qu'elle apprehendoit de donner de la peine, & d'estre aucunement à charge.

La Mere Superieure en donna le soin aux Sœurs Layes, qui le prirent tres-volontiers, & s'en réjouyssoient comme d'vn moyen d'approcher dauantage d'elle; qui fut aussi de sa part tres-contente d'estre entre les mains de ses cheres amies. Vn iour leur parlant de cét accident auec son humilité ordinaire, elle leur disoit: O mes Sœurs, que Dieu est bon; car les creatures me vouloient faire paroistre, m'ayant mise au Chœur, & Dieu qui me vouloit dans le néant m'y a remise, me rendant aueugle. Souuent quand elle estoit auec les Sœurs Layes, elle en témoignoit son contentement par de semblables paroles: O filles, me voicy dans mon centre, les creatures m'en auoient fait sortir, mais Dieu m'y a fait r'entrer.

Depuis son entrée en Religion jusqu'à la fin de sa vie, elle a esté dans l'exercice d'vne perpetuelle mortification de ses sens: c'estoit sans tréue & sans relasche qu'elle faisoit la guerre à la nature, ses paroles & ses actions ont tousiours fait connoistre qu'elle n'auoit point de plus grand desir que celuy de faire mourir la chair & le sang en elle. Les moyens de continuer cét exercice ne luy manquerent pas durant tout le cours de sa vie, & principalement sur les dernieres années qu'elle passa dans des espreuues de differentes façons, tant de la part de Dieu, que de la part des creatures. Elle en portoit le plus ordinaire sujet en son incommodité corporelle, Dieu permettant quelquefois qu'elle manquast dans son besoin de l'assistance de celles qui auoient soin de sa personne, quand par de grandes occupations elles s'oublioient ou differoient de l'aller voir. En ces rencontres sans s'émouuoir ny mesme impatienter, elle se mettoit quelquesfois à la porte de sa Cellule, pour demander l'aide de la premiere qui passoit, & quand ces bonnes sœurs s'apperceuant de leur méconte luy en faisoient des excuses, elle interrompoit leur discours, & leur disoit, vous n'estes pas à mes gages pour me seruir, moy qui ne sers que d'empéchement.

CHAPITRE XIV.

De ses Exercices iournaliers.

C'Est vn grand mot & vn sujet d'extréme consolation, de dire que le Royaume de Dieu soit au dedans de nous, c'est à dire en nos mains, en nostre pouuoir, d'vne prompte & facile conqueste. Saint Antoine pour exhorter ses Disciples à la perfectiõ, leur raportoit ce passage, *Regnum Dei intra vos est.* Les Grecs & les Gentils, leur disoit-il, pour apprendre la Philosophie, & autres sciences, entreprennent des voyages par mer & par terre, endurent beaucoup, & s'exposent à plusieurs dangers : mais à nostre égard, pour auoir la vertu, & pour acquerir la perfection Chrestienne, qui est la vraye Sagesse, nous n'auons pas besoin de nous exposer à tous ces trauaux, nous la trouuons dans nos maisons, voire dans nous-mesmes, *Intra vos est.* Tous les frais en sont faits, il ne faut seulement que se bien acquiter de son deuoir, en la condition où Dieu nous a mis. En vn mot, tous les points de perfection consistent dans les exercices journaliers, reglez selon le conseil du grand Apostre, qui est de faire tout auec raison, & dans vn mesme ordre & selon le conseil de saint Thomas, qui est de faire chaque action en vertu de Iesus-Christ, desirant d'auoir toutes les bonnes

1. Cor. 14

E ij

intentions & affections de l'Eglise Militāte & Triomphante. Il importe fort de bien paſſer chaque iour, parce que chaque iour nous meine à l'Eternité, & qu'à chaque moment du iour, Dieu nous fait des biens dont il faut ménager le moindre. C'eſt ce qu'a voulu dire le Sage par le bon aduis qu'il donne : *Non defrauderis à die bono & particula doni boni non te prætereat.* Ces paroles ſont bien conſiderables, de ne pas perdre vne petite particule du preſent que Dieu nous fait. Mais il ne faut pas que m'eſtendant ſur ce ſujet en general, ie retarde dauantage de vous en monſtrer vn exemple dans la vie que ie décris. Voicy donc quelques-vnes des pratiques qui eſtoient ordinaires à la Mere de Saint Sauueur.

Tous les matins auſſi-toſt qu'elle eſtoit éueillée, elle adoroit la grandeur de Dieu par vn acte de reconnoiſſance de ſon Neant. En ſuite elle baiſoit trois fois la terre, diſant ces paroles : O terre qui pourriras cette charongne, ie te baiſe de tout mon cœur. Elle diſoit que cette penſée luy ſeruoit beaucoup à mépriſer ſon corps, & conſeruer la memoire de l'eſtat auquel il ſeroit reduit apres ſa mort, afin de ne le pas flater ny luy donner ſes aiſes. Elle ne manquoit pas aux autres actes comme à celuy d'oblation, ſi bien pratiqué par les Saincts, qui ne cherchent que de ſe donner & de s'vnir entierement à Dieu. C'eſt la plus mauuaiſe auarice, dit ſaint Iean Chryſoſtome, de fruſtrer Dieu de l'offre de ſoy meſme. Suiuant cette penſée on peut dire de cette bonne Mere qu'elle eſtoit tout à fait liberale à Dieu, dautant que ne voulant que luy, auſſi ne vouloit-elle eſtre qu'à luy.

Pendant qu'elle s'habilloit, elle baiſoit par reuerence chaque choſe qu'elle mettoit; à cauſe, diſoit-elle, que les habits d'vne Religieuſe ſont les habits de l'Eſpouſe d'vn Dieu; elle n'en parloit & n'en pouuoit entendre parler qu'auec reſpect.

Sortant de ſa Cellule, elle diſoit ce Verſet de Dauid ; *Vias tuas Domine demonſtra mihi.* Lors qu'elle alloit dans le Dortoir, ce qu'elle ne faiſoit qu'auec grande neceſſité, elle recitoit l'Hymne *Veni Creator*, & les Litanies de la sainte Vierge, & par dessein elle disoit ordinairement ses prieres, quand elle estoit auec des personnes pour qui elle auoit de l'inclination pour s'oster le moyen de leur parler, & de contenter en cela la nature. Entre six & 7. heures elle disoit son seruice à genoux, tenant qu'il falloit que le corps souffrist quelque peine en cette action, & comme elle auoit vne grande deuotion au mystere de la Croix, elle en disoit tous les jours les Heures, ayant les bras estendus : ce qu'elle a continué toute sa vie, jusqu'à quatre iours proches de sa mort.

Durant quelques années elle s'éueilloit tous les iours à deux heures du matin, parce qu'elle en auoit pris l'habitude, pour faire l'Oraison Mentale jusques à quatre heures. Et ç'a esté particulierement durant ce temps qu'elle a receu de plus grandes faueurs de Dieu. Depuis quelques années elle s'estoit reglée à la faire depuis huict heures du matin jusqu'à dix, & tousiours auec l'adueu de son Confesseur & de ses Superieures.

Se mettant à table, elle adoroit les cinq playes de N. S. par ce verset, *Adoramus te Christe*, pour repaistre son ame des douces affections de ces saintes Playes, auant que prendre la nourriture de son Corps. Elle prenoit d'ordinaire la moindre des viandes qu'on luy seruoit, & quand on la vouloit obliger d'en prendre d'autre, il luy falloit dire que sa Superieure le vouloit. Elle prenoit sujet de tout ce qu'elle voyoit appresté pour le manger, d'admirer la prouidence Diuine, & disoit que Dieu estoit si bon qu'il s'accommodoit mesme à nostre sensualité.

L'apresdinée elle se mettoit à l'Oraison, jusqu'à deux heures qu'elle disoit son Office vocal: & de tout le temps qu'elle auoit de reste, & qui n'estoit pas employé à la charité, elle s'en seruoit encore pour faire Oraison.

Deuant que de se mettre au lict, elle disoit le *Pater*, l'*Aue*, & le *Credo*, dautant qu'elle aymoit ces prieres, comme estant ordonnées de l'Eglise, & jamais elle n'y manquoit quelque disposition interieure qu'elle eust. Se couchant, elle se mettoit entre les bras de nostre Seigneur, comme s'endormant dans son sein, & demeurant doucement auec luy. En s'éueillant durant la nuict, son cœur iettoit plusieurs essais amoureux vers Dieu, dont elle attiroit les graces; en sorte qu'on peut dire que le temps de la nuict estoit vn temps d'illumination pour elle.

Elle animoit toutes ses actions de cette ferme foy, par laquelle nous croyons que Dieu est tout en toutes choses en la mesme maniere qu'il est au Ciel, qu'il est en la plus petite creature du monde, & qu'il n'est qu'vn par tout. Selon cette foy elle demeuroit en la presence de Dieu, souffrant par vn doux silence & tacite consentement d'amour qu'il prist vne entiere possession d'elle, comme d'vne chose qui luy appartenoit. Quant à ses prieres elle les faisoit doucement & amoureusement, demeurant plus attentiue à celuy qu'elle entretenoit qu'à ce qu'elle disoit, & s'vnissant à Dieu par voye d'intention, joignant la sienne à celle qu'auoit Iesus-Christ, quand il prioit son Pere. Lors qu'elle parloit à la Vierge ou aux Saincts, c'estoit par vne simple pensée, ou d'honneur, ou de complaisance, ou d'amour. Quand il luy venoit des distractions, elle taschoit de les aneantir par vn retour de ses pensées à Dieu, & par quelque amoureux sentiment de ses bontez. Cela fait, elle demeuroit en paix, & si les distractions continuoient, elle ne s'en troubloit jamais, mais elle demeuroit dans cet estat de peines, les souffroit auec patience, & laissoit faire à Dieu tout ce que bon luy sembloit, & comme il luy plaisoit, se tenant tranquille & indifferente aux consolations & delaissemens.

A l'égard de la sainte Messe, sa pratique estoit de l'entendre en s'vnissant au Sacrifice qui estoit offert, & cette pratique est conforme aux desseins de l'Eglise, qui veut que les fidelles joignent leurs intentions à celles du Prestre, pour offrir auec luy le Sacrifice, & s'offrir auec luy dans le Sacrifice. C'est pour cela qu'ils sont appellez par saint Pierre,

Peuple saint, Sacerdoce Royal. Sa façon de communier estoit d'adorer dans le silence de son cœur cette Majesté Diuine, se soûmettant toute aux dispositions qu'il luy plairoit mettre en elle pour y trouuer ce qu'il y cherchoit, pour s'y rendre honneur à soy-mesme, & pour s'y réjouyr selon ces pures delices qu'il rencontre dans l'vnion de sa grandeur, auec la bassesse de ses creatures. Communement elle se tenoit en tel estat, que sans agir elle souffroit les choses diuines, comme dit saint Denys ; c'est à dire, elle laissoit faire Dieu, attendant pour luy parler, ou pour luy répondre, que par vn changement de cette disposition interieure elle se sentit inuitée à quelques amoureuses affections, ou desirs : Et lors elle suiuoit doucement ces attraits, allant à Dieu selon qu'il venoit à elle.

Aux actions exterieures qu'elle faisoit, elle se laissoit doucement & amoureusement conduire à la volonté Diuine, par vn consentement au bon plaisir de Dieu : Ce n'estoit pas tant agir que souffrir, que Dieu fist en elle & par elle ce qu'il voudroit.

Estant tombée en quelque faute, à l'instant qu'elle s'en apperceuoit elle s'en détournoit ; se conuertissant à Dieu, s'offrant à luy pour le temps & l'éternité ; afin qu'il fist en elle tout ce qu'il voudroit, ou par misericorde, ou par justice, pour satisfaction de ses fautes. Apres quoy elle demeuroit paisible, ne s'ébranlant pour chose quelconque qui se passast en son interieur, ferme & stable dans la resolution d'estre vne autrefois plus fidelle.

Parlant aux creatures elle y regardoit Dieu, les gouuernant, & les maintenant dans l'estre, ce qui faisoit qu'elle leur portoit grand respect pour viles & méprisées qu'elles fussent.

Lors qu'il luy arriuoit quelque affliction de corps ou d'esprit, elle demeuroit toûjours attachée à Dieu, souffrant & consentant qu'il fist en elle par luy-mesme, ou par ses creatures, comme il en auoit disposé de toute Eternité ; monstrant par des effets de patience & de courage qu'elle eust defié le Ciel & la Terre, comme S. Paul, sans que chose aucune eust esté capable de la separer de son Dieu: *Quis nos separabit à charitate, &c.*

Mais il faut remarquer que Dieu ne la laissa pas long-temps en cét estat, & luy ostant bien-tost le pouuoir de faire ces exercices, la dépoüilla de telle sorte qu'elle n'estoit pas capable de faire aucun acte, ny de connoistre mesme ses intentions. Iusques-là qu'elle a dit à vne Sœur qu'elle n'auoit pas le pouuoir de rendre grace à Dieu, quoy qu'il luy donnast, ny mesme de rien accepter, demeurant seulement passiue deuant Dieu, & laissant retourner ces dons en luy-mesme sans se les approprier.

CHAPITRE XV.

Comment Madame de Longueuille demanda la Mere de saint Sauueur, à Madame de Fontevrault.

L'An 1635. Madame de Longueuille fit par plusieurs dépesches, plusieurs instances à Fontevrault pour tirer la Mere de saint Sauueur de Hautes Bruyeres, & la mettre aux Filles-Dieu à Paris, sur quelque dessein qu'elle auoit pour la gloire de Dieu. Ce qu'elle pratiquoit à l'insceu de la bonne Mere, qui mesme ne connoissoit pas cette vertueuse Princesse, laquelle suiuant ses projets enuoya trois fois à Fontevrault. A la premiere, on luy manda que cette Mere estoit sourde, & qu'elle n'en pourroit auoir la satisfaction qu'elle en attendoit. Mais elle y renuoya pour la seconde fois, representant qu'elle n'estoit qu'aueugle; & qu'il n'importoit pas de sa veuë, parce qu'on ne la desiroit que pour le conseil. On s'en excusa derechef, & pour vne troisiéme fois Madame de Longueuille, renuoyant vers Madame de Fontevrault, la fit si bien solliciter sur cette affaire, qu'elle l'y fit acquiescer, à condition pourtant que ses Filles de Hautes-Bruyeres y consentiroient. C'estoit vn vœu

de Saint Sauueur.

vœu bien difficile qui restoit à dénoüer, que d'auoir ce contentement. Pour cet effet, le quatriéme iour d'Octobre de la mesme année, Madame de Longueville écriuit à ces bonnes Filles, & par ses lettres les prioit instamment qu'on luy accordast la Mere de saint Sauueur pour venir aux Filles-Dieu, où elle desiroit luy communiquer de quelques affaires, leur protestant de reconnoistre ce bien par tous les effects de bien-veillance & de protection, dont l'occasion se pourroit presenter.

Si-tost que son homme fut arriué, la Mere Prieure fit venir la Mere de saint Sauueur en leur parloir, & luy dit en presence des Reuerends Peres Confesseurs du lieu, le dessein de cette Princesse, luy demanda quel estoit le sentiment de son cœur sur sa sortie, & si elle vouloit qu'on s'y opposast. A ces mots, la bonne Mere se mit à genoux, & joignant les mains elle répondit : Nostre Mere, ie vous en supplie de tout mon cœur, la compagnie m'a fait trop d'honneur de me receuoir, estant inutile comme ie suis ; ie ne sers que d'empéchement, mais ie ne sortiray jamais si vous ne me le commandez ; que peut-on esperer de moy qui ne suis propre à rien?

La Mere Prieure la fit leuer, & fit en suite assembler la compagnie en Chapitre, où la lecture ayant esté faite de la letre écrite par Madame de Longueville, elle adjousta, que si ce mal-heur arriuoit à la maison de perdre la Mere de saint Sauueur, il y auroit sujet de craindre que Dieu fut irrité contr'elles, à cause de leurs infidelitez ; que chacune prit garde à soy, pour renouueler ses feruuers, pour bien faire ses deuoirs, & se rendre exacte à l'obseruance des regles. Il ne fallut point recueillir les voix pour connoistre sur ce sujet les sentimens des vnes & des autres, toutes en mesme temps firent paroistre par leur contenance exterieure, qu'aucune ne consentiroit à cette perte : De sorte que le resultat fut de s'en excuser vers la Princesse, & de la supplier tres-humblement de les laisser iouyr d'vn bien qu'elles preferoient à tout autre.

F

Leur Père Confesseur fut aussi vers-elle pour ce sujet, luy fit entendre l'affliction que toute la maison auoit receuë par la seule crainte qu'on en tirast la Mere Absolu, que le seul voyage de Hautes-Bruyeres à Paris, estoit capable à cause de son âge de la faire mourir, & que comme elle seruoit d'exemple & de consolation à toutes ces bonnes Filles, elles estoient excusables sur leur affection & leur interest, de quelque sorte d'inciuilité qui paroissoit en leur refus. Ce que la Princesse ayant entendu, comme elle estoit fort bonne & fort pieuse, elle promit de n'y plus penser & de ceder son contentement au leur. La Mere Absolu selon son deuoir ne manqua pas de luy faire écrire, le defaut de ses yeux l'empêchant de s'en acquitter par ses mains. La fin de sa lettre estoit de luy faire ses excuses, de la prier qu'elle en regardast vne autre qu'elle, & qu'à son égard elle estoit inhabile à tout ; qu'estant venuë à Hautes-Bruyeres, on luy auoit fait trop de grace de la receuoir, qu'elle asseuroit sa Grandeur qu'elle ne sortiroit jamais que par le commandement de ses Superieurs : Que comme c'estoit entre leurs mains qu'elle auoit fait ses vœux, c'estoit à eux de rendre compte de son ame deuant Dieu, & qu'à son égard aussi elle leur deuoit toute obeyssance ; que derechef elle supplioit sa Grandeur de destourner sa veuë de dessus son incapacité, qu'elle meritoit pas l'honneur de son souuenir, & qu'au reste elle demeuroit sa tres-humble seruante. C'est en ces termes qu'elle desira qu'on en écriuit ; & quoy qu'il semble que ce fust assez pour arrester le dessein formé sur elle, neantmoins pour en conseruer encore mieux la possession, la Mere Prieure en chercha les moyens au Ciel, & du consentement de toute la communauté fit faire les prieres des quarante-heures, & plusieurs autres bonnes œuures, afin de ne point perdre la Mere de saint Sauueur.

CHAPITRE XII.
De sa Mort.

NOstre Seigneur fit ressentir de grandes peines interieures à cette bonne Mere plusieurs années auant sa mort, & le sujet n'en venoit pas d'vn scrupule leger : mais d'vne iuste crainte qu'elle auoit d'estre trompée par des apparitions & reuelations frequentes qu'elle auoit, & dont on jugeoit diuersement, comme nous verrons tantost. Ces peines redoublerent aux dernieres années de sa vie, Dieu la voulant rendre digne de luy, par la conformité de ses souffrances à celles de son Fils ; qui nous a dit que pour le suiure il faut porter tous les iours la croix apres luy. Sur la fin de sa vie, quoy qu'elle l'eust passée à se purifier, elle disoit qu'elle se voyoit encore toute pleine de la vie de nature. Ce qui estonnoit grandement toutes ses Sœurs, parce que plus elle approchoit du dernier terme, plus elle paroissoit parfaite à leurs yeux. Mais Dieu le permettoit ainsi pour luy faire produire de plus excellens actes de vertu, d'abnegation d'elle-mesme, & d'aneantissement deuant luy en la veuë de ses fautes, disant souuent à son Confesseur durant le cours de sa vie, mais plus encore au lict de la mort qu'elle eust mieux aymé mourir dix mille fois, que de commettre la moindre chose qui depleust à Dieu, jusqu'à la plus petite pensée qui ne fust pas pour sa plus grande gloire, elle adjoustoit, & de tout mon cœur.

Dieu la voulant tirer à luy, elle demeura malade le douziéme du mois de Septembre 1637. d'vne fiévre tierce, dont elle souffrit deux accés sans aller à l'infirmerie. Elle s'abandonnoit tellement au soin de celles qui auoient charge d'elle, que sans dire rien de son mal, elle venoit au refectoir, quand le troisiéme accés la saisit par tremblement de frisson. Vne des Sœurs s'en estant apperceuë, elle en aduertit

F ij

la mere Superieure, qui la fit conduire auſſi-toſt à l'infirmerie. La fiévre s'augmenta, & deuint perilleuſe par vne grande oppreſſion qui l'accompagnoit auec vne réuerie, durant laquelle on voyoit des effects de ſa deuotion, & de l'habitude qu'elle auoit priſe à prier Dieu, & faire le ſigne de la Croix. Pour la mettre en plus grand repos il luy falloit dire : La mere Prieure ne veut pas que vous diſiez rien, & incontinent elle ceſſoit, tant elle eſtoit portée à l'obeyſſance. Durant les bons interuales qu'elle auoit, quoy qu'elle fuſt dans vne profonde triſteſſe, elle réjouyſſoit toutes les autres malades par les agreables rencontres de ſon eſprit. Ceux-là jugeront de cette vertu qui ſçauent par experience combien il eſt difficile de monſtrer vn viſage riant, quand le cœur eſt comme abymé dans l'amertume. C'eſt vn prodige en la nature qu'vne montagne ſoit au dedans pleine de flames, & que le dehors ſoit couuert de fleurs; mais c'eſt vn effet plus merueilleux de la grace, que dans la maladie & la douleur, dans les peines d'eſprit & du corps on ayt l'exterieur, la façon, les complaiſances, & les diſcours, de ceux qui ſont en repos & dans vne parfaite ſanté.

Elle diſoit vn iour que lors qu'elle ſeroit deuant Dieu, elle ſe ſouuiendroit particulierement de toutes les Sœurs de cette famille, & qu'elle auoient de l'intereſt que Dieu luy fiſt miſericorde, dautant que s'il luy faiſoit la grace de l'atirer au Ciel, & qu'elle viſt venir quelques-vnes de la maiſon, elle diroit à noſtre Seigneur ; Mon Dieu, laiſſez-les paſſer, s'il vous plaiſt, elles ſont de Hautes-Bruyeres. Ce qui témoigne le grand zele qu'elle auoit pour le bon heur eternel de toutes ſes Sœurs, & les ſentimens de ſa charité vers elles. Lors que ſon mal luy donnoit du relache, on la viſitoit ſouuent, tant par affection qu'on luy portoit que par eſtime qu'on faiſoit de ſes vertus. Et comme on ſçauoit que toutes autres paroles que celles de Dieu luy eſtoient des croix bien peſantes, & qu'elle ne pouuoit durer auec les perſonnes qui prenoient d'autres ſujets d'entretien, on la mettoit sur quelque propos de nostre Seigneur, tant pour sa consolation, que pour le profit particulier de celles qui l'entretenoient.

Durant ce temps, par l'espace d'vne heure, elle prit l'occasion d'exhorter quelqu'vne des Sœurs à l'obseruance exacte de ses regles, & de tous ses deuoirs, à l'amour de la solitude, à la fidelité vers Dieu, à dire souuent quelques versets du Psalme *Miserere*. Elle luy disoit que Dieu reduisoit souuent les ames, à de grandes secheresses & delaissemens; mais que c'estoit en ces estats qu'il falloit estre plus fidelle; Fussions-nous, disoit-elle, comme des pierres de taille en sa presence. Elle luy disoit aussi que depuis la perte de ses yeux, elle auoit apris ce que valoit la solitude, & qu'en cét estat, quoy qu'elle fust en de grandes tristesses, & ressentant naturellement l'oubly qu'il sembloit que les creatures auoient d'elle, neantmoins elle estoit plus satisfaite de faire la volonté de son Dieu, que de iouyr de tous les contentemens du monde.

A la Communion qu'elle fit estant proche de sa mort, elle eut des sentimens si doux & si amoureux, qu'il sembloit que son ame s'écouloit toute en Dieu; quoy qu'en mesme temps, nostre Seigneur voulant qu'elle mourust sur la Croix, elle fut dans vne tristesse incöceuable. Auant que de communier, elle disoit: ô mon Dieu, que tout soit consommé en vostre adorable volonté. Le Prestre luy presentant la sainte Hostie, & luy disant que c'estoit Iesus-Christ, elle fit vn grand soupir suiuy de ces mots. *Ah mon Pere, quel present vous me faites de me donner mon Dieu! Ie le croy & l'adore.* Apres l'auoir receu, elle demeura quelque temps dans vn doux silence, qui ne fut interrompu que par quelques paroles d'amour qu'on entendoit sortir d'vn cœur plein de feu *Mon Dieu, toute consommee: Mon Dieu, toute consommee*. En suite elle pria Dieu pour tout le Conuent, & disoit ainsi, Mon Dieu, qu'elles soient vn comme vous estes vn auec vostre Pere; Ah Seigneur! Sanctifiez-les en verité, & plusieurs ardentes prieres qu'elle repetoit souuent.

La Reuerende Mere Superieure en prenant vn grand soin l'alloit visiter bien souuent, & comme vne fois elle l'eut enquise de sa disposition. O nostre Mere, luy dit-elle, répondant selon les affections & l'abondance de son cœur, quel grand bien est-ce que la Religion ? Ie ne me souuiens plus de ma vie du monde, & ne fais estat que de ma renaissance à la Religion. La Mere Prieure luy dit : Que ie serois satisfaite que toute la compagnie vous entendist. Ha, j'en voudrois parler à tout le monde, reprit-elle, pour monstrer l'estime que j'en fais, & les biens qui s'y rencontrent. Dans vne autre visite la Mere Prieure luy demandant sa disposition, elle luy dit : Ie sens vne grande tristesse, mais puisque Dieu le veut, j'en suis tres-contente. Faut-il qu'vn ver de terre desire vne autre vie que celle qui plaist à Dieu : ce Dieu qui s'est aneanty, qui s'est rendu l'opprobre des hommes, & l'abjection du peuple. Les affections de son cœur s'épancherent sur ce discours, & d'ordinaire quand elle parloit des aneantissemens d'vn Dieu, il sembloit qu'elle sortoit hors de soy, son esprit en estoit dans le rauissement, & son corps en paroissoit tout émeu ; & comme elle adjoustoit les pratiques à ses connoissances, elle finit cét entretien, disant que nous ne deurions point prendre de repos que nous n'eussions formé l'Image de Iesus-Christ en nous. Vne autrefois elle luy fit vn long discours sur les paroles que nostre Seigneur dit à la Cene : *Mon Pere qu'ils soient vn comme vous, & moy sommes vn.* En quoy il semble que nostre Seigneur la vouloit attirer au Ciel en parlant à ses Sœurs de l'vnion, & de la paix qu'il laissa pour partage à ses Disciples quand il y monta ; *Qu'ils soient vn entr'eux, & vn auec nous*, disoit-elle, goustant & sauourant ces paroles du dix-septiéme chapitre de saint Iean. O quel excez d'amour qu'vn Dieu vueille que l'homme ne soit qu'vn auec luy, qu'vn ver de terre ne soit qu'vn auec ce grand Tout ! Hé quel aueuglement est le nostre, de nous amuser à tant de choses. Apres qu'il a dit que ses delices sont d'estre auec les enfans des hommes, nos delices ne seront elles point d'estre auec luy ? Ainsi donnant air aux affections de son cœur, elle échauffoit celuy de toutes les personnes qui l'écoutoient, & qui par estime de sa sainteté faisoient attention à ce qu'elle faisoit ou disoit, pour le mettre à profit.

Elle disoit à son Confesseur : *Mon Pere, priez Dieu que ie ne meure point que ie n'aye fait mourir entierement la chair & le sang en moy.* Et puis à quelque temps de là ; *rendez à Dieu mon ame qui vous la mise en dépost.* La veille de sa mort elle l'entretint long-temps du bien de la Religion, exagerant la pureté de cét estat qui ne pouuoit souffrir la moindre imperfection. *O quel bon-heur, mon Pere, de mourir Religieuse.* Elle ne parloit ainsi qu'en termes affectueux & pleins d'élans, ce n'estoient que soûpirs accompagnans les souhaits qu'elle faisoit que la nature n'eust plus de vie en elle, & qu'elle fut toute consommée en Dieu. Mais il faut remarquer qu'en mesme temps qu'elle parloit ainsi, son ame estoit plongée en de profondes tristesses, ainsi que témoignent les dernieres paroles qu'elle dit à son Confesseur trois heures auant sa mort : car comme il luy demanda en quelle disposition elle estoit de son interieur, sa réponse fust : *O mon Pere ! que ie sens vne grande tristesse*, & puis elle demeuroit souffrante deuant Dieu sans dire autre chose. Nostre Seigneur luy auoit caché tout ce qu'elle auoit fait de bien durant sa vie, & il luy sembloit à la mort qu'elle n'auoit obey qu'à la nature, c'estoit le plus grand regret qu'elle témoignast, & de n'auoir esté fidele à son Dieu, mais auec tout cela elle disoit : *O ie ne desire rien que d'estre fonduë dans la volonté de Dieu.*

Il falloit bien qu'il se passast vn grand combat en elle par les differens mouuemens des deux parties de son ame, dont l'vne estoit dans vne amoureuse confiance en Dieu, & l'autre dans vne grande crainte de ses iugemens. Ce qui luy faisoit dire : *D'où vient que ie ne respire que Dieu, & toutesfois que i'en apprehende les approches ?* Elle auoit dans le fonds de l'ame vne parfaite resignation aux volontez de Dieu, qui n'empéchoit pas qu'elle n'eust en mesme temps vne extréme apprehension de la mort entretenuë par la consideration de celle de saint Hierôme & de saint Hilarion, dont elle parloit ainsi. O! si vn saint Hierôme disoit qu'il luy sembloit toussours entendre cette trompette effroyable, Leuez-vous, morts, & venez au jugement, si saint Hilarion a témoigné tant de crainte apres tant de seruices rendus à Dieu, combien en dois-je auoir, moy qui suis vne pauure pecheresse, & vn ver de terre?

Neantmoins, j'accepte tout ce que mon Dieu voudra faire de moy: paroles qui contiennent de grands actes de contrition, & d'vne humble défiance de soy-mesme, & en mesme temps des actes d'vne parfaite resignation, d'esperance & de confiance en Dieu. Son Confesseur luy disant, qu'elle n'auoit pas sujet de craindre, dautant qu'elle n'auoit aucune affection, non seulement au plus petit peché, mais non pas mesme à vne imperfection, & que pour le passé elle n'auoit rien qu'elle n'eust confessé, ou qu'elle ne voulust confesser, elle répondit à cela, que par la grace de Dieu elle aymeroit mieux mourir que de commettre la moindre imperfection qui fust desagreable à Dieu, & que pour le passé elle ne sçauoit rien qu'elle ne voulut dire, & qu'elle auoit toussours souhaité que son Confesseur ordinaire connut tout ce qui se passoit dans son interieur.

Or comme chacune des Sœurs en faisoit vn estat conuenable à la sainteté de sa vie, plusieurs s'approchoient d'elle pour luy demander part en ses prieres, quand elle seroit deuant Dieu, & toutes s'en retournoient auec satisfaction de sa douceur, de son accueil gracieux, & sur tout de la promesse qu'elle leur faisoit de ne les oublier jamais, les asseurant qu'elle portoit toute la Communauté dans son cœur.

Elle pria la Sœur qui faisoit ses lettres d'écrire à ses enfans, & demander à Monsieur Hotman son fils aisné, qu'étant au lict de la mort elle se souuenoit de luy, & qu'elle le prioit que comme Dieu l'auoit rendu Pere de famille, il seruist de flambeau à ses enfans, & qu'il les maintint toujours

ours en la crainte de Dieu, qu'elle prioit de le benir, & sa petite troupe. Elle fit écrire pareillement à Mademoiselle Cassan sa fille, pour la faire asseurer de son souuenir dans l'Eternité. Il ne faut pas que j'obmette qu'entre les personnes du dehors, elle eut aussi memoire en ses derniers iours de Monsieur Coqueret Docteur en Theologie, auquel elle auoit rendu de tres-bons offices estant au monde, & depuis l'auoit tousiours estimé, & chery pour sa vertu. Et parce qu'il est intime amy d'vn autre Ecclesiastique de Montfort, auquel elle témoigna de la bien-veillance, l'ayant entendu prêcher, elle fit appeller Sœur Gabriele de sainte Marie, parente de ce dernier, & la pria d'écrire pour la recommander aux prieres de l'vn & de l'autre, & leur protester de sa part que jamais elle ne les oublieroit.

Le dix-neuſiéme iour de Septembre, le Medecin ordinaire de la maison ayant esté mandé de Monfort, il la trouuoit en assez bonne disposition, & s'estonnoit qu'on luy dit qu'elle eust esté si malade le iour precedent, la trouuant dans son naturel. Ce qui procedoit de ce qu'ayant l'esprit content dans ses souffrances, soit exterieures, soit interieures, elle auoit tousiours des rencontres joyeuses. Le Medecin luy ordonnant vn remede luy disoit, ce n'est pas à vne personne âgée de quatre-vingt & deux ans que j'ordonne vne seignée, c'est à Madame Absolu. Elle luy repliqua, vous estes, Monsieur, sur vos liberalitez ; ie n'ay que quatre-vingt & vn an, quelques mois, & quelques iours. Par tels & autres semblables discours, elle témoignoit en ce temps-là mesme la bonté de son humeur qu'elle accommodoit à celle de tout le monde, plus par vertu Chrestienne encore que par complaisance naturelle.

Sur les deux heures apres minuiɛt, elle fut fort trauaillée d'inquietudes : La fiévre luy prit sur les six heures du matin, & redoubla plusieurs fois. Neantmoins elle auoit l'esprit fort sain & sans réuerie. Quelqu'vne luy dit que cét accez n'estoit pas si violent que les autres, & elle répondit; O fille, vous ne me sentez pas, & ne fit point d'autre plain-

G

te. Quelques deux heures auant que mourir, elle eut vne fort grande oppression, & tousiours elle auoit ces deux mots en la bouche; *O bon Iesus! & ma bonne Maistresse*, adjoustant quelquesfois; *Mon Dieu, ne me delaissez point, ayez pitié de moy, ie n'en puis plus*. Elle estoit si parfaitement mortifiée, qu'elle ne demanda aucun secours humain, s'estant abandonnée entierement entre les mains de sa Superieure, pour receuoir d'elle tout ce qu'il luy plairoit. Elle demanda ses Sacremens, & se reposa de tout au soin de son Confesseur & de la Mere Prieure. Le Medecin tres-expert en son Art, homme d'aage & d'experience, ne reconnut point qu'elle deust si-tost mourir; au contraire, il auoit fait esperer le recouurement de sa santé: & en effet sur ce qu'il s'en estoit promis, il enuoya le lendemain le Chirurgien pour la seigner, mais il la trouua à l'Eglise dans son cercueil. L'Apothicaire de la maison auoit soustenu contre trois Sœurs qui l'assistoient, qu'elle alloit sortir de son accez de fiévre.

On a iugé que Dieu l'auoit voulu rendre en mourant conforme à l'Image de Iesus-Christ son Fils, comme il auoit esté l'exemplaire de sa vie, permettant qu'elle mourut dans le delaissement, priuée de toute consolation, & mesme du secours qu'elle eut receu par le dernier Sacrement. Et comme il n'y auoit que la Vierge au prés de la Croix, saint Iean, & les Maries, aussi quand elle rendit le dernier soûpir, elle estoit seulement assistée de la Mere Prieure, & de deux autres filles, quoy qu'elle fust aymée generalement de toutes, qui ne manquerent pas de s'y trouuer si tost qu'elles furent aduerties. Il y auoit peu que la compagnie s'estoit retirée, sur l'asseurance qu'on leur donnoit, qu'elle n'estoit pas en estat de mourir. En effet cela fut fort subit, elle venoit encore de parler, lors qu'en vn instant il luy prit vn sommeil d'enuiron vn quart-d'heure, après lequel se réueillant, & se sousleuant vn peu elle rendit son ame à Dieu, le 20. de Septembre 1637.

Son corps demeura sans aucune mauuaise odeur, & son visage paroissoit majestueux, & sans aucune ride, en sorte qu'il ne sembloit pas qu'elle eust plus de quarante ans. Toute la compagnie la regardoit comme vne Sainte pour les solides vertus qu'on luy auoit veu pratiquer, chacune luy faisoit baiser son Chapelet, sous l'approbation des R. Peres Confesseurs, & lors qu'il fut exposé dans le Chœur deuant la grande Grille, les pauures gens des villages circonuoisins passoient aussi leurs Chapelets pour les luy faire baiser.

Cette perte fut bien sensible à cette sainte Communauté, qui n'en pouuoit receuoir de consolation, que par l'esperance que les vnés & les autres prenoient d'auoir au Ciel vne nouuelle Aduocate, qui leur auoit promis de les regarder dans leurs besoins. Aucunes ont desia senty des effects assez apparens de cette promesse, mais il n'est pas encore temps de les produire, & nous aymons mieux faire connoistre sa saincteté par ses vertus que par des miracles. *Scribe, beati qui in Domino moriuntur, amodo enim dicit Spiritus, vt requiescant à laboribus suis, opera enim illorum sequuntur illos.*

CHAPITRE XVII.

De son inhumation.

LA connoissance que toute la maison auoit des grandes & rares vertus de cette bonne Religieuse, l'auoit mise en tel estime de sainteté, que la Mere Prieure, & toutes les Filles eurent desir qu'elle fut enterrée au lieu le plus honorable de leur Eglise. Pour cét effect on choisit vne place dans le Chœur proche de la Grille, & tout deuant l'Autel de la saincte Vierge, où l'on jugeoit qu'il y auroit quelque Sepulchre preparé; ce qui se trouua, comme on l'auoit pensé, en forme d'vne petite caue, où depuis plus de six vingts ans, on ne se souuient pas qu'on ayt mis personne.

Il est vray qu'on fit quelque objection à ce dessein, à cause qu'on enterre toutes les Religieuses dans le Cloistre, & dans le Chœur seulement celles qui ont esté dans la charge de Superieure. Mais celle qui l'estoit alors, ne s'arrestant pas à cette coustume, eut raison, ce me semble, d'en vser autrement en ce rencontre, & de rendre à la vertu ce qu'on rend à la dignité. Cela fut fait, & depuis son enterrement on laissa sa fosse durant deux mois, sans estre fermée que de la pierre qu'on auoit mise dessus, sans la cimenter.

Neantmoins durant tout ce temps il n'en sortit aucune odeur mauuaise; au contraire, plusieurs des Religieuses témoignent en auoir senty vne fort douce & suaue. Mais ce n'est pas sur le rapport de leur odorat qu'elles s'atendent qu'on en juge; c'est plustost par l'odeur de ses vertus, de ces parfums immortels, & tousiours nouueaux qui se font sentir à l'esprit, qui font courir les Filles de Sion, sur les vestiges de l'Espouse, & qui donnerent vn ample sujet de parler au Predicateur qu'on pria de faire vn discours pour honorer la deffuncte. Ie n'en dis pas le nom, pour ne pas offenser sa modestie, en adjoustant qu'en peu de temps il fust prest à cette action, & fit connoistre par la satisfaction qu'en eut son auditoire que les eaux qu'il donne coulent de source.

A la nouuelle de sa mort, plusieurs personnes Religieuses & Seculieres écriuirent à Hautes-Bruyeres, pour consoler ces bonnes Sœurs de la perte qu'elles auoient faite, & pour leur demander quelque chose de la Mere de saint Sauueur : l'estime qu'on auoit de sa sainteté en fit naistre pour plusieurs choses qu'elle auoit portées, qui furent recueillies auec honneur, non seulement dans cette maison; mais aussi par personnes du monde & de qualité. Il ne tint pas à ces bonnes filles, que le corps de leur sainte Mere ne fut plus honoré par quelques marques exterieures qu'elles eus-

de Saint Sauueur.

sent bien desirées sur son tombeau. Mais on n'en donna pas la satisfaction à leur zele qui fut mortifié, quand on leur enuoya pour mettre sur sa fosse vn petit marbre, portant seulement le nom de la Mere, son aage, son temps de Religion, & celuy de sa mort. Ce fut vn effect de la modestie de ses enfans qui le firent grauer, & ne trouuerent pas à propos d'y mettre ce peu de vers qu'elles auoient tirez d'vn des meilleurs amis de la maison.

EPITAPHE DE LA VENERABLE
Mere de Saint Sauueur.

Officieuses Sœurs, qui par ce monumment
Pretendez d'vne Sainte honorer la memoire,
Encore apres sa mort son corps ne veut de gloire,
   qu'en son aneantissement.
Vous faites dauantage, & pour vous, & pour elle,
Imitant ses vertus comme vn parfait Modelle.
Il vaut mieux les grauer dans vos cœurs qu'en ce lieu;
Et faire l'abregé de toutes ses loüanges,
Considerant son ame vnie aux Chœurs des Anges,
   Et toute consommee en Dieu.

VIVE IESVS.

MODELE
DE LA
PERFECTION
RELIGIEVSE,
en la Vie de la Mere de Saint
Sauueur.

SECONDE PARTIE.

CHAPITRE I.
De son Naturel.

E qui fait les Saincts n'est pas l'estime des hommes, ny le nom qu'ils en donnent. Les noms ne sont en eux-mesmes que des sons vagues & indefinis, vne matiere sans forme, vn corps sans ame, & vne escorce sans substance. C'est à nous de les remplir de sens & d'esprit, par application de ce qu'ils signifient en nous, & de témoigner par nos œuures que nous sommes enfans d'vn Pere, dont il est dit qu'il estoit puissant, premierement en œuure, & puis en parole. Aussi voulant donner vne marque de ceux qu'il aduoüoit pour siens, il disoit que le vray moyen de les connoistre, est d'en iuger comme des arbres, & de considerer leur actions qui sont les fruicts de leur ame. *Ex fructibus eorum cognoscetis eos.* C'est l'espece & la qualité des fruicts qui fait le vray discernement des arbres fruictiers, le fruict est tel que l'arbre, & l'arbre tel que le fruict. Or comme dit saint Paul, il y a plusieurs sortes d'arbres, dont les vns sont sauuages, & ne rapportent rien de bon s'ils ne sont entez de quelques bonnes greffes; & les autres ont vn naturel heureux, dont le tronc estant excellent pousse des rameaux & des fruicts conformes. Il en est ainsi des esprits, dont les vns ne font rien que par force, & sans vn secours estranger, & d'autres faisant le bien quasi sans peine font voir en cela l'aduantage d'vne bonne naissance. Salomon le receut, mais il n'en vsa pas tousiours comme il falloit, laissant enfin corrompre par le vice les semences du bien qui estoit en son ame. Aucuns disent qu'vn bon naturel n'a pas plus besoin de regles qu'vn bon temperament de medecines : si cette maxime est receuë dans la morale des hommes, la morale de Iesus-Christ ne destruisant pas la nature, mais s'en seruant à ses fins, reçoit aussi ce qui se dit du bon naturel, de telle sorte neantmoins, qu'elle luy donne quelques regles pour l'employer aux choses plus grandes, & l'éleuer iusqu'à son principe.

Dieu voulant faire de grandes choses de la Mere de saint Sauueur, y mit d'excellentes dispositions à ce dessein, & au lieu que plusieurs trauaillent beaucoup à retrancher tout ce qu'il y a de mauuais en leur naturel, cette ame n'auoit qu'à prendre du sien, comme d'vn thresor, ainsi que dit l'Escriture, les pieces necessaires pour la perfection de l'ouurage que Dieu demandoit d'elle ; *Bonus homo de bono thesauro cordis sui profert bonum.*

Luc 6.

Elle n'auoit guere de son sexe que le corps, son esprit estoit fort bon, constant, & viril, d'où procedoit l'inclination qu'elle auoit de se gouuerner en toutes choses par raison. Dés son jeune aage elle porta ses affections tousiours en bon lieu. Elle prenoit plaisir d'entendre parler des diuers sentimens de ceux que le monde appelle Sages ou Philosophes Moraux; elle en a leu quelques-vns auec satisfaction, mais elle n'a pas eu soif de ces eaux, & n'en a pris que pour remonter à la source de toutes les autres, à ces eaux de vie, dont nostre Seigneur parloit à la Samaritaine. Le profit qu'elle en tiroit deslors estoit en considerant le peu d'estime que ces hommes par les lumieres mesme de la nature faisoient de toutes les choses visibles, ce qu'elle employoit vtilement à se destacher de tout, & ne porter son esprit qu'à la recherche du vray bien.

Elle se plaisoit en la compagnie des esprits bien-faits, des personnes raisonnables, auec ceux, qui estoient studieux & de bon sens. Son entretien aussi leur estoit agreable, parce qu'elle auoit vne grande facilité de s'exprimer en bons termes, tousiours à propos, sans les artifices du siecle, & dans toute la modestie conuenable à sa condition. Il n'est pas besoin de dire que quelques personnes de qualité luy rendent ce témoignage d'auoir apris d'elle à parler prudemment & Chrestiennement. J'ayme mieux dire ce qu'elle a fait pour aprendre à viure à plusieurs.

Vn des aduantages de son humeur naturelle estoit de monstrer à l'endroit de tout le monde vne douceur complaisante, qui faisoit desirer sa conuersation aux plus farouches & plus solitaires. Tousiours elle se tenoit gaye, & ses discours s'accordans à l'air de son visage ouuert & serain, estoient souuent remplis de petits traits & rencontres, dont elle taschoit de diuertir le prochain. Chacun s'en retournoit content d'auec elle, & la tristesse estoit bien auant dans vn cœur, quand elle ne mouroit pas, ou n'estoit pas moderée en sa presence. Elle a dit à ses Sœurs de Religion qu'elle se comportoit de la sorte, pour faire éuiter plusieurs fautes ausquelles peut-estre on fust tombé par mauuaise humeur, que c'estoit vn moyen de la dissiper de donner ainsi quelque parole de recreation par charité vers le prochain, & qu'elle se seruoit de ce moyen, parce que tous les esprits ne sont pas tousiours disposez d'entendre parler de

H

Dieu, ny de faire profit des discours spirituels.

De son naturel elle estoit fort liberale, se plaisant à donner, & à ne rien prendre, n'acceptant mesme qu'à peine les reconnoissances qu'on luy faisoit de parole pour le bien qu'on en auoit receu, son corps estoit bien composé d'vne complexion heureuse, & d'vne santé qui n'a pas esté mesme interrompuë par les incommoditez que la vieillesse apporte, en sorte qu'auançant en aage, il n'a paru en elle aucune diminution de la vigueur de son esprit, tousiours fort, & tousiours égal iusqu'au dernier soûpir de sa vie.

Son visage estoit fort majestueux, doux & graue, & de ceux qui ne laissent presque rien à faire à la parole, tant ils gagnent d'abord sur les sens. Les siens estoient extremement posez, sa veuë arrestée, son marcher graue, tout son maintien humble, modeste, & qui donnoit édification à ceux qui la regardoient : si bien que sans parler, son exterieur persuadoit la vertu, quand elle estoit dans le monde, & quand elle fut depuis dans la Religion. Rien n'offençoit sa veuë, il n'y auoit rien qui ne fut conuenable à la pieté, dont elle faisoit profession, & qui ne ressentit la sainteté de son ame, la maturité de ses pensées, de ses affections, de ses mœurs. Tous ceux qui l'ont connuë, mesme dans le siecle luy rendent ce témoignage qu'elle faisoit tout auec ordre, poids & mesure, ce qui se doit rencontrer en toutes les personnes deuotes & religieuses, par quelque sorte d'imitation des œuures de la sagesse de Dieu, qui sont toutes parfaitement bien reglées, & comme dit S. Ambroise, *Diues est modestia, quia Dei portio est, l.1.de offic.*

CHAPITRE II.

De sa Foy.

C'Est vn grand auantage & vn don de Dieu, que d'auoir receu vn naturel disposé au bien, vne ame bonne, comme dit le Sage : Mais embrasser & pratiquer le bien seulement par inclination naturelle, c'est estre humain, & non pas Chrestien. Ce n'est agir qu'humainement, lors mesme que l'inclination est conforme à la raison, si l'action n'est animée par vn motif surnaturel, comme de foy, d'esperance, & d'amour, qui sont vertus de Religion, qui font rapporter à Dieu tout ce qu'on fait ; qui font choisir ce qui est plus parfait, le plus agreable à Dieu, le plus conforme à la vie, & aux actions de Iesus-Christ. Entre les vertus Chrestiennes la foy tient le premier ordre, selon Saint Chrysostome, elle est le fondement de la Religion, & sans elle, selon S. Paul, il est impossible de plaire à Dieu,

Or la Mere de saint Sauueur, qui n'auoit rien tant à cœur que le bon plaisir de Dieu, témoignoit, en ne cherchant autre chose, le principe de cette vertu, c'est à dire la foy, qui estoit telle en elle que jamais elle n'a fait aucun doute des choses qui nous sont données à croire. Son Confesseur asseure qu'elle auoit tellement soûmis son iugement à l'empire de la foy, qu'il ne l'a jamais veuë hesiter sur vn seul poinct des mysteres de nostre Sainte Religion. Elle luy disoit quelquesfois qu'elle eut bien confirmé tout le monde dans nostre creance, tant elle s'y sentoit affermie : Dieu me fait, disoit-elle, cette misericorde de croire si fermement, que si le liure de l'Euangile estoit perdu, ie ne desisterois pas de ma creance que i'ay prise de nostre Mere la sainte Eglise, & mourrois volontiers pour soustenir ces veritez. Elle disoit aussi que bien qu'elle fut douteuse & craintiue pour toute chose, qu'à l'égard de la foy elle estoit dans vne pleine asseurance, reconnoissant tousiours en mesme temps que cét estat de grace estoit vn don de Dieu, venant du Pere des lumieres.

Il est vray, disoit-elle, que c'est vn don ; si ce n'estoit vn don de Dieu, quel moyen de croire qu'vn Dieu se soit fait Homme ? Elle croyoit simplement sans rechercher ny demander comment se pourroit faire ce que l'Eglise nous enseigne des mysteres de nostre Foy, se contentant que ce

H ij

fust Iesus Christ qui l'auoit dit. Sur ces paroles adreſſées par noſtre Seigneur à ſaint Thomas : *Bien-heureux ſont ceux qui n'ont point veu & qui ont creu.* Elle diſoit que bien-heureux ſont ceux qui croyent fermement toutes les veritez de la Foy, & que plus heureux ſont ceux qui dans la priuation de tout ſentiment de Dieu demeurent dans vne foy nuë, ne laiſſant pas de croire qu'il eſt vn Dieu, ſe tenant immobile à tout, & ne s'arreſtant qu'à luy. Elle ſe comportoit de la façon dans tous les rencontres de ſa vie, en tous les eſtats de ſon interieur, dans tous les mouuemens de la nature, reconnoiſſant ſon neant, & s'abandonnant toute à Dieu : iuſques-là qu'elle diſoit que ſi l'ordre de la nature eſtoit renuerſé, & ſi on ceſſoit de prêcher l'Euangile, elle ne perdroit rien de ſa tranquillité, qu'il luy ſuffiſoit que Dieu eſtoit, & qu'il eſtoit ſon Dieu. Quand elle eſtoit trauaillée de quelque peine, elle demeuroit dans cét eſtat paſſif conforme au bon plaiſir de Dieu, s'aſſeurant ſur la baſe de ſa foy, & faiſant plus de cas de cette peine, que de toutes les conſolations.

Elle a paſſé toute ſa vie dans vne nudité d'eſprit incroyable, & dans cét eſtat elle diſoit : *s'il plaiſt à Dieu que cela ſoit, ie ne voudrois pas qu'il en fuſt autrement, pourueu que ie luy ſois fidelle.* Voila le fondement ſur lequel elle a baſty l'édifice, non ſeulement de ſon ſalut, mais de la perfection Euangelique, où elle s'eſt touſiours eſtudiée : Voila le fondement d'où nous connoiſtrons la fermeté de ſon ame, quand nous en verrons les autres vertus, la foy n'eſtant pas ſeulement vne diſpoſition premiere, mais la cauſe vniuerſelle de tout noſtre bien, qui nous donne l'eſprit de verité, & nous fait diſcerner par cét eſprit le vray d'auec le faux, le bien d'auec le mal, la grace d'auec la nature.

CHAPITRE III.

De son esperance & confiance en Dieu.

LA Foy donne l'Esperance, & se prend mesme pour vne ferme confiance en Dieu, & cette confiance est encore vn fondement de salut, & vne marque de predestination, selon le discours du Prophete Ieremie, chapitre 39. *Erit anima tua in salutem, quia in me fiduciam habuisti* : Vostre ame est predestinée au salut, parce que vous auez eu confiance en moy. C'est de cette vertu que procede la seureté de conscience, & quelques-vns la disent semblable à cette pierre, laquelle estant portée dissipe toutes les frayeurs que donne la crainte, & rend vne personne asseurée au milieu de l'orage & des perils. Ce qu'on dit fort douteusement de cette pierre, est vn effect ordinaire de l'esperance, & connû dans la vie de cette bonne Mere, en l'esprit de laquelle il s'éleuoit souuent de si grands broüillards qu'elle ne sçauoit où elle en estoit, & des peines interieures qui la reduisoient comme à desesperer de son salut : Neantmoins elle demeuroit tousiours conforme à la volonté de Dieu : d'vne part considerant cette grande pureté que Dieu demande d'vne ame, & d'autre part les infidelitez de sa nature. Cette pensée la faisoit sortir d'elle-mesme, parce qu'elle disoit ne voir en soy que puanteur au regard d'vn Dieu, en la presence duquel tout deuroit fondre.

Elle a tousiours esté dans le doute & dans la défiance de tout le bien qu'elle faisoit, à cause que Dieu permettoit qu'il luy fut caché, & ne pouuoit pas dire comme ce Saint Seigneur, cachez vos graces à la nature, car c'est vne larronnesse. Il est vray toutesfois qu'en ces estats de sainte crainte, elle a tousiours fait paroistre l'esperance & confiance filiale quelle auoit en Dieu, & disoit qu'il estoit si bon & si misericordieux, qu'elle ne pouuoit enuisager sa iustice, &

quelque chose qui se passast en son interieur, jamais elle ne pouuoit arrester son esprit à mediter le Iugement & l'Enfer, disant quelquesfois qu'elle s'estonnoit de ce qu'elle ne pouuoit voir que cette grande bonté, & neantmoins estoit tousiours en crainte, qu'elle auoit vn si grand desir d'estre vnie à Dieu, & neantmoins sentoit de grandes apprehensions de la mort. Et quand on luy disoit que Dieu luy osteroit cette apprehension, elle répondoit; ô que sa sainte volonté soit faite, ie ne voudrois pas qu'il en fust autrement, pourueu que Dieu ayt son comte, il n'importe qu'il fasse de moy comme d'vne pierre de taille, pourueu qu'il soit content, ce m'est assez.

En toutes choses elle pratiquoit cette confiance, & particulierement dans les occasions où se rencontroient les plus grandes difficultez. Elle donnoit aussi courage à celles qui luy parloient, de se confier fort en Dieu; dautant, disoit-elle, qu'il ne manque iamais à faire éprouuer son secours, en ce qu'on entreprend pour luy. Son esprit estoit si bien persuadé de cette verité, qu'elle ne pouuoit iamais qu'esperer vn bon succés aux choses que l'on faisoit pour sa gloire: & quoy qu'il semblast aux commencemens n'estre pas de la partie, elle disoit qu'il falloit auoir patience, & que se tenant ferme à se confier en Dieu, on n'en estoit iamais deceu. L'histoire suiuante vous fera voir que ses sentimens & ses pratiques répondoient à ses paroles. Estant encore dans le monde, vn President d'vn des Parlemens de France luy bailla vn coffre à garder, où il y auoit vne grande somme d'argent?

La bonne Demoiselle pour luy faire plaisir en eut tout le soin conuenable, & le mit en lieu de seureté. Quelque temps apres ce President enuoya son fils à Paris, & l'adressant à Mademoiselle Hotman par vne lettre écrite & signée de sa main, il la prioit de donner la clef du coffre à ce sien fils, pour y prendre l'argent qu'il luy auoit dit. La lettre veuë, elle le mena dans son cabinet, & le laissa disposer comme il voulut du depost qu'elle y gardoit. Dans la suite du temps il arriua que le Presidant venant à Paris luy demanda son coffre, elle luy dit qu'elle auoit conserué ce qui estoit resté de la somme que son fils y auoit prise : à quoy le President se monstrant surpris, répondit, comment mon fils ? Elle luy dit, que depuis peu son fils estoit venu prendre vne partie de son argent sur vne lettre de sa part, il demande à voir cette lettre, elle entre dans son cabinet, & ne la trouuant point où elle croyoit l'auoir mise, apres plusieurs recherches, elle ne peut donner à son homme des asseurances que de parole, elle luy marque le temps, luy dit plusieurs circonstances de la chose, sollicite sa memoire de s'en souuenir, & se promettant de trouuer sa lettre dans peu, le remet à vne autrefois pour l'éclaircissement entier de l'affaire.

Dieu voulant éprouuer sa fidelité & confiance, permit que la lettre estant tousiours égarée, le President la mit en procez pour r'auoir cette somme qui estoit grande, ne se souuenant plus de ce qu'il auoit fait. Pendant que dura ce procez, elle eut à souffrir plusieurs déplaisirs & des injures bien sensibles, dautant qu'on croyoit qu'elle luy auoit fait ce tort, dont elle estoit fort blasmée. D'autre part, ses parens dans ce rencontre luy representoient que ses enfans souffroient beaucoup par la perte d'vne si grande somme, & sa réponse estoit, Dieu en est le pere, il en aura le soin. Dans cette confiance elle demeuroit tranquille, & ne pouuoit souffrir qu'on blâmast sa partie, disant que c'estoit vn homme d'honneur, & qu'il falloit laisser l'affaire entre les mains de Dieu, qu'elle esperoit si fort son secours en cette occasion, qu'il ne luy en pouuoit entrer le moindre doute dans l'esprit.

Comme le procez estoit prest à iuger, entrant ce iour là dans son cabinet, elle mit la main sur la lettre qu'elle rencontra deuant soy sans y penser. Ce fut la decision de l'affaire, sa partie ayant reconnu qu'elle estoit de sa main, & que si sa memoire ou cette lettre ne se fussent point égarées, il n'eust pas intenté cette poursuite, que Dieu permit pour faire épreuue de sa fidelle Seruante, qui témoigna dans tout le cours de l'affaire vne parfaicte confiance en luy.

CHAPITRE IV.

De sa Charité.

CE n'est pas tout de croire & d'esperer en Dieu, il le faut aymer pour s'vnir à luy. Il est dit dans l'Euangile au deuxiéme chapitre de Saint Iean, que plusieurs crûrent en Iesus-Christ : & neantmoins, ce qui doit sembler bien estrange, il est dit en suite que nostre Seigneur ne se fioit pas en eux, parce qu'il connoissoit le cœur des hommes, & que penetrant dans leur interieur, plus aisément que le Soleil ne perce l'air qu'il éclaire, il n'y voyoit qu'vn petit feu d'vne affection passagere, tout prest à s'esteindre au moindre souffle. Ce n'est par tout qu'hypocrisie, ou si l'on ayme Dieu, ce n'est qu'imparfaitement. Cependant l'vnion de Dieu qui est le but de toute la vie spirituelle, ne se peut acquerir que par vn veritable amour, par cette charité dont parle Saint Paul, & qu'il dit surpasser par eminence toutes les sciences, & toutes les vertus qui sans la charité n'ont point de merite: comme les pierres precieuses demeurent tousiours sombres, quoy que belles & rares, si le Soleil ne les éclaire.

Il n'y a pas moyen de dire les effects que cét amour opere dans les ames qui le reçoiuent, & qui s'y exercent comme a fait nostre bonne Mere, depuis le premier moment qu'elle s'est donnée entierement à Dieu, qui fut quarante ans auant sa mort. Depuis que son cœur fut touché de ce trait diuin, elle n'eut presque plus d'autres paroles en bouche que celle-cy; *Tout pour Dieu, vn Dieu, & rien plus*, & si elle eust suiuy les mouuemens de cette sainte ardeur qui la pressoit, elle eust souuent fait entendre cette voix; en tous lieux comme me dans sa maison, *Aimons Dieu, aimons Dieu*, tant cét amour estoit ardent en elle. Il sembloit qu'elle en fust reduite quelquefois à l'estat de l'Espouse, se plaignant quelquefois comme elle à nostre Seigneur par ces paroles, *Hé mon Dieu, ayez pitié de ma langueur, consommez, Seigneur, consommez le neant, afin qu'il n'y ait que vous qui soyez, & regniez en moy*. Elle disoit que le vent qui est enclos est bien plus impetueux que celuy qui souffle en liberté dans la campagne, & par cette comparaison elle vouloit faire entendre la force de l'amour caché dans vn cœur. Il est estrange que parlant sans cesse de cette abondance de feu Diuin, elle n'en croyoit pas auoir vne estincelle; son humilité luy cachoit ce bien & luy donnoit des desirs continuels de cét amour qu'elle pensoit n'auoir point. Ce qui luy faisoit souuent dire: *Ha Seigneur, que i'en sois toute consommee, ne laissez rien viure en moy que cét amour*.

Elle disoit qu'il n'en faudroit qu'vne estincelle pour faire des merueilles, mais qu'elle ne sçauoit que c'estoit. Quand elle pensoit qu'vn Dieu, par l'amour qu'il porte à ses creatures, dit que ses delices sont d'estre auec nous; *Cela seul*, disoit-elle, *deuroit estre capable de nous faire fondre deuant Dieu, nous confondans du peu de correspondance qu'il a de nostre part. Il semble que les hommes ne fuyent autre chose: Hé donnons-luy le contentement de l'aimer, faut-il tant de raisons pour nous faire aimer vn Dieu qui merite tant d'estre aimé? Hé! il n'est qu'amour, renonçons donc à toutes choses, & qu'il soit nostre Dieu tout à fait, que ce soit nostre mot de rencontre, à qui plus aymera*; C'estoient là ses paroles.

Son cœur estoit tousiours touché par ce mot de Saint Augustin, quand s'adressant à nostre Seigneur, il luy disoit: *Si i'estois Dieu, & que vous fussiez Augustin, ie ferois que vous fussiez Dieu, & que ie fusse Augustin*. Elle en parloit de telle sorte, qu'il estoit aisé de connoistre que son cœur estoit allumé du mesme feu que ce Seraphin: *Que ce grand Saint me plaist, & que Dieu est admirable de donner à ses creatures de tels ressentimens de son amour*. Sur ce mot du mesme Autheur, *aime &*

faites-ce que vous voudrez, elle sentoit les mêmes mouuemens qui luy faisoient dire: *Hé à quoy nous amusons-nous? quittons le rien, suiuons le tout*.

Cét amour la portoit au desir du martyre, ne cherchant qu'à souffrir pour ce qu'elle aymoit. En parlant à quelqu'vne: *O ma fille*, disoit-elle, *pleust à Dieu que nous fussions à vne potence, vous d'vn costé, & moy de l'autre, pour la Confession de la foy, & la gloire de Dieu*. Et ne trouuant pas en celle qu'elle entretenoit assez d'ardeur pour répondre à son zele, elle luy dit, que *vostre réponse est froide*, elle ne me touche point au cœur: & puis rentrant en elle-mesme, *ie ne merite pas ce que ie desire, mes pechez me priueront de ce bien*. Lors qu'on lisoit en commun la vie de quelque Martyr, & qu'on en venoit à la condamnation, elle se tournoit vers celle qui luy estoit proche auec ces mots: *O quelle consolation auoient ces saints Martyrs, de pouuoir mettre leur vie pour celui qui leur auoit donné la sienne!* Sur ce sujet elle disoit d'autresfois: *Ha mon Dieu, vie pour vie, sang pour sang! O ma Sœur, ce bien ne nous arriuera pas, mais faisons au moins ce que Dieu demande de nous*. Son amour estoit doux & tendre, en sorte que parlant de nostre Seigneur, ou de quelques effects de son extrême bonté vers nous, les grosses larmes luy tomboient des yeux: & neantmoins elle disoit tousiours qu'elle n'auoit point d'amour, & qu'elle estoit vne hypocrite.

Elle aymoit Dieu dans vn tres-haut degré de pureté: ce qui faisoit que pour luy plaire elle ne pouuoit souffrir la moindre atome d'imperfection, qu'incontinent elle ne s'en purifiast, ou par quelque acte d'amour, ou par la confession, ou s'accusant, soit à sa Superieure, soit à toute autre qui eust voulu l'écouter. Il n'y auoit personne à qui elle ne fut preste de dire sa coulpe, pour oster par ce moyen purgatif tous les obstacles de l'amour diuin, où son cœur estoit attiré. Sa coustume estoit de prendre le plus souuent qu'elle pouuoit, de l'eau beniste, particulierement quand elle pensoit auoir donné quelque liberté à quelqu'vn de ses sens, elle les lauoit au de l'eau beniste pour effacer cette tache, attendant l'occasion de s'en confesser. Quand on luy disoit chose qui tendoit à l'excuse ou diminution de sa faute, elle en auoit peine, & disoit, ô que la pureté de Dieu est grande, & qu'il me la demande grande: c'est à mon Confesseur à iuger de mes fautes, & non pas à moy. Il n'y a rien de petit deuant Dieu qui est offensé, tout ce que ie fais de contraire à cette bonté me semble tres-grand. C'est veritablement aymer l'Epoux que d'auoir vn si grand soin de luy plaire, & de retrancher ainsi tout ce qui luy peut estre tant soit peu desagreable.

Ainsi suiuoit-elle l'amour & le conseil du Docteur Amant, c'est à dire de Saint Augustin, qui donne cét aduis aux ames: Auant tout œuure, dit-il, ayez soin de purifier vostre cœur, & ostez-en tout ce que vous remarquez qui déplaist à Dieu. Aduis qu'elle a pris & suiuy selon toute la force & l'estenduë de son sens, en s'aneantissant soy-mesme, se perdant en soy pour ne se trouuer plus qu'en Dieu, comme nous verrons dans la suite des Chapitres, où nous reconnoistrons euidemment cét effect d'vn veritable amour diuin, & de pieté solide de Religion, qui est de conduire l'homme à la connoissance de soy-mesme, luy faire mieux sentir ce qu'il est, ce qu'il peut, & ce qu'il doit, luy apprenant à se défier de soy-mesme, reconnoissant son rien, sa misere, son mal naturel & acquis pour mettre sa confiance en Dieu seul, qui est la plenitude de tout bien, & le comble de toute perfection.

De toutes choses elle prenoit sujet d'aller, & de seruir à Dieu sans qu'elle fut pour cela multipliée; ce qu'elle a fait paroistre en plusieurs rencontres, comme quand elle voyoit ces pauures bestes qu'on charge de tout ce qu'on veut sans qu'elles y fassent resistance, ou regardant ce qu'on leur met sur le dos, elle en tiroit occasion de se confondre deuant Dieu, reconnoissant son ingratitude en ce poinct, que son amour ne luy faisoit pas faire ce que faisoient ces pauures animaux pour le seruice de leur maistre.

Pour dire tout ce qu'on a veu d'elle sur ce sujet, il faudroit comprendre toute sa vie dans ce chapitre de l'Amour, Toutes ses actions n'ayant esté autre chose que des effects de cét amour, en l'exercice d'vne inclination generale & promptitude d'esprit à faire tout ce qu'elle connoissoit estre agreable à Dieu.

CHAPITRE V.

De son Amour vers l'Humanité de nostre Seigneur Jesus-Christ, & de ses souffrances.

POur estre bien à Dieu, il ne faut qu'estre bien à Iesus-Christ : & pour estre Enfant du Pere, il faut viure de la vie du Fils. C'est la doctrine de Saint Paul en l'Epistre aux Galates, chapitre quatriéme, que Dieu a fait décendre l'Esprit de son Fils dans nos cœurs, & que cét esprit nous fait appartenir à Dieu en qualité, non plus d'esclaues, mais d'enfans, heritiers des graces & misericordes Diuines, à cause de nostre vnion auec Iesus-Christ. La Foy nous apprend qu'il est la Voye, la Verité, & la Vie, qu'à luy toute Puissance est donnée pour gouuerner toutes les ames, & chacune en particulier. Il est, dit l'Apostre, nostre Plenitude, il est nostre Tout, il est nostre Exemplaire. Ce qui faisoit que la Mere de Saint Sauueur, parfaictement instruite de ces veritez, s'est tousiours proposée nostre Seigneur pour l'aymer & le suiure.

Depuis qu'elle eut medité sa Vie, sa Passion & sa Mort, comme nous auons dit au commencement, sous la direction d'vn homme fort spirituel qui la conduisoit, elle s'affectionna si fort à cette Vie & Passion, que toute son affection intime n'estoit qu'vn Iesus-Christ crucifié & aneanty, & de tâcher à rendre toutes ses actions conformes à cét exemplaire. C'est le témoignage qu'en rend son Confesseur : Elle estoit tellement plongée dans l'amour de cette vie souffrante, qu'elle n'auoit point de pensée qui luy fut plus familiere, ny de souuenir plus present que celuy-là. Tout autre échapoit de son esprit, les discours mesmes & les lectures qu'on luy faisoit sur d'autres sujets n'y faisoient pas grande impression. Quand on l'alloit voir, elle entroit tousiours en discours par cette matiere, & taschoit d'en faire tout l'entretien. Laissons-là, disoit-elle, tout le reste, parlons de ce que nous aymons, qui estoit de cette vie souffrante & aneantie, qu'elle consideroit au Fils de Dieu, non seulement dans le temps de sa Passion; mais dés sa naissance, & le commencement de sa vie. Et comme elle voyoit qu'il auoit commencé deslors à souffrir, elle auoit grand regret d'auoir si tard & si peu tasché d'imiter cette vie crucifiée. Elle disoit que tout nostre souhait deuoit estre de pouuoir dire auec Saint Paul; *Ie ne vis plus par moi, c'est Iesus Christ qui qui vit en moi.* Quand les Predicateurs n'eussent jamais prêché que ce théme, elle disoit qu'elle ne s'en fust jamais lassée, & plus on préchoit naïuement ces mysteres, plus elle y prenoit de goust. Ce sont des veritez, disoit cête bonne Meré, qui nous doiuent demeurer au cœur.

Elle admiroit cette parole que nostre Seigneur auoit dite à la Croix; *Mon Dieu, pourquoi m'auez, vous delaissé?* Elle disoit qu'il auoit ouuert sa sainte bouche pour se plaindre de ce delaissement, & que pour toutes les injures qu'on luy auoit dites il ne s'en plaignoit point. Ce qui luy faisoit dire que toutes les afflictions qui viennent des creatures ne sont rien en comparaison de celles qu'il plaist à Dieu faire souffrir, à ceux qu'il meine par le chemin de la Croix. Le fruict qu'elle tiroit de ces mysteres estoit principalement vn grand amour: ce qui la portoit à s'auilir en toutes les manieres qu'elle pouuoit en la veuë que nostre Seigneur s'estoit aneanty jusqu'à tel poinct.

Celles qui l'entendoient parler sur ces sujets en estoient ordinairement touchées, & conceuoient vn grand desir d'aymer l'abjection comme elle, sur tout quand elle venoit à se representer l'ignominie que nostre Seigneur auoit soufferte dans le chemin du Caluaire. Helas! disoit-elle, ce Roy de gloire eſtoit au milieu de deux voleurs , la trompette deuant qui publioit, que c'eſtoit ce Ieſus de Nazareth qui alloit eſtre crucifié pour ſes crimes , & tout cela pour nous ; & neantmoins nous ne voudrions pas ſouffrir vne parole qui nous depluſt , ny qu'on nous touchaſt tant ſoit peu où nous ſommes ſenſibles ; O quel aueuglement qui nous empéche de voir qu'il eſt innocent , & que nous ſommes les coupables ! Pendant qu'elle parloit de ces choſes, l'impreſſion qu'elles faiſoient ſur ſon cœur en paroiſſoit au dehors ſur ſon viſage, par vne couleur de lumiere & de feu, & par les eaux de ſes larmes qui couloient doucement de ſes yeux. On verra plus au long dans les chapitres de ſon oraiſon , l'eſtime qu'elle faiſoit de Ieſus-Chriſt crucifié, qui eſtoit ſon amour.

Comme on liſoit vn iour deuant elle, que ſelon le raport de Saint Bonauenture , quand on voyoit autresfois dans Nazareth quelque idiot, c'eſtoit vn mot tourné en Prouerbe, de dire , il reſſemble à ce Fils de Ioſeph qui ne ſçauroit dire deux mots , ny rien faire, elle fut viuement touchée de ces paroles; Ha! fille, diſoit-elle, juſqu'à ſon diuin eſprit il a voulu paroiſtre hebeté , & paſſer en mépris juſqu'à ce poinct pour nous. Elle releuoit ſouuent cette parole , c'eſt cét idiot qui ne ſçauroit dire deux mots, ny rien faire, & à quoy nous amuſons-nous de vouloir qu'on nous tienne pour de bons eſprits, & ce Dieu de gloire a voulu eſtre ainſi mepriſé pour nous ? Ha, que la chair & le ſang nous aueuglent ! n'y a-il pas moyen de nous reueſtir de ſa robe ! Hé quelle eſt cette robe ? c'eſt le mépris & l'abjection, & le rebut de ſes creatures. O fille conſiderez bien cela, que ce ſont les creatures qui en font vn ſi grand mépris , & nous ſommes ſi delicates quand on nous dit ou fait quelque choſe ! nous ſommes touſiours preſtes à nous plaindre; ſont-ce nos creatures qui nous font déplaiſir , comme à noſtre Seigneur , ce Roy de gloire qui n'a jamais ouuert la bouche pour ſe plaindre , mais qui diſoit au contraire ; *Ie ſuis vn ver de terre , non pas vn homme; l'opprobre des hommes, & l'abjection du peuple.* N'y a-t'il pas moyen de ranger la nature à luy obeyr, & de ne plus écouter ses plaintes?

On ne peut expliquer la tendresse de ses affections, qu'elle faisoit principalement paroistre sur cet endroit de l'Euangile, où nous voyons qu'vn jeune homme venant à nostre Seigneur, luy dit; Seigneur, que feray-je pour estre sauué? le Fils de Dieu luy répondit, garde les Commandemens, & luy disant qu'il les auoit gardez dés le commencement de sa vie, nostre Seigneur luy repartit; *si tu veux estre parfait, va, & vends tout ce que tu as*, &c. Cette bonne Mere pesoit fort ce mot, *si tu veux*; Dieu, disoit-elle, ne nous contraint point, voyez comment il parle, *si tu veux*, il faut bien considerer cette parole. Au reste, ce n'est pas assez de vendre ses biens, il faut faire ce que nostre Seigneur adjouste; Renoncez à vous-méme, portez vostre croix & me suiuez, voyez qu'il n'y a que ceux qui renoncent à eux-mémes qui sont de sa suite. Hé suiuons-le par tout, à la croix, aux ignominies, à la mort, & renonçons en tout à nous-mémes. Faut-il que cette chair, & ce sang nous empéche de le suiure? Luy refuserons-nous de le faire pour obeyr à la nature? quelle apparence : ô Dieu ! ne leuerez-vous point cette escaille de dessus nos yeux, cette escaille qui nous aueugle? ressemblerons-nous toussiours à ce jeune homme qui vouloit bien garder les Commandemens, mais qui ne vouloit point ouyr parler de renoncer à luy-méme ? Hé ! prenons sa place puis qu'il l'a laissée, car nostre Seigneur dit ; Venez à moy, vous tous qui estes chargez, & je vous soulageray, mais voyez qu'il dit ; Venez, voyez qu'il dit, vous tous, il n'en excepte pas vn, & dit : Venez à moy, qui suis la fontaine de Vie, vous qui estes alterez. Tournez-vous vers moy, vous qui estes chargez, prenez mon joug ; car il est doux.

Aussi-tost qu'on se tourne vers Dieu, & qu'on le regarde, toute peine est douce, & pour témoigner cela, le bon Larron s'estant tourné vers Iesus-Christ, il n'a pas plustost confessé Dieu, que pour le fruict de sa conuersion, son joug luy est deuenu doux, sa croix luy a esté changée en vn Paradis, & il estoit prest d'y demeurer jusqu'au jugement. Remarquez que ce fut à la Croix que le Paradis luy fut promis; Elle disoit encore.

Pour monstrer comme c'est aux souffrances que nostre Seigneur nous appelle, il se faut souuenir qu'il dit à Saint Pierre au Iardin des Oliues, veillez auec moy, & qu'en suite il se plaint de luy, disant; Tu n'as pû veiller vne heure auec moy, pesez ce mot auec moy en ma compagnie. Quand le mesme Saint Pierre luy demande de demeurer auec luy sur le Mont de Thabor, il n'en a point de response; mais quand nostre Seigneur est triste jusqu'à la mort, il parle à saint Pierre, il le preuient, & se plaint qu'il ne veut pas veiller auec luy. Cela nous monstre l'estime que nostre Seigneur fait des souffrances, & que c'est par cette voye que nous le deuons suiure. Cette saincte Ame disoit que nous ne deurions auoir autre dessein en cette vie, que d'apprendre le moyen de nous vnir à Iesus-Christ, pour luy ressembler parfaictement; ce doit estre nostre ambition à qui le suiura de plus prés: Pour moy, ie le veux suiure, disoit-elle, & de si prés, que ie marche sur ses talons. Voila vne façon de parler bien familiere, mais qui exprime bien aussi l'affection qu'elle auoit de marcher sur les pas du Fils de Dieu, & de s'vnir à luy par l'Imitation de sa vie.

Vn iour vne Sœur luy témoignant qu'elle auoit de la peine d'entreprendre vne action, à cause des paroles qu'on en pourroit dire: Elle luy répondit qu'vne Epouse ne doit pas trouuer de la difficulté de faire ce qu'elle connoist estre agreable à son Epoux. Si l'honneur de l'Epouse consiste à plaire à l'Epoux, nous qui sommes Epouses d'vn Dieu, nous arresterons-nous à des paroles pour faire, ou pour obmettre ce qui est de nostre deuoir? O non! car il faut auoir vn grand soin de luy plaire. Aussi quand on luy témoignoit de la difficulté de faire quelque chose, elle répondoit que c'étoit que nous ne sçauons pas aymer.

de Saint Sauueur.

De la façon que cette bonne Mere parloit de nostre Seigneur, c'estoit comme saint Pierre au Thabor, auec des transports de joye, & des rauissemens d'vn cœur touché des grandeurs, des beautez, des perfections, & des bontez de cét Homme-Dieu. Mais elle ne parloit pas d'en demeurer sur cette montagne, elle adjoustoit bien-tost à ces discours d'amour, celuy des souffrances de Iesus-Christ, & passant du Thabor au Caluaire, elle taschoit de suiure par la pratique les vestiges de nostre Seigneur. Comme nous auons veu dés le commencement de ce liure, & comme nous verrons dans la suite, Iesus-Christ souffrant a esté l'ordinaire objet de ses pensées, & l'vnique modele de ses actions : Disposition conuenable à la sainteté de l'Ordre, où Dieu voulut qu'elle entrast pour y demeurer, dautant que l'Institut de cét Ordre celebre dans l'Eglise, & recommandable par les priuileges qu'il a du S. Siege, a pris son origine au pied de la Croix, & se propose pour fin d'honorer Iesus-Christ souffrant & mourant. *Institut de l'Ordre de Fonteurault.*

C'estoit en ce lieu-là principalement, c'est à dire sur le Caluaire, que cette bonne Religieuse se plaisoit. D'où repassant quelquefois dans la consideration des autres mysteres, c'estoit auec vne estime nompareille, & vn vsage tres-fidelle qu'elle en occupoit son esprit : C'estoit auec consolation & profit pour le prochain qu'elle en découuroit ses sentimens aux occasions. Elle faisoit souuent comme vn abregé de toute la Vie de nostre Seigneur, & commençant par l'estable qui le receut venant sur terre : Voyez, fille, disoit-elle, le Palais qu'il choisit pour sa naissance, vne pauure estable, qui estoit mesme le reste des bestes; pour tapisseries, des toiles d'araignées; pour Princes & Courtisans, vn bœuf & vn asne; pour lict de parade, vn peu de foin; & au lieu de duuet vne pierre froide & dure. Il n'est pas plustost né qu'on cherche à le faire mourir, le voila fugitif en vn pays estranger : Voyez les sentimens de la sainte Vierge; elle qui connoissoit ce qu'il estoit, & les necessitez qu'il enduroit. Elle adjoustoit, qu'vne Mere bien aymante experimentoit da-

K

uantage les douleurs que la sainte Vierge ressentit, que non pas d'autres, bien que pourtant sans comparaison; & parloit de ces choses auec tant d'affection, qu'il paroissoit bien que son cœur en estoit viuement touché.

Continuant, elle disoit des trois dernieres années que nostre Seigneur employa à conuertir le monde, & à luy bien faire: Est-il pas estrange qu'au bout de cela l'on interpretast en mauuaise part ses paroles & ses actions diuines; que l'on l'appellast yurongne, & vn endiablé, qu'on ayt cherché tant de moyens de le faire mourir; & qu'en fin les hommes en soient venus jusqu'à ce poinct, d'assouuir leur rage sur cét Agneau innocent. Ils l'ont pendu en vn gibet, ce Roy de gloire: Telle a esté la Vie & la Mort, de celuy qui dans le Ciel est adoré des Anges, de ces Bien-heureux Esprits, qui durant toute l'Eternité chanteront sans cesse; *Sanctus, Sanctus, Sanctus.* Et considerez qu'il n'a pas fait pour les Anges ce qu'il a fait pour les hommes. Voila sa recompense: Ie ne m'estonne pas s'il est dit qu'au iugement toutes les creatures s'éleueront contre l'homme, pour vanger l'injure faite à leur Createur.

Touchant le mystere de la Resurrection de nostre Seigneur, elle disoit: Voyez la grande familiarité d'vn Dieu, il apparoist aux siens qui l'auoient suiuy pendant qu'il estoit sur cette terre, & quoy qu'ils eussent esté infideles, l'ayant abandonnée dans son besoin, apres auoir perdu la Foy, il vient en personne les chercher: Cela nous doit bien encourager, & donner confiance en sa bonté & misericorde, lors que nous sommes tombez en quelque imperfection: car nonobstant que saint Pierre l'eust renié trois fois, il l'auantagea par dessus les autres, luy donnant le gouuernement de son Eglise: & quant à la Magdeleine, il a changé son nom de pecheresse en celuy d'Amante de Iesus. Mais voyez vn peu comme il se plaist de se voir cherché d'elle, il se déguise & prend plaisir à sa sainte perseuerance, & enfin il luy parle, la nommant Marie: & alors il touche son cœur, & elle le reconnoist, l'appellant son Maistre. Voyez qu'il

de Saint Sauueur. 75

auoit beaucoup parlé à elle, luy demandant ce qu'elle cherchoit : c'estoit le mesme Dieu qui auoit parlé, & elle ne le reconnut que quand il l'appella Marie. De là cette bonne Mere tiroit vne consequence, que quand il plaist à N. S. de toucher les cœurs, cela à son effet, mais il ne le fait pas toûjours; il se cache le plus souuent.

Regardez vn peu, comme il s'en va trouuer ces deux pauures Pelerins, qui s'en alloient tous tristes de sa mort. Il prend la forme de Pelerin, & s'accommode à leur foiblesse. Il leur dit : Vos cœurs sont tous tristes, qu'auez-vous? Voyez, filles, & admirez qu'vn Dieu glorifié s'abaisse ainsi. Il fait encore le mesme, il est apres nous pour nous ouurir le cœur, & nous parle par ses inspirations, & par la bouche de nos Superieurs. Il échauffoit les cœurs de ses Disciples, quand il leur expliquoit les escritures, comme eux-mesmes l'ont témoigné, & neantmoins leurs yeux n'estoient point ouuerts; Et de tout cecy elle parloit auec tant de ferueur, qu'vne fois vne Sœur luy dit; Ma Mere, il semble que vous y estes. Que vous eussiez esté rauie de ces rencontres, vous eussiez esté vne seconde Magdeleine courant au deuant de ce bon Maistre. Elle luy dit, ô fille ! la Magdeleine y courut, mais il ne luy en permit pas l'approche pour la premiere fois; Helas, ie ne merite pas ces faueurs ! mais ie vous diray bien qu'encore que sa bonté se rende familiere, on ne le ressent pas tousiours.

Elle auoit plaisir encore à considerer cette familiarité de nostre Seigneur, se trouuant au milieu des douze Apostres, qui estoient renfermez par crainte, & elle repetoit ces paroles, *Ne craignez point, c'est moi, vn esprit n'a ni chair, ni os, maniez moi*; Mais considerez, disoit-elle, les paroles de nostre Seigneur : *C'est moi, ne craignez point*, ils eurent peur, disoit-elle, en parlant auec tant de tendresse & d'amour, qu'il sembloit qu'elle fut toute mécontente des Apostres. Elle releuoit cette parole, *ils eurent peur*, & la Sœur luy dit, vous n'eussiez pas eu peur; & elle repartit ? Helas ! fille, le moyen d'auoir peur d'vn Dieu ? Ha qu'il paroist bien ce que nous pou-

K ij

uons, quand il nous laisse à nous mesmes, & puis nous auons l'orgueil de dire, ie feray cecy, & cela, Hé ! laissons faire Dieu, qu'il accomplisse en nous ses tres-adorables volontez, & luy demandons la grace de luy estre fidelles. Hé bien les voila craintifs comme des hommes; mais quand ils se sont laissez manier, & conduire à l'esprit de Dieu, voyez quel changement au iour de la Pentecoste; quand ce Diuin esprit descendit sur eux, ils furent si changez, qu'ils ne se voyoient plus. Iesus-Christ leur Maistre estoit le seul objet de leur veuë, ils ne demandoient qu'à souffrir pour son saint Nom, pendant qu'ils préchoient sa croix & ses souffrances; la vehemence de l'Esprit de Dieu les faisoit parler, & ce mesme esprit leur rendoit les injures, & les peines agreables, & plusieurs calomnies dont ils estoient contens: O que l'esprit de Dieu est fort, quand vn cœur s'en laisse posseder; laissons le donc faire.

Elle admiroit combien la bonté & misericorde de Dieu surpasse celle des hommes, sur le sujet de l'interrogation que saint Pierre fit à nostre Seigneur, luy demandant combien de fois il pardonneroit à son frere qui l'auoit offensé, & s'il luy remetroit sa faute iusqu'à sept fois. Il pensoit, disoit elle, auoir fait vne belle action, mais nostre Seigneur luy dit; *Ie ne te dis pas iusques à sept fois, mais ie te dis iusques à septante sept fois* : O Dieu ! que cette bonté est liberale enuers ses creatures, & qu'elles ont le cœur estroit, & chiche pour luy.

Elle pesoit encore ce passage du Prophete: *Autant de fois que le pecheur regrettera son offense, ie n'aurai plus memoire de son iniquité*: Ha mon Dieu ! disoit-elle, quelle misericorde, il promet d'en perdre la memoire ; Hé, voyez la difference de la misericorde d'vn Dieu d'auec celle des hommes : si-tost qu'on les offense, ils s'en plaignent, & ne veulent jamais pardonner, ce n'est que vangeance au cœur de l'homme; bien qu'il s'en trouue qui pardonnent, ils s'en trouue tres-rarement qui perdent la memoire du tort qu'ils estiment qu'on leur a fait, nonobstant ce que Dieu dit que l'offenſe faite au prochain s'adreſſe à luy-meſme.

Par tels & ſemblables diſcours, elle s'entretenoit auec ſes Sœurs, qui par eſtime de ce qu'elle faiſoit, apportoient grande attention à ce qu'elle diſoit ; de ſorte qu'ayant ainſi recueilly pluſieurs de ſes paroles, elles ont obligé celles qui ne les ont pas entenduës, ou qui les ayant entenduës, ont pluſtoſt manqué de memoire que d'affection à les retenir: Beny ſoit Dieu, d'auoir permis que pour le contentement, l'édification, & le profit des vnes & des autres, ces paroles ſoient imprimées, & prennent vn corps ſur le papier qui les ſouſtienne, & rende leur vtilité publique : *A la plus grande gloire de Dieu, & de noſtre Seigneur Ieſus-Chriſt.*

CHAPITRE VI.

De la charité qu'elle auoit pour le prochain.

DE l'Amour de Dieu vient l'amour du prochain, qui en eſt l'Image, & nous le fait conſiderer comme noſtre Frere en la nature, en la grace, & en la participation de la gloire. Le bien-heureux François de Sales diſoit, que comme Dieu a creé l'homme à ſon Image, auſſi a-il ordonné vn amour pour l'homme à l'image & reſſemblance de l'amour, qui eſt deu à ſa Diuinité. Il faut aymer Dieu en l'homme, & l'homme en Dieu. Il n'eſt pas queſtion, diſoit ce ſaint Prelat, ſi ce prochain eſt ſage, courtois, liberal, ou doüé d'autres qualitez pour l'aymer : C'eſt aſſez qu'il porte l'Image de Dieu, qui eſt ſouuerainement aymable. La Mere de ſaint Sauueur ne manquoit point à ce deuoir, eſtant tellement détachée des creatures, qu'elle ne laiſſoit pas d'eſtre parfaitement vnie au prochain, ſuiuant ce conſeil de la Vie ſpirituelle, de n'eſtré qu'à Dieu par l'aneantiſſement, ſans qu'on ceſſe d'eſtre tout à tous par la charité. Et comme ſaint Paul dit qu'il en faut auoir pour tout le monde, mais principalement pour les domeſtiques de la foy, & pour les personnes qui nous touchent, & parmy lesquelles nous viuons : C'estoit particulierement à l'égard de ses Sœurs, que cette bonne Mere exerçoit la sienne. Ce qui luy faisoit souuent dire, embrassant les vnes & les autres : *O filles, ce n'est ici qu'vn passage, i'espere que Dieu nous fera la grace de nous voir vn iour dans le Ciel!*

Elle auoit vn grand amour pour ce qui regardoit la maison de Hautes-Bruyeres, & si son humilité ne l'eust retenuë, elle eut monstré à tout le monde les voyes qui conduisent à Dieu, tant elle auoit d'affection que leurs ames allassent droit à luy. Elle estoit tellement disposée à l'égard des vnes & des autres, qu'il luy sembloit que facilement elle les eust toutes mises dans son cœur. Il n'y en auoit point qui ne fust dans son souuenir, les presentant continuellement à Dieu dans ses prieres, & ne les oubliant pas mesme en vn temps où tant de monde ne pense plus qu'à soy, dans sa derniere maladie, & proche de sa mort, demandant lors à Dieu la sainte vnion de leurs cœurs & de leurs volontez en Iesus-Christ.

Elle disoit que quand elle auoit nouuelle du trépas de quelqu'vn de ses parens, ou de ceux qu'elle auoit connus dans le monde, qu'elle en estoit touchée, & qu'elle prioit pour eux. Mais, disoit-elle, quand il meurt quelque personne de cette maison & des seruiteurs mesmes, ie la ressens fort. Elle ne manquoit vn seul iour à prier particulierement pour quelques seruiteurs qu'elle auoit connus fidelles, tant elle aymoit le bien de la sainte Religion.

Son affection estoit telle à l'endroit du prochain, que quand quelqu'vn luy venoit parler durant qu'elle estoit en oraison, elle l'interrompoit pour luy donner satisfaction, encore que ce fust la chose du monde qu'elle aymast mieux que d'estre dans l'Oraison. Elle pouuoit bien dire auec S. Paul, qui de vous est infirme, auec qui ie ne le sois ? car comme elle prenoit part au contentemēt de chacune des Sœurs, quand elle en voyoit de tristes, elle en portoit la peine dans son cœur, & disoit à celles qui prenoient confiance en elle, & qui se déchargeoient quelquefois dans son sein de leurs sentimens, vsez librement de moy, n'ayant point d'égard à mon repos, quand ce seroit en pleine minuict, venez à moy : Sa charité s'estendoit plus loin qu'à les receuoir, elle les preuenoit quand elles estoient long-temps sans la venir voir, & sans sçauoir la cause de leur éloignement, elle leur demandoit pardon, craignant de leur auoir donné sujet de se retirer.

Vn iour estant aduertie que quelqu'vne auoit trouué mauuais de ce qu'estant venuë, pour luy parler pendant qu'elle disoit son Office, elle s'en estoit excusée, elle fit tant vers celle qui luy donnoit cét aduis, qu'elle aprit qui c'estoit, & ne pouuant l'aller trouuer, l'enuoya querir pour luy demander pardon. Elle ne differoit jamais son Office vocal que pour de tres-grandes necessitez, & le recitoit auec tant d'atention & de respect, qu'il sembloit qu'elle voyoit nostre Seigneur : Si on demandoit à luy parler en ce temps-là, elle s'en excusoit ; mais pour l'Oraison Mentale, elle l'interrompoit à cause qu'elle auoit vn grand temps pour y vaquer, & tenoit que c'est faire Oraison, que de rendre la charité au prochain.

Sa charité & reconnoissance à l'endroit des personnes qui luy rendoient de l'assistance, se faisoient bien paroistre lors qu'elles estoient malades, les secourant de commoditez & de consolations, & lors que quelques-vnes de ces personnes qu'elle assistoit luy disoient, pourquoy auez vous tant de soin de moy, & à vostre égard, vous vous passez à si peu de choses ? Elle répondoit, ô fille ! C'est bien de mesme, vous estes vtile à la Religion, & non pas moy. Ayant perdu la veuë, elle disoit qu'vn des regrets qu'elle auoit, estoit de n'auoir plus le pouuoir de faire la charité, & rendre du seruice à son prochain. Si quelquefois il arriuoit qu'elle sentist quelque amertume contre quelque personne, elle alloit luy demander pardon, quand elle estoit bien asseurée de la personne. Bien que sa charité fust commune à tous, & qu'elle fust portée à bien faire à chacun, elle auoit pourtant vne particuliere inclination pour celles qu'elle connoiſſoit dans vn plus grand beſoin.

Auſſi quand elle apperceuoit quelque bonne Sœur Laye en quelque neceſſité, elle demandoit permiſſion à la Superieure de faire acheter par ſes enfans ce qui la pouuoit aſſiſter, & faiſoit en ſorte qu'elle ne ſçauoit pas que cette charité luy fut renduë par ſon moyen, cachant autant qu'il luy eſtoit poſſible le bien qu'elle faiſoit. Elle en demandoit encore vn congé general aux Viſiteurs, à chaque fois qu'on en auoit de nouueaux.

Encore qu'elle ſe trouuaſt parmy vne grande diuerſité d'eſprits & d'humeurs diſſemblables de la ſienne, qui eſtoit parfaitement douce & accorte, receuant bien ſouuent des rebuts qui portent auec ſoy grande mortification, elle ſouffroit cela ſans ſe plaindre de perſonne, & de ſa part tout ce qu'elle penſoit qui pouuoit faire peine à ſon prochain, tant en ſes paroles, actions, que veſtemens, elle s'en donnoit de de garde. Elle eſtoit extrémement portée à la propreté par inclination naturelle, mais elle s'en ſeruoit auſſi de peur d'eſtre à peine aux autres. Elle ſe priuoit de ſes neceſſitez pour les donner à celles qui en auroient beſoin. Elle ſouhaitoit aux pauures tout le bien dont elle iouyſſoit, & ſe chauffant vn iour elle diſoit à quelqu'vne qui l'accompagnoit, ô mon Dieu! Fille, qu'auons-nous fait à noſtre Seigneur d'auoir ainſi nos commoditez, & d'eſtre ſi bien chauffées pendant que nos Freres & Sœurs les pauures gelent de froid? O que ie leur deſiderois vn peu de noſtre abondance. Ils ſont nos freres, puis qu'ils diſent auec nous, *Pater noſter qui es in Cœlis*, & cependant ils ſont en vn eſtat ſi differend du noſtre.

Vn iour ayant apris qu'il y auoit vn pauure Manœuure au dehors qui eſtoit tout nud, elle en fut tellement touchée de compaſſion, qu'elle pria la Superieure de luy permettre de demander de l'argent à vn de ſes enfans. Quand elle l'eut receu, elle le mit entre les mains de la Tourriere du dehors, pour faire veſtir ce pauure, & pria qu'on ne luy dit point de

quelle

de Saint Sauueur. 81

quelle part luy venoit cette aumône; ce qu'il n'a jamais sceu, quoy qu'vne autre fois dans vn pareil besoin il ayt receu d'elle la mesme charité. Il l'atribuoit à quelqu'autre personne, & la Mere estoit bien contente que sa bonne œuure fust caché.

Cette charité si ardente qu'elle auoit dans le cœur luy faisoit jetter des estincelles de ce feu : parlant à celles qui l'approchoient, souuent elle les embrassoit auec vne extrême & cordiale affection, & leur disoit : O filles ! aymonsnous pour le Ciel. C'estoit vn petit éclat d'vn grand feu, dont elle estoit embrasée de telle sorte, qu'il sembloit que son cœur se deust consommer d'amour & de desir, de se voir auec tout le monde vnie en Dieu par les liens de charité. C'estoit par là seulement qu'elle vouloit tenir aux creatures, & mesme à celles que le sang luy rendoit tres-cheres, & pour lesquelles naturellement elle auoit vne tendresse incomparable. Sa fille qui estoit Religieuse en mesme lieu disoit quelquesfois; j'ay le bien d'estre auec ma Mere, mais ie suis priuée du contentement de luy rendre plusieurs deuoirs où la nature m'oblige, car elle ne veut point me le permettre; Elle veut que ie l'ayme comme ie l'aimeray dans le Ciel.

Cette bonne Mere me fit vn iour vne demande sur cét article du Symbole des Apostres, qui nous propose à croire la Communion des Saincts, & ie connus dans ce rencontre, que veritablement sa charité estoit parfaite, & telle que saint Paul nous l'a décrit, qui s'estend à l'endroit de toutes personnes, & au de là du temps pour faire du bien aux morts, comme aux viuans. C'estoit auec plaisir qu'elle consideroit l'Eglise, comme vn corps duquel tous les membres ont vne telle correspondance, que le bien de l'vn redonde au bien de l'autre. Les viuants mesme peuuent secourir les morts qui sont en Purgatoire, & ceux qui sont en Paradis, les viuans qui sont en terre. De cette verité dont nous faisions nostre entretien, elle prenoit deux sujets de satisfaction particuliere. Le premier de pouuoir encore assister

L

certaines personnes que la mort luy auoit ostées & secourir le prochain, quand il ne peut plus rien faire pour soy. Le second, d'esperer vn iour dans le Ciel exercer encore la charité vers le prochain, & secourir par ses prieres ceux qu'elle laisseroit en cette vie, & dans ce rencontre elle me promettoit de se souuenir de moy dans le temps & en l'eternité, auec vne ardeur de charité extréme, si Dieu luy faisoit misericorde.

Quand elle passoit par le Cloistre, elle disoit à celle qui la conduisoit. O fille! que ce lieu nous aprend bien ce que nous sommes: pendant que nous viuons, ce n'est que delicatesses. Celles que nous auons veuës n'aguere parmy nous, quelque rang qu'elles ayent tenu, nous seruent maintenant de marche-pied. Et parce qu'il y auoit quelqu'vne des Sœurs defunctes, qui pendant sa vie luy auoit témoigné beaucoup d'affection, & rendu le plus de seruice qu'elle auoit pû, elle demandoit le lieu de sa fosse, & prioit qu'on ne la fit point marcher dessus, s'il y auoit moyen: Elle disoit à celle qui la menoit, si nous n'auons moyen de faire l'aumône, du moins faisons-la à nos pauures Sœurs, & commençoit le *De profundis*.

Apres mesme qu'elle eut perdu l'vsage de la veuë, elle tascha d'exercer encore la charité selon son possible; ce feu Diuin ne s'esteignit pas auec la lumiere naturelle de ses yeux; au contraire, il jetta plus de flames qui ne demandoient qu'à consommer tous les cœurs. Elle se faisoit mener à l'infirmerie pour voir les malades, & les encourager à souffrir leur mal auec patience. Vn iour entre les autres elle fut visiter vne bonne Mere, qui estoit fort trauaillée d'vne fascheuse fluxion qui luy tomboit presque sur la moitié du corps, & comme la malade se plaignoit de ne pouuoir durer couchée que sur vn costé, & que cela la lassoit fort, elle luy dit; *O ma Mere, ne vous ennuyez point d'y estre, c'est le costé de Dieu, puisque vous y auez du repos*: Et sur ces termes l'embrassant auec affection, elle adjousta: *Que ie vous aime en cét estat, que les souffrances sont agreables à Dieu, quand elles sont bien prises en l'obiet de son amour.* Vne Sœur ayant vn fascheux mal de bras, qui faisoit peine mesme à regarder, la Mere l'allant voir, & baisant le bras par affection, luy disoit; *C'est le bras de Dieu, mon Enfant, laisse-le moi baiser à bon escien.* Vne autre ayant vne main fort malade, gastée, tant du mal que des onguens, neantmoins elle la baisoit, disant *que c'estoit la main de Dieu.*

CHAPITRE VII.

De sa conformité aux volontez de Dieu.

DEpuis que Dieu se fut fait gouster à cette sainte ame, ce fut tousiours son vnique exercice de se conformer à sa sainte & adorable volonté; dans laquelle elle s'est tellement perduë & aneantie, que sa volonté propre ne paroissoit plus. Rien qui arriuast en ce monde ne l'estonnoit, par ce qu'elle voyoit venir toutes choses par l'vne de ces deux volontez que nous considerons en Dieu, l'vne absoluë & l'autre de permission. Par l'absoluë elle receuoit de tout son cœur, tout ce qui luy arriuoit, quelque fascheux qu'il fut, & contraire à ses inclinations naturelles, comme vous verrez par les preuues qu'elle en a données. Mais principalement elle a fait paroistre cette côformité dans les peines extraordinaires qu'elle a euës des choses qui se sont passées en elle, dont il est bon de faire vn chapitre à part. Ces differents estats luy ont causé de grandes tristesses & pressures de cœur durant plus de 15. ans, & particulierement six ou sept ans auant sa mort, tristesses neantmoins, & peines qui ne paroissoient point au dehors, tant elle auoit de constance à les porter.

Son visage ne laissoit pas d'estre tousiours serain, ouuert, & sans ces nuages dont la melancholie en obscurcit tant d'autres; & parmy tout cela son mot estoit ; *Mon Dieu, s'il vous plaist que cela soit, ie ne voudrois pas qu'il en fust autrement.*

Dans l'Oraison, elle ne faisoit autre priere que celle-cy; *Mon Dieu, que ie sois fonduë dans vostre adorable volonté*, y faisant adherer la sienne de moment en moment, & en toutes choses. Elle estoit dans la pratique de sainte Catherine de Gennes, disant comme elle, qu'elle ne vouloit que ce qui arriuoit. *Ie ne veux, disoit-elle, que ce que mon Dieu fait, & que ce qui luy plaist.*

Pour témoignage de cette conformité, estant malade, & l'Infirmiere ne jugeant pas à propos de la laisser aller à la Messe vn iour de Feste, il y eut vne Sœur qui luy demanda si elle n'estoit point faschée de ne la point entendre, & de ne point communier (c'estoit l'opinion de cette Sœur que si elle eut témoigné d'y vouloir aller, elle eut facilement fait condescendre l'Infirmiere à son desir) mais la Mere ne répondit autre chose, sinon que sa Messe & Communion estoient de faire la volonté de son Dieu, & qu'elle se reposoit en cette verité qu'elles n'auoient à faire en Religion qu'à obeyr : En quoy parlant comme Iesus-Christ, qui disoit que sa viande estoit de faire la volonté de son Pere, elle a donné vn grand exemple aux personnes Religieuses, de se laisser ainsi conduire par conformité aux volontez de Dieu, & à la vie de nostre Seigneur son Fils.

Estant arriué, qu'on luy commanda durant la Semaine Sainte de prendre des boüillons gras, parce qu'elle sortoit nouuellemét de maladie, vne Sœur qui la trouuoit en estat de s'en pouuoir bien passer, luy dit, que si on luy commandoit de faire telle action, il luy cousteroit beaucoup de s'y soûmettre, & la Mere luy repartit; Ie n'en ay point de peine, la volonté de ma Superieure est mon Iesus-Christ en terre. On oublioit quelquesfois, quand elle eut perdu la veuë, à l'aller prendre pour la mener à la sainte Communion, sans qu'elle en eust aucun ressentiment, & fit paroistre aucun signe de déplaisir à celle qui l'y deuoit conduire. Quand on luy en faisoit excuse, elle disoit que nostre Seigneur l'auoit permis, & qu'elle ne meritoit pas cette grace de luy.

de Saint Sauueur. 85

Voila iustement l'estat de la parfaite indifference, dont saint Iean Baptiste fit voir vn exemple au Desert, laissant venir Iesus-Christ à luy au temps qu'il voulut, & comme il voulut. C'est le poinct de perfection où en estoit venu ce grand Euéque de Geneue, le bien-heureux François de Sales, quand il disoit; *Si Dieu vient à moy i'iray aussi à lui; & s'il ne veut venir à moy, ie me tiendray là, & n'iray point à lui.* Ce qu'il faut entendre d'vne conformité d'esprit à tout ce que Dieu veut, & ne veut pas, à l'égard des consolations, ou des peines, des approches, ou des retraites sensibles de Dieu, de l'abondance, ou de la priuation de ses dons. Conformité qui fait viure sans autre soin, autre desir, autre application que de s'assujettir au regne de Iesus, qu'il veut establir dans vne ame Chrestienne & Religieuse, qui se laisse conduire par son esprit & sa grace.

Quand cette bonne Mere entendoit le tonnerre, bien qu'elle eust vne grande crainte de la mort, elle abandonnoit sa vie à Dieu, & disoit ce Verset de Dauid: *Tunc acceptabis sacrificium,* sacrifiant sa vie, & s'offrant à Dieu pour estre foudroyée, si c'estoit son bon plaisir. L'autre volonté de Dieu, qu'on appelle la permission, regarde les fautes & les mauuaises volontez des hommes : pour les fautes, elle disoit qu'encore qu'elles despleussent à Dieu, il les permettoit pour nous faire connoistre ce que nous sommes, & qu'il en tiroit mesme de la gloire par l'humilité que nous prenions sujet de pratiquer dans cette consideration. De là venoit, que bien qu'elle eust vne grande horreur des moindres fautes, jamais elle ne s'en inquietoit, mais elle luy seruoient pour s'ancantir dauantage deuant Dieu, & pour en produire vn doux & amoureux regret. C'est ainsi que tout réüssit à bien à ceux qui ayment Dieu : leçon vtile aux ames, qui dans des fautes pareilles se decouragent au lieu de s'humilier, qui font vne grande playe d'vne égratigneure legere, vn elephant d'vne mouche, vn abyme d'vne petite fosse, qui n'ayant des eaux que jusqu'aux talons, se jettent la teste dedans pour se noyer dans vn ruisseau.

L iij

Quant à la malice des hommes, elle estimoit que Dieu l'employoit pour épurer ses amis : De sorte qu'en tout euenement elle n'estoit point ébranlée ; mais elle se seruoit de tout pour l'aymer & glorifier dauantage, repetant souuent dans les occasions ce Verset qui en faisoit foy, *Gloria Patri*, &c. Ainsi la volonté de Dieu luy estoit vne regle generale, à laquelle la sienne ne donnoit point d'exception, quelque sentiment que luy donnast au contraire la nature des choses qu'on ayme le plus tendrement & le plus fortement, comme sont toutes les amitiez humaines, & celles entre les autres qui sont fondées en la chair, & prennent leur source du sang; En voicy des exemples.

Vn iour comme on luy parloit des dangers que couroit son jeune fils, estant engagé dans vn party perilleux, & que le moindre des maux qui luy pouuoient arriuer estoit vne longue prison, s'il n'y perdoit la vie, sa bonne mere fit réponse, ie me réjouyrois si ie le voyois pendu, pourueu qu'il fut innocent, j'embrasserois & baiserois la potence. Se peut-il voir vn cœur plus fort, & plus soûmis aux dispositions eternelles de Dieu ? Estoit ce pas mieux parler pour ses enfans, que la femme de Zebedée ? Peut-on aporter vn plus bel exemple aux Meres ambitieuses qui sont dans le siecle, & aux personnes qui conseruent des attachemens en Religion, pour moderer les desirs des vnes, & les soucis qui remettent en la teste des autres, ce qu'elles ont mis sous leurs piés en faisant des vœux?

Ie ne veux point icy repasser sur le trait de constance, qu'elle fit paroistre à la mort de son mary. Ie viens à d'autres pertes qu'elle fit, & qu'elle supporta de mesme. La premiere fut d'vne de ses filles, qui estoit professe à Hautes-Bruyeres. Cette fille auant le iour de sa mort en passa plusieurs autres durant l'espace de deux ou trois ans en de grandes infirmitez & langueurs. C'estoit vn grand sujet d'exercice à la Mere de saint Sauueur, qui durant ce temps-là donna tousiours vn grand exemple de son destachement en vne chose qui la touchoit de bien prés : Car laissant tout le soin de sa fille à la Superieure, & aux Infirmieres, jamais elle ne fit paroistre la moindre inquietude ny tristesse, quoy que son cœur en ressentit de viues peines, se contentant de prier nostre Seigneur pour sa fille, afin qu'il luy plust la fortifier, & la visitant comme vne autre des Sœurs la consoler, & l'encourager à tenir bon dans ses longues souffrances par vne longue patience. Alors elle estoit Portiere, & il est remarquable que faisant entrer & sortir le Medecin qui venoit visiter sa fille, elle se priuoit par mortification du soulagement qu'elle eust pû receuoir en luy demandant de ses nouuelles.

Sa maladie augmentant, la bonne Mere redoubloit ses prieres, & taschoit de la consoler selon son pouuoir dans ce besoin. Vn quart-d'heure auant sa mort, la fille ayant demandé de parler à sa bonne Mere, elle fut appellée, & s'approchant de son lict, elle luy dit ces paroles auec vne grande force d'esprit; *Voicy ma fille, le temps du combat, resistez fortement* : & puis en continuant cét entretien luy faisoit voir amoureusement comme nostre Seigneur auoit consommé sa vie pour elle, & qu'il falloit aussi qu'elle consommast la sienne pour son amour. A ces mots les yeux prenant la parole luy fermerent la bouche, & l'obligerent de se retirer toute en pleurs dans sa Cellule, où quelqu'vne des Sœurs l'ayant suiuie pour l'assister en cette occasion, voicy ce que luy dit la Mere; *C'est chose estrange que ce corps ne peut souffrir ce qu'vn Dieu fait? O fille! ie ne la puis voir endurer, il faut que ie m'en destourne, mais ie suis d'ailleurs tres-contente qu'elle aille à Dieu, qui est son centre.*

En effect, apres sa mort elle demeura dans vne paix interieure, & tranquillité nompareille; & bien qu'elle pleurast, c'estoit si doucement qu'il sembloit que ses larmes venoient plustost d'vn sentiment de deuotion, que d'vn mouuement de nature. La Superieure la voulant dispenser d'vne obseruance qui se fit immediatement apres la mort de sa fille, pour luy donner du repos & cours à ses larmes, elle la supplia tres-humblement de la laisser aller (c'estoit pour prendre auec les autres sa refection) & luy dit que c'estoit son centre, & son contentement de suiure la Communauté. Elle eut desir de baiser sa fille auant qu'on l'enseuelit, & en demanda permission aux Infirmieres : mais comme elle y alloit, elle rencontra la Superieure qui la renuoya, dont cette bonne Mere fut fort affligée, & neantmoins sans repartir vn seul mot, elle se retira, & prit sa refection à l'ordinaire, estouffant dans son cœur tout ce qu'elle auoit de douleur. Ce mesme iour vne Sœur se mit à genoux deuant la Mere pour luy offrir son seruice, & luy tenir qualité de fille au lieu de la deffuncte : ce qu'elle receut comme vn témoignage de singuliere affection, & vn soulagement à sa douleur que Dieu luy enuoyoit ; car elle luy confessa qu'elle n'en pouuoit plus, & luy a dit souuent depuis qu'elle l'auoit fort consolée en cette occasion ; & par là on peut iuger des efforts qu'il luy fallut faire, estant si viuement touchée pour suiure en tout le train ordinaire de la Communauté, sans manquer à rien, & sans empécher personne. Quelque autre Sœur luy témoignant la part qu'elle prenoit en sa tristesse, elle luy répondit : O fille, si Dieu estoit capable de rire, il le feroit, de ce que ie pleure, bien que ie sois resignée à sa volonté. Mais j'espere qu'il pardonnera à vne Mere aymante, & qu'il excusera ma fragilité.

Quelque temps apres la mort de sa fille, son fils aisné pour remplir sa place en fit entrer vne des siennes à Hautes-Bruyeres. Elle estoit encore fort jeune, & ny demeura que quinze iours, ayant bien-tost demandé d'en sortir, à cause, disoit cét enfant, que la Religion est vn monde renuersé. La Mere de saint Sauueur son ayeule luy trouuant l'esprit bon eust bien souhaité qu'elle y fut demeurée, mais comme en toute chose elle laissoit faire Dieu, elle ne dit rien à l'enfant qui l'y pust tant soit peu forcer, & se resigna seulement aux volontez de Dieu sur cette affaire. Vn autre Sœur de cette petite y fut admise en sa place, au contentement de sa grande Mere qui l'aymoit tendrement, parce qu'elle estoit d'vne douce humeur fort portée à la Religion,

mais

de Saint Sauueur. 89

mais Dieu ne la luy laiſſa guere, la retirant à ſoy dés l'aage de quatorze ans, pour luy oſter tout ce qu'elle aymoit hors Dieu, & pour la deſtacher de toute affection des creatures.

Auſſi diſoit-elle ſouuent en ſemblables rencontres, & pluſieurs autres, qu'il ne faut rien aymer que Dieu, parce qu'il doit eſtre noſtre Tout. La maladie de cét enfant fut la petite verole qui la trauailla fort, parce que du commencement on ne pouuoit pas bien connoiſtre ſon mal. Dans la ſuite on luy ordonna vn remede, que la bonne Mere euſt bien voulu n'eſtre pas fait en craignant le ſuccez. Neantmoins regardant la volonté de Dieu dans l'ordonnance du Medecin, elle atendit auec patience ce qu'il plairoit à la Diuine prouidence en determiner, ou permettre. Le mal de la petite fille eſtant acreu, on luy fit de nouueaux remedes fort douloureux, dont l'operation faiſoit tranſir le cœur à pluſieurs de ces bonnes Religieuſes, & jamais cette Mere ne dit vne parole pour les empécher, & elle porta céte affliction auec vne telle conſtance, qu'on n'euſt pas dit qu'elle euſt eſté touchée ſans les larmes qu'on luy voyoit tomber des yeux.

L'année mil ſix cens trente-ſix, vnze mois auant ſa mort il pluſt à noſtre Seigneur la viſiter par vne autre plus ſenſible affliction que les deux precedentes, par la mort de la derniere de ſes filles qui eſtoit au monde. Elle l'aymoit auec grande tendreſſe, tant à cauſe de ſa vertu, que parce qu'elle l'auoit nourrie, comme auſſi parce que Dieu la faiſoit paſſer par les ſouffrances, & qu'elle ſe rendoit capable de ces eſpreuues par la patience & la fidelité. Cette bonne Mere ſans auoir apris ſa maladie, eut les nouuelles de ſa mort par vn Laquais, qui ſelon ſon deſir fut apres cét inſtant enuoyé vers elle. La Prieure qui les receut les fut porter à la Mere de ſaint Sauueur, ſans vſer de Preface ſur la connoiſſance qu'elle auoit de ſa grande mortification, & conformité de ſes volontez à celles de Dieu. La Mere, apres auoir entendu le diſcours de ſa Superieure, demeura

M

dans la fermeté d'esprit ordinaire, adorant l'ordre de la diuine Prouidence, & s'y soûmettant en ce rencontre comme aux autres, elle continua son seruice interrompu par cette triste nouuelle. La Superieure sortant d'auec elle, luy enuoya celle qui l'assistoit ordinairement, & cette Sœur la trouuant tranquile & comme auparauant en ses prieres, se retira dans la creance qu'elle n'auoit rien apris de nouueau, & dautant aussi que la Mere luy dit, allez-vous-en, ie dis mon seruice.

Quelque temps apres, la Sœur retourna vers elle, & lors la Mere l'embrassant, luy dit: Helas! ma pauure fille est morte; retournez-vous-en, ie n'ay pas encore acheué mon seruice. Vne autre l'estant allé visiter pour compatir à son affliction, & la trouuant dans vne si grande paix, & mesme sans jetter aucune larme, sçachant la singuliere affection qu'elle auoit pour cette fille entre ses autres enfans, & la tendresse de son naturel, elle luy dit qu'elle se faisoit trop d'effort, & qu'elle deuoit donner cours à ses larmes de peur de deuenir malade; O fille, luy dit-elle, voila vos naifuetez ordinaires, que voulez-vous que ie fasse, Dieu me l'auoit prestee, & il me l'a ostee. I'auois encore ce petit morceau de chair, & Dieu l'a retranché de moy. Il seroit beau voir vne nourrice qui s'opposeroit à la Mere naturelle de l'enfant à qui il appartient, quand elle le veut retirer. Ma fille estoit plus à Dieu qu'à moy, il me l'auoit donnee à nourrir, & il lui a pleu de la reprendre, son saint Nom soit beni. Elle ne jetta pas vne larme pendant ce discours, bien qu'il fust capable de l'atendrir, & de luy rendre sa douleur sensible, & cela ne l'empécha pas d'aller incontinent en suite à vne obseruance, qui estoit le souper, sans faire demonstration d'aucune chose, édifiant toute la compagnie par cét estat de constance & de fermeté inébranlable.

De là venoient ces paroles ardentes qu'on entendoit d'elle si souuent: *Vn Dieu, & rien plus, quand seray-ie toute fonduë en Dieu; quand sera-ce que ie pourray dire auec saint Paul, ie ne vis plus, c'est Iesus-Christ qui vit en moy.* De là venoit l'affection particuliere qu'elle auoit pour le mystere du Iardin des Oliues , considerant ces paroles de nostre Seigneur: *Mon ame est triste iusqu'à la mort , Pere Eternel que ce Calice passe, & ces autres qui les suiuent de si prés, toutesfois que vostre volonté soit faite, & non pas la mienne.* Elle proferoit ces saintes paroles auec tant de tendresse , que les larmes luy tomboient des yeux, & disoit quelquefois, remarquez bien qui est celuy qui souffre , & pour qui c'est qu'il souffre ; c'est vn Dieu qui souffre pour ses creatures. Qu'est-ce qu'il en reçoit? rien qu'ingratitude. Qu'est-ce que Dieu, sous le nom duquel tout fond, & Grandeurs & Principautez, rien ne paroist sous ce diuin Nom, & cependant c'est ce Dieu qui souffre. Puis se tournant vers nostre Seigneur ; Vous parlez, mon Dieu , de tristesse , & vous estes la joye des Bien-heureux. Ainsi s'entretenoit cette sainte ame. Mais vous verrez plus amplement dans la suite de cette histoire , les grandes dispositions qui estoient en elle pour supporter les souffrances & toutes les contrarietez de la vie humaine, & comme Dieu l'auoit appellée à la compagnie de son Fils Iesus-Christ nostre Seigneur , comme dit l'Apostre des premiers Fidelles. Apres quoy ie ne doute point que ceux qui iugeront bien de ses vertus, ne la mettent au nombre des Iustes, dont parle le Sage , que Dieu a éprouuez comme l'or en la fournaise, & receus comme sacrifice d'holocauste.

CHAPITRE VIII.

De sa deuotion à la sainte Vierge, & aux Saints.

Apres l'Humanité sacrée de nostre Seigneur , la saincte Vierge entre toutes choses est la plus aymée de Dieu, parce que le Pere l'a choisie pour son Epouse, le Fils pour sa Mere , le saint Esprit pour sa demeure : Estant donc l'objet de l'amour & des complaisances d'vn Dieu , par cette premiere raison nous sommes obligez à l'aymer , parce que nous deuons aymer ce que Dieu ayme. Secondement, nous la deuons aymer pour elle même , parce que ses perfections & ses grandeurs la rendent digne de nostre amour & de nos honneurs. Et en troisiéme lieu, nous la deuons aymer à cause que nous obtenant des graces, elle nous procure tous les biens qui nous viennent en suite. La bonne Mere de saint Sauueur considerant que Dieu nous a donné pour Mere la propre Mere de son Fils , & qu'il desire qu'on ayt recours à elle pour acquerir les vertus, pour vaincre les vices, & marcher seurement dans les dangers de céte vie , elle en auoit des sentimens fort doux & amoureux. Elle y auoit vne tres-grande confiance , & portoit tout le monde à recourir à ses bontez dans tous les besoins de la vie spirituelle.

Quand elle voyoit quelqu'vne affligée , ou en peine de conscience , elle luy conseilloit de se seruir de ces Versets, où elle auoit grande deuotion; *Monstra te esse Matrem*, la suppliant qu'elle nous rendit office de Mere dans tous les perils de nostre vie , & nous fist regarder de son cher Fils. L'autre Verset estoit , *Vitam præsta puram* , pour luy demander céte vie pure , par laquelle nous puissions nous rendre aucunement dignes d'aprocher de la pureté d'vn Dieu. C'étoit aussi ce qu'elle aymoit que de la considerer , & l'appeller souuent du nom d'Auocate par ces mots du Cantique de l'Eglise ; *Eia ergo Aduocata nostra*, s'éjouyssant & conuiant les autres de s'éjouyr auec elle , d'auoir vne Aduocate si puissante & si pleine d'amour pour nostre bien. Pour obtenir son secours à l'heure de la mort , à chaque *Aue* de son Chapelet, elle disoit ; *Tuo filio nos in hora mortis representa* , & plusieurs autres fois encore dans le cours d'vne iournée , elle faisoit la méme priere auec vne amoureuse confiance en sa maternelle bonté. Elle auoit vne deuotion particuliere aux Litanies qui se disent en son honneur , & principalement à ces deux Versets; *Refugium peccatorum, Consolatrix afflictorum*, à raison du bas sentiment qu'elle auoit de soy méme, & de ses souffrances continuelles.

Mais comme on la peut honorer par deux moyens, dont

le premier est l'inuocation de son Nom, & le second est l'imitation de sa vie : elle se seruoit aussi de cét autre moyen, taschant autant qu'il est possible à se former sur elle comme sur vn tres parfait exemplaire, & comme vn tres-pur Miroir sans aucune tache. Car non seulement elle est appellée *Mater admirabilis*, *Mater amabilis*, Mere aymable autant qu'admirable, mais aussi *Speculum iustitiæ*; C'estoit principalement par cét attribut que cette bonne Religieuse consideroit la Vierge pour estre vn Miroir de Iustice. La Iustice que nous deuons à Dieu, c'est la vertu d'humilité, qui rend à Dieu ce qui est digne de luy; c'est à dire toute gloire, honneur & benediction, & à nous ce qui nous appartient, c'est à dire confusion, humiliation & le neant. Or vous verrez tantost dans le chapitre de l'Humilité, que toutes ses actions en estoient imbuës, & que par les practiques de cette vertu elle a parfaictement honoré celle de la Vierge. En effect, ce qu'elle estimoit le plus, & ce qui la touchoit aussi dauantage estoit cette vie humble que la Vierge a menée, & ce grand silence qu'elle a gardé; elle qui sçauoit & connoissoit ce que les Cherubins ignorent, & neantmoins elle cachoit tout dans ce saint silence. C'estoit comment elle en parloit, & disoit que pour témoigner qu'on l'ayme, il faut aymer ce qu'elle aymoit & practiquoit.

Ce mesme amour, disoit-elle, doit toucher nos cœurs de compassion, quand nous la regardons sous la Croix. Considerez quelle douleur c'estoit à cette Mere, qui connoissoit les merites de son Fils souffrant, & l'indignité de ceux pour lesquels il souffroit. Combien pensez vous qu'elle receut d'opprobres depuis la mort de son Fils, lors qu'elle estoit monstrée au doigt de tout le monde, & qu'on disoit; *Voila la Mere de ce pendu?*

On ne remarque point qu'elle se soit iamais plainte au Pere Eternel, de ce qu'il permettoit que son Fils & elle fussent traictez de la sorte. Cette pensée luy donnoit de l'affliction, pour la patience qu'elle témoignoit dans tous ces rencontres, de telle sorte que dans tous les estats passifs, où Dieu l'a fait passer, elle n'en a rien fait paroistre, & la maison n'a rien sceu qu'apres sa mort des choses extraordinaires, qui l'ont si long-temps tenuë en de si grandes peines & craintes d'estre trompée. Entre les Anges qu'elle honoroit, elle auoit son Ange Gardien en singuliere reuerence, & sur tout les Seraphins, à cause que ces bien-heureux Esprits ne sont que flamme & qu'ardeur.

Entre tous les Saincts, elle aymoit bien particulierement saint Iean l'Euangeliste, parce qu'elle en portoit le nom, à cause des grandes familiaritez qu'il auoit euës auec nostre Seigneur, & du secret qu'il gardoit à son Maistre, à cause de sa grande douceur, comme aussi parce qu'il est le Patron de l'Ordre de Fonteyrault, fondé sur les paroles de nostre Seigneur en Croix, qui assujetissent le Disciple à la Vierge d'vne subjection filiale. Elle goustoit auec beaucoup de sentiment d'amour, ce trait par lequel ce saint est connu dans l'Escriture, *le Disciple que Iesus aimoit*. Elle auoit aussi grande deuotion à saincte Magdelaine, en consideration de sa saincte solitude, & de sa demeure aux piés de Iesus-Christ, où elle auoit trouué, *c'est vn necessaire*, qui luy fit quitter tout le reste qu'elle auoit tant aymé auparauant. Saincte Therese tenoit en suite vn des premiers rangs en sa Litanie, parce qu'elle a passé par de grandes souffrances & croix interieures, où jamais elle n'a manqué d'amour ny de courage.

Relatiō de l'Ordre de Fonteyrault.

CHAPITRE IX.

Discours de la perfection.

Qui a tousiours esté le desir de la Mere de Saint Sauueur.

SOyez parfaits, disoit nostre Seigneur, *comme mon Pere Celeste est parfait*. Ce conseil qui s'adresse à tous les Chrétiens n'a pas esté receu de tous. Il y en a peu qui se rendent capables de marcher par la voye des conseils, la pluspart laissent tomber par terre cette Diuine parole; Il n'y a qu'vn petit nombre de personnes Religieuses, c'est à dire de Chrétiens par excellence qui la recueillent par la profession qu'ils font de répondre aux desseins du Fils de Dieu, en s'estudiant à cette vie parfaicte. Ce n'est pas tout d'auoir vn bon naturel, & d'auoir receu des graces, puis que tout bien, soit de nature, soit d'vn ordre superieur est d'vne perilleuse garde, selon saint Thomas sur saint Paul, si par le bon vsage qu'on en fait, on n'en profite de plus en plus pour la gloire de Dieu, *periculose custodiuntur nisi proficiat in iis homo.*

Il est raisonnable, dit saint Paul, & c'est vn des principaux poincts de nostre deuoir, que nous rendions graces à Dieu de ce que vostre Foy s'affermit, & vostre charité deuient plus ardente de iour en iour, au lieu de se refroidir. Il est vray qu'il y a dequoy s'estonner en ce discours, où nostre Seigneur nous donne pour modele les perfections de son Pere. Comme elles sont infinies, celles des creatures, qui ne peuuent estre que bornées, n'y peuuent auoir de raport. Il est vray neantmoins qu'il y a moyen de se proposer Dieu pour exemple, en se le proposant & regardant en son fils couuert de nostre nature: C'est l'exemplaire primitif sur lequel tout Chrestien se doit former, c'est le moyen de representer le Pere que d'imiter le Fils, & c'est le sens qu'on peut donner à ces paroles de saint Iean, *qui confitetur filium habet & patrem.* Car tout ainsi que Dieu a creé le grand nombre des Anges tous differens en perfection, en ordre, & comme plusieurs pensent, differens en espece, ausquels il a donné diuerses graces, aussi bien que diuers rangs dans le Ciel, afin que chacun d'eux par ces diuersitez d'estats & de perfections honorast les qualitez diuines, & les diuerses perfections qui sont en luy : De sorte que les Seraphins, comme dit saint Thomas, honorent par leur estat l'amour increé de Dieu, les Cherubins sa sagesse, les Thrônes sa stabilité, &

& ainsi des autres iusqu'au dernier. De méme, le Verbe Eternel s'estant fait Homme, ayant fait vn monde nouueau par l'œuure de nostre redemption, c'est à dire, ayant estably son Eglise, il y met des ames qu'il choisit & rend capables d'honorer, par la diuersité de leurs perfections, les diuers estats de sa vie humainement diuine, & diuinement humaine.

Or en ce nombre il faut considerer la bonne Mere de saint Sauueur, qui auoit vne deuotion tres-grande & fort particuliere au passage allegué: *Soyez parfaits, comme mon Pere Celeste est parfait* ; & son vnique desir a tousiours esté de regarder les actions de nostre Seigneur, & de former Iesus-Christ en elle, comme dit saint Paul. Ce qu'on a déja pû voir au chapitre cinquiéme de cette seconde Partie, par les tendres affections qu'elle auoit vers son humanité sacrée.

Pour proceder auec ordre dans la suite des témoignages que nous auons à luy rendre sur ce sujet, il sera bon de marquer icy diuers degrez de perfection Religieuse. Le premier degré de perfection, c'est l'Oraison, & l'vsage des Sacremens. Le second, c'est l'exacte obseruance des vœux & des Regles. Le troisiéme, qui sert à se maintenir dans tous les autres, c'est l'esprit de mortification, qui comprend l'humilité, soit interieure, soit exterieure, l'abnegation de soy-méme, la patience, & autres vertus de la vie passiue. Le 4. qui regarde le prochain, c'est le zele de la gloire de Dieu, & du salut des ames. Voila l'ordre que ie veux garder dans la suite de cette histoire.

CHAPITRE X.

PREMIER DEGRE' DE perfection Religieuse.

De l'Oraison de la Mere de saint Sauueur.

POur commencer par les dispositions qu'elle aportoit à ce saint exercice, on les peut iuger par les discours qu'elle tenoit ordinairement de la pureté, auec laquelle elle disoit qu'il faut traiter auec Dieu, & comparoistre deuant celuy qui iuge les iustices des Saincts. Tousiours elle y entroit, & demeuroit dans vne profonde reuerence enuers les choses diuines, considerant d'vne part la grandeur & majesté de Dieu, & d'autre part, pour s'humilier deuant luy, son indignité & son neant ; accompagnant ces deux actes de respect & d'humilité d'vne entiere soûmission à tous les desseins de Dieu sur elle. Parlant sur cette matiere à vne Sœur : O fille, disoit-elle, si Dieu trouue de l'impureté aux Anges, que ferons-nous pauures pecheresses? Que cela me donne grand sujet de crainte ; Il est vray qu'elle auoit de grandes apprehensions de paroistre deuant Dieu, & se tenoit tousiours dans le sentiment de saint François, qui disoit: *Seigneur, qui estes-vous ? Et moy, qui suis-ie ?* Neantmoins cette crainte de respect ne luy ostoit rien de sa confiance en Dieu, que tousiours elle regardoit comme tout bon & misericordieux. Elle ne pouuoit enuisager sa iustice, ny s'arrester à considerer le Iugement ny l'Enfer.

Quant à sa disposition exterieure, elle faisoit Oraison presque tousiours à genoux, & quelquefois sur ses jambes; elle auoit les mains jointes ou croisées sur l'estomach, le visage serain, & d'vne façon contente. Dans les plus grands traits d'amour qu'elle poussoit ou receuoit, tantost agissant, & tantost souffrant; elle estoit à genoux, les mains jointes,

N

peu à peu elle estendoit les bras en forme de Croix. Son corps demeuroit ferme & immobile, de sorte qu'on auoit beau la pousser, elle demeuroit comme vne statuë. D'autresfois estant deuant le tres-saint Sacrement, ou dans les chaires du Chœur, elle se tournoit vers le Conuent sans s'en apperceuoir, tant elle estoit occupée de son vnique objet.

Vn iour du Vendredy Saint, qu'on expose le tres saint Sacrement en la petite Chapelle de saint Nicolas, la Mere faisant Oraison en ce lieu, y demeura durant trois heures à genoux, les bras à demy ouuerts, les larmes aux yeux, la face vermeille. Plusieurs personnes la virent en cét estat, qui craignant que la longueur, & la force de ce trait luy fust nuisible, la tourmenterent fort, & mesme l'appellerent à haute voix, mais tout cela ne seruit de rien. Vn des Confesseurs suruenant, apres l'auoir luy méme plusieurs fois appellée, dit qu'on deuoit la laisser auec Dieu, & qu'il falloit bien se garder d'éueiller l'Epouse. Vn bon Ecclesiastique qui pour lors estoit Chapelain à la maison, maintenant defunt, asseuroit que durant les iours Saincts, il auoit veu la Mere de S. Sauueur, faisant Oraison deuant le S. Sacrement, beaucoup éleuée de terre, estant venu pour adorer nostre Seigneur dans céte Chapelle, dont on tient la grille ouuerte en ce temps-là.

Or bien qu'en ces estats il sêblast qu'elle eust perdu l'vsage des sens, cela n'ariuoit pas toûjours, au moins a t'on sujet de le croire sur ce qu'elle a dit à vne Sœur. O fille, luy disoit elle, bien qu'il parust au dehors que j'auois perdu les sens, ie remarquois tout ce qu'on faisoit & disoit, mais j'auois les sens & puissances de l'ame tellement liées & arrestées, que ie ne pouuois faire aucun signe pour témoigner que j'en tendois; cela me faisoit beaucoup de peine, ie n'en pouuois plus de la vehemence de l'ardeur qui me consommoit, & si j'eusse esté capable de parler, j'eusse crié tout haut. *Loüez Dieu, glorifiez Dieu, aimez-le, lui seul en est digne; à quoy nous amusons-nous?* pendant tous ces sentimens, elle a dit qu'elle auoit des batemens de cœur extraordinaires, & que son corps estoit en telle défaillance qu'elle se sentoit toute rompuë.

Quant à la maniere de son Oraison, il n'est pas bien facile de la dire, & le sujet merite bien que j'en traite à part, comme ie feray cy dessous en la derniere partie de ce liure. C'a esté le sujet qui a fait ses plus grandes peines, dautant qu'il s'y est passé des choses extraordinaires, comme apparitions, reuelations, & voix interieures qui l'ont tenuë jusqu'à la mort en d'extrémes apprehensions d'estre trompée, & d'autant plus que les Peres Spirituels qui ont esté consultez sur ce sujet, en ont parlé diuersement. En quoy vous remarquerez en passant qu'elle a parfaictement practiqué deux grandes vertus, à sçauoir la fidelité & l'humilité : La fidelité, ne quitant point du tout l'exercice de l'Oraison, selon le conseil qu'elle en auoit de ceux qui tenoient que le Diable l'y vouloit tromper ; mais la continuant tousiours auec confiance en Dieu, suiuant le conseil des mesmes: L'humilité, s'aneantissant deuant Dieu, & se reconnoissant entierement indigne de ses graces, selon le sentiment des autres, qui n'estimoient pas que ce fussent illusions, mais veritez Diuines que ces choses qui se passoient en elle. Et c'est ainsi qu'elle mettoit tout à profit, selon les rapports qu'on en fait.

CHAPITRE XI.

De son Recueillement dans les actions exterieures.

C'Est vne des meilleures maximes de la vie spirituelle, que celle qui méle l'action à l'oraison, vnissant Marthe à Marie, sans que l'vne ny l'autre de ces deux Sœurs s'empéchent aucunement dans la diuersité de leur employ. Aux occupations exterieures il ne faut pas rejeter les exercices interieurs, ny du tout rejeter les exterieurs pendant les interieurs. On doit durant les actions exterieures occuper son esprit de quelques saincts desirs, afin que bientost & sans peine on puisse retourner à son interieur. Aussi doit-on estre tellement resigné d'esprit dans les recueillemens, qu'on puisse pareillement satisfaire aux occupations exterieures. C'est vn conseil que i'ay pris, entr'autres Autheurs qui le donnent, de Henry Suso, que la Mere de saint Sauueur se faisoit lire quelquesfois. Elle a dit à aucunes de ses Sœurs, qu'en quelque occupation interieure qu'elle fust, elle n'a jamais perdu l'vsage des sens. En effect, on en a fait souuent l'épreuue, lors que sonnant exprés à son obedience du Tour ou de la Porte, on la voyoit aussi-tost sortir de l'Oraison pour s'en aller à l'action, sans aucune difficulté.

Son action exterieure ne l'empêchoit point de receuoir les traits de l'amour Diuin, mesme pendant qu'elle estoit Nouice Sœur Laye, estant à la cuisine, lauant les écuelles, ou faisant quelqu'autre action basse, son visage deuenoit extremément serain & beau, & l'on voyoit bien que Dieu luy communiquoit quelque grace particuliere, & afin que rien n'apparust, elle se retournoit vers ses Sœurs, & disoit quelque parole joyeuse pour les diuertir, dont ces bonnes Sœurs disent qu'elles estoient faschées, dautant qu'elles eussent bien voulu qu'elle eust donné lieu à ces sentimens de Dieu.

Ordinairement pendant la lecture du Refectoir, elle auoit si peur de laisser emporter son esprit aux sentimens interieurs que Dieu luy donnoit, & qu'il en parust quelque chose au general de la Communauté, qu'elle frotoit ses mains, ou faisoit quelqu'autre chose pour s'en diuertir, comme nous lisons que faisoit le B. Iean de la Croix, premier Religieux de la reforme des Carmes, afin de ramener l'attention à l'exterieur, quand le feu de l'esprit s'alloit trop embrasant.

Comme tout reüssit à bien à ceux qui ayment Dieu : Elle a dit quelquesfois qu'elle se plaisoit fort à considerer jusqu'à la difference, & diuersité des couleurs & des parfums qui se rencontrent dans les fleurs, dont les vnes plaisent à la veuë, & les autres à l'odorat,& le tout pour l'homme, & l'homme pour Dieu. D'vne part elle admiroit la bonté de Dieu, qui met dans les fleurs de si agreables parfums, & fait sortir d'vn bois sec, des senteurs si suaues; & d'autre part elle s'estonnoit de l'ingratitude des hommes qui ne produisent que des puanteurs, & resistent tousiours à Dieu. Voyant vn arbre chargé, de sorte que le fruict en faisoit baisser les branches, elle en tiroit ce sentiment, que plus vne ame reçoit de graces, & produit de bons fruicts, plus elle doit s'humilier, s'abaisser & s'aneantir. Elle disoit: Quand j'entends dire, cela est beau, & cela est bon, & qu'on n'en regarde pas l'Autheur pour luy en rendre grace, cela me perce le cœur. Elle prenoit plaisir à voir le Iardinier épanchant le fumier sur terre pour en faire vne couche aux fleurs qu'il s'en promet au Printemps; Mais il trauaille en vain, disoitelle, si la pluye du Ciel ne tombe dessus, & si le Soleil auec ses rayons ne fait pousser les fleurs & les fruicts? C'est la vertu d'vn Dieu, qui leur donne l'accroissement: Fille, ce Iardinier se trauaille bien, mais Dieu n'a qu'à dire son *Fiat*, tout luy obeït, rien ne manque en sa saison, il n'y a que l'homme ingrat qui aporte de la resistance à son Dieu. Ie voy quelquesfois vn cheual, qui est vne grosse beste & si puissante, qui obeït à la voix d'vn enfant qui le fait aller comme il veut; Cela n'a point de raison, & neantmoins il obeït à Dieu qui l'a rendu sujet à l'homme.

CHAPITRE XII.

Des sentimens qu'elle auoit de l'Oraison, & des discours qu'elle en tenoit.

IL est arriué plusieurs fois que la Mere pendant son Oraison, estoit remplie de brouillars & de tenebres (c'estoient ses termes) comme aussi de plusieurs representations de choses passées, accompagnées de plaintes de la part de la nature, qui souffroit impatiemment ces distractions. Alors elle se retournoit vers Dieu, & luy demandoit la grace que cette disposition n'empechast point le dessein que sa bonté auoit sur elle, & protestoit qu'elle estoit preste de souffrir tout ce qui luy plairoit, pourueu qu'elle luy fut fidelle. Ainsi demeuroit-elle en repos de ce costé là, sans s'inquieter dauantage, & disoit sur ce sujet, quand il estoit question de parler d'oraison, qu'il ne faut point s'arrester aux plaintes de la nature. O filles, la Nature est comme les valets d'vne basse cour, ils sont rustiques, grossiers, la pluspart incorrigibles. Quand le Maistre est à son cabinet auec quelque grand Seigneur, il ne s'arreste pas au bruit qu'ils font, & ne prend pas la peine de regarder par la fenestre pour faire taire ces canailles, & cela pour le respect qu'il porte au Prince. Mais quand il est party du logis, il leur fait la correction, & si bonne, qu'il leur en souuient. Nous en deuons faire de mesme quand nous sommes en l'oraison dans les distractions qui nous arriuent par les plaintes de nostre nature mal mortifiée, tenant ferme nostre partie superieure en la presence de Dieu; écoutant auec respect ce que le Maistre dit, & luy demandant nos besoins auec humilité : N'écoutons point céte nature, ny les astuces du Diable; on ne luy peut faire plus de dépit que de le méprifer, car c'est vn orgueilleux. Il sousleue quelquefois de certains sentimens de fausse humilité, de ce que nous sommes tousiours si distraites en l'oraison, pour nous en donner du dégoust, & il nous fait croire que nous sommes incapables & indignes de la faire, afin que par céte ruse il nous oblige à la quiter. Mais il y faut demeurer malgré luy; & ce que nous pouuons faire apres l'oraison, c'est de dire à nostre Seigneur; Mon Dieu, voila ce que ie vous aporte, mon fumier, tirez-en, s'il vous plaist, les odeurs que vous voudrez. Apres cela, pour penitence du bruit qu'a fait céte canaille de nos sentimens, faisons-leur faire tout ce qu'ils auront en auersion, & les punisfant ainsi, ils ne viendront pas vne autre fois nous importuner.

Parlant des inspirations que Dieu donne à l'oraison, & de la fidelité auec laquelle il les faut écouter, & mettre en practique, elle disoit : Voyez, fille, la prompte obeyssance des Mages, si-tost que l'Estoile leur apparut, ils se mirent en chemin pour venir reconnoistre le petit Roy Iesus, qu'ils s'atendoient de trouuer dans vn Palais magnifique. Mais bien au contraire, ils le trouuerent sur du foin dans vne pauure estable, où pourtant ils le reconnurent pour le Messie promis de Dieu, se prosternerent & l'adorerent ; qui fut cause de cette grande foy qu'ils témoignerent en ce rencontre, sinon la prompte obeyssance qu'ils rendirent à la voix du Ciel ? Car il n'est point dit, que personne leur eust rien manifesté : Voyez les effects d'vn Dieu dans les cœurs qu'il trouue disposez.

Considerez aussi les pauures Bergers, qui quiterent tout à la voix de l'Ange, sans delay, & pendant la nuict : Quels effects pensez-vous qu'ils en ressentirent en leurs ames ? Ils l'adorerent, & reconnurent pour le Messie : Ils alloient publier par tout qu'ils auoient veu le Messie, les pauures gens faisoient la leçon aux Docteurs. Pensez-vous, fille, qu'il n'y eust que les pauures bergers qui eussent cette inspiration ? L'Escriture ne nous parle que de ceux là qui furent adorer N. S. Iesus-Christ : Mais il est croyable qu'il y en eut plusieurs qui en eurent l'inspiration, & qui pour leur negligence en furent priuez ; comme ceux qui furent inuitez au banquet, & qui s'en excuserent, dont le Pere de famille courroucé prit occasion de dire à leur égard qu'ils ne gousteroient point de son banquet. Nostre Seigneur fait tout de mesme quand nous resistons à l'inspiration, il dit : *Vous n'auez pas voulu de mes graces quand i'ay voulu les donner, vous en serez priuees.* Hé, fille, rendons nous bien fideles, & ne resistons plus, & que ce soit tout de bon.

CHAPITRE XIII.

Du bon vsage que la Mere de saint Sauueur faisoit des Sacremens.

COmme l'oraison est vn entretien de l'ame auec Dieu, fondée en la societé que nous auons auec luy par Iesus-Christ nostre Seigneur, & qui tend à nous vnir à Dieu; il n'y a point de doute que c'est vn degré qui éleue bien haut à la perfection, puisque la derniere perfection de la creature est d'estre vnie à son souuerain bien. Par l'oraison l'ame s'éleue à Dieu, & Dieu s'abaisse jusqu'à l'ame : Vn Pere luy donne vn beau nom, quand il l'appelle *l'Art de diuiniser les ames*. Par l'oraison, Dieu nous attire, il nous fait connoistre, il nous fait aymer ce qui est souuerainement parfait : Il nous parle, il nous instruit, il nous donne ses ordres, il nous porte aux pratiques qui accomplissent ses desseins en nous: Et par *la Communion* il s'vnit d'vne autre sorte qui n'a point de nom que general, & qui n'explique pas assez par le mot *d'vnion Sacramentelle*, tout le bien de cette diuine nourriture qui fait croistre l'ame, & l'éleue de iour en iour par infusions de graces & de nouuelles perfections. Or parce qu'il y a tousiours dans l'homme quelques semences de la reuolte du premier, & qu'il s'y fait quelque déchet qu'il faut reparer, sa prouidence a mis dans son Eglise vn Sacrement qui porte medecine, Sacrement appellé de *Confession*, parce que le malade est guery découurant son mal. L'ame s'y purifie des moindres taches, & retranche tous les obstacles qui peuuent empécher les effects de la grace, & la retarder dans la voye de perfection.

Nostre saincte Religieuse a tousiours fait vn excellent vsage de ces efficaces moyens, qui luy ont esté comme des degrez pour paruenir où nous la croyons par la possession de Dieu. Nous auons parlé de son Oraison, & quand à l'vsage

sage des Sacremens, il ne se peut dire auec quel respect, auec quelle attention, auec quelle humilité elle s'en approchoit. Il est arriué souuent que ceux qui la communioient sans la connoistre, remarquoient en son visage vn certain air de sainteté extraordinaire, qui pouuoit donner ce qu'on n'eust pas apporté de reuerence, & de deuotion à vn si haut mystere.

C'estoit auec vne grande tendresse d'affection, qu'elle consideroit Nostre Seigneur au S. Sacrement de l'Autel, dans cét estat caché, & comme aneanty où son amour la reduit. Quand elle en parloit, elle disoit que c'est là le thresor du ciel & de la terre. Voyez quelle familiarité, & comment il s'accommode à nous en ce diuin mystere, où la foy plus qu'en tous les autres est exercée, parce qu'on n'y voit, & n'y sent-on que du pain; & neantmoins c'est vn Dieu qui ne s'est pas contenté de se faire homme, mais qui s'est fait pain pour nous. Cela surpasse la comprehension des Anges & des hommes, que Dieu se fasse l'aliment de ses creatures, accomplissant la priere qu'il a faicte à son Pere, que nous fussions *Vn* auec luy. Pesons cét *Vn*, disoit-elle, auec ce grand Tout : Voyons ce qu'est Dieu, & ce que nous sommes. Il a fait ses creatures à son image & semblance, pour les rendre toutes vne mesme chose auec luy. Hé laissons le faire, qu'il acheue son ouurage : Pourquoy le neant aportera-t-il de la resistance à estre fait vne mesme chose auec son Tout ? Pesons bien cela, mes Sœurs, voyez comme il a creé toutes choses pour l'homme, & cét homme il se l'est reserué pour luy. Voyez nostre ingratitude, rien ne nous manque, toutes les creatures nous sont sujetes, & nous donnent tout en leur temps, selon qu'il leur a esté commandé de Dieu ; & nous au contraire méprisons, & rendons inutiles tant de graces qu'il nous fait, particulierement dans ce Sacrement d'amour.

O

SECTION I.

De sa Communion.

QVoy qu'elle eust vne grande pureté de vie, vne grande deuotion au saint Sacrement, & vn contentement particulier de voir en plusieurs de ses Sœurs l'affection de communier souuent ; jamais pourtant elle ne s'auançoit de demander la Communion, plus souuent que le General de la Communauté. Quand aucunes des Sœurs faisoient les exercices, la Superieure luy mandoit qu'elle communiast. O ma Sœur, disoit-elle, à celle qui luy venoit annoncer cela, quelle nouuelle vous m'apportez que ie reçoiue mon Dieu! Cependant elle témoignoit auoir peine de communier plus souuent que les autres, & remonstroit qu'on ne la connoissoit pas. Sous ombre, disoit elle, que ie suis tousiours seule, on pense peut-estre que ie suis tousiours vnie à Dieu, & ce ne sont que continuelles distractions ; Dites le bien à nostre Mere, ie m'en décharge sur vous. Sa deuotion à la sainte Communion estoit pourtant si grande, que d'autre part elle ne l'a jamais laissée aux jours ordinaires de la Communauté, & obseruoit soigneusement, quand on l'obligeoit à prendre quelque remede, & à quelque autre soin qui regardoit sa santé, que ce fut en vn iour où il n'y eust point de Communion.

Dieu qui permit qu'à sa mort, ayant surpris tout le monde, elle fut priuée du sacré Viatique, ne permit pas pourtant qu'elle fut en ce dernier terme, sans le secours qui se tire du saint Sacrement, dautant qu'elle auoit communié douze iours de suite auant son decez, à cause que son Confesseur & sa Superieure l'auoient ainsi desiré, à l'intention d'vne des sœurs, laquelle estant sur le poinct de mourir, leur demanda cette consolation de vouloir obtenir pour elle vn Trentain de Communions de la Mere de saint Sauueur.

Apres la sainte Communion, elle ne faisoit pas grands

actes, sinon en s'humiliant, & comme abysmant en la presence de Dieu; deuant lequel, disoit-elle, tout doit fondre. En quoy elle practiquoit ce dire de saint Anselme : *Mon Dieu, ie me tairay afin que vous seul parliez, ie ne feray rien afin que vous seul operiez, & ie mourray afin que vous seul viuiez en moy.*

SECTION II.
De sa Confession.

ON peut iuger de la disposition qu'elle apportoit à ce Sacrement, par vn rapport qu'a fait son Confesseur, qui dit que quand elle entendoit prêcher de tout ce qu'il faut faire pour tendre à la perfection, & de tant de sortes de moyens qu'on en donne, elle estoit souuent en de grandes craintes d'estre hors de la grace, & s'en aloit incōtinent trouuer son Confesseur toute éplorée, luy disant : Mon Pere, ie ne sçay où j'en suis : Estiez-vous à la predication ? auez-vous remarqué ce qu'a dit le Predicateur, qu'il faut faire telle & telle chose qu'elle specifioit ; comme qu'il faut faire tant d'actes à l'Oraison, des actes de contrition, & ie ne sçay bonnement ce que c'est que de contrition, sinon que ie me repens d'auoir offensé Dieu, & il n'y a rien que ie ne voulusse faire pour penitence de mes pechez. Ie croy que si l'on me commandoit par obedience de me jetter dans vn feu ardent, ie m'y jetterois. Et pour l'aduenir, ha Dieu ! ie proteste que j'aymerois mieux mourir de dix mille morts, que d'auoir fait la moindre chose qui luy fust desagreable. Ouy, mon Dieu, ie le dis, & le voudrois signer de mon propre sang. Et puis reflechissant sur ses pensées, elle adjoustoit; Ie dis cela, mais n'est-ce point hypocrisie, car en vous parlant de la sorte, ie suis comme vne buche, ie n'ay pas plus de sentiment : neantmoins ie ne voudrois pas estre autre, & pourueu que Dieu soit content ie suis contente.

Elle faisoit vne estime conuenable à la chose du Sacrement de Confession, & du pouuoir que Dieu y donne à l'homme; & cette estime ne luy ouuroit pas seulement la bouche pour en parler, comme elle a fait en tant de rencontres pour animer les personnes qui ont le cœur ordinairement fermé, & craignent de se donner à connoistre; mais luy ouuroit aussi la conscience, qui n'a jamais rien eu de reserué pour ceux qui l'ont conduite & dirigée.

SECTION LII.

De l'estime qu'elle faisoit des Confesseurs, & de la confiance qu'elle auoit au sien.

SA confiance procedoit des sentimens raisonnables, & Religieux qu'elle auoit de ceux qui sont les administrateurs des choses saintes, admirant la bonté de Dieu, d'auoir donné puissance aux hommes d'absoudre les pechez. Vn saint Pierre, disoit-elle, apres l'auoir renié, a esté le premier, auquel il a donné cette authorité. O fille, qu'eussions-nous fait s'il n'eut esté pecheur! son zele boüillant ne luy eust pas permis de nous receuoir à penitence, tant la misericorde de l'homme est racourcie. O heureuse coulpe qui luy a donné vne si grande connoissance de sa foiblesse! elle est bien auantageuse pour nous, car depuis ce temps-là il n'y a eu si grand pecheur qu'il n'ayt receu à penitence, comme nous le reconnoissons en la bonté de nostre sainéte Mere l'Eglise, qui nous remet nos fautes. O fille! que nous sommes heureuses, que ce n'est pas aux Anges, mais aux hommes que Dieu a donné le pouuoir de nous absoudre de nos crimes: Car les Anges estans, comme ils sont, si éloignez de nostre corruption & fragilité, estans si purs en leur nature, ils ne nous eussent jamais remis nos fautes; qui eust osé s'en approcher? Selon ces sentimens elle donnoit cét aduis de ne s'éloigner jamais des Confesseurs, & personnes Superieures, bien qu'on les reconnust fragiles, & qu'on les vist tomber comme les autres : Dieu le permettant ainsi, sans vouloir le mal pour en tirer vn plus grand bien. Que s'ils n'eſtoient pecheurs, diſoit-elle, il ne pourroient ſouffrir nos fragilitez ; il n'y a que noſtre propre experience qui nous fait compatir aux infirmitez du prochain. Elle diſoit encore ; Ie m'eſtonne grandement comment on a tant de difficulté pour ce qui regarde les Confeſſeurs ; de moy, pourueu qu'vne perſonne ſoit d'Egliſe, & qu'elle ayt le pouuoir d'abſoudre, il ne m'importe ; il me ſuffit qu'il tient la place de mon Dieu. Ie ſerois bien faſchée de retenir la moindre imperfection à qui que ce fuſt, eſtant Preſtre. Il eſt vray que pour prendre conſeil, il faut choiſir, & bien choiſir ; entre mille on a peine d'en trouuer vn qui ayt toutes les conditions requiſes.

Entretenant vn iour ſon Confeſſeur ſur ce ſujet, elle luy dit : Mon Pere, ie deſire que vous me connoiſſiez entierement, afin qu'à la mort vous puiſſiez répondre de moy, & dire à noſtre Seigneur ; voila mon Dieu, vne ame que vous m'auiez donnée, ie la remets entre vos mains. O que ie ne ſeray pas ingrate de ce bien ! Mais ſçauez-vous bien, reprenant ſon diſcours de zele & d'eſtime ; ſçauez-vous bien, O homme de Dieu, quel pouuoir il vous a donné ! Car il vous a dit que tout ce que vous lierez & deſlierez en terre, ſera pareillement lié & deſlié au Ciel, pouuoir qui n'a pas eſté donné aux Anges. Et comme en ce rencontre ſon Confeſſeur s'humiliant, luy parloit de l'indignité qu'il diſoit reconnoiſtre en ſoy pour répondre à l'honneur d'vn caractere ſi releué, la bonne Mere luy repartoit : Humiliez-vous tant qu'il vous plaira, ce n'eſt pas à nous à regarder en vos perſonnes autre choſe que Dieu : C'eſt à nous ſeulement de vous obeïr, puiſque noſtre Seigneur a dit ; *Faites tout ce qu'ils vous diront.* Me promettez-vous pas, mon Pere, de ne me point abandonner à l'heure de la mort, & de parler fortement au Diable, s'il me vouloit inquieter ? De ma part ie ne voudrois pas vous celer la moindre imperfection ; & ſouhaiterois, ſi c'eſtoit le plaiſir de Dieu, qu'il y euſt vne feneſtre en mon cœur ; O que ie l'ouurirois de bon coura-

O iij

ge, afin que vous vissiez tout là dedans!

Elle ne sçauoit comment reconnoistre le bien qui luy venoit par son Confesseur de Religion, & luy promettoit souuent de ne l'oublier jamais non plus que son Confesseur du monde, dont elle auoit tousiours vn particulier ressouuenir. Ie vous promets, disoit-elle à ce bon Pere, que s'il plaist à Dieu me faire misericorde, ie ne seray point ingrate en vostre endroit. Faites donc que ie sois fidelle à mon Dieu, pourueu que ie luy sois agreable, qu'il fasse de moy ce qu'il luy plaira : Ie n'enuisage ny Paradis, ny Enfer. Vn Vigneron quand il a planté sa vigne, en attend le raisin ; & moy à qui Dieu a tant fait de graces, ie ne luy donne que des puanteurs de cette miserable nature. Mais j'espere qu'il me fera la grace de la surmonter. Pour cét effect j'ay besoin d'aide, & ie me la promets de vous, mais ie crains que vous m'espargniez à cause de mon âge : C'est le sujet de ma confusion d'auoir tant vécu, & d'estre si imparfaite. Vne autre fois elle luy dit ; Vous sçauez qu'apres vous & ma Superieure ie n'ay personne, & parlant aux Peres qui viennent du dehors, ie souhaiterois que ce fust en vostre presence, ou bien vous pouuoir rendre vn compte exact de tout. Si vous me vouliez faire la charité de parler pour moy, vous me feriez plaisir, car les paroles me sont à peine.

Elle estoit tellement portée à se confier à ceux qui estoient ses ordinaires, qu'auparauant que de venir en Religion, elle fit sa Confession generale à Monsieur le grand Penitencier de Paris. Estant Religieuse, bien qu'elle allast quelquesfois aux extraordinaires pour en receuoir quelque aduis, elle retournoit tousiours de ce Confesseur au Confesseur ordinaire, & en son absence elle alloit à l'autre Confesseur Religieux de l'Ordre de Fontevrault ; au defaut de l'vn, & de l'autre, elle s'adressoit plustost au Chapelain de la maison qu'à vn autre qui ne fust pas ordinaire ; à cause, disoit-elle, que Dieu nous les a donnez, & doiuent assister à nostre mort : Pour les autres, ie suis bien aise de les entendre prescher, & parler de Dieu.

Selon ces sentimens, voicy les conseils qu'elle donnoit à celles de ses Sœurs, qui prenoient confiance de luy parler de leurs peines, & qui deferoient aux aduis qu'elles en receuoient. Découurez, leur disoit-elle, tout vostre interieur à vostre Confesseur, & luy parlez tousiours sincerement: N'écoutez point les repugnances que le Diable & la Nature vous en donnent, car il vous tient place de Dieu. Ne parlez jamais à d'autres sans sa permission, car c'est luy qui vous doit assister à l'heure de la mort. O que c'est vn grand repos d'auoir pris de la confiance à son Confesseur! lors qu'on est en doute de quelque chose de son interieur, il en donne toute asseurance, quand on luy a tousiours parlé sincerement. Pour moy ie vous asseure, que quand mon Confesseur m'a dit que ie me mette en repos, quelque peine que ie ressente, ie suis aussi tranquille que si Dieu mesme me l'auoit dit, car ie le regarde comme mon Dieu sur la terre. Elle conseilloit aussi de ne laisser jamais la sainte Communion sans la permission de son Confesseur & de sa Superieure, & disoit que quand ils vouloient qu'on communiast il le falloit faire, & tenir tout autre sentiment pour tentation, ne s'arrestant point à cette opinion, que le Diable nous donne, qu'ils ne sçauent pas nos besoins. Nous auons tant d'orgueil que de ne parler pas sincerement: Dieu me le vueille pardonner, ie pense que c'est dans la défiance qu'on a de leur capacité, ce qui est vn notable defaut, & grand empéchement à la perfection. Ie ne sçay comment on peut auoir si peu d'estime des personnes qui ont charge de nos ames: Cela vient en partie de peu de confiance en Dieu, qui nous a promis que quand la Mere viendra à oublier son enfant, il n'oubliera pas ceux qui se confient en luy. Il feroit plustost parler les pierres, à plus forte raison nous fera-t'il dire ce qui nous est conuenable, par ceux ou celles qui nous parlent de sa part.

Ses pratiques confirmoient ce qu'elle auoit de bons sentimens, & ce qu'elle donnoit d'vtiles aduis sur ce sujet. Les conseils qu'elle receuoit en Confession luy passoient comme vne de ses Regles : Elle les receuoit auec pareille veneration & deference, que s'ils eussent esté des decisions du Consistoire de Rome, ou de la Sorbonne ; chaque parole de son Confesseur estoit vn Concile pour elle. En effect, ce luy qui l'a plus long-temps conduite en cette qualité luy rend ce témoignage, qu'il n'a jamais eu la peine de la reprendre deux fois d'vne mesme chose : & neantmoins quand elle alloit à luy, elle disoit ; *Voicy vostre importune, mon Pere.*

C'est en quoy cette bonne Mere estoit bien éloignée de l'humeur de celles qui croyent obliger vn homme de luy découurir leur interieur ; ce qui procede d'vn defaut d'humilité, par laquelle nous reconnoissons que nous sommes comme les limaçons, en ce que sortant de chez nous, & faisant connoistre ce que nous sommes, nous n'auons rien à faire voir que de l'ordure.

Il y a bien dequoy profiter en cét endroit de cette sainte vie, pour ce qui regarde les dispositions qu'il faut aporter au Sacrement de Confession, qui sont d'y aller, comme elle, en esprit d'humilité, auec confiance en Dieu, & vne entiere ouuerture de cœur à l'égard de son Confesseur, honorant Iesus-Christ, & le sacré Sacerdoce en la personne du Prestre, le considerant comme vn Ange de Dieu ; s'accusant purement & simplement, d'vne façon la plus intelligible qu'on peut, n'y allant point par coustume, ny sur de vains scrupules, mais auec deuotion & attention, comme en vne action de tres-grande importance. C'est le moyen d'entrer & de sortir de ce saint Lauoir, auec vne vraye douleur de ses fautes, pour petites qu'elles soient ; car c'est toufiours trop de mal d'auoir dépleu à la Soueraine bonté de nostre Seigneur, qui nous fait iournellement tant de misericorde.

CHAPITRE XIV.

SECOND DEGRE' DE perfection Religieuse.

De l'exacte obseruance des Vœux & des Regles.

De l'amour qu'auoit la Mere de Saint Sauueur pour la pauureté.

DV Pont au Liure qu'il a fait de la vie d'Aluares, qui passe au iugement des plus spirituels, pour vn abregé de tout ce qu'il y a de plus excellent en ses autres œuures, establit, comme ie fais en l'imitant, vn degré de perfection Religieuse ; *De l'exacte obseruance des vœux, de pauureté, d'obeyssance & de chasteté, & de tous les autres Conseils de perfection, qui sont contenus dans les Regles de Religion.* Ce qui est selon la doctrine de S. Thomas, en la 2.2. q.186. où il enseigne que la profession de ces choses est necessaire à la Perfection Religieuse. Et c'est ce que i'ay maintenant à faire voir de la Mere de saint Sauueur.

Nostre Seigneur ayant tousiours esté le miroir de cette bonne Religieuse, elle se regardoit tousiours en luy, pour s'y rendre plus semblable, & comme elle voyoit que sa vie auoit esté pauure, aussi prenoit-elle garde à tout ce qui la pouuoit rendre conforme à nostre Seigneur. Elle l'appelloit son Tout & son Thresor, & disoit que hors luy elle ne vouloit rien posseder en ce monde. C'estoit l'amour de cête pauureté, qui faisoit qu'en son viure & vestement elle prenoit peu de chose, & tousiours la moindre. Elle n'auoit à sa Cellule pour tout meuble qu'vn pauure lict, vne table, & vne chaire. Depuis qu'elle eut perdu la veuë, elle rendit

P

son Crucifix, & comme vn iour on luy demandoit où il estoit, elle répondit; O ! il est dans mon cœur.

Iamais elle ne vouloit d'habits neufs, afin d'auoir le reste des autres, dont elle se seruoit autant qu'il luy estoit possible. Vn iour estant obligée d'en mettre vn neuf, dautant qu'il ne s'en trouuoit plus qu'ô lui peut approprier, ce qu'on taschoit de faire pour condescendre à son affection, elle retarda tant qu'elle pust de le vestir, jusqu'à ce qu'on luy dit qu'il n'y auoit plus moyen de raccommoder le vieil, quoy que de son inclination naturelle elle aymast tout ce qui la pouuoit rendre plus propre. Ce luy fut donc necessité de prendre l'autre, qu'elle changea pourtant par permission peu de temps apres, auec vn qui ne valoit guere, mais c'estoit ce qu'elle aymoit mieux, & mesme en baisoit les pieces pour témoigner l'estat qu'elle en faisoit. Si l'on eust voulu suiure en cela son inclination, & laisser les choses à son choix, elle eust tousiours pris le pire. Et comme elle n'auoit qu'vn habit pour toute saison, quand il estoit besoin de le racommoder, elle estoit soigneuse de prendre le temps qu'elle estoit obligée de garder la chambre pour quelque indisposition.

Or bien qu'elle aymast fort tout ce qui estoit pauure, & qui sentoit la pauureté, elle desiroit neantmoins que cette pauureté fut accompagnée de netteté, & prenoit satisfaction d'entendre que saint Bernard auoit esté de cette humeur. Elle disoit que la vieillesse est assez desagreable d'elle-mesme, & qu'elle desiroit estre proprement pour n'incommoder personne; auec cette reserue toutesfois, que si c'estoit pour la gloire de Dieu, elle seroit contente d'estre en horreur à tout le monde. *Ce sont des habits d'Espouse*, disoit elle, *& d'Espouse d'vn Dieu: Bien que mon inclination soit de n'estre pas desagreable aux creatures, qui n'est qu'vne badinerie de la nature, i'y renonce de tout mon cœur, & s'il plaist à Dieu que ie sois vn monstre aux yeux des creatures, pourueu que ie ne fasse rien qui luy déplaise, il ne m'importe.*

Estant à table, elle pratiquoit cette sainte pauureté, prenant par aumône ce qui luy estoit donné auec vne reconnoissance des liberalitez de Dieu en son endroit, considerant combien il y auoit de pauures qui mouroient faute de nourriture, & souhaitoit qu'ils eussent la moitié de sa portion.

Elle aymoit si fort à paroistre pauure, que sa fille luy estant venu parler publiquement d'vne notable somme que son fils auoit enuoyée, elle luy en témoigna du mécontentement, & luy dit qu'elle estoit pleine de vanité, n'étant pas bien aise qu'il parust chose quelconque du bien qu'on faisoit à la maison à son sujet, quoy qu'elle eust naturellement vne grande inclination à donner. L'amour de la pauureté luy en ostoit tout moyen, dautant qu'elle n'auoit rien du tout, sinon ce qui estoit à son vsage, encore fort estroitement, puis qu'estant vne fois pressée par vne Sœur de luy donner quelque chose, elle n'eut rien à luy offrir que des épingles qu'elle auoit en sa cellule.

Apres sa mort on ne trouua que son Chapelet, encore n'estoit-il pas entier, à cause que dans l'estime qu'on faisoit de sa sainteté, aucunes en auoient tiré quelques grains, & la bonne Mere ne prenoit pas garde qu'il estoit imparfait. Non seulement elle aymoit la pauureté, mais aussi les personnes pauures : I'honore les grands, disoit-elle, mais pour les pauures ie les embrasse, & les mettrois bien dans mon cœur. A ce propos, vn iour quelqu'vne luy parlant de plusieurs personnes de condition qui se faisoient d'Eglise, & qu'il sembloit que Dieu voulust remettre en honneur les Prestres qui estoient si méprisez, à cause de leur pauureté & de leur basse naissance, elle répondit à cette Sœur : *Mais, ma grande fille, il faut que ie le dise, nostre Seigneur me fait pitié, si vn pauure & chetif homme est au seruice d'vn Seigneur, il deuient honorable, & nostre bon Dieu n'a pas le credit d'ennoblir ses Prestres : O fille, encore vn coup, nostre Seigneur me fait pitié.* Cette Sœur à qui elle tenoit ce discours, dit qu'elle luy parloit auec tel sentiment, qu'il sembloit que son cœur fut tout transi de douleur. Ce qui témoigne assez qu'elle n'estimoit ny honneur, ny nobleſſe, que ce qui nous en vient de Dieu, & nous rend capables de ſon ſeruice.

Elle auoit naturellement le cœur genereux & liberal enuers tout le monde, particulierement à l'endroit des pauures, qu'elle appelloit ſes freres; parce que, diſoit elle, nous diſons tous enſemble *Pater noſter*. Elle les appelloit les Receueurs de N. S. & faiſoit ſon profit de la Parabole de l'Euangile, où il eſt dit; *Que le Pere de Famille auoit affermé ſa Vigne*.

Elle interpretoit cette Euangile en cette façon, & diſoit; Fille, c'eſt noſtre Seigneur qui nous donne ſes biens, nous ſommes ſes fermiers, & il nous enuoye ſes pauures, qui ſont ſes ſeruiteurs, afin de receuoir les deniers: & de là elle tiroit la conſequence que tous Chreſtiens qui ſont accommodez ſont obligez de faire l'aumône; c'eſt vn preſt que Dieu leur a fait, diſoit-elle, ils n'en doiuent auoir que l'vſage: O Dieu! quelle bonté, il promet la vie eternelle, pour vn verre d'eau froide; encore s'il euſt dit, qu'elle fuſt chaude, nous aurions vn peu de peine, mais il ne la demande que froide; prenez garde auſſi, ma fille, qu'il nous oblige de la donner en ſon Nom. Quand on luy faiſoit rapport de quelques perſonnes riches, & auantageés de ſcience qu'elles n'eſtoient point charitable aux pauures, elle en eſtoit grandement touchée, & diſoit: Cela me perce le cœur, quelle ingratitude! Eſt-il poſſible qu'ils ayent cette eſcaille ſur les yeux, ne doiuent-ils pas voir que ces biens là leur ont eſté donnez d'vn Dieu, ils en fruſtrent les pauures de leur part, qui ſont les membres de Ieſus-Chriſt; Quelle ingratitude! quel aueuglement, ô Dieu! touchez leurs cœurs, & qu'ils connoiſſent que tout vous appartient.

CHAPITRE XV.

Du mespris du monde.

DE l'amour qu'elle auoit pour la Religion, pour le dépoüillement & la pauureté, dont on y fait profession, procedoit le mépris qu'elle faisoit du monde ; parce que toutes choses y sont opposées à la vie de nostre Seigneur, dont les exemples nous ont enseigné à mépriser la grandeur, les richesses, & les honneurs en s'estant mis dans le plus bas estat & la condition la plus méprisée qui puisse estre. Et comme cette bonne Mere jettoit souuent les yeux sur ce qu'il auoit esté au monde, ce qu'il y auoit fait, comme il y auoit paru, cachant sa grandeur, de là procedoit le grand mépris qu'elle auoit de tout ce qui se passoit au siecle, n'en ayant jamais voulu suiure les modes, & coustumes depuis que Dieu l'eut parfaictement tirée à luy. Iamais elle ne prit d'autre monture qu'vn asne allant voir sa fille Religieuse : ce n'est pas qu'elle n'eust moyen d'auoir comme d'autres vn carrosse, mais elle estimoit que faire autrement n'eust pas esté suiure nostre Seigneur, qui n'en auoit jamais pris d'autre.

Toutes les Dames qui font profession de vertu Chrétienne dans le siecle, n'ont pas le cœur touché comme auoit cette sainte Demoiselle, pour regler ainsi leurs pas, leurs démarches, leurs entrées, leurs sorties, & les moyens enfin d'aller & de venir, sur ce qu'on leur dit auoir esté fait par nostre Seigneur. C'est en carosse qu'elles veulent honorer non seulement le mystere de son triomphe & de sa glorieuse entrée en Ierusalem, où il ne fut que sur vn asne ; mais aussi le mystere de sa Passion, sa sortie & son passage de Ierusalem au Caluaire, où cét homme de douleurs, ainsi que l'Ecriture l'appelle, fut à pied & sous la pesanteur de sa croix. Vn iour vne Dame deuote du siecle, c'est à dire, de cét ordre dont j'écris, estant allée à Hautes-Bruyeres pour voir deux de ses filles, qui font en ce lieu sainte profession de suiure Iesus-Christ sous la croix & sous les épines, comme vn Espoux de sang, demanda de voir la Mere de saint Sauueur, qui ne manqua pas de luy dire dans l'entretien qu'elles eurent ensemble, vn de ces mots que Dieu dit au cœur dans la solitude. Car comme les visites des personnes du siecle font toûjours vn bruit dans les maisons Religieuses, dont il n'arriue que trop souuent que les épouses qu'on va voir sont réueillées, leur carosse, leur train, leurs discours n'estans pas ce qui fait l'harmonie ordinaire, qui fait le sommeil mystique : La bonne Mere parlant fort confidemment à cette Dame, luy témoigna qu'elle eust bien voulu la voir venir à moins de train, & que ce luy eust esté vne grande consolation de la voir venir sur vn asne, & non plus en carosse. O ma grande amie, luy disoit la Mere, que cela seroit honorable à la grace, puisque la nature n'y trouueroit pas son compte. Ie me persuade que ce discours fut pris comme plusieurs semblables qui viennent de la part des ames saintes, & qui se terminent à les faire plustost admirer qu'imiter, qui font dire ce mot commun en pareils rencontres : *Il faut estre saint pour faire cela*, au lieu qu'au contraire on deuroit dire ; *Il faut faire cela pour estre Saint*. Il faut estre Sainte, diront les Dames du monde, pour aller sur vn asne comme Mademoiselle Hotman : Et il faut monter sur vn asne pour estre Saint comme Iesus-Christ, méprisant à sa mode les vanitez des modes du monde, disoit la Mere de S. Sauueur, selon les pensées de Mademoiselle Hotman, c'est à dire, selon les sentimens qu'elle auoit, & ce qu'elle en pratiquoit estant encore dans le siecle.

Il luy conuenoit donc bien de parler ainsi de cette voye d'humilité & d'imitation de Iesus-Christ, ayant fait elle-mesme ce qu'elle enseignoit, & ne desirant rien aux autres qu'elle ne voulust voir aux siens, comme vn iour elle fit assez connoistre par la repugnance qu'elle témoigna d'auoir entendu repeter le mot de carosse à l'vne de ses filles qui

de Saint Sauueur.

l'eſtoit venu viſiter par cette voye. Car alors elle parla d'vn caroſſe, auec autant de mépris qu'vne autre feroit d'vn tombereau, & d'vne charette comme vn ambitieux parleroit d'vn char de triomphe. Que cela me déplaiſt, dit cette humble Mere à la Sœur, qui la remercioit du parloir en ſa cellule; Que cela me déplaiſt, d'entendre dire ainſi mon caroſſe, mon caroſſe, & de voir cette vanité là dans les miens! J'aurois ſatisfaction de les voir venir en charette, & ce me ſeroit vn ſujet de m'éjouyr dauantage & d'inuiter à les venir voir. Ainſi le monde eſtoit mal venu & mal receu d'elle, qu'on euſt pluſtoſt veuë haïr les ſiens dans le monde, qu'aymer le monde dans les ſiens : Si bien qu'elle euſt peu dire auec ſaint Paul, ſelon les diſpoſitions de ſon ame en ces rencontres : Qu'on ne me ſoit point ennuyeux par des diſcours importuns & peu conuenables aux marques que ie porte de Ieſus-Chriſt crucifié! Comme c'eſtoit l'vnique objet de ſon amour, & la plus ordinaire occupation de ſon eſprit, il n'y auoit rien qui luy pluſt dauantage que ce qui luy repreſentoit le mieux cet objet : Et comme ſaint Auguſtin diſoit, que depuis qu'il euſt gouſté les douceurs du nom de Ieſus, il n'en trouuoit plus dans les pieces des Orateurs & des Poëtes, où il ne trouuoit point ce nom ſacré ; de meſme vn iour cette bonne Mere témoigna qu'elle eſtoit dans vne pareille diſpoſition, lors que l'aiſné de ſes enfans luy parlant d'vn fils qu'il auoit, & des eſperances qu'il conuenoit par les premieres ouuertures de ſon eſprit, luy recitant quelques vers de ſa façon, auec la complaiſance que donne auec ſujet l'ouurage d'vn fils à ſon pere, noſtre Religieuſe quoy que Mere & grande Mere, quoy que femme de bon eſprit & de bon cœur, au lieu d'entrer en ces ſentimens de complaiſance, elle en interrompit le ſujet & l'entretien par ces mots, qui ſembloient venir de l'Aquilon pour faire reſſerrer toutes les fleurs d'éloquence & de poëſie, mais qui venoient du Midy de la grace & de l'ardeur du diuin amour qui veut tout changer en ſoy. *Laiſſons cela, mon amy*, dit cette Mere ſainctement dénaturée, *voſtre fils eſt-il craignant*

Nemo mihi moleſtus ſit, ego enim ſtigmata Ieſu Chriſti porto.

Dieu ? cela suffit. Cela vrayment suffit pour l'vnique necessaire, qui est l'affaire du salut; mais tout le monde n'est pas comme le Bien-heureux Louys de Gonzague, qui dans son jeune âge ne mettoit rien à aucun prix, que ce qui peut seruir pour acquerir la gloire eternelle. Aussi c'estoit seulement ce que la Mere desiroit aux siens. Et ce qui suffit dans la pratique, doit suffire aussi dans ce discours pour faire voir combien il falloit qu'vn cœur maternel comme le sien, eut fait de progrez dans les voyes de la grace, pour la faire ainsi triompher sur les plus puissans & plus tendres mouuemens de la nature.

Elle a dit que quand sa fille du monde fut preste à marier, elle demanda à Dieu affectueusement, qu'il luy donnast pour party ce que le monde ne vouloit point, afin que sa fille ne fut point du monde; que pourueu qu'il fut craignant Dieu, il ne luy importoit point du reste.

Depuis qu'elle fut Religieuse, ce mépris du monde, & de sa vanité s'augmenta auec vn tel oubly de tout ce que jamais elle y auoit veu & connu, qu'il sembloit qu'elle n'en deuoit parler non plus que de ce qu'on ne connoist point: Elle s'estonnoit fort quand elle entendoit parler de la fortune, ou infortune, & disoit qu'on ne deuoit parler du monde qu'à regret, & par vn sentiment de mépris, quand la necessité contraignoit d'en discourir, qu'il le falloit faire, comme d'vne chose qui ne nous touchoit pas, mais qui estoit hors de nous; & disoit que si on auoit veritablement ce sentiment au cœur, on éuiteroit beaucoup de paroles, & de voyages du parloir.

Lors qu'on l'entretenoit de ses enfans, on n'osoit quasi les nommer selon leur qualité; vn iour comme on luy parloit de l'Office qu'auoit vn de ses proches, elle fit vne mine si seuere & si froide, qu'on vit bien que cela luy déplaisoit, disant à celle qui luy parloit: Ha, ma fille, que cela me put! ne parlez jamais de ces qualitez mondaines, j'en demeure toute confuse: Ou lors qu'elle parloit des parens des autres, c'estoit auec tant d'honneur & de respect, que vous eussiez dit qu'elle estoit leur seruante. Quand

de Saint Sauueur. 121

Quand ses enfans luy communiquoient de quelque mariage qu'ils auoient à faire dans leurs familles, elle leur disoit, que si les partis proposez estoient craignans Dieu, & reconnus pour tels auec vn bon esprit qu'ils ne s'arrestassent au bien; O, disoit-elle, que cela m'est puant.

Vn iour on luy manda qu'on auoit marié vne des filles de son fils fort auantageusement ; tandis qu'on luy en faisoit la lecture, elle l'écoutoit auec froideur: & comme celle qui luy lisoit la lettre, luy dit : Ma Mere, ne desirez-vous pas que ie luy mande que vous estes bien contente de ce qui s'est passé en ce mariage : Non, dit-elle, ne parlez point de cela, mais bien que ie me resiouys de ce que ce party est craignant Dieu. Elle ne parloit presque point de ses connoissances du monde. Quand ie voy, disoit-elle, aucuns de mes enfans venir dans vne charrette, cela me resiouyt, & j'inuite à les venir voir : mais quand quelqu'vn des miens vient auec vn carosse, il s'en faut beaucoup que j'en aye pareille satisfaction. C'estoit pourtant auec grande tendresse qu'elle parloit de ses enfans, & les entretenoit de mesme: Ie desire, disoit-elle, de les voir, pour sçauoir comme ils se comportent en leurs familles, & si ce n'est pas tousiours en la crainte de Dieu, tout le reste est inutile : & en effect selon ce sentiment quand on sortoit de pareils entretiens, elle rentroit en soy-mesme, & prenant son Chapelet, elle en disoit quelque partie.

CHAPITRE XVI.

De son Obeyssance.

ENtre les vertus de nostre Seigneur, l'Obeyssance est celle qu'on rencontre en tous les estats de sa vie, & qui l'ayant fait decendre du Ciel dans vne estable, l'y a fait remonter par vne Croix. Son obeyssance a esté la plus parfaicte, la plus exacte, & la plus difficile qui fut jamais,

Q

obeyssant jusqu'à la mort , & à la mort de la Croix.

L'Obeyssance est double , *Actiue* & *Passiue*, Actiue, en faisant ce que Dieu commande ; Passiue, en souffrant tout ce qu'il enuoye. Nostre Seigneur nous a donné des exemples de l'vne & de l'autre , & sa bonne seruante a tousiours fait estat de marcher sur ses pas, répondant aux lumieres qu'elle en auoit aussi bien qu'à l'obligation du vœu qu'elle en auoit fait. Suiuant l'ordre que j'ay pris , ie feray voir son obeyssance passiue dans les derniers Chapitres de ce Liure, & parleray maintenant de son obeyssance actiue , qui luy mettoit si souuent en memoire & en bouche ces paroles de Iesus-Christ; *Ie ne suis pas venu pour faire ma volonté, mais pour faire celle de mon Pere qui m'a enuoyé.* Aussi disoit elle, qu'elle n'estoit venuë en Religion que pour obeïr à ses Superieurs, tenant pour certain que c'est par eux que Dieu nous annonce ses adorables volontez , & que nous ne les deuons jamais regarder autrement. S'il m'enuoyoit vn Ange pour me dire ce qu'il demande de moy, & que ma Superieure me dit autre chose , ie laisserois l'Ange pour obeïr à ma Superieure, tant j'estime ce qu'elle me dit : Nous auons grand sujet de loüer Dieu , de ce qu'il nous donne des Superieurs qui le craignent. Ie ne sçay ce que j'eusse fait, si Dieu m'eust mise en vne maison où il en fust autrement , qu'il soit loüé de m'en auoir preseruée, & de m'auoir conduite en ce lieu, où il est craint & seruy. C'estoit son discours conforme à ses sentimens & à ses pratiques.

Non seulement elle preferoit les Superieurs aux Anges, mais elle les regardoit comme la personne de Iesus-Christ: ce qui luy faisoit écouter auec attention & respect tout ce qu'ils luy disoient. Elle n'auoit jamais de raison, ny de paroles contraires, souuent elle estoit à deux genoux à leurs pieds, leur demandant leur benediction, & s'accusant de ses fautes autant de fois qu'on luy en vouloit donner le temps. C'estoit vne de ses delices de leur découurir ses imperfections, pour oster de soy tout ce qui pouuoit s'opposer aux graces; ce qu'elle pratiquoit principalement à l'égard de son

Confesseur, qu'elle appelloit son Dieu sur terre. Aussi luy disoit-elle souuent ces paroles de nostre Seigneur ; *Qui vos audit, me audit*, & dans cette consideration elle adjoustoit, que si son Confesseur luy disoit que le blanc fut noir, elle en croiroit ce qu'il voudroit. C'estoit assez qu'il luy dit; Faites cela, elle obeyssoit sans repartie, & sans demander de raison.

Elle prioit ses Superieures qu'elles luy permissent de baiser leurs pieds, & se plaignoit de ce qu'elles ne la mortifioient pas, les suppliant de l'aduertir de ses fautes, & de l'encourager. Quand elles luy en faisoient voir quelques-vnes, c'estoient tousiours fautes bien legeres, dautant que sa vie estoit si parfaicte, qu'il estoit mal-aisé d'y connoistre des defauts: Neantmoins elle les remercioit si affectueusement de cét office, que les Superieures estoient toutes confuses interieurement d'estre Superieures d'vne Religieuse si parfaicte & si saincte. Au moindre signe qu'elle auoit de leur intention, son obeyssance se faisoit paroistre, preferant tousiours leur volonté à la plus forte de ses inclinations, & aux plus specieux dessein de vertu qu'elle eust pû conceuoir.

Elle tenoit que cette vertu doit estre inseparable d'vne Religieuse, & que quand il eust esté question de faire quelque chose de grand pour Dieu, qui luy eust fait perdre vne occasion d'obeïr, elle deuoit plustost quiter cét œuure, que laisser le moindre acte d'obeyssance. Elle eust bien desiré qu'à chaque iour on luy eust donné l'ordre de ce qu'elle auoit à faire, & supplioit de temps en temps la Superieure de luy renouueler ses volontez, afin que la sienne ne se trouuast jamais en quelque chose qu'elle fist. On ne voyoit point qu'elle examinast aucunement ce qui venoit de l'obeyssance, & ce luy estoit vne peine incroyable, quand celle qui par sa charge auoit droit de luy commander, luy apportoit par respect quelque raison de son Commandement. *Quand vn Dieu parle*, disoit-elle, *il faut obeyr*. Cette vertu la rendoit si ponctuelle à toutes les obseruances, qu'elle n'eust pas voulu rien faire de plus ou moins que la Communauté. L'obeïssance est souuent comparée au fruict : Or le fruict vient de la semence; Il faut donc que la semence soit receuë premierement de la terre deuant qu'elle rende du grain. Cette semence est la volonté de Dieu, qui nous est connuë par ses Commandemens, par ceux de l'Eglise, & des personnes qui tiennent dans l'Eglise vn rang de superiorité. C'est donc selon qu'on reçoit cette semence, qu'il faut produire du fruict, c'est à dire qu'il faut faire ou ne pas faire, ce qui plaist ou ne plaist pas à Dieu, à ses regles, à ses Superieurs. L'obeïssance sans égard à la volonté de Dieu n'est que de l'iuroye; elle croist de soy-mesme où il n'y auoit rien de semé pour produire ce fruict : C'est pourquoy ce fruict ne vaut rien qu'à jetter au vent, ou au feu. La Mere de saint Sauueur estoit bien éloignée d'en produire de semblable, qu'elle ne faisoit aucune chose pour petite qu'elle fut, que par rapport à la volonté de Dieu, qu'elle regardoit tousiours dans les Commandemens de ses Superieures, de quelque façon qu'ils luy fussent faits.

En effect ce qu'on luy disoit quelquesfois, comme en riant, estoit pris d'elle serieusement, quand ils venoit d'vne personne qui auoit du pouuoir sur ses actions. Vn iour, comme elle estoit Tourriere, la Mere Prieure luy dit ; Ma Sœur Ieanne, allez querir vne telle, & ne faites que courir. A ce mot elle prit sa course, quoy qu'elle fust âgée de plus de soixante & dix ans, & courut par reprises jusqu'au lieu ou estoit celle qu'elle alloit chercher, & reuint toute hors d'haleine, tant elle s'estoit hastée. Cette ardeur accompagnée d'vne si grande simplicité, toucha fort vne Sœur qui la vit dans cét acte d'obeyssance, dont elle obserua bien toutes les circonstances pour en tirer son profit.

C'estoient des tendresses merueilleuses d'amour, que celles qu'elle auoit vers ses Superieures, qu'elle supplioit de tout son cœur de luy permettre de les embrasser ; ce qu'elle faisoit auec grand respect & affection, considerant

touſiours noſtre Seigneur en leur perſonne. Les rencontrant elle prenoit leurs mains, & les ſerrant pour leur témoigner les ſentimens de ſon cœur, elle leur diſoit: O, c'eſt
donc vous noſtre Mere, comme receuant beaucoup de
joye de les rencontrer plus qu'aucune de la maiſon. Elle fit
bien paroiſtre ce reſpect meſlé d'amour au temps d'vne vi-
ſite, dont Madame de Fontevrault honora ſes filles de Hautes-Bruyeres il y a quelques années, & quoy que lors elle
ne fut que Coadjutrice en la charge dont elle a maintenant
le tiltre, il n'eſt pas croyable auec quels humbles & reſpe-
ctueux ſentimens la Mere Abſolu la ſaliia, en conſideration qu'elle deuoit eſtre vn iour ſa Superieure; & encore qu'elle honoraſt fort ſa grandeur, elle reſpectoit pourtant dauantage ſon authorité future. Elle demanda de
voir les Religieuſes qui l'accompagnoient, & meſme les
Sœurs Layes, & ſe mit à genoux deuant toutes pour témoigner, par cét humble procedé, l'honneur qu'elle leur
portoit, à raiſon qu'elles approchoient Madame de Bour-
bon.

Elle ne pouuoit ſouffrir qu'on trouuaſt à redire en choſe
quelconque de ce que faiſoient les Superieures; D'autant,
diſoit elle, qu'elles ſont dans la Religion, ce qu'eſtoit cét arbre dans le Paradis terreſtre, auquel Dieu auoit deffendu de
toucher; & auſſi qu'il ne faut regarder les Superieures, ny
trouuer à redire à leurs actions, pour peu que ce ſoit. Cela
ne nous apartient pas, nous n'auons qu'à obeïr, & ſi noſtre
Seigneur a dit parlant du prochain; *Qui vous touche, touche la*
prunelle de mon œil: Combien dauantage a-t'il en recommandation les Superieurs, qu'on ne ſçauroit toucher ny offenſer
ſans l'offenſer luy-meſme.

Six mois auant ſa mort, comme elle approchoit plus de
ſa fin, elle augmentoit auſſi en deſirs de ſe rendre plus a-
greable à noſtre Seigneur par de frequentes practiques
de vertu. Quand elle rencontroit ſa Superieure, elle
luy recommandoit ſon ame, & ſe jettant à ſes piés, & luy prenant les mains, lui diſoit auec de grands ſentimens d'amour,

Q iij

Nostre Mere, répondrez-vous pas de mon ame deuant Dieu, & puis elle luy demandoit humblement & instamment des mortifications. Vn iour sa Superieure estant pressée d'elle de luy dire ses imperfections, la renuoya pour les apprendre à vne Sœur qui la seruant d'ordinaire, la connoissoit mieux.

La bonne Mere fut aussi-tost trouuer la Sœur, qui ne fut pas si-tost resoluë de la contenter en luy disant ses fautes; mais la Mere ne voulût point la quiter qu'elle n'eust fait ce qui luy auoit esté ordonné, il fallut que cette Sœur luy donnast satisfaction: ce qu'elle fit, luy prescriuant certaines choses sur trois peines qu'auoit la Mere : à quoy elle se rendit aussi ponctuelle que si ç'eust esté sa Superieure mesme qui luy eust parlé. Sur ce sujet il ne faut pas obmettre qu'elle a dit plusieurs fois à vne Sœur qu'elle faisoit tant d'estat de l'obeyssance, & trouuoit cette voye si facile, que si on luy eût donné vn enfant pour Superieur, elle luy eust obeï auec autant de soûmission qu'à la plus capable de la maison. Il me suffiroit, disoit-elle, qu'elle me tiendroit la place de mon Dieu, & ie ne veux voir que cela.

Peu de iours auant la maladie de sa mort, ayant tousiours au cœur de grands desirs de mortifications, sa Superieure sur ces instances luy ordonna de venir s'accuser au Refectoir; ce qu'ayant oublié de faire au iour ordonné, elle en fit de tres-grandes excuses à la Mere Prieure, & repara cette oubliance le lendemain, qui fut le iour de son premier accez de fiévre. Elle fut deuant la compagnie dire ses coulpes reconnoissant qu'elle n'estoit qu'vne orgueilleuse & vne hypocrite, & remerciant fort la Sœur de l'auoir conduite à son deuoir, apres l'en auoir fait souuenir. Ainsi Nostre Seigneur permit que le dernier exemple qu'elle donna à la Communauté fut d'Obeyssance, & d'Humilité.

Son Confesseur asseure qu'elle s'est tousiours comportée en son endroit de la mesme façon qu'auec ses Superieures, que rien ne luy sembloit difficile dans la voye de l'obeyssance, qu'il n'y a rien qu'elle ne protestast de faire auec la grace de Dieu, quand elle eust deu mourir en la peine. Il a souuent fait des espreuues de cette sainte disposition par beaucoup d'actions de mortification, & de paroles humiliantes.

Comme j'ay commencé de dire cy-dessus, elle n'obseruoit pas seulement d'obeyr à ses Confesseurs & Superieures; elle practiquoit aussi cette obeyssance à l'égard de toutes les Sœurs de la maison. Mais specialement à l'égard de celle que la Mere Prieure luy auoit donnée afin de l'assister. Cette bonne Mere luy disoit que ne pouuant pas tousiours auoir sa Superieure pour prendre ses ordres, elle luy vouloit obeyr comme à elle-mesme, & ne rien faire que ce qu'elle voudroit. Quand cette Sœur luy disoit quelque chose qu'elle deust faire, la Mere la prioit de luy commander. Mais c'estoit à quoy la Sœur ne pouuoit pas se resoudre; Neantmoins pour la contenter elle luy dit vn iour qu'à vne personne bien obeyssante, il deuoit suffire de sçauoir l'intention de celle qui commande: De sorte que depuis cette parole, quand cette Sœur luy proposoit quelque chose, la bonne Mere luy repliquoit, fille, est-ce vostre intention? & lors qu'elle oublioit d'y répondre, elle en demandoit penitence: comme lors qu'ayant fait faire quelque chose à sa robe au déceu de la Sœur, & reconnu qu'elle y trouuoit à redire, elle prit les ciseaux pour découdre ce qui auoit esté fait, & n'en pouuant pas venir à bout à cause qu'elle auoit perdu la veuë, elle pria la Sœur d'acheuer, & luy demanda pardon de ne l'auoir pas creuë, auec protestation de faire à l'aduenir tout ce qu'elle luy diroit. Lors que la Mere se portoit mal, elle se tenoit au lict par vn esprit de soûmission à cette Sœur qui le desiroit ainsi; & parce qu'vne Infirmiere qui a charge ordinairement de donner les remedes, luy dit vne fois en riant, pourquoy vous tenez-vous là sans me l'enuoyer dire? Depuis cete parole, quoy que dite par recreation, elle ne demeura jamais au lict sans luy mander.

Vn autre Sœur luy dit encore le semblable auec mesme façon, de sorte que toutes les fois qu'elle demeuroit au lict, elle enuoyoit sçauoir de ces deux Sœurs si elles l'auoient agreable. Ce qu'elle faisoit, non par esprit de complaisance, mais d'obeïssance; prenant de tout ce qu'on luy disoit occasion de se soûmettre & dépendre d'autruy, pour mener vne vie plus humble & plus obeïssante.

Vn iour vne Nouice Sœur Laye, considerant la grande surcharge des emplois de sa condition, qui luy faisoient appreéhender de n'auoir pas assez de temps pour vacquer à son interieur, eut long-temps peine à se resoudre à cette sorte de vie, & sembloit pancher dauantage à sortir que non pas à demeurer. Son recours fut, comme de plusieurs autres, au conseil de la bonne Mere qui luy disoit : O fille ! vous ne connoissez pas le grand bien de l'obeyssance. Si vous voulez estre Religieuse, il faut vous resoudre que vostre Oraison, la Messe, Communion, & autres exercices spirituels soient fondez en l'obeyssance. Tenez-vous y ferme, & Dieu vous aidera. D'autresfois que la Nouice retournoit à elle sur les mesmes difficultez, elle luy disoit ; Allez ma fille, ne regardez que l'obeïssance d'vn Iesus-Christ. Dans vne autre rencontre vne jeune Professe estant appelée au Tour, pour y seruir selon le besoin qu'on auoit de son aide, quelqu'autre employ pressant qu'elle auoit, luy fit témoigner quelque sentiment de cette surcharge, ce qu'on reconnut à sa façon & par cette parole qui luy échapa : Ie n'ay point de temps à moy. Ce mot de moy n'estoit pas Religieux, car s'il y a chose au monde, dont le Religieux doiue moins disposer, c'est du temps qui n'est pas à luy, & qu'il ne doit employer que par les ordres des personnes Superieures. Aussi la bonne Mere prudemment, charitablement & doucement releua ce mot, & dit à la Religieuse encore Nouice Professe ; Hé quoy, ma Sœur, quel temps voulez-vous auoir meilleur que celuy de l'obeïssance ? C'est en cela qu'il faut mettre vostre contentement : O fille, qu'il n'en soit plus autrement.

Quand

de Saint Sauueur. 129

Quant à son obeïssance passiue & dispositions de son ame dans tous les estats de souffrances, soit exterieures, soit interieures; j'en parleray tantost, apres auoir traité de la chasteté & du soin qu'elle auoit d'obseruer les Regles de son Ordre.

CHAPITRE XVII.

De sa Chasteté.

NOstre Seigneur parlant aux siens des conseils, qu'il laissoit dans son Euangile, leur faisoit voir sur le sujet de la continence, que l'excellent moyen de la garder, & d'estre parfait en ce point, c'est par le retranchement des plaisirs, non seulement vicieux, mais encore les plus legitimes que la pudeur du mariage permet : c'est au dix-neufiéme chapitre de saint Mathieu, qu'il parle de cette Morale, que tout le monde ne gouste pas, dit nostre Seigneur en cét endroit : Il n'y a que ceux qui ont vne faueur particuliere du Ciel pour cela qui la puissent practiquer. Sur quoy saint Thomas écriuant en la question 186. article 4. dit que Iesus-Christ donnant ce conseil, ne laissa pas de prendre pour Disciples des gens mariez, pour n'oster à personne l'esperance de paruenir à la perfection, & monstrer qu'il y a lieu de l'acquerir, & dans le Célibat, & dans le Mariage.

Celle dont ie décris l'histoire, a tousiours tasché de se rendre parfaite par les moyens conformes aux diuers estats de vie, par lesquels Dieu l'a fait passer ; & ie puis dire sur le sujet particulier de ce Chapitre, qu'elle a esté dans le Monde & dans la Religion vn exemplaire parfait de chasteté, & des vertus qui l'accompagnent. Durant son mariage elle a tousiours répandu par tout l'odeur de cette vertu, qui la rendoit assiduë aux soins qu'elle deuoit à sa famille, & la faisoit retirer des lieux, des occasions & des entretiens, où

R

l'on se pourroit mettre dans le moindre peril d'en fleſtrir ſeulement tant ſoit peu la fleur. Depuis la mort de ſon mary, durant qu'elle eſt demeurée au monde iuſqu'à ſon entrée en Religion, elle a paſſé ce temps de ſon veſuage dans la pratique des conſeils que donne ſaint Paul pour cét eſtat: & à cét égard on pourroit bien luy donner rang entre celles dont parlent Euſebe, & ſaint Epiphane, que la pudeur, la ſageſſe, & les autres vertus conuenables à ce ſexe faiſoient choiſir dans l'Egliſe Primitiue, pour eſtre employées en pluſieurs exercices de pieté. Saint Auguſtin a loüé ſa Mere, & ſaint Hierôme les Paules, les Melanies, & les Marcelles de pluſieurs vertus qu'on a remarquées en Mademoiſelle Hotman : C'eſtoit vn Modele de prudence & d'aſſiduité au gouuernement de ſa famille & inſtitution de ſes enfans & domeſtiques; vn Modele de toute ſorte de retenuë & de modeſtie au maintien, aux regards, aux paroles, & aux façons d'agir.

Euſ. l.6. hiſt.33. Epiph: her. 79.

Depuis qu'elle fut en Religion, elle s'eſtudia touſiours de plus en plus aux pratiques de cette vertu; comme on en peut iuger par ſes diſcours, qui n'eſtoient que de deſtruire la nature, & faire mourir en elle *la chair & le ſang*. Ce qu'il ne faut pas entendre groſſierement, comme aucuns; *La chair & le ſang*, c'eſt à dire tout ce qui eſt tant ſoit peu contraire à la pureté de Dieu. *Faire mourir la chair & le ſang*, c'eſt ſe purifier de toute impureté, impureté non vicieuſe, non de peché, mais impureté qui eſt vne negation d'vne plus grande pureté, ſelon qu'en écrit ſaint Paul en ce paſſage de la 1. aux Corinth. ch. 7. *Mundemus nos ab omni inquinamento carnis & ſpiritu, perficientes ſanctificationem noſtram*, c'eſt à dire; Purifions nous de toute tache de la chair, & de l'eſprit, accompliſſant ainſi noſtre ſanctification.

Toute l'impureté de la vie vient de trõis ſources, dont parle ſaint Iean, qui ſont; *La concupiſcence de la chair, la conuoitiſe des yeux, & l'orgueil de la vie*. Or la chaſteté conſiſte à eſtoufer & faire mourir tout cela. Non ſeulement elle doit trauailler à regler l'exterieur, du viſage, de la contenance &

des habits, qui doiuent porter ses couleurs & ses liurées, mais son principal employ doit estre à estancher dans le cœur ces viues sources de maux qui luy sont contraires. Pour ce regard ce que fait la chasteté dans l'interieur, n'est pas tousiours connu au dehors, si ce n'est par les actes des vertus qui en rejalissent, & qui l'accompagnant seruent à la conseruer: Comme par la modestie, la temperance, & les mortifications, qui sont les moyens qu'on donne contre la concupiscende de la chair; Par l'amour, non seulement des pauures, mais de la pauureté mesme, par l'aumône, & autres charitez, qui sont moyens pour moderer la concupiscence des yeux, c'est à dire le desir déreglé des biens: Par l'humilité, l'obeïssance, la patience, le mépris & l'abnegation de soy-mesme, qui font mourir tout l'orgueil de la vie. quand tous ces moyens sont employez selon l'estenduë de leur force, comme par la Mere de saint Sauueur, qui s'en est vtilement seruie pour faire mourir la chair & le sang, c'est à dire ces trois sortes de concupiscences, & pour acquerir vne pureté parfaite, ainsi qu'on peut voir particulierement dans les Chapitres precedens & suiuans, où j'ay traité de ces Vertus.

CHAPITRE XVIII.

De l'Obseruance des Regles.

COmme elle sçauoit bien que la moindre des Regles porte vne grande grace quand elle est bien obseruée, elle taschoit de ne manquer à aucune, mais principalement elle s'est tousiours estudiée sur le Chapitre de l'Humilité, que ie puis dire auoit esté le fondement de toute sa vie, comme vous verrez en son lieu, selon les diuers degrez d'humilité marquez dans la Regle de saint Benoist & de Fontevrault.

Au chapitre de la conuersion de mœurs, il est dit sur la fin

Des vertus de la Mere

Nous n'obligeons à ces choses sous peine de peché mortel, si est-ce que vous ne deuez en mespriser aucune, sous peine de plus griefue coulpe. Mais la bonne Mere n'estoit pas de celles qui demandent s'il y a peché ou non en quelque chose, parce qu'ayant vne horreur extréme du mal, elle ne regardoit que le bien, & le plus parfait, & par consequent elle estoit bien éloignée de mépriser aucune des choses contenuës dans ses Regles.

Sur le chap. 25. qui porte pour titre; *Si aux Sœurs choses impossibles sont enioinctes*. Elle ne voyoit point qu'on deust trouuer rien d'impossible quand on auoit de l'amour pour Dieu, & quand on luy parloit de difficultez, elle disoit que l'on ne sçauoit pas aymer.

Quant au chapitre 26. qui porte; *Qu'aucune ne puisse deffendre l'autre ou la soustenir*, elle s'y est renduë fort exacte à l'egard mesme de celles pour lesquelles elle auoit plus d'inclination; elle desiroit fort qu'on ne leur laissast rien passer.

Quant au chapitre 28. qui porte; *Que les sœurs obeyssent l'vne à l'autre, & s'entr'aiment de bon zele*; elle souhaitoit auec grande affection de le voir en pratique, & disoit que la pluspart des defauts des personnes Religieuses venoient de ne pas entrer dans cette pratique: A son egard elle a tousiours obserué cela au pied de la lettre, en telle sorte que quand elle estoit sur le poinct de faire quelque chose en presence de quelqu'vne des Sœurs, fust-ce des dernieres de la maison, elle luy demandoit tousiours si elle feroit ou ne feroit pas cela, & commençoit ou laissoit la besongne, selon ce qu'on luy disoit, ajoustant souuent ces paroles, me le commandez vous, fille, n'est-ce point pour m'acquiescer.

Vn des exemples plus remarquables qu'elle ayt donnez de la soûmission de son ame à chacune des Sœurs, selon qu'il est desiré par cette Regle, fut lors qu'vn iour qu'on faisoit les prieres de quarante heures, ayant receu de la Mere Sacristine l'ordre d'aller deuant le saint Sacrement de l'Autel, à l'heure d'apres le souper, son fils le Capucin qu'elle ay-

de Saint Sauueur.

moit tendrement la vint voir, & arriuant à la mesme heure la fit demander; Ce que la Prieure ayant apris, elle en fit aduertir la Mere de saint Sauueur, & luy manda d'aller voir son fils le Capucin. A cette nouuelle, & à ce mandement, voicy ce que dit nostre saincte Religieuse à la sœur qui luy faisoit le message: Ma sœur, allez dire à nostre Mere que ie la prie de m'excuser pour aujourd'huy d'aller au Parloir, que j'iray demain, & que ma Mere Sacristine m'a dit que ie fusse à cette heure deuant le saint Sacrement. Ie la supplie d'enuoyer quelqu'autre voir mon fils. En effect, elle differa jusqu'au lendemain à le voir, quoy qu'elle eust pû se dispenser de l'ordre de la Sacristine, par le mandement de la Prieure, & laisser Iesus-Christ au saint Sacrement, pour l'aller trouuer en vne personne qui faisoit profession de le representer?

Mais comme c'estoit son fils selon la chair, ce fut l'Isaac qu'elle crust deuoir immoler en esprit, prenant ce sujet de mieux passer son heure deuant le saint Sacrement, & d'honorer par vn sacrifice de cette nature l'Agneau tousiours immolé sur nos Autels. Voila bien dequoy r'appeller du Parloir au Chœur & en la Cellule, aux lieux de priere & de retraite, celles qui sortent si facilement de ces lieux pour des visites de Parloir nõ necessaires, qui ne sont ny de deuoir ny de bien-seance; mais seulement de curiosité & de diuertissement; celles qui sortent d'elles-mesmes en sortant de leurs obediences: d'où il arriue que Iesus se cache, & qu'en le cherchant apres dans le besoin, quoy qu'auec douleur, on ne le trouue point ny parmy ses proches, ny mesme auec les Docteurs. Ce qui soit dit en passant, comme pouuant seruir à qui voudra bien l'entendre. *Qui legit intelligat.*

L'estime & l'amour qu'elle auoit pour toutes les Regles, luy en faisoit considerer & peser toutes les parties; vn des plus petits poincts luy sembloit de grand prix, & elle se portoit tousiours plustost à resserrer les nœuds de la discipline, qu'à les laisser relascher. Ce qu'on doit iuger méme d'vn

R iij

article qui se trouuoit au chapitre 52. & qu'aucunes ont pensé luy auoir fait quelque sorte de peine. Cet article porte : *que toutes les sœurs doiuent estre appellées au conseil, parce que Dieu reuele souuent à la moindre ce qui est meilleur.* D'où cette sage & prudente Mere prenoit sujet de representer aux jeunes les dispositions qui deuoient estre en elles, & que la Regle y desiroit pour donner leurs aduis auec les anciennes, leur faisant remarquer & bien peser, qu'il est dit pour raison de les admettre au conseil ; *à cause que Dieu reuele souuent à la moindre ce qui est meilleur.* Ce qui oblige les jeunes, disoit-elle, de ne pas agir selon leur esprit naturel pour entendre la voix, & pour suiure les mouuemens de l'Esprit de Dieu, qui se donne à ceux qui sont vrayment petits, comme la Regle l'entend & le suppose.

Ce discours est tout plein de bon sens, ou pluftost des lumieres de ce bon Esprit, que Iesus-Christ promit de donner à qui le demanderoit, auec les dispositions qui se sont trouuées en nostre Religieuse ; & il me semble que l'importance du sujet merite bien qu'on y fasse vn peu de reflexion. Le poinct de Regle est considerable : Ce qui est écrit en ces Tables de la loy sur la montagne, est vne impression du doigt de Dieu, qu'il faut auoir en singuliere veneration, & mettre en pratique autant qu'on peut. Sur tout quand il y a sujet d'osperer que par vne étenduë de la grace Euangelique, non seulement les anciens auront des songes mysterieux, mais aussi les jeunes auront des visions par l'operation du saint Esprit, qui est vn Esprit de conseil selon qu'il fut predit par vn Prophete, & qu'il est dit aux Actes des Apostres. Il n'y a point de doute que c'est en se promettant ce bon Esprit, qui repose sur les petits que la Regle, qui vient de céte source primitiue, veut que les moindres soient appellées au conseil, & que leurs sentimens soient écoutez. Mais aussi faut-il que la Regle soit la premiere entenduë & bien entenduë, & dans la supposition qu'elle fait ; Que les jeunes prennent en effect de Dieu le conseil qu'on leur demande, que leurs veuës viennent d'enhaut &

du saint Esprit, par la voye de la priere & de l'humilité, & non pas des principes purement humains, de nature, de chair & de sang: Que leur aduis portent les marques & les liurées de ce bon Esprit, en sorte que toute la loy soit accomplie, *& qu'aucune personne dans le Monastere*, comme il est dit en suite au même chapitre; *ne suiue ses propres affections, qu'aucune n'attente de contester arrogamment auec la Prieure, & que quiconque presumera de le faire, elle soit soumise à la discipline Reguliere.*

C'est vne pensée du Sage, que celle qui fait reuerer le jugement des anciens; dautant dit-il en l'Ecclesiastique, que c'est aux testes blanches que l'honneur appartient de donner conseil, selon le discernement qu'elles ont des choses, & les experiences qu'elles ont faites, qui sont considerables par leur aage, par leurs charges, & par leurs merites. C'est ce qu'on doit attendre, & ce qu'on reçoit des anciens plustost que des jeunes, dont il prit mal à Roboam de suiure les aduis, dont la multitude n'est pas tousiours ce qui les rend prisables, dautant qu'il en est souuent comme de l'eau qu'on voit se precipiter, & ne garder point de bornes si elle n'est retenuë, qui porte les choses legeres, & qui met à fond les choses plus solides & de prix. Le mal qui en arriue a fait autresfois reprocher aux Atheniens, qui d'ailleurs estoient appellez *les hommes* par excellence, qu'entr'eux les plus sages faisoient les propositions, & qu'on laissoit faire les decisions par ceux qui auoient moins de jugement. Vn des aduis que saint Bernard donne aux jeunes, qu'il appelle les nouuelles plantes de Dieu, est d'attendre à juger que la discretion leur soit venuë pour connoistre le bien d'auec le mal, de ne se laisser pas aller à l'abondance de leur sens, de ne pas suiure le jugement de leur cœur, c'est à dire, aux termes de la Regle de Fontevrault, de ne suiure pas ses propres affections; de peur, comme adjouste S. Bernard, qu'elles ne tombent dans les rets subtils & imperceptibles, qui leur sont tédus par le demon, côme par vn veneur plein de ruses.

Quàm speciosũ Canitiei iudiciũ, &c. Quàm speciosa veteranis sapiẽtia, & gloriosis intellectus & consiliũ. Eccl. 25.

Obsecro vos nouellæ plãtationes Dei, qui non dũ exercitatos sensus habetis ad discretioné boni & mali, no lite sequi cordis vestri iudiciũ, &c.

Ne vos tanquam rudes adhuc versatus ille venator decipiat. D. Ber. ser. 3 in Ps. Qui habitat.

Le chapi. du Silence, comme nous verrons ailleurs étoit bien selon son cœur, qui s'affectionnoit fort à la vie retirée; mais elle auoit vne grande peine de ce qu'il condamnoit les paroles émouuantes à rire; à cause que son humeur gratieuse jointe à la charité, luy en faisoit dire quelquesfois pour la recreation, & le soulagement des sœurs. Elle n'en disoit aucune qu'elle n'en eust du retour.

Sur le chapitre de la Celeriere, elle pesoit fort ces paroles: *Si on lui demande ce qu'elle n'a pas qu'elle contente de bonnes paroles.* Elle disoit aussi que la Celeriere deuoit prendre garde à celles qui ne mangent point pour les contraindre de la part de la Mere Prieure. Elle méme demandoit à la Mere Celeriere, si elle vouloit qu'elle mangeast ce qu'on luy auoit donné, quand elle y auoit repugnance, non d'auersion, mais parce qu'elle pensoit qu'on auoit tousiours égard à son âge.

Lors qu'elle estoit au Tour & à la Porte, & qu'il se passoit quelque chose qu'elle iugeast estre contre la Regle, elle en parloit à la Mere Prieure, pour sçauoir ce qui se deuoit faire pour remedier aux inconueniens arriués, & les empécher vne autre fois auec adresse, en secret, & par charité : Afin, disoit elle, que personne ne soit contristée en la maison de Dieu. On a fait d'autres remarques particulieres sur plusieurs autres chapitres de la Regle, mais ie les obmets à dessein, parce qu'elles se rencontrent auec ce que i'ay mis ou dois mettre ailleurs.

CHAPITRE XIX.

De son Exactitude à garder les austeritez de la Regle.

IL y en a qui se plaisent assez à se laisser conduire, pourueu qu'on les meine par des chemins fleuris, & qu'ils ne rencontrent point d'épines qui picquent, mais seulement
de

de celles dont la pointe est foible, & ne tire point le sang. Il y a des personnes qui ne veulent des liens que de soye, afin de n'en estre point blessez, ny retenus qu'autant qu'elles voudront les serrer ou les lascher. Il s'en est veu de cette humeur, non seulement dans les delices du siecle, mais en des lieux où l'on deuoit imiter la vie souffrante de Iesus-Christ, & qui ont obligé d'écrire & d'agir contre cét abus. L'Esprit du Christianisme est vn Esprit de combat, de trauail & d'austerité. La bonne Mere de saint Sauueur a bien éprouué ces veritez dans les peines interieures, par lesquelles Dieu la voulu rendre conforme à son fils. Mais ie commence par les peines affligeátes du corps, pour monstrer l'estat qu'elle faisoit de toutes ses Regles, & faisant seruir ce chapitre pour passer aux autres, venir au troisiéme degré de perfection, qui consiste en la conformité de la vie Chrétienne & Religieuse, à la vie souffrante de Iesus-Christ. Dans ce dessein.

Il faut remarquer que la ferueur de cette bonne Mere luy a fait garder inuiolablement toutes les austeritez de sa Regle, nonobstant son grand aage. Depuis le premier iour de son entrée iusqu'à sa mort, elle a gardé vn ieûne si estroit que jamais elle ne l'a transgressé. Ses Superieures eussent bien desiré pour empécher les foiblesses qui luy pouuoient arriuer à raison de son aage, qu'elle eust pris quelque chose le matin; elles l'en prioient quelquesfois, mais la Mere leur repartoit qu'elle eust abusé de la grace que luy faisoit nostre Seigneur, en se flattant dans la santé qu'elle auoit.

Elle a porté la serge vingt ans, & ne la quita que trois ans auant sa mort par expresse obeyssance; ce qui la mortifia beaucoup, ayant beaucoup de peine à souffrir cette reserue, tant elle aymoit à garder ce que la Regle ordonnoit. Elle a couché dans des linceuls de drap jusqu'à quatre iours proche de sa mort. Elle prenoit aussi les disciplines ordonnées, fort longues, & rudes, tantost de cordes, & quelquesfois d'orties, & cherchoit des inuentions pour faire souffrir son corps.

S

Dans le temps que son aage l'a priuée du contentement qu'elle eust receu de se trouuer la nuict à Matines, elle ne laissoit pas de se leuer les Festes & Dimanches, se tenant en sa Cellule pour faire ses prieres; afin de se conformer à la Communauté qui interrompoit son sommeil pour loüer Dieu. Depuis qu'elle eust perdu la veuë, la Superieure luy deffendit de se leuer plus à pareille heure, à quoy elle obeyt simplement.

Son Confesseur luy rend ce témoignage, pour ce qui regarde les austerités exterieures, qu'elle n'eust pas voulu se dispenser d'vn iour de jeûne de la Regle, ny de toutes les autres austeritez regulieres qu'elle prenoit à la mesure qu'elles luy estoient prescrites, ny plus ny moins. Quand sa fille viuoit, la considerant auec respect, parce qu'elle estoit son ancienne en Religion, elle auoit peine à souffrir sa façon de proceder qui luy faisoit retrancher tout ce qu'elle pouuoit de son viure & de son dormir ; iugeant ce qui est arriué que par ses austeritez extraordinaires, elle affoiblissoit son corps, & abregeoit sa vie. Elle eust bien voulu la tirer de cette singularité, & la reduire au train des autres, & par consequent dans vne voye plus parfaite, comme conforme aux sentimens des Superieurs : neantmoins, apres luy en auoir dit les siens, elle s'en mit en repos, & sur les aduis qu'on luy en donnoit, elle prenoit patience, & répondoit seulement que sa fille auoit sa Superieure & sa Regle, qu'elles deuoient toutes suiure, & non pas des sentimens particuliers.

CHAPITRE XX.

De la Maniere dont elle renouuelloit ses vœux.

ELle auoit coustume de renouueler ses vœux tous les mois, mais principalement toutes les bonnes Festes apres sa Communion, ou bien, quand la commodité ne s'en presentoit pas, elle les faisoit incontinent apres sa confession, & tousiours en la presence de son Confesseur. Elle ne gardoit pas tousiours vne méme maniere de renouation, car selon le loisir elle la faisoit tantost bréue & tantost longue ; comme aussi selon qu'elle auoit de sentimens interieurs qui paroissoient quelquesfois au dehors par des marques exterieures, comme par vne grande abondance de larmes, sur la veuë d'vn Dieu & de son peu de fidelité; ou bien par des transports d'amour, dont ses paroles estoient remplies. Il n'est donc pas bien aisé d'en dire la maniere, dont voicy la substance, selon le rapport de son Confesseur.

Dieu Tout-puissant & Eternel ; Ié Sœur Ieanne de S. Sauueur, quoy que tres-indigne, à raison de mes offenses & infidelitez, neantmoins me confiant en vostre Diuine bonté, & sur les merites de mon Sauueur, & de sa tres-digne Mere, me prosterne deuant vostre diuine Maiesté, & deuant toute la Cour Celeste de Paradis, & en vostre presence, mon R. P. qui tenez la place de mon Dieu, ie promets conuersion de mes mœurs, pauureté, chasteté & obedience, sous perpetuelle closture, selon la Regle & Reformation de l'Ordre de Fonteurault, fondé en l'honneur de mon Sauueur, de sa tres sainte Mere, & de S. Iean l'Euangeliste mon Patron, & vous coniure, ô mon Dieu, par le precieux Sang de mon Sauueur, qui m'a esté conferé au tres-saint Sacrement de l'Autel, de vouloir receuoir ce mien holocauste en odeur de suauité, & comme il vous a pleu me donner la grace de le faire, que vous me donniez la force de le parfaire & accomplir.

Ie ratifie aussi la promesse que i'ay faite au saint Sacrement de Baptéme, renonçant à toutes les suggestions du Diable, au Monde, à la Chair, & à moy-méme; Ie desadmoüe tous les consentemens que i'y aurois peu donner par le passé, & proteste que i'aimerois mieux endurer toutes les peines du monde, que de consentir iusqu'à la plus petite pensée qui fust desagreable à Dieu. Ie proteste aussi que ie croy inuiolablement tout ce que l'Eglise Catholique, Apostolique & Romaine m'a enseigné, & que i'y veux viure & mourir, & de tout mon cœur.

CHAPITRE XXI.

TROISIESME DEGRÉ DE la perfection Religieuse.

Des Vertus de la Vie souffrante.

Des Mortifications exterieures de la Mere de Saint Sauueur.

CE n'est pas sans sujet que nous faisons de la Croix vn degré de Perfection, puis que ce fut sur la Croix que le Fils de Dieu dit qu'il auoit consommé l'œuure de nostre salut, & de la Croix qu'il est passé dans le lieu de sa gloire. C'est l'exemple singulier qu'il nous a donné pour confirmer ce poinct de sa doctrine, qu'il auoit préchée en ces paroles adressées non seulement aux personnes Religieuses, mais à tous les Chrestiens; *si quelqu'vn veut venir apres moy qu'il porte sa Croix, & qu'il renonce à soy-mesme*, c'est à dire qu'il s'aneantisse, qu'il fasse mourir la nature. On ne peut suiure Iesus-Christ, ny marcher sur ses pas que par cette voye; car le mystere de l'Incarnation, la vie de nostre Seigneur, le mystere de la Croix, la Predication des Apostres, la publication de la Foy, & la conqueste du monde n'ont esté acheuez que par l'abaissement du Verbe en nostre humanité, par l'aneantissement de Iesus-Christ en toutes ses Oeuures, & par la grace du Christianisme qui ne porte qu'abaissement & mortification.

C'est par ce moyen que se fait vne nouuelle creature en Iesus-Christ, parlant aux termes de Saint Paul, pour estre sanctifiez en luy. Il faut renoncer à soy-méme, & cesser d'estre à soy, pour estre à luy, ce qui ne se peut sans mortification. C'est l'estat des parfaits, compris en ce Texte de l'Apostre, vous estes morts, & vostre vie est cachée auec Iesus-Christ en Dieu. C'estoit l'estat de la Mere de Saint Sauueur ; son ame paroissoit plus morte que mortifiée, parce que son ame n'auoit action, ny mouuemens que ceux que Iesus-Christ auoit en elle. Il sembloit qu'elle fust comme vne statuë deuant son Sculpteur, laissant retrancher en soy tout ce qui pouuoit estre éloigné de la veritable Image de Iesus crucifié, afin que plus viuement, & parfaictement elle fust formée en elle. De sa part elle répondoit aux desseins de Dieu, persecutant la Nature sans aucune misericorde. Vne Sœur qui a conuersé vingt trois auec la Mere témoigne qu'elle ne perdoit aucune occasion de toutes celles que nostre Seigneur luy a données de trauailler à la mortification d'elle-méme, renonçant continuellement à son amour propre en tout ce qu'il luy demandoit ; & neantmoins à la mort, entre les regrets qu'elle auoit, estoit celuy de luy auoir tant obey; quoy qu'à la moindre saillie qu'elle en aperceuoit, elle en tirast raison de la nature, & en fist penitence par des remedes contraires.

Vn iour comme on luy essayoit vne Tunique, elle dit à celles qui estoient presentes qu'elle eust bien voulu n'estre point veuë, parce qu'elle estoit vn peu bossuë ; aussi tost qu'elle s'aperceut de son amour propre en cela, faisant reflexion sur cete parole, elle se deuestit, & se promena deuant vn grand nombre de personnes qui estoient en méme lieu, demandant, pour en receuoir confusion, si elle n'auoit pas le corps bien fait. Vne fois ayant dit par surprise qu'elle demanderoit à ses parens quelque chose de meilleur, que ce qu'on luy donnoit pour la vestir, elle en eut vn si grand regret, qu'elle s'en accusa, & demanda pardon publiquement au Refectoir, où elle fust menée la corde au col pour en faire la penitence. Elle pria la Superieure de trouuer bon qu'elle reparast ainsi sa faute, & si l'on eust crû son affection aux actes de mortification, elle n'eust fait autre chose; mais elle en estoit retenuë par l'obeyssance, & par la crainte qu'elle auoit de faire peine à quelques esprits par l'excez de ces pratiques.

Les plus difficiles & répugnantes à la nature, estoient ses pieces de choix, & celles qu'elle aymoit le plus. Ce qu'elle témoigna dans certaine occasion, lors qu'vn pauure garçon estant entré pour tirer de l'eau du puits, il y eut vne Sœur qui par compassion de la peine qu'auoit ce pauure à marcher, regarda ce qu'il auoit aux pieds. La charité luy en donna le mouuement, parce qu'estant innocent & sans esprit, il souffroit sans le pouuoir dire afin d'estre soulagé: Cette bonne Sœur y trouuant vne apostume luy nettoya le pied, & tascha de luy bien faire par l'application de quelque petit remede. La bonne Mere, qui l'auoit bien considerée en cét employ, luy dit en sortant du lieu, où elle estoit, ô fille vous n'aurez pas tout, & se mettant à genoux deuant le pauure, elle baisa & rebaisa plusieurs fois ses pieds auec tel amour & reuerence, qu'on eust dit que c'estoient ceux de nostre Seigneur, tant elle representoit bien en cét estat vne Catherine de Sienne colée aux playes d'vn Iesus. Elle eust bien desiré que le garçon eust tenu l'action secrette; mais quand on se jette ainsi par vne humble charité jusqu'aux pieds d'vn pauure, cela luy touche le cœur, & le cœur touché fait parler la bouche.

La bonne Mere s'estonnoit fort qu'on eust mal au cœur du prochain, & qu'il se trouue des personnes qui ne puissent manger ce que les autres ont touché. O que cela est éloigné, disoit-elle, de l'esprit & mortification des Saincts qui beuuoient le pus des apostumes! C'estoit aussi son sentiment qu'il se falloit vaincre en tous ces sousleuemens de cœur, baisant ou mangeant les choses où l'on a de repugnance; comme elle fit vn iour au Refectoir se mettant à genoux, & prenant à terre ce qu'vne autre y auoit jetté de la bouche, parce que son cœur s'en estoit sousleué. C'estoit vn crachat, dont la seule pensée nous faisant horreur, nous fait voir quant & quant l'effort qu'il luy fallut faire pour en venir à l'effet. Vn iour s'accusant à vne Sœur d'auoir eu mal au cœur d'vn vaisseau dans lequel elle deuoit boire, la Sœur pour penitence la fit boire dans vne escuelle où vne beste auoit mangé. Quand on luy donnoit ainsi des penitences, on n'alloit jamais jusqu'à l'austerité qu'elle y desiroit; aussi demandoit-elle vne autre fois pour de petites paroles de promptitude qu'on luy crachast au visage.

Ces sortes d'exercices ne luy estoient pas nouueaux, elle en auoit fait des essais au temps méme qu'elle estoit encore dans le monde, ou selon le rapport de Sœur Anne Dardon, qui l'auoit apris d'elle en confiance, elle auoit quelquesfois fait aporter sur sa table de la viande toute pleine de vers, pour surmonter les sousleuemens de son cœur. C'estoit accomplir le vœu de l'Espouse, qui desiroit introduire son Espoux, qui est vn Espoux de Sang, c'est à dire souffrant, crucifié, mortifié dans la maison de sa Mere, c'est à dire aux lieux où la nature ne l'admet pas ordinairement, & n'est pas en estat de le bien receuoir. *Donec introducam in domum genitricis.*

On appelle vn espece de martyre ce qu'elle a quelquesfois souffert de la vermine, jusqu'à telle quantité, dit on, qu'il luy fallust changer d'habits y estant obligée, aussi bien que d'arrester cette sorte de mortification qu'on luy fit voir estre capable de s'estendre & d'incommoder la Communauté. Veritablement, quoy que souffrir de cette part ne soit pas souffrir les picqueures des serpens & des viperes, qui donnent la mort, comme ont fait quelques sainctes d'vne face riante, c'estoit pourtant, sur tout à vne personne qui aymoit fort la propreté & netteté comme la Mere, vn sujet d'espreuue & de mortification, qui dans sa longueur & par son importunité demande vne longue patience, dont on a besoin pour ne pas tuër cette vermine, & la laisser viure en liberté par les motifs qu'en auoit la Mere. Ce qui est dit de la Mouche en l'Ecriture, que ce fut vn fleau pesant du temps & à la Cour de Pharaon, pourroit estre dit de ces petites & legeres sauterelles & sang-suës du corps humain, pour l'importunité qu'on en reçoit, qui diuertit l'attention des plus parfaits à la priere, & qui fait manquer quelquesfois à la modestie, & au respect qu'on doit aux choses & aux lieux saincts. *Musca grauissima.*

Lors qu'elle auoit commandement de la Superieure de prendre quelque remede pour sa santé, elle obeyssoit sans aucune replique; Il le faut, disoit-elle seulement, puis qu'il plaist ainsi à nostre Mere. Elle prenoit la medecine comme si c'eust esté vne excellente liqueur, en retenoit quelque temps vne gorgée en la bouche pour en gouster l'amertume, & ne prenoit rien apres, afin de n'en pas perdre sitost l'odeur ny le goust. Estant le soir en sa cellule, elle deschaussoit ses souliers, de peur d'incommoder ses voisines, & demeuroit ainsi jusqu'à ce qu'elle se couchast, & cela même durant l'Hyuer.

Quant elle s'accusoit au chapitre de ses fautes, elle prenoit les paroles qui pouuoient porter plus de confusion à la nature, & quand elle auoit eu des ressentimens, elle disoit qu'elle auoit fait le crapaut, adjoustant presque à toutes les fautes, dont elle s'accusoit, qu'elle les auoit faites par son grand & gros orgueil. On ne peut dire combien de fois elle a fait cette practique, parce que c'estoit autant & aussi souuent que Dieu luy en donnoit le mouuement, & que l'occasion s'en presentoit. Comme elle demandoit souuent à ses superieures qu'elles la mortifiassent, vn iour il y en eut vne qui luy donna vn petit soufflet qui n'estoit que de caresse; mais la Mere le prenant tout à bon haussa son voile sur la teste, & luy presenta l'autre joüe pour en receuoir vn second, auec son esprit ordinaire de mortification & d'humilité, dautant qu'elle prenoit tout ce qui venoit de la Superieure, auec grand respect & simplicité. Vne fois elle s'accusa d'auoir eu de la complaisance en faisant son ourage, parce qu'il estoit bien fait, ce qu'ayant dit à la Superieure, il luy fut enjoint de l'aller monstrer à toutes, l'vne apres l'autre, & de dire à chacune; ne trouuez-vous pas cela bien fait? Et bien qu'elle fist cette action fort genereusement, il paroissoit pourtant qu'elle s'y surmontoit beaucoup.

Quelquesfois la Superieure luy a enuoyé baiser les pieds de sa fille au Chapitre, & c'estoit luy donner sujet de prendre *de Saint Sauueur.*

۵re ſes plus grandes delices qu'elle trouuoit en ſemblables actiós, & qu'elle practiquoit à l'égard de toutes, & plus volontiers encore à l'endroit des Sœurs Layes. Pour la contenter on luy laiſſoit faire ſouuent ces actes, parce qu'on ne la pouuoit raſſaſier de mortifications; quand on l'enuoyoit baiſer les pieds, elle prioit ordinairement que ce fut par la ſemelle du ſoulier, & meſme afin de rendre l'action plus mortifiante, elle y adjouſtoit des croix qu'elle faiſoit de ſa langue. Non ſeulement elle n'obmettoit pas la moindre occaſion de ſe mortifier, & de faire des penitences pour ſes plus legeres fautes; mais afin d'auoir plus de lieu de demeurer dans l'exercice de mortification, elle ſe chargeoit des fautes d'autruy pour en receuoir & faire penitence; comme entr'autres fois elle a fait à l'égard d'vne Nouice, laquelle apprehendant la correction de quelque faute legere, la bonne Mere luy dit; Ma fille, ne vous faſchés point, ie prendray cette faute ſur moy, & i'en feray la penitence, ce qu'elle accomplit bien joyeuſement. Il n'eſtoit queſtion que d'vn pot caſſé, mais il eſtoit queſtion de r'aſſeurer l'eſprit d'vne pauure Nouice, & par conſequent vne occaſion à ſa charité qu'elle embraſſa.

Vne Superieure luy ayant donné le ſoin de prendre garde aux imperfections de ſes compagnes pour les en aduertir, elle le fit par obeyſſance. Quelque temps apres la P. l'en reprit au Chapitre, comme ſi elle euſt entrepris cette charge d'elle-meſme, luy diſant qu'elle eſtoit bien preſomptueuſe d'auoir la veuë ſur les defauts d'autruy, elle qui ne venoit que de receuoir le voile, adjouſtant encore quelques autres paroles pour la mortifier. Cette bonne ame écouta le tout auec vne profonde humilité, & ne fit de repartie que pour demander pardon, & comme ſa Superieure faiſoit cela pour l'éprouuer, peu de temps apres elle luy commanda la meſme choſe qu'auparauant, à quoy la Mere obeyt tout ſimplement.

N'ayant autre deſir que d'aller droit à la perfection, & cherchant les moyens qui l'y pouuoient faire pluſtoſt arriuer, elle trouua que celuy-cy leur seruiroit beaucoup, qui fut de prendre vne Sœur Laye d'humeur assez contraire à la sienne, afin que par cette voye elle se mortifiast dauantage. L'vne & l'autre conspirant dans vn pareil dessein de s'aider ensemble à se mortifier par vne mutuelle correction de leur fautes, en demanderent & receurent la permission d'vn Visiteur qui la leur donna, pourueu que leur santé n'y fut point interessée. Dans cette saincte conspiration la Mere s'acquita parfaictement de dire à sa compagne toutes ses fautes, & mesme les plus interieures, & de faire les penitences qui luy estoient données. Quelquesfois la Mere se prosternoit contre terre, & prioit la Sœur instamment de la fouler aux pieds: ce qui luy a esté fait plusieurs fois par ses instantes, pour ne pas dire importunes prieres, auec telle satisfaction d'estre ainsi traitée qu'elle en remercioit la Sœur, comme d'vn tres bon office, auec des paroles de bien-veillance, & des actions de caresses, luy promettant de la reconnoistre durant sa vie & apres sa mort deuant Dieu. C'estoit vn point si agreable, qu'on l'aduertist de ses fautes qu'elle témoignoit plus d'affection à celles qui l'en aduertissoient qu'aux autres. O qu'elle estoit éloignée de la delicatesse de ces petits cœurs, qui échapent à la main qui les presse tant soit peu, & qui se ferment quand pour leur faire du bien, on monstre qu'on les connoist par la partie qu'ils sont foibles!

Elle s'estudioit auec beaucoup de soin à la mortification de ses sens exterieurs; comme de la veuë quand elle en auoit l'vsage, la gouuernant si bien qu'elle ne luy permettoit pas de voir vne chose superfluë. Celles qui l'ont plus frequentée asseurent luy auoir ouy dire qu'elle n'auoit jamais regardé personne en face, non pas mesme celles qui l'auoiẽt hantée l'espace de plus de quinze ans; non pas mesme son Confesseur ordinaire, luy ayant dit qu'elle ne l'auoit jamais regardé au visage, & que si nostre Seigneur luy eust rendu la veuë qu'elle n'eust reconnu personne, parce qu'elle n'auoit aucune idée des choses qu'elle auoit veuës au parauant, tant elle les auoit peu considerées. Elle se priuoit generalement de tout ce qui pouuoit donner consolation à ses sens, & quoy qu'elle aymast bien l'air, elle alloit neantmoins fort rarement au jardin, encore estoit-ce quand on l'y menoit, le faisant lors par condescendance. Le Iardinier a dit plusieurs fois qu'il estoit tres-content, & fort edifié de la voir, dautant qu'elle luy disoit tousiours quelques bonnes paroles sur les occurrences, qui le faisoient penser à Dieu, & luy donnoient des sentimens de son deuoir.

Apres tout, il faut remarquer qu'en ces mortifications elle a tousiours vsé d'vne singuliere discretion, n'en prenant qu'auec mesure, & de telle sorte, que ses austeritez exterieures n'empéchoient point la vigueur de l'esprit, auquel elle disoit qu'il falloit faire seruir le corps. Son dessein estoit de soustraire au sien tout ce qui luy pouuoit estre delectable, & de tenir comme elle a fait, sa sensualité si sujete à la raison, qu'en tout elle fust maistresse de l'apetit. Par cette practique elle se priuoit des choses agreables, comme les autres rejettent celles qui sont deffenduës. Aux iours que la Communauté mange de la viande elle en prenoit, mais peu; aux autres iours elle prenoit des œufs, & vn peu de beurre, & par esprit de pauureté elle n'en vsoit point, quand elle sçauoit qu'il estoit vn peu cher. Quant aux fruicts & autres choses, qui sont plustost pour la satisfaction du goust que pour la nourriture, elle s'en abstenoit, ou n'en prenoit que pour se mortifier dauantage apres en auoir gousté. Quelquesfois mesme se contentant de les sentir, elle disoit en souriant, ô que ma sensualité est camuse! elle voudroit bien se satisfaire en cela, mais elle en sera priuée.

Auant qu'elle eust perdu la veüe, elle ne permettoit pas qu'on la seruit en rien, & dans son grand âge mesme elle faisoit son lict, & ballioit sa cellule. Vn iour qu'on s'apperceut qu'elle estoit fort mal couchée, on prit le temps de luy r'accommoder son matelas sans qu'elle en eust connoissance; Mais comme elle sentit apres qu'elle estoit mieux cou-

T ij

chée qu'à l'ordinaire, elle en fut mârie, & s'en plaignit à celle qui luy auoit rendu cét office, se persuadant que cela estoit contre la pauureté, & flatoit trop son corps : & parce qu'elle monstra dans ce rencontre vne grande contrarieté, elle en demanda pardon, & baisa les pieds de cette Sœur qui l'auoit seruie.

Lors qu'il y auoit plusieurs malades à l'Infirmerie, & qu'on luy témoignoit apprehension qu'elle fut du nombre, sa repartie estoit : La volonté de Dieu soit faite, ie ne voudrois pas estre priuée des fruicts de la Communauté.

A la mort de sa fille Religieuse à Hautes-Bruyeres, elle se tint tousiours proche de son corps, jusqu'à ce qu'il fut mis en terre; ce qui donna sujet de compassion à quelqu'vne des Sœurs, & l'obligea de luy demander pourquoy elle se tenoit si proche de ce corps, d'où son cœur maternel ne pouuoit tirer que des sujets de douleur & d'affliction sans mesure. Sa réponse fut: Ha fille, ie m'y tenois pour imiter la sainte Vierge, qui ne partit point d'auprés de la Croix de son Fils. Ma fille, en cét estat estoit ma Croix; ô que ie n'auois garde de m'en éloigner. Vn objet de cette sorte est si penible à voir aux yeux de l'amour, qu'il en faut separer ceux qui ont mieux aymé, de peur qu'on ne meure par la douleur que cause l'amour, & par l'amour qu'on a pour la peine que donne vne si iuste douleur. Ce fut le motif qu'on eut de faire retirer cette genereuse Mere; mais elle auoit apris au Caluaire à l'exemple de la sainte Vierge & de son cher Patron saint Iean, à demeurer dans vne souffrance aussi tranquille que ferme, où d'autres d'entre les disciples mesme n'ont osé par foiblesse se trouuer & n'ont pû subsister.

Ce fut à la Mere vn autre sujet de peine non par amour, mais par horreur, lors qu'estant encore dans le monde, & se trouuant d'vn naturel sujet aux foiblesses de la peur, entre plusieurs moyens qu'elle prit de se vaincre, elle se resolut vn iour qu'vn homme heretique de sa connoissance mourut, de prier qu'on la laissast seule dans la chambre, où ce miserable corps estoit exposé. A quoy ceux du logis ayant bien voulu condescendre cette vertueuse Damoiselle, pour parler de la Mere selon qu'on la connoist & qu'on l'appelloit dans le siecle, fit trois tours au tour du corps : Ce qui luy donna tant de frayeur dans la consideration d'vne carcasse, dont l'ame estoit en Enfer & en la haine de Dieu, qu'ayant esté capable de demeurer ainsi seule, & de supporter auec ces pensées vn spectacle si funeste, elle ne trouua plus rien depuis qui la pust effrayer ainsi qu'elle mesme a tesmoigné.

Trouuant en ces dépoüilles de la mort des moyens efficaces, pour porter ceux qui commencent la vie spirituelle à se reuestir de Iesus-Christ, quand elle estoit Maistresse des Nouices, elle prenoit le temps qu'il y auoit vn corps mort à l'Infirmerie, pour y faire aller celles qu'elle auoit reconnuës d'humeur sujete aux repugnances, les obligeant de demander à ce corps ce qui seroit d'elles, si elles estoient à sa place. D'autresfois cette digne & bonne Maistresse les menoit elle-mesme iusqu'au lieu, pour prendre de l'objet present, si capable d'émouuoir, sujet de leur representer plusieurs bonnes choses, comme en leur disant : Hé bien ma Sœur, que pensez-vous à la veuë de cette fille defunte? La voila maintenant dans son Eternité. O Eternité ! Eternité ! si elle a aymé quelque chose de ce monde, cela ne luy sert que d'empéchement. La mort luy a fait tout quitter par force : Ha, ma fille, quitons tout auant qu'il nous quite ! Ha, ma fille, encore vne fois considerez bien ce corps passé & défiguré, on en fait tout ce qu'on veut, on luy donne tout le pire de la maison, il reçoit tout, il souffre tout, il ne resiste à rien. De cette sorte elle leur faisoit diuerses leçons de vaincre leurs repugnances aux occasions, imitant en cela l'industrie des Lapidaires, qui font seruir la poudre d'vn diamant à nétoyer les taches des autres.

Et à l'égard de celles qui estoient plus auancées, selon les occasions qui les obligeoient de luy venir demander conseil, reconnoissant que la plusspart des troubles & peines d'esprit viennent des immortifications de la volonté, sa methode ordinaire estoit de les faire auoir recours à l'oraison, & au silence, & de jetter souuent les yeux, suiuant l'aduis de saint Paul, sur Iesus-Christ crucifié, dont elle faisoit considerer la patience, telle qu'il n'a iamais ouuert la bouche pour se plaindre, ce que la Mere leur representoit auec efficace, estant cependant à genoux, & dans vne disposition exterieure qui seruoit beaucoup à penetrer l'interieur. Par cét amour de la Croix, & dans la connoissance qu'elle auoit de sa vertu, elle faisoit souuent faire reflexion sur le dessein de l'Eglise nostre saincte Mere, en nous representant Iesus-Christ nostre Pere en vn gibet, pour nous rendre conformes à luy par amour de la Croix, si nous voulons estre ses enfans.

Vn iour qu'elle prit vne grande croix, & la porta sur ses épaules à l'entour du Refectoir, ce fut auec tant de grace au dehors, qu'il sembloit à toutes de voir l'amour qu'elle luy portoit au dedans. On ne sçauroit compter combien de fois par penitence & pour des legeres imperfections, elle a fait seruir sa langue à marquer ce signe du salut & de remission sur le paué de l'Eglise, des Cloistres, & par tout ailleurs, selon l'vsage qu'elle auoit de faire payer à la nature les moindres fautes qui luy échapoient.

Elle disoit qu'on deuoit tousiours faire ce qui repugnoit dauantage à la nature, afin de ne rien laisser viure en nous; que la mortification n'est pas la besongne d'vn iour, & qu'il ne se faut pas lasser pour tout ce qu'on trouue à faire & défaire en soy. Ie sçay bien qu'en dire, adjoustoit-elle, on est tout estonné, si l'on n'est bien sur ses gardes, qu'on est surpris; dautant que la nature nous fait croire qu'on luy doit toutes choses, si l'on n'est bien subtile pour la découurir, & courageuse pour la mortifier. La continuelle guerre qu'elle luy a faicte toute sa vie, nous témoigne bien qu'elle auoit au cœur la mesme affection que saincte Therese, dont elle auoit en bouche ces paroles, *Patir ou Mourir*. Elle tenoit que c'est la mortification qui nous peut faire approcher

de Saint Sauueur. 151

plus parfaictement de Dieu; dautant que c'est elle qui destruit ce qui l'empêche d'auoir la parfaicte possession de nous. Vne sœur luy témoignant vn iour les peines qu'elle auoit dans la practique de la mortification, elle luy conseilloit de tenir ferme iusqu'à la mort. Dieu vous assistera, disoit-elle, courage ; Hé quoy ? pensez-vous empescher que le Diable soit Diable ? Ne croyez pas auoir vaincu pour auoir fait plusieurs actes de vertu : Il faut tousiours combatre, sans faire paroistre au dehors sur le visage les peines qu'on sent dans l'interieur.

CHAPITRE XXII.

De ses Mortifications.

C'Est vn poinct de doctrine connu de peu de personnes, & que j'apprens d'vn Autheur de ce temps bien spirituel, que nostre Seigneur Iesus-Christ fait sortir du pied de sa Croix vne source perpetuelle de croix & de sanctification, afin que les souffrances des Saincts honorent les siennes, & que les siennes sanctifient celles des Saincts. Il rapporte plusieurs estats de personnes souffrantes par rapport aux douleurs de Iesus-Christ, & dit qu'entr'autres il y en a qu'il se rendêt conformes par la voïe des souffrances corporelles, comme ont esté les Martyrs, le Prophete Iob, saincte Luideuine & autres. Et parce que nostre Seigneur a souffert aussi plusieurs peines interieures, il y a des ames ausquelles Dieu en fait porter des effects par participation à l'ame souffrante de son Fils ; & cela par des voyes qui nous sont secretes & cachées, & qu'on appelle, comme on en peut iuger, & non iamais comme les ames sainctes les ressentent, *tenebres, seicheresses, priuations, delaissemens,* & autres.

Pour en voir quelques traces, il ne faut que lire la vie des Saincts auec des dispositions conuenables, dont la pluspart des esprits ne sont capables ; mais ceux-là seulement que Dieu a predestinez pour estre conformes à l'Image de son Fils, comme dit l'Apostre. Il n'est pas bien aisé de parler de ces estats : La bonne Mere de saint Sauueur en faisant les espreuues ne les pouuoit expliquer , & sa peine en estoit d'autant plus grande que c'estoit vn de ses secrets. Enuiron dix ans deuant sa mort Dieu la mit dans vn estat de dépoüillement si extraordinaire, qu'en vn instant (ainsi qu'elle a dit) elle deuint incapable d'auoir aucune intention ny veuë sur ces actions , & ne pouuoit produire aucun acte en ses oraisons , ny auoir souuenance d'aucune action qu'elle eust faite. Seulement il luy demeura la veuë d'vn Iesus-Christ crucifié. Ce qui fit vn tel effort en son esprit qu'elle en demeura malade, & fut contrainte de garder le lict quelques iours.

Parlant de ce changement d'estat , elle disoit : Il y a de grandes differences entre les mortifications des creatures & celles de Dieu, car bien qu'au commencement les hommes me traitassent rudement , ce n'estoit rien en comparaison de ces souffrances interieures que Dieu me fait sentir. I'auois bien ouy parler d'vne mort viuante , mais maintenant ie l'esprouue. Car la défiance, & la crainte que i'ay de moy-mesme ne me permettent pas d'auoir aucune satisfaction , puis que ie suis priuée de tout excepté de mes fautes. I'ay des retours de tout ce que ie dis, & de tout ce que ie fais, parce que la Nature y participe : Ie ne voy que ce corps, & voudrois ne le plus voir : Ie ne sçaurois parler que de Dieu, & neantmoins i'ay tousiours des retours. Il est bien vray de dire , comme i'ay entendu d'vn grand personnage, qu'vne parole est bien dite, si elle n'est mieux teuë que dite : & vn autre disoit qu'il ne s'estoit jamais repenty de s'estre teu. A mon égard, disoit elle , j'ay dit peu de paroles dont ie ne me sois repentie.

Nostre Seigneur cherissant cette ame, pour l'vnir dauantage à soy , la priua de la veuë six ans auant sa mort. En cét estat , elle souffroit beaucoup, dependant d'autruy en toutes ses

ses necessitez. Ce n'est pas qu'on n'en eust vn tres-grand soin, & conuenable à l'estime qu'on auoit de sa vertu, mais apprehendant fort de son naturel de faire peine à personne, elle en auoit d'en dôner;&voicy ce qui la faisoit le plus souffrir dans cette priuation. Maintenant, disoit-elle, que Dieu m'a priuée de tout en m'ostant la veuë, ie suis exposée à toutes sortes de tentations. Vous ne le croiriez pas, pensez ce que c'est de n'auoir point de lecture qui me pourroit grandement fortifier (parce que cét aliment est la vie de l'esprit) & de ne pouuoir faire aucun exercice corporel, tellement que ie suis à la mercy de mes ennemis. Le Diable, & la Nature joüent bien leur personnage de toutes parts. Vous ne croiriez pas ce qu'il faut que ie souffre. On luy disoit, ma Mere, vous estes neantmoins hors de plusieurs occasions estant tousiours seule : Elle repartoit, ô fille, si le Diable ne se sert du present, il ne dort pas, il sçait bien mettre au iour le passé.

Vne autre fois elle disoit; mais d'où vient que quand j'ay esté à la saincte Messe, ie ne respire que ma solitude, & neantmoins ie me trouue aussi aride comme vn bois, & quand mes Meres ou Sœurs me font l'honneur de me venir voir, ie ne puis que ie ne leur parle de Dieu, & de Nostre Seigneur crucifié, & diroit-on que ie morderois à mesme, & neantmoins ie n'ay non plus de sentiment qu'vne pierre. Souuent elle disoit à son Confesseur, j'aurois de la peine à communier si frequemment, si vous & ma Superieure ne me le commandiez, & apres tout encore ie crains que vous soyez trompez, car la nature est si trompeuse qu'elle trouue à pescher par tout ; mais au fonds ie ne voudrois pas vous celer la moindre imperfection, & desire que vous sçachiez tout ce qui se passe : elle adjoustoit aussi souuent ; enquestez-vous de ma vie, afin que vous ne soyez point deceu. Neantmoins pour toutes ces secheresses, elle ne laissoit point de se presenter à l'Oraison, auec toute sorte de fidelité, & aussi contente de ses ariditez, comme si elle eust receu toutes les lumieres des Cherubins ; & quoy qu'elle sentit de grandes

V

tristesses en son interieur, elle ne manquoit neantmoins à aucun de ses deuoirs, dautant qu'elle auoit tousiours vne grande tranquillité au fonds de l'ame.

Monsieur Coqueret Docteur en Theologie, estant à Hautes-Bruyeres, & rendant témoignage de ce qu'il sçauoit des vertus solides de la bonne Mere, dit entr'autres choses, qu'il connoissoit vne des grandes amies de nostre Religieuse, qu'il disoit auoir quatre-vingts & deux ans, & que depuis l'âge de vingt & vn, elle auoit tousiours esté trauaillée de peines interieures, & l'estoit encore tous les iours, n'ayant aucun goust de deuotion sensible. Ces estats la faisoient passer par le glaiue du martyre spirituel, & par des estats qui luy causoient souuent des grandes craintes, d'où ce Docteur bien connu prenoit sujet d'admirer sa constance : Et ce qui l'en faisoit parler à propos de la Mere de saint Sauueur, c'estoit que cette bonne ame en parlant d'elle, luy rendoit ce témoignage que quand elle luy communiquoit de ses peines, la réponse qu'elle en receuoit estoit celle-cy : O ma grande amie ! Dieu est esprit, il le faut seruir en esprit & verité : Dieu n'est pas vn corps, il ne le faut pas seruir par des sentimens & des affections de deuotion sensible ; Il est plus releué que cela, il se contente de la portion spirituelle, il suffit que la partie Superieure de nostre ame soit vnie à luy par consentement & soûmission. Quoy que d'ailleurs nous nous sentions distraites, demeurons tousiours fermes.

La bonne Mere eut plusieurs sujets de practiquer cette leçon en tous les estats de sa vie, sur tout quand ses delaissemens interieurs luy donnerét les craintes & défiances, qu'elle eut par l'opinion de quelques personnes qui jugerent, non seulement qu'elle estoit trompée, mais heretique ou illuminée. Ie croy qu'on en fit ce iugement (si toutesfois il fut ainsi formé) sur certain Exercice de deuotion qu'on luy auoit donné estant au monde ; ce qui fut cause que pour la mettre en ce repos de ce costé là, on fut à Paris pour faire voir cét Exercice, & le consulter en la faculté de Theologie.

de Saint Sauueur. 155

L'aduis des Docteurs fut tel : *Cet exercice est approuué, mais il faut que la personne qui s'en sert, ne se iette pas d'elle-mesme dans le dépoüillement, & si Dieu ne l'attire pas, qu'elle s'occupe en des actes doucement, & simplement sans faire d'efforts.*

Elle disoit qu'elle eust mieux aymé souffrir les peines d'Enfer, que d'estre ennemie de Dieu, ainsi qu'on la iugeoit, mais ses craintes pourtant ne cessoient pas, & Dieu le permettoit ainsi pour éprouuer sa patience.

CHAPITRE XXIII.

De sa Patience.

LE grand Apostre dit vn merueilleux mot au chapitre cinquiéme de l'Epistre aux Hebreux, quand il dit, que Nostre Seigneur, sans considerer ce qu'il estoit, Fils du Pere Eternel Dieu comme luy, a bien voulu porter tous les maux dont il s'est chargé, satisfaire en toute rigueur à sa Iustice, éprouuer toutes les douleurs imaginables, & se rendre par ce moyen Disciple en l'eschole de la Patience & des souffrances, pour nous en donner vn exemple parfaict; apres lequel il est bien raisonnable qu'on le regarde comme maistre. C'est la grace que Dieu fait aux ames sainctes de se former sur l'Image de son Fils, & d'apprendre dans les occasions des plus rudes espreuues à se soûmettre sous le pouuoir de sa main, de quelque poix qu'on la sente. Il y en a qui peuuent souffrir quelque temps, mais il n'y en a gueres qui soient capables d'vn long exercice de patience, ou qui ne se rendent à la fin, ou par foiblesse, ou par infidelité. C'est vne coustume à Rome, quand il est question de canoniser vn Sainct, de faire vn examen particulier de sa patience; parce que céte vertu est vne des grandes marques de saincteté que nous ayons.

Nous en trouuons plusieurs actes signalez en la vie de céte bonne Mere, qui parmy ses plus grands delaissemens,

V ij

au milieu de ses peines & de ses craintes, ne laissoit pas d'estre fidele à tous ses exercices spirituels; ayant telle force d'esprit sur ses sentimens, qu'en ces estats il sembloit qu'elle abondast en toutes sortes de consolations. Quand elle voyoit qu'elle n'en pouuoit plus, elle se retournoit vers nostre Seigneur: *Ha! Seigneur, ayez pitié de ma langueur, & ne me delaissez point; que ie ne sois iamais separee de vous estant en de si grands delaissemens interieurs.* Quelquefois elle disoit: *Pourueu que Dieu soit content, ie suis plus que contente; quand il me reduiroit comme vne pierre de taille, il me suffit qu'il est, & qu'il est mon Dieu.* Elle disoit aussi qu'elle croyoit plus fermement dans ses tenebres & derelictions que Dieu estoit, qu'elle ne croyoit que le Soleil luisoit quand elle voyoit sa lumiere.

Cette ame ainsi abandonnée à Dieu, & tousiours preste à receuoir de sa main tout ce qu'il luy plairoit, appelloit la perte de sa veuë, visite de Dieu, & disoit qu'il l'auoit permise pour faire exercer la charité au prochain. Peu de temps apres cét accident, vne de ses filles qui estoit au monde, estant allée à Hautes-Bruyeres pour la voir, la premiere parole qu'elle luy dit d'abord fut celle-cy : *O ma fille, remerciez Dieu de la grace qu'il m'a faite, ie suis aueugle : Dieu m'a osté la veuë du corps, afin que ie ne voye plus que luy.* Quand par le defaut de sa veuë elle faisoit quelque bruit, ou ne pouuoit trouuer les choses qui luy estoient necessaires, elle ne vouloit pas attribuer cela à ce defaut, mais elle s'accusoit comme malhabile. Lors que quelqu'vne monstroit auoir compassion de sa perte de veuë, & qu'on luy demandoit si elle ne s'ennuyoit point, elle répondoit en sousriant, que c'estoit son thresor, & qu'elle ne l'eust pas voulu changer à la gloire des Bien-heureux. Aussi le Chirurgien la regardant vn iour aux yeux, & luy disant que c'estoit dommage qu'on ne l'auoit laissé faire, & qu'il eust bien leué la taye qui luy couuroit le miroir, elle luy répondit en sousriant à son ordinaire, il y a bien dequoy; qu'est-ce que la veuë du corps, que nous auons commune auec les bestes?

Mais ce qui la rend plus admirable en ce poinct: c'est que Dieu l'ayant priuée six ans auant sa mort de toute consolation interieure, & de la veuë du corps, en sorte qu'estant aueugle elle ne frequentoit que les trois lieux de l'obseruāce, l'Eglise, le Refectoir, & sa petite cellule; on n'a pas ouy d'elle la moindre parole de plainte, & son Confesseur dit qu'elle n'y a pas seulement pensé. Elle practiquoit bien ce qu'elle disoit quelquesfois à ses Sœurs de Religion, en les consolant, qu'il faut estre des orgueilleux de N. S. Apres auoir esté bien batuë il ne s'en faut pas vanger, mais au contraire, il faut faire bonne mine, & dire que l'on n'a rien eu. Seulement elle se plaignoit d'écouter trop la nature, dōt elle auoit tant d'horreur qu'elle desiroit que tout le monde luy fist la guerre. De sorte que pour peu qu'elle eust donné de consentement à l'amour propre, quoy qu'en choses indifferentes, elle n'auoit point de bien qu'elle ne s'en fust confessée, & n'en eust receu penitence de son Confesseur, & ne pouuāt aller vers luy pour ce sujet, elle y enuoyoit vne sœur.

On ne peut dire combien elle a souffert d'humiliations, N. S. ayant permis qu'elle ait eu des sujets innombrables d'exercer sa patience; en quoy tousiours on l'a veuë égale & contente dans le desir qu'elle auoit d'estre méprisée & mise en oubly. Elle estoit souuent toute seule, mais principalement depuis qu'elle eut perdu l'vsage des yeux, dautant que plusieurs se retenoient de l'aller voir par respect, & crainte d'interrompre sa saincte recollection & communications qu'elle auoit auec Dieu; & comme la voye par laquelle elle alloit à luy estoit extraordinaire, aussi estoit-elle connuë de peu; de sorte qu'aucuns des Peres spirituels qui hantoient en cette maison n'approuuoient pas qu'on se seruist de sa conduite: Ce que la Mere ayant apris, ses craintes redoublerent, & ce poinct luy estoit vn vray martyre, de sçauoir qu'elle estoit dans vn chemin, où l'on conseilloit à d'autres de ne pas marcher; ce qui augmentoit extremement les craintes qu'elle auoit d'estre trompée.

Pour comble de ses peines, Dieu permettoit que son Con-

V iij

fesseur doutast de ce qui se passoit en elle, bien qu'il connut qu'elle menoit la vie d'vne saincte : Cette consideration l'entretenoit dans vne perpetuelle défiance d'elle-mesme, qui l'empêchoit de s'arrester & s'asseurer sur d'autres aduis que conformes à celuy de son Confesseur & d'vn Ecclesiastique, qu'elle tenoit en la place de Dieu. Elle faisoit tout son possible pour s'atacher à Dieu seul, & à Iesus-Christ crucifié, nud en Croix, delaissé des hommes & de son Pere mesme, & non pas aux paroles interieures qui se formoient en elle, ny aux visions & reuelations qui luy estoient importunes, & qui ont tousiours fait la plus grande de ses mortifications, & les plus ordinaires essais de sa patience.

Elle a aussi practiqué cette vertu parmy plusieurs mépris qu'elle a rencontrez dans la conuersation, en faisant ses obediences auec des humeurs difficiles, & prenant ses necessitez auec les autres, comme en se chaufant; choisissant tousiours le dernier lieu, & la place la plus incommode. Nostre Seigneur monstroit pour son exercice qu'elle y trouuoit des personnes à qui elle estoit à peine, ce qu'elle connoissoit par quelques paroles couuertes, qui ne manquoient pas d'aller droit à son cœur naturellement fort sensible, mais elles y estoient si bien receuës par sa patience, qu'au lieu de s'en troubler, elle souffroit ce qui estoit dit ou fait auec vn courage nompareil & paix interieure, sans que iamais en semblables sujets, ou d'autres, on luy entendist dire vn mot de plainte. Et lors qu'on luy monstroit prendre interest en ses humiliations, au lieu de soulager sa nature par ce ressentiment qu'elle voyoit en autruy, elle respondoit ainsi: Helas! ont-elles pas droit de faire ce qu'elles font.

La Communauté me fait-elle pas vne grande grace de me souffrir, moy qui tiens la place d'vn autre qui eust rendu plus de seruice à la Religion? Hé que me doit-on? on ne me doit rien. Dans cette pensée elle se retiroit des lieux où elle iugeoit qu'elle eust apporté la moindre contrainte au

de Saint Sauueur. 159

prochain, & souffroit tous les rebuts qui luy pouuoient venir de la part des personnes d'humeur contraire à la sienne. Durant l'Hyuer elle alloit se chauffer à la cuisine, de peur d'incommoder ailleurs, ou si elle demeuroit auec les autres, c'estoit tousiours en crainte de tenir vne place qui ne luy appartint pas. Auant qu'elle eust perdu la veuë elle attendoit les heures entieres pour aller à confesse, & dauantage laissoit passer toutes celles qui se presentoient pour y aller sans en témoigner de l'ennuy. Et quand le temps la pressoit, & qu'elle ne pouuoit plus retarder, elle prioit bien humblement qu'on la laissast passer. La raison qu'elle auoit d'atendre de la sorte en patience, & sans se plaindre de la longueur du temps, c'est qu'elle disoit qu'il faut estre au Confessional, comme pauures qui attendent la misericorde à la porte d'vn riche.

Mais le plus beau rayon qui doiue couronner sa patience, doit estre pris des dernieres actions de sa vie qui en estoient toutes imbuës, quoy qu'en ses dernieres années, ayant perdu la veuë; elle fut en estat où plusieurs difficilement eussent conserué cette vertu; car ce fut lors qu'elle la fit paroistre dauantage estant reduite à demeurer seule dans sa cellule, sans lecture, sans action, & sans la diuersion qui se fait de plusieurs efforts & bateries de l'ennemy, dans les diuers emplois de la maison, & la conuersation des Sœurs. Cét estat de solitude & de delaissement, n'estoit pas vn petit sujet de patience, mais la sienne estoit à toute espreuue par cette vertu, qui s'est trouuée par eminence en tous les estats de la vie de nostre Seigneur Iesus-Christ. Cette bonne Ame a tousiours tasché de l'imiter dans la connoissance qu'elle auoit que ce Iesus n'a pas mis le prix de nostre salut en l'operation des miracles, mais en la patience qui luy a fait souffrir tant de peines & d'injures, & puis en fin la croix & la mort.

CHAPITRE XXIV.

De son Amour à la solitude, & vie cachée.

IL y a dans l'Eglise vn ordre excellent des Saincts, qui se sont rendus Imitateurs de la vie cachée de Nostre Seigneur, dont les voyes ont esté secretes, & que nous honorons sans les connoistre. La vie cachée de Iesus-Christ n'a pas esté seulement en sa retraite de Nazareth, & dans ce long assujetissement qu'il a rendu à la Vierge & à saint Ioseph. C'est celle que les personnes Religieuses ont dessein d'honorer par quelque sorte d'imitation en s'éloignant des lieux frequentez, & faisant le vœu de closture, qui les separant de tout commerce des hommes, les rend plus capables des communications de Dieu. La vie de Iesus-Christ la plus inconnuë, & la plus cachée aux yeux des hommes, a esté la vie de sa Diuinité cachée en son Humanité; sa vie de gloire cachée en ses souffrances, & l'estat de sa vie interieure de grace cachée dans l'humilité de sa vie exterieure & commune.

Quant au premier estat, qui consiste en la retraite, voicy comment ie le trouue imité par la Mere de saint Sauueur: N'aspirant qu'à l'vnion de celuy dont l'amour luy faisoit dire si souuent *vn Dieu & rien plus*, & le rencontrant dans la solitude plustost qu'en public & parmy les compagnes mesme de l'Espouse, ou, selon le sens du Cantique, on en parle souuent sans l'y trouuer, céte bonne Mere se plaisoit vniquement d'estre retirée en sa cellule, dont elle disoit qu'il ne faut sortir, si l'obeyssance & la charité n'en ouurent la porte; & qu'il faut, tant qu'on peut, s'éloigner des creatures, dautant qu'elles nous aportent de grands empeschemens à nostre perfection. Il le faut aduoüer, on ne reuient presque jamais de la conuersation aussi bon qu'on y est allé, on trouue tousiours à redire à quelque chose, & dans l'obligation

gation de s'y rencontrer, on peut bien faire cette priere de Dauid : *Domine erue à neceßitatibus animam meam*, c'est à dire, Seigneur, deliurez mon ame de ces perils cachez, ou si l'on n'est bien sur ses gardes, on tombe quasi necessairement.

Cette bonne Mere disoit souuent à ses Sœurs de Religion, qu'encore qu'elle les aymast toutes, & les portast dans son cœur, neantmoins elle auoit inclination de s'en éloigner pour demeurer dans sa chere solitude, qu'elle tenoit comme son Paradis. Vn iour quelqu'vne luy dit, se separant d'elle, & par vne parole de recreation, qu'elle s'en allast dans sa cabane, entendant parler de sa cellule : La Mere releua ce mot fort serieusement, & luy fit connoistre que céte façon de parler ne luy plaisoit pas, ne pouuant souffrir qu'on parlast ainsi des lieux dédiez à traiter auec Dieu : O fille ! luy dit-elle, n'appellez pas ce lieu vne cabane, ô non; c'est mon Paradis. Elle pouuoit bien luy donner ce nom pour les diuines communications que Dieu luy a faites de soy-mesme, en cette petite retraite qu'elle a sanctifiée par les saints exercices de l'oraison & de penitence. C'a esté là qu'elle a bien apris, comme elle a dit souuent, à connoistre & faire mourir la nature.

Cét amour de la solitude luy donnoit grande auersion pour les parloirs, & quand elle estoit contrainte d'y aller, elle estoit comme sur les charbons, si ce n'estoit auec personnes spirituelles dont elle pust tirer edification. Elle parloit tousiours de l'abondance de son cœur ; ainsi c'estoit toûjours de Dieu, dont il estoit remply, & neantmoins elle craignoit tousiours d'auoir fait excez en paroles, & donné plustost à l'humeur qu'à la charité. C'estoit par tout, mais principalement dans la communication qui se fait aux Parloirs, auec les personnes du dehors qu'elle obseruoit ce conseil du Sage d'apporter vn grand soin à garder sa bouche. *Celuy*, dit Salomon, *qui garde sa bouche, garde son ame, & celuy qui parle inconsiderement, s'expose au danger de plusieurs maux.*

X

Elle monstroit en ce poinct vne grande discretion, ne se produisant pas d'abord, ny faisant du premier venu son Confesseur, comme aucunes font, qui ont tousiours quelque espines à faire arracher, & se seruent de toutes mains pour se soulager & contenter leur delicatesse, qui veulent gouster de toutes les manieres de direction, qui s'attachent aux personnes, & non pas aux choses, qui s'occupent tellement de l'homme qu'elles oublient de chercher Dieu; qui viennent pour voir le Lazare, & non pas Iesus-Christ, comme il est dit dans le liure qui conduit l'ame à son imitation. La Mere de saint Sauueur n'auoit garde de donner contre ces écueils par le chemin qu'elle auoit pris, s'arrestant à son Confesseur, où n'en consultant point d'autres sans son adueu, & des choses qu'elle luy auoit dites; aymant grandement le secret, & disant qu'il faut estre fort reseruée à s'en ouurir, & ne parlant de soy qu'à des personnes qui luy estoient fort connuës, du merite, & de la vertu desquelles elle estoit aussi asseurée. Souuent elle disoit que le cajol du Sexe feminin luy faisoit peine, non par mépris qu'elle en fist, mais par experience qu'elle disoit auoir faite de soymesme, qu'il se perdoit bien des paroles dans la conuersation, & qu'on en tiroit peu de fruict pour Dieu.

Il me souuient qu'au premier Sermon que ie fis à Hautes-Bruyeres, sur le sujet de la vie cachée, on me dit que j'auois presché sur l'inclination de la Mere de S. Sauueur, & ce fut en partie ce qui me donna le bien de sa connoissance. Tousiours elle demeuroit dans la Recollection, & tafchoit de suiure ponctuellement ces maximes qu'elle auoit emprintes au cœur, & qu'elle portoit mesme écrites sur soy. Elles sont de Thaulere qui dit.

I. Que pour seruir à toutes creatures, il les faut fuyr.

II. Qu'il faut garder vn silence si estroit qu'on ne dise qu'ouy, ou non, outre l'obeyssance.

III. Qu'il ne se faut offrir aux creatures, sous pretexte de charité parce que le plus souuent il y a de l'imperfection.

IV. Qu'on ne doit faire aucune sortie sans necessité pour demeu-rer tousiours dans soy-mesme; & bien qu'on fust à peine aux autres, il faut souffrir cela comme vne Croix.

V. Qu'il faut quiter tout pour Tout.

V I. Ne regarder ny n'entendre rien pour voir tout, & entendre Tout.

V I I. Estre seule pour estre en presence de Tout.

V I I I. Estre vn neant pour estre tout en Tout.

I X. Renoncer mille fois à tout ce qui n'est rien pour estre posse-dée par celuy qui est Tout.

O qu'heureuse est cette possession, disoit-elle, *quand sera-ce que Dieu sera tout en tout ? l'vnité vaut mieux que toute multitude.*

Cette bonne Mere auoit souuent ces paroles en la bouche, & c'estoit par ces maximes qu'elle se tenoit si constamment dans sa cellule & dans la solitude, pour demeurer dauantage vnie à son Dieu, pour faire regner souuerainement en elle cét *Vn necessaire*, dont Iesus-Christ a parlé au sujet de son Amante, pour viure plus saintement, & comme s'il n'y eust eu que Dieu, & elle au monde. Ce sont les termes dont la Mere expliquoit ses sentimens sur ce sujet, disant aussi qu'il n'y auoit rien de plus heureux que d'estre éloignée du commerce des creatures, pour auoir le bien de joüir d'vn Dieu.

Elle en parloit par experience, ayant tousiours preferé sa solitude à toute conuersation humaine pour se conseruer la conuersation de Dieu. En ce rencontre ie luy dois ce témoignage qu'elle n'en sortoit point dans les entretiens qu'elle auoit auec le prochain ; car quand j'auois le bien de la voir, elle me parloit tousiours de Dieu, & de ce que nous luy deuons auec telle ferueur, & tant de tendresse, qu'il estoit aisé de connoistre que le sujet qui l'animoit estoit bien auant dans son cœur. Neantmoins, lors que ie pensois qu'elle allast estendre son discours & suiure ses pointes de chaleur, & ses mouuemés d'affections, son bien-aymé la r'appellant dans la solitude, la faisoit finir en me donnant des asseurances de son souuenir dans le temps & l'eternité, & me disant ; Adieu, c'est assez, il faut faire place aux autres.

Quant à l'autre estat de nostre Seigneur, estat de vie interieure & de grace, cachée dans l'humilité de sa vie exterieure & commune, il a tousiours autant d'Imitateurs que de Saincts. Quelques rayons qui rejalissent au dehors d'vne ame sainte, ce n'est tousiours que le moindre qui paroist à nos yeux : Le papier ne contient que la plus petite partie de leur Histoire, les plus beaux traits n'y sont pas couchez, & la conclusion n'en est pas bonne, si l'on ne finit par ces mots du Prophete; Que toute la gloire de la fille du Roy est cachée au dedans. *Omnis gloria filiæ Regis ab intus.* Il y a plusieurs Saincts qui n'ont esté connus que de Dieu seul en terre, & il est probable qu'aucuns d'entr'eux sont plus releuez dans la gloire, que d'autres qui sont connus & honorez par la deuotion publique de l'Eglise.

Plutarque a fait vn traité dans ses opuscules, pour sçauoir si cette sentence, *cache ta vie*, est digne de loüange, ou de blasme, & peut estre receuë comme conuenable à vn citoyen. Ce n'est pas icy le lieu d'apporter les raisons qu'il en donne de part & d'autre ; & ce qui lors estoit vn probléme est deuenu depuis vn des poincts de la perfection Euangelique, comme nous l'apprenons de ce texte de saint Paul, aux premiers fidelles. *Mortui estis, & vita vestra abscondita est cum Christo in Deo:* C'est à dire, vous estes morts, dautant que ce qui est vie en vous, demeure caché en Dieu, comme Iesus-Christ y est caché. C'est ce qu'on peut dire auec verité de la Mere de saint Sauueur, dautant qu'elle parloit si peu de ce qui se passoit en elle, soit dans les faueurs, soit dans les espreuues qu'elle receuoit de Dieu, que toute la maison n'en a presque rien sceu qu'apres sa mort. Comme nous auons dit, dans ses plus grandes peines elle auoit le visage, la contenance, & le discours des personnes les plus contentes ; & lors qu'elle auoit donné quelque peu de connoissan-

de Saint Sauueur. 165

ce de ce qu'elle souffroit, & qu'il arriuoit qu'on luy en demandoit le sujet, elle n'en parloit qu'à bouche close, s'il faut ainsi dire, & auec de grandes reserues. Elle a bien lasché quelquefois ce mot; *O fille, vous m'auez fait plaisir, cela a donné vn peu d'air à ma peine*, mais aussi-tost qu'elle s'apperceuoit que sa nature y prenoit satisfaction, elle r'entroit en elle-mesme, & disoit: *O Dieu, quelle infidelité! ô fille, que c'est vne chose estrange que la subtilité de cette nature qui veut tousiours auoir son compte aux despens d'vn Dieu: Quand sera-ce qu'elle sera toute détruite, & que l'esprit de Dieu sera le Maistre absolu; c'est grand cas qu'elle veut tousiours viure.*

Vn iour des Roys luy parlant apres auoir celebré la sainte Messe, & luy disant que durant le Sacrifice, ie m'estois entretenu de cette pensée, que bien-tost apres ma conuersion à Dieu, ie commençois mes offres par l'Encens, & non par l'Or, & la Myrrhe qui deuoient preceder; la bonne Mere m'interrompit, comme ie pensois continuer, & me dit qu'il faut garder dans son cœur les sentimens que Dieu nous donne. I'ay depuis encore apris que Pythagore deffendoit de porter l'Image des Dieux grauée dessus des aneaux, pour signifier qu'il ne faut pas auoir à la main, & faire monstre des sentimens qui nous en viennent, & qu'ils doiuent estre plus dans le cœur que sur ses lévres. Ainsi Dieu a permis que les Payens eussent quelques rayons du iour que son Fils est venu aporter au monde, & qu'ils ont parlé sur ce sujet, comme on a fait depuis la cheute des Idoles, & l'establissement du Royaume de Iesus-Christ. C'est ce qu'a dit Tertulien, & plusieurs autres, donnant à vne Vierge ce conseil de vie cachée, *mentire aliquid hominibus, vt soli Deo exhibeas veritatem.* ne feignez point de mentir aux hommes (l'expliquant à la lettre) pour ne dire la verité qu'à Dieu; c'est à dire, soyez inconnuë aux hommes pour n'estre connuë qu'à Dieu. C'est le poinct dont tant de Spirituels ont parlé. Dieu & moy; *opus meum cum Deo*, ie n'ay affaire qu'à Dieu, *secretum meum mihi.*

Mais il ne faut pas faire vn Sermon sur ce thesme.

& m'oublier de l'application que ie dois à nostre sainte Religieuse qui n'a jamais parlé des visions, & reuelations qu'elle auoit, ny des voix qui se formoient en elle, ny des paroles d'asseurance qui luy estoient données, que c'estoit Dieu qui se communiquoit à elle, qu'à fort peu de personnes de vertu, de doctrine, & d'experience; à son Confesseur, & à deux bonnes Sœurs qui ont eu soin d'elle ; ce qu'elle a fait à l'égard des Sœurs selon l'ordre qu'on luy auoit donné, parce qu'elle s'oublioit aussi-tost de ce qui luy estoit dit dans son Oraison, ou ailleurs, & qu'il estoit important qu'on écriuist de ses diuers estats à ceux qui en ont esté consultez.

Elle aymoit saint Iean, comme nous auons dit cy-dessus, à cause de sa vie cachée & de son silence. Elle disoit que saint Pierre n'ayant pas connoissance de la trahison de Iudas s'adressa à saint Iean, pour apprendre qui deuoit estre ce mal-heureux, & que saint Iean ne reuela point ce qui luy fut communiqué ; dont elle tiroit cette consequence, qu'il faut reseruer fidellement les secrets de Dieu ; & pour peu qu'elle en ayt parlé, ç'a tousiours esté par grande necessité.

CHAPITRE XXV.

De son humilité, selon les degrez de cette vertu, marquez en la Regle de saint Benoist, & suiuis en celle de l'Ordre de Fontevrault.

C'Est dans la vie cachée, dont nous venons de parler, que se rencontre la veritable humilité. L'ame vrayement humble ne veut point passer pour telle, mais seulement l'estre deuant Dieu. C'est vne mauuaise compagne à l'humilité que l'enuie de paroistre, parce qu'en voulant monstrer cette vertu, ou elle la perd, ou elle luy fait changerde nature ; & d'vne chose qui doit estre sans titre & sans nom, elle en fait vn titre & vn nom sans chose. Ce qui estoit peut-estre vn corps solide à l'ombre & à couuert, s'exhale en fumée, & n'est plus qu'vne legere vapeur quand il est exposé au grand air.

On peut iuger de la necessité de cette vertu, par ce qu'en a dit Iesus-Christ : *Si vous n'estes faits comme petits enfans, vous n'entrerez point dans le Royaume du Ciel.* Il en parle comme du Baptesme & de la Penitence : *Nisi quis renatus fuerit, &c. Nisi pœnit. egeritis, &c.* Non seulement l'humilité est le fondement de l'édifice, mais elle est aussi la maistresse pierre qu soustient celles qui en font le toict: Non seulement il la faut comprendre comme le fondement de toute la vie spirituelle en general ; mais comme le fondement de chaque action particuliere.

Il y a trois principaux motifs qui nous obligent à nous humilier ; dont le premier est celuy que ie viens de dire, la necessité du salut : Le second, le zele de la Perfection : Et le troisiéme, l'imitation de nostre Seigneur Iesus-Christ, qui veut, sur toutes choses, que nous prenions cette leçon de ses exemples.

Pour en donner quelque figure ; nous pouuons dire que l'humilité est comme le centre dās le cercle, qui n'est qu'vn poinct, & demeure tousiours ce peu qu'il est, bien que la circonference s'estende tousiours de plus en plus. Car ainsi l'ame deuote, croissant de iour en iour en nouuelles perfections, demeure tousiours neantmoins dans le mépris d'elle-mesme, & la consideration de son neant, à mesme temps que par connoissance & par amour elle s'éleue jusqu'à Dieu. C'est l'échelle de Iacob, où d'vne part les Anges montent, d'autre part ils descendent : Si d'vne part les ames saintes & religieuses montent à Dieu par la contemplation, par la foy, l'esperance & l'amour, elles descendent, d'autre part, par la consideration de leurs miseres, impuissances, infidelitez, de leurs imperfections, de leur neant. Il en est parlé sous cette figure dans la Regle de Fonteurault, qui par vn vn style deuot donne l'explication de cette échelle, dont elle dit; *Que l'ame & le corps sont les costez ausquels la diuine vocation a mis plusieurs degrez*: Ce qui est pris de la Regle de saint Benoist, dont elle a l'esprit; Degrez qui se rapportent aux dispositions interieures, & aux effects exterieurs de l'humilité.

La bonne Mere de saint Sauueur auoit si bien connu la necessité de cette vertu, qu'afin de se la rendre familiere, & pour ainsi dire, propre; elle a porté toute sa vie le petit Liure qui traite des poincts d'humilité, dont elle a tellement possedé l'esprit, que les personnes qui ont esté plus ordinairement auec elle, asseurent qu'elle n'a manqué à la pratique d'vn seul poinct de ce Liure. On en pourra iuger quelque chose par ce qui suit de ses pensées, de ses paroles & de ses actions; où ie garderay l'ordre tenu dans sa Regle sur le sujet des degrez d'humilité.

SECTION I.

Premier degré d'Humilité.

CHAPITRE XXVI.

D'auoir la crainte de Dieu continuellement deuant les yeux, & de se souuenir de ce qu'il a commandé pour l'accomplir.

SElon l'ordre que donne saint Benoist aux degrez d'humilité; il commence par les pratiques exterieures, qui peu à peu donnent l'habitude, & en fin l'esprit de cete vertu, qui est vne transformation de l'ame aux humiliations de Iesus-Christ, vn amour du mepris, de la vie cachée, de l'aneantissement de soy-mesme. Dans la Regle de Fonteyrault, son Instituteur commence par où saint Benoist finit,

&

& fait le premier degré du douziéme, sans que cette difference d'ordre apporte de contrarieté en la chose. Dans cette Regle on a commencé par les dispositions interieures,
qui sont les causes des effects qu'on voit au dehors, & comme les racines d'où doiuent sortir les branches qui portent
les fruicts. Ainsi commence-t'elle par la crainte de Dieu,
que Salomon appelle, *Le commencement de la Sagesse*. C'est vn
principe dont la vertu doit s'estendre & se communiquer
dans tout le progrez de la vie, & voila pourquoy la Regle
adjouste qu'il la faut tousiours auoir deuant les yeux, conformément à ce passage de saint Paul, qui dit ; Que nous
deuons accomplir nostre sanctification dans la crainte
de Dieu : *Perficientes sanctificationem nostram in timore
Dei*.

 Cette crainte qui humilie, ou cette humilité qui nourrit
la crainte, faisoit que la Mere de saint Sauueur dans la veuë
des grandeurs de Dieu, & dans la connoissance de sa bassef-
se, se consideroit deuant la Diuine Majesté, comme n'estant
point, ou comme ne pouuant rien, ou bien d'autresfois
comme vne creature rebelle, qui s'opposoit incessamment
à ses adorables volontez. Elle disoit qu'elle eust voulu que
toutes les creatures luy eussent aidé à vanger les injures
qu'elle faisoit à Dieu, & dans ce sentiment elle disoit aussi
que quand elle entroit en quelque lieu, elle craignoit d'y
attirer par ses pechez la Iustice de Dieu. Ainsi, quoy qu'elle en receust des graces & des faueurs tres-singulieres, jamais elle n'en a conceu la moindre pensée de vanité, ne
pouuant croire que Dieu daignast se communiquer à vne
creature si vile qu'elle s'estimoit. Elle s'arrestoit si peu à
tout ce qui se passoit en son interieur, qu'elle en perdoit
bien-tost le souuenir; en sorte qu'elle auoit peine à croire la
Sœur à qui elle se confioit de ces choses par ordre qu'elle en
auoit receu, quand la Sœur luy en faisoit le rapport dans les
occasions.

 De sa part elle ne parloit de ces sujets, qu'à cause de la
crainte qu'elle auoit que ce fust vn œuure du Diable qui la

Y

vouluſt tromper. Fille, diſoit-elle, ie vous en parle, afin que ſi c'eſt le Diable, il ſoit découuert. Lors qu'il luy eſtoit dit dans ſon interieur, que c'eſtoit pour luy conſeruer les graces qui luy eſtoient faites, qu'elle eſtoit touſiours dans ces diſpoſitions de crainte; elle s'adreſſoit à Dieu, & luy diſoit: O mon Dieu, ie ne vous demande que d'eſtre aneantie.

Elle ſe faiſoit lire les Liures qui traitent de l'eſtat où elle eſtoit, & particulierement des marques par leſquelles on reconnoiſt l'eſprit de Dieu. La Sœur qui luy faiſoit la lecture, luy diſant vn iour, ma Mere, voilà voſtre eſtat, elle luy repartit : Ouy, mais vous voyez qu'il eſt dit qu'il faut faire beaucoup d'actes d'humilité. Hé bien, reprit la Sœur, vous ne demandez que d'eſtre aneantie, & c'eſt vn effect d'humilité; d'humilité, répondit la Mere, ie n'en fais aucun acte, & croy que tout l'orgueil de l'ordre eſt renfermé dans mon corps. Mais encore, luy dit la Sœur, quel orgueil voyez-vous ? Cette grande propreté & netteté, répondit la Mere, que ie voy bien en moy, & ne m'en puis défaire; ce deſir de complaire aux creatures, cela n'eſt-il pas orgueil ? Elle auoit vne telle défiance de ſoy-meſme, qu'vne Sœur luy parlant vn iour de ſa grande obeyſſance; Helas ! répondit elle, ie ne ſçay ſi j'en ay, & ſi l'on me commandoit quelque choſe, ie doute ſi ie le ferois, tant ie me deffie de moy-méme. Et comme on parloit de pauureté d'eſprit, & qu'on diſoit que c'eſtoit n'auoir point de jugement, la bonne Mere dit qu'elle en eſtoit toute remplie.

Elle ne voyoit point qu'elle fut capable de faire aucun acte de vertu, Dieu luy cachant les dons qu'il luy faiſoit, & la tenant touſiours dans l'eſtat d'vne ſainte & humiliante crainte. Dieu l'auoit dépoüillée de toutes choſes, & tellement ſimplifié ſon eſprit pour tout ce qui la regardoit, qu'elle n'auoit pas meſme le diſcernement d'vn peché veniel d'auec vne imperfection, & qu'elle euſt pluſtoſt voulu mourir que d'en commettre. Son humilité la portoit à le demander à vne Sœur Conuerſe, & cette Sœur luy diſoit, auec vne façon de mépris : Cela me déplaiſt de vous voir ſi ignorante ; mais la Mere receuoit auec respect ces reprimandes.

Elle se trouuoit si esloignée de la vertu, que quand vn Predicateur traitoit de l'imperfection, & parloit en suite des chastimens de Dieu sur ceux qui abusent de ses graces, elle se tenoit coupable de tout le mal qu'il auoit repris, & à l'yssuë du Sermon alloit trouuer son Confesseur pour se confesser, le suppliant auec instance de ne luy laisser passer aucune faute, & luy representant qu'elle auoit mis son ame entre ses mains, & qu'il en répondroit deuant Dieu.

Vn des principaux effects que produit cette crainte, & qui conuiennent à l'humilité, est l'apprehension d'offenser Dieu, & de faire chose quelconque qui luy soit tant soit peu desagreable. Ce qui maintient vne ame dans la sujetion qu'elle doit aux Commandemens de Dieu, & dans la correspondance aux desseins qu'il a sur elle, selon qu'ils luy sont connus. Voila pourquoy il est dit, que l'humilité selon le premier degré consiste à craindre Dieu, & à se souuenir de ce qu'il a commandé pour l'accomplir. Cét éguillon estoit puissant en la Mere de saint Sauueur, & la tenoit quelquesfois en de grandes peines: mais pourtant apres tout c'estoit vne Abeille qui ne s'en seruoit que pour faire du miel. Quand elle parloit de la pureté auec laquelle il faut traiter auec Dieu, & comparoistre deuant celuy qui juge les Iustices des Saincts: Elle disoit, s'il a trouué de l'impureté aux Anges, que ferons-nous paures pecheresses? Que cela me donne vne grande crainte de comparoistre deuant Dieu! Mais il faut remarquer que ce mouuement de son cœur n'étoit, comme celuy de la Piscine, que pour guerir ce qui estoit malade, ou pour fortifier ce qui estoit debile. Quand l'Ange auoit causé le trouble, elle se seruoit de l'occasion pour en profiter, & ne faisoit pas comme ces malades, qui ne se seruoient du mouuement de l'eau, & de la descente de l'Ange, j'entends des motifs de la crainte, que pour en deuenir plus languissans. La défiance que cette bonne Mere auoit de soy n'vsurpoit point dans son cœur la place qu'y tenoit sa confiance en Dieu, de sorte que craignant ses jugemens elle esperoit tousiours en ses misericordes.

Vn peu deuant sa mort on luy porta le saint Sacrement, qu'elle receut auec grande feruéur, & pour s'y disposer elle pria son Confesseur auparauant, de demander pardon pour elle à toute la Communauté, de tant de mauuais exemples qu'elle disoit auoir donnez à toutes ses Sœurs. Ce mesme iour elle dit à son Confesseur auec beaucoup d'affection: Aydez-moy, mon Pere, à faire mourir en moy cette miserable Nature, qui oste la part à Dieu. Elle luy témoigna qu'elle estoit en de tres grands abandonemens. C'est grand cas, disoit-elle, bien que ie sçache qu'on ne peut jouyr de Dieu que par la separation de l'ame d'auec le corps, ce que ie desire de tout mon cœur, neantmoins j'ay tousiours de grandes craintes de paroistre deuant luy. Le Pere faisant son deuoir en ce rencontre, & luy representant pour la consoler dans ses peines, celles qu'auoit souffert Iesus Christ mourant ; elle luy repartit qu'elle ne vouloit que l'accomplissement de sa tres-sainte & adorable volonté ; En sorte, disoit-elle, que si Dieu m'offroit de me faire iouyr en ce monde de sa gloire, & de la felicité des Bien-heureux, ie luy dirois : O mon Dieu, ie ne veux que vostre Croix, que pressures de cœur, que delaissemens.

SECTION II.

Second & troisiéme degré d'humilité.

CHAPITRE XXVII.

Le second, de ne point faire sa volonté: Le 3. de s'assuietir & sousmettre à ses Superieurs.

LE second degré d'humilité, selon la Regle de Fontevrault, & l'onziéme selon la Regle de saint Benoist, c'est de ne prendre jamais plaisir à faire sa volonté, à l'exemple de nostre Seigneur, qui a dit; *Ie ne suis pas venu pour faire ma volonté, mais la volonté de celuy qui m'a enuoyé.* Le troisiesme degré est de s'assujetir, & soûmettre auec obeyssance aux personnes Superieures. Le deuxiéme degré est vn moyen pour arriuer au troisiéme, dautant que prenant plaisir, non pas à faire sa volonté, mais à y renoncer comme à la racine de tous maux, & selon saint Bernard, comme au charbon qui entretient dauantage le feu d'Enfer, il n'est pas mal-aisé de la sousmettre à celle des Superieurs. C'est ce qu'a fait parfaictement nostre bonne Religieuse, qui a tousiours assujety, non seulement sa volonté, mais aussi son jugement & son sentiment (ce qui est plus remarquable) à toutes les Superieures que Dieu luy a données, sans que le changement des personnes, ou la diuersité des esprits & des humeurs, ayent esté jamais capables de l'en destourner tant soit peu; dautant qu'elle a tousiours consideré l'authorité d'vn Dieu en leur personne, & nō point les dons de la nature, ny mesme ceux de la grace à cét égard. On en peut voir des exemples dans le chapitre de son Obeyssance, ausquels, pour n'vser point de redites, ie n'en feray qu'adjouster deux ou trois pour monstrer comment l'humilité de son cœur la faisoit encherir sur ce poinct de sa Regle, en la rendant sujete à toute creature, à ses inferieurs comme à ses Superieurs: sujete non seulement quand aux choses exterieures, qui consistent aux petites humiliations, & actions de seruice qu'on rend au prochain, mais aussi quand aux condescendances & soûmissions interieures de son esprit & de ses opinions à celles d'autruy.

Pour le premier, i'en ay desia touché quelque chose ailleurs, parlant de ses deferences aux Sœurs Infirmieres, dont l'vne m'a donné cette asseurance, qu'en l'espace de sept ans qu'elle a rendu seruice à la Mere de saint Sauueur, dans les infirmitez corporelles qui luy arriuoient, à mesme temps qu'elle luy proposoit quelque remede, auec les raisons ordinaires que l'on donne aux malades pour le faire agréer par la necessité ou l'vtilité, à mesme temps elle estoit disposée à ce qu'on desiroit; elle prenoit les remedes & rejetoit les raisons : O fille, disoit-elle, ne m'apportez point de raisons, ie vous en prie, dites-moy seulement, ie veux que vous preniez cela ; car comme ie mets mon ame entre les mains de mon Confesseur, ie mets mon corps entre les vostres ; ce qu'elle a bien dit deux cens fois à cette Sœur, qui estoit autant de fois parfaictement edifiée de ces pratiques d'humilité. Pour les alimens mesme, parce que cette Sœur a coustume d'aporter les raisons qu'elle a de les donner tels qu'elle les donne, selon les diuerses dispositions des personnes qu'elle traite ; la Mere l'interrompoit tousiours à ces premiers mots, *ie vous donne cela à cause*; Il ne luy falloit point de cause : au nom de Dieu, disoit-elle, fille, desacoustumez-vous de m'aporter des raisons; dites-moy simplement, faites cela, & ie vous obeïray ; car comme vous sçauez toutes ces raisons ne sont que chair & que sang.

Vn iour d'Hyuer que le froid estoit vehement, la Mere Prieure, ayant tout le soin conuenable de la Mere, dit à la Sœur qui l'assistoit, qu'elle luy fit allumer du feu au chaufoir du Dortoir : La bonne Mere qui sçauoit que ce feu ne s'allume que le soir, ressentit vn peu de peine de voir cette singularité; neantmoins elle s'y soûmit par obeyssance apres auoir demandé congé à vne Sœur Laye qui auoit charge de ce feu, luy rendant cette deference par le sentiment qu'elle auoit qu'il faut tousiours dépendre des personnes qui ont charge des choses dont on a besoin, comme la Regle l'enseigne.

Quant aux soufmissions d'esprit, elle en a rendu plusieurs fois à des personnes inferieures, comme lors qu'elle estoit preste de communier, & craignoit de le faire en ces estats de défiances, dont nous auons parlé cy-deuant. Elle a souuent demandé conseil à vne Sœur Laye, luy découurant ses peines auec vne grande humilité, & luy demandant ce qu'elle deuoit faire, en sorte que quand la Sœur luy disoit qu'elle demeurast en repos, elle la croyoit tout simplement & s'en

de Saint Sauueur.

alloit communier. Vn iour quelques-vnes de la maison, pour auoir plus de temps de communiquer auec cette bonne Mere, luy proposerent de demander à la Superieure de n'auoir plus d'Office, elle écouta par condescendance la proposition, mais la Sœur luy ayant dit qu'il estoit meilleur de trauailler dans la Religion, tant qu'on le pouuoit faire, la Mere s'arrestant & se sousmettant à ce qu'elle en disoit, suiuit humblement son aduis, s'excusa vers celles qui desiroient autre chose d'elle, & leur rapporta tout simplement ce qui luy auoit esté dit sur ce sujet.

Estant Nouice Sœur Laye, elle en eut vne autre pour compagne en la cuisine, qui estoit entrée en Religion quelques mois deuant elle, & pour ce regard seulement elle se tenoit de beaucoup son inferieure; elle la respectoit, & suiuoit en tout ses sentimens, non seulement en ce qui concernoit les exercices de leur condition, mais à l'égard mesme des choses de la perfection, & dans les occasions d'en pratiquer des actes. Elle luy demandoit conseil en tout, & ne faisoit que ce qu'elle trouuoit bon; elle s'y accusoit de ses fautes, & luy demandoit penitence, alleguant tousiours qu'estant entrée la premiere en Religion elle la deuoit suiure, & luy obeyr. Vne fois seulement qu'il luy échappa de donner vn conseil à cette Sœur sur quelque obedience, elle en eut tant de scrupule qu'elle alla dire sa coulpe à la Superieure, s'accusant de s'estre ingerée de dire son aduis à cette Nouice, qu'elle confessoit estre plus capable qu'elle. Elle receut auec humilité ce que luy dit la Superieure pour la mortifier en ce rencontre, & fut apres demander pardon à la Sœur du mauuais exemple qu'elle luy auoit donné, luy baisant les pieds, & la priant auec affection de l'aduertir de ses defauts & de ses deuoirs.

Elle en vsoit de mesme vers toutes les autres Sœurs Layes prenant loy de leurs volontez, & leur sousmetant la sienne, jusques-là que lors qu'on alloit à la cuisine pour luy parler ou l'appeller ailleurs, elle disoit qu'on en demandast le congé à celle auec qui elle estoit, afin d'auoir plus de rapport à l'obeyssance de Iesus-Christ. Ce qui est bien remarquable pour estre admiré dans cét endroit de sa vie, dautant qu'alors qu'elle sousmetoit ainsi son iugement & ses sentimens à vne Nouice Sœur Laye, elle ne faisoit que venir du monde, où sa prudence auoit paru dans la parfaicte œconomie d'vne famille si bien conduite que la sienne.

SECTION III.

Quatriéme degré d'humilité.

CHAPITRE XXVIII.

D'embrasser la patience aux choses rudes & contraires, qui sont enioïntes par obeyssance, ou imposees par penitence.

LE quatriéme degré consiste à receuoir & souffrir les obeyssances rudes & fascheuses comme de la main de Dieu, auec vne humilité patiente, disant auec Dauid : *Ce m'est vn bien que vous m'ayez humilié*, ou bien, *Ie me tiendray encore plus vil, & ie seray petit à mes yeux* : Disposition qui s'est parfaictement rencontrée en la Mere de saint Sauueur, dans les diuerses occurrences de sa vie, & les sujets qu'elle a eus de mortification, de patience & d'humiliation. Elle pouuoit bien dire, *Ce m'est vn bien que vous m'ayez humiliée*, car elle embrassoit & baisoit tout ce qu'il y auoit de plus humiliant en ses Croix, non seulement par acceptation & resignation, sans murmure & sans plainte, dont son Confesseur dit qu'elle n'auoit pas la moindre pensée, mais aussi volontairement, auec contentement & tendresse d'amour. De cette disposition interieure venoient ces paroles qui luy estoient ordinaires : *Mon Dieu, ie ne demande que vostre Croix dénuée de toute consolation.* Et puis, *que Dieu fasse de moy tout ce qui luy plaira, comme vn Sculpteur de sa pierre, pourueu qu'il soit*

con-

content, ie suis contente; & plusieurs autres pareils discours qui sont ailleurs, & que j'obmets icy pour ne pas faire vn Chapitre du contenu des autres.

De là venoit aussi l'affection qu'elle auoit pour les personnes qui seruoient à l'humilier, & cette sainte importunité qui luy faisoit demander à tout rencontre à ses Superieures, à ses esgales, & à ses inferieures pardon & penitence des plus legeres fautes & plus petites imperfections. De là venoit tout ce que nous auons remarqué de vertu en elle sur le sujet de ses souffrances interieures, dont nous auons veu les causes cy dessus. I'adjouste seulement en cét endroit ce qui m'a semblé plus conuenable à ce degré d'humilité.

Durant son année de probation qu'elle fit auec les Sœurs Layes, encore que selon la partie superieure de l'ame, elle eust vn grand desir de la Religion, neantmoins elle ressentoit en l'inferieure vne grande repugnance à tous les exercices Religieux durant tout le temps de son Nouiciat. Mais deslors, malgré toutes les contradictions de la nature, elle commença cette vie si parfaictement humble qu'elle a toûjours depuis continuée. Les Sœurs Conuerses eurent beaucoup de repugnance de la voir entrer dans leur condition à l'âge qu'elle auoit, qui estoit de cinquante-huit ans : Et dans l'experience de ses forces, la bonne Mere connut bien que pour ce qui regarde les emplois de la cuisine, son zele auoit promis en entrant ce qu'elle ne pouuoit tenir à cét égard. Aussi l'Espoux ne voulut-il pas long-temps cette Espouse dans le soin des trouppeaux, mais il l'appella bien-tost de cette condition qu'elle auoit tant desirée, au lieu du repos, dont elle s'estimoit indigne, c'est à dire aux saintes Communications de Dieu, qui luy ont esté données en l'Oraison. Auant cela, durant son an de probation, & les exercices qui l'engageoient auec les Sœurs Layes, elle voyoit bien qu'au lieu de les seconder, elle leur estoit plustost à charge; ce qu'elle souffroit auec vne grande humilité, les priant instamment qu'elles luy permissent de faire quelque chose de ce

Z

qu'elle pourroit, comme de lauer les escuelles, & autres choses semblables. Vn iour qu'on estoit à la cuisine dans vn exercice fort penible, la Mere s'estant presentée pour y trauailler selon son possible, elle fut renuoyée auec cette parole, qu'elle ne faisoit qu'empescher, & quelque autre plus rude qui luy deuoit estre naturellement fort sensible: mais sans rien repartir elle se retira, souffrant la confusion de ce rebut, conformément au bon plaisir de Dieu qu'elle a tousiours regardé dans semblables occasions.

Le R. Pere Paschal Capucin, lors Prouincial de son Ordre estant à Hautes-Bruyeres, peu de temps apres la mort de la Mere de saint Sauueur, parlant à la Superieure, & luy témoignant le parfaite estime qu'il auoit tousiours fait d'vne si sainte Religieuse, disoit que la terre ne merite pas de garder vn si grand thresor, & demanda si l'on auoit remarqué dans les memoires qu'on auoit donnez pour écrire sa vie, ce qu'il trouuoit si admirable en elle, que jamais elle ne se plaignoit, quelque peine qu'elle eust soufferte. Quand elle souspiroit, elle disoit, ha que Dieu est bon! il estoit tousiours bon pour elle, en quelque estat qu'il luy plust la tenir, & son visage demeuroit tousiours égal. C'est ce qu'en disoit ce bon Pere en termes qui faisoient paroistre qu'il en auoit le cœur fort touché.

Il est dit que le quatriéme degré d'humilité est d'embrasser patiemment les choses rudes qui sont enjointes par obeyssance, ou *imposées par penitence*. A l'égard de ce dernier chef, son Confesseur dit que jamais il n'a trouué de contradiction en elle, non pas mesme la moindre repugnance. C'estoit presque tousiours qu'elle le preuenoit en luy demandant des mortifications, & le priant de ne la point espargner à raison de son âge. Vn iour luy rendant compte, & commençant selon sa coustume, par l'accusation de ses fautes, & sur tout de son grand orgueil, dont elle croyoit auoir plus que personne du monde, elle se mit à genoux, & témoigna dans cette occasion vne si grande humilité & confusion d'elle-mesme, qu'elle tira les larmes des yeux d'vne jeune Professe qui l'accompagnoit. Ce fut icy que son Confesseur esprouua son humilité dans le degré dont l'escris par l'acceptation volontaire, facile, & prompte qu'elle fit d'vne mortification, qui luy fut imposée pour penitence de l'orgueil, dont elle s'accusoit. Cette penitence fut que le Pere Confesseur commanda à la jeune Professe, qui estoit presente de mettre le pied sur la gorge de la Mere de saint Sauueur: en mesme temps la Mere se mit en estat de le souffrir, mais la Sœur ne fut pas si-tost en estat de le faire, & protesta de n'en pouuoir venir à cette action. Sur cette peine de cette pauure fille, la Mere prenant la parole luy dit que ce n'estoit pas ainsi qu'il falloit obeyr, mais qu'elle deuoit faire plus d'estat des choses commandées, sans s'arrester à la peine qu'elle auoit, & passant sur toute consideration, dautant que la vraye obeyssance n'examine rien. Ce discours ayant persuadé la fille, elle obeyt, & la larme à l'œil, mit le pied sur la gorge de la Mere, qui par reconnoissance de cette action, comme d'vn bon office, l'embrassa, & luy baisa les pieds. Ie n'adjouste rien à ce recit qui porte en soy sa recommandation: c'est vn exemple qui n'a pas besoin que ma plume contribuë aucun trait pour le faire valoir: Ie prie Dieu seulement qu'il luy donne à l'égard de ceux qui en feront la lecture vn effet selon ses desseins.

SECTION IV.

Cinquiéme degré d'humilité.

CHAPITRE XXIX.

De confesser ses propres pechez.

IL n'y a rien d'humiliant comme de bien reconnoistre & de confesser deuant Dieu & deuant les hommes, ce qu'on a fait de mal, ses infidelitez, & tous ses manquemens à la grace. Ce cinquiéme degré est celuy, par lequel on descend dans vn abysme de confusion & de contrition, dans la veuë & l'adueu de tous les pechez qui empeschent tant soit peu les desseins de Dieu dans vne ame. Le presomptueux s'excuse de tout, il donne aux tenebres le nom de la lumiere, & fait passer pour bon ce qui n'en a que l'apparence: l'humble au contraire s'accuse de tout, & ne voit en luy que defauts; ses meilleures actions luy en semblent couuertes, & il ne demande que d'estre connu pour estre corrigé.

Il ne faut pour en venir à ce cinquiéme degré, qu'auoir l'esprit conuaincu de ce qu'a dit saint Bernard au Traité qu'il a fait de la Maison interieure; *Que la Confession est le prix de nostre immortalité.* Comme aussi de céte belle sentence de saint Augustin, *que le commencement de nos bonnes œuures c'est l'accusation des mauuaises.* Selon que la Regle de Fonteurault parle sur ce sujet, il y a lieu d'esperer qu'vne ame monte de ce degré en vn haut poinct de perfection, c'est au chapitre septiéme qu'il est dit: *Le cinquiesme degré d'humilité est de dire à son Maieur par humble Confession, toutes les mauuaises pensees qui viennent au cœur, & les maux qu'on a commis occultement.*

Nous auons desia veu comment nostre sainte Religieuse s'acquitoit de ce poinct d'humilité, parce qu'elle disoit à son Confesseur qu'elle n'eust pas voulu luy cacher la moindre imperfection, & qu'au contraire elle eust desiré, pourueu que ce fut le bon plaisir de Dieu, qu'il y eust vne fenestre à la poictrine, pour faire voir dans le cœur. Souuent elle disoit à son Confesseur; En verité, répondriez-vous bien de moy? Me connoissez-vous bien? Mon apprehension est que vous ne me connoissiez pas, & que vostre grande douceur vous trompe, & sur l'asseurance que le Pere luy donnoit de la connoistre; O que ie suis contente! disoit-elle, car j'ay sujet de craindre qu'il n'y ayt en moy qu'hypocrisie, à cause que quand il s'offre occasion de pratiquer quelque acte de mortification, ie le fais auec vn visage content, si bien qu'il semble que j'en fasse mes delices,& neantmoins mon cœur est tout plein de repugnance : Sur quoy son Confesseur luy répondant : Mais vous ne faites pas paroistre au dehors ce contentement pour estre veuë des creatures: Ha, mon Pere, luy disoit-elle, à Dieu ne plaise ! Ie voudrois que tout le monde vist mon cœur ainsi qu'il est, afin que chacun connust mon hypocrisie.

En s'accusant elle disoit tousiours qu'elle eust mieux aymé mourir dix mille fois que de faire la moindre faute qui fut desagreable à Dieu, detestant plus que la mort la plus petite pensée qui ne fut pas pour sa plus grande gloire. Elle disoit qu'il ne faut donner aucun lieu au Diable, mesme en la moindre chose, ny qu'il nous tienne par vn seul de nos cheueux.

Ordinairement elle parloit fort haut en se confessant, & plusieurs luy donnoient aduis de parler plus bas, parce qu'on l'entendoit. A cet aduis la Mere répondoit : N'y auoit-il que vous, mes Sœurs, & sçachant d'elles que peu auoient pû l'entendre, elle adjoustoit; Ha, ie voudrois qu'il y en eust eu plusieurs, afin d'auoir vne plus grande confusion! Ie voudrois que tout le monde me pust entendre pour me faire reproche des infidelitez & des ingratitudes que ie commets contre mon Dieu. Et parce qu'il faut connoistre ses fautes pour les confesser, & que la nature nous en cache beaucoup, si nous n'auons des personnes amies qui nous rendent ce bon office de nous les faire voir quand elles s'en apperçoiuent ; on ne pouuoit faire plus de plaisir à cette bonne Mere, que de luy faire remarquer quelque imperfection qu'on reconnust en elle. Lors que par l'examen elle se disposoit à la confession, elle prioit la Sœur qui la menoit d'examiner ses fautes, & de luy en dire la qualité, afin qu'elle en eust plus de confusion, & s'en confessast mieux. Elles estoient fort legeres, mais ce n'estoit pourtant qu'auec exageration qu'elle en parloit ; en leur donnant vn poids par ses paroles, qu'elles n'auoient pas en effect. La Sœur luy disoit qu'il y auoit autant de mal d'en dire plus que d'en dire moins; & la Mere répondoit qu'il n'y a point de petites fautes, parce qu'elles déplaisent toutes à Dieu, comme contraires à sa grande pureté, & à la perfection Religieuse.

C'estoit ainsi qu'elle prenoit occasion de s'humilier, en disant ses fautes à celles qui communiquoient auec elle; c'estoit ainsi qu'elle supplioit les vnes & les autres de luy en donner toutes les connoissances qu'elle en pourroient auoir, auec tant de desir qu'on luy rendist cét office, que pour s'en dispenser il eust fallu n'approcher point d'elle; car tousiours elle estoit sur ce Chapitre, & ne parloit à aucunes de ses Sœurs qu'elle ne la pressast de l'entendre dans l'accusation de ce qu'elle appelloit ses crimes, ses pechez, ses infidelitez & ses ingratitudes.

Nous deuons viure en telle sorte, disoit-elle, que chacune puisse prendre la liberté de nous dire nos manquemens. Ie trouue estrange qu'à l'égard des ames Religieuses, il faille apporter tant de façons à leur parler; ie vous prie, ne soyons point de ce nombre. Tant de fois ie vous ay priées de m'aduertir de mes fautes, & vous n'en faites rien! J'ay peur que la prudence humaine ayt plus de pouuoir sur vous que la charité de Iesus-Christ, & que vous ayez égard à mon âge. Ce n'est pas ainsi qu'il faut agir, mais selon les voyes que Dieu daigne tenir sur moy, qui veut que ie sois au dessous de vous, & entierement dependante de vous, dont ie glorifie son Sainct Nom. C'estoit particulierement à quelques Sœurs Layes, qu'elle parloit de la sorte.

Tousiours elle estoit preste d'entrer en cette practique, en se declarant à toutes depuis la premiere jusqu'à la derniere de la maison, de sorte qu'en ce poinct elle auoit parfaictement surmonté la nature, qui n'éuite rien tant que de se faire voir par son foible, qui ne voit pas ses defauts, ou qui les trouue beaux, qui les couure, ou qui les deffend; malheureuse nature qui fait ainsi parler: Ie n'ay pas fait cela, ou si ie l'ay fait, ie l'ay bien fait; ou si j'ay mal fait, ç'a esté fort legerement, sans y penser, ou auec vne bonne intention. Malheureuse Nature, qui donne auec le Diable de si longs & de si penibles exercices aux saintes Ames, qui par le moyen de la grace la mettent enfin au neant, quand elles sont fideles à luy refuser tout pour donner tout à Dieu, comme a fait la Mere de saint Sauueur.

Sur ce sujet elle donnoit ce conseil, que lors qu'on traite euec vn Confesseur & Directeur, il ne faut point auoir de reserues, mais luy monstrer vn cœur tout ouuert, pour luy faire connoistre & le bien & le mal; tant les bons mouuemens que Dieu donne d'estre à luy, que les repugnances au bien qui procedent de la Nature, & du Diable, afin que connoissant tout ce qui se passe en l'ame, il découure les voyes par lesquelles Dieu veut qu'elle soit conduite. Marchant en cette sorte, disoit-elle, on aduance beaucoup en peu de temps. En effect, ce conseil est excellent, de tres-grande vtilité dans l'vsage, & conforme à celuy que sainte Therese donnoit à ses Religieuses, & que nous auons en ces termes dans ses Liures.

Il vous importe grandement, mes Sœurs, de vous comporter vers vostre Confesseur auec vne grande naïueté & candeur, ie ne dis pas racontant vos pechez, veu que cela est tres-manifeste, mais déduisant vostre Oraison; car si cela manque, ie ne vous puis asseurer que vostre procedure soit bonne, ny que c'est Dieu qui vous enseigne, à cause qu'il ayme grandement que nous traitions auec la mesme verité & clarté, auec celuy qui tient sa place, comme nous ferions auec luy, desirant qu'il sçache nos pensées, mesme les plus petites, à plus forte raison les œuures. A mon égard, dit cette Sainte en sa vie qu'elle a décrite, j'ay tousiours suiuy cette maxime de donner vne entiere & claire connoissance de moy à ceux auec qui j'ay communiqué, voulant mesme que les premiers mouuemens de mon ame leur fussent conus, & leur manifestois les choses plus douteuses & plus suspectes

auec des raisons qui faisoient contre moy. Ce que ie tranſ-
cris icy, non pour copier vne partie d'vn Liure dans vn autre, non seulement pour monstrer le rapport qui se trouue
entre les sentimens & les pratiques des saintes Ames: Mais
pour monstrer l'importance & l'vtilité de ce poinct d'humilité, qui sert grandement à monter plus haut, & à se faire passage au sixiesme & septiesme des Degrez qui suiuent.

L'affection qu'auoit la Mere à chaque poinct d'humilité la rendoit si fidelle à l'obseruer, que pour n'y pas manquer elle faisoit plus que moins. Et ainsi pour mieux
pratiquer ce cinquiéme degré dont nous traitons, non seulement elle découuroit ses propres infidelitez, mais elle
se chargeoit des fautes d'autruy; Comme elle fit lors qu'v-
ne Sœur ayant laissé répandre quelque chose d'vn plat qu'-
elle portoit au Tour pour le repas des Peres, & s'estant retirée par immortification de peur d'estre reprise, la Mere de
saint Sauueur qui estoit en l'office du Tour, prit cette occasion d'exercer son humilité, se mettant à genoux deuant
la Mere Celeriere, qui se plaignoit de ce petit desordre, &
luy demandant pardon d'vne faute qu'elle n'auoit pas faite, mais vne autre, dont elle ne dit jamais rien à personne.
En quoy se trouue vn sujet de confusion qui tournoit à
gloire à la bonne Mere, & vn autre sujet de confusion qui
tourne à blasme non seulement à cette pauure Sœur qui fit
la faute, mais à tant d'autres qui par orgueil sont tousiours
disposées à rejeter sur le prochain le mal dont elles sont coupables, & qu'elles peuuent cacher.

SEC-

SECTION V.

Sixiesme & septiesme degrés d'Humilité.

CHAPITRE XXX.

Le sixiésme, de se dire la moindre de toutes les creatures, & le septiesme, de se croire telle.

Dire de bouche qu'on est la plus vile & la plus indigne de toutes creatures, & n'en croire rien dans le cœur, c'est vne humilité feinte ; le croire en l'interieur, & ne le vouloir pas paroistre ny le confesser à l'exterieur, c'est vne humilité imparfaite : Il faut que ces deux degrez se touchent : Il faut aduoüer au dehors le peu qu'on est, il le faut croire au dedans. A ce sujet saint Anselme met sept degrez d'humilité qui appartiennent à celuy-cy : Le premier, se reconnoistre méprisable d'vn chacun : Le second, en auoir regret : Le troisiéme le confesser : Le quatriéme, le persuader mesme aux autres, & vouloir estre creu en cela : Le cinquiéme, souffrir patiemment d'estre estimé tel : Le sixiéme, endurer humblement d'estre traité en céte qualité ; & le septiéme le desirer & l'aymer.

La Mere de saint Sauueur l'a dit & l'a creu ; & ce qui luy mettoit les paroles en bouche, & les sentimens au cœur pour parler souuent de céte vertu, & pour l'aymer, estoit la memoire continuelle qu'elle auoit des opprobres que Nostre Seigneur Iesus-Christ a soufferts pour nous, ce qui luy faisoit dire, ô Dieu ! que nous sommes esloignées de l'humilité de nostre bon Maistre, qui a dit qu'il estoit *vn ver, & non pas vn homme, mais l'opprobre des hommes*, & apres cela nous auons de la peine à nous humilier.

Sur ces paroles, *Ie suis celuy qui suis*, elle disoit souuent, ô faites donc, mon Dieu, que ie ne sois plus. Vn de ses versets d'inclination eſtoit celuy de Dauid : *Sacrificium Deo ſpiritus contribulatus, cor contritum, & humiliatum Deus non deſpicies*, c'eſt à dire; *L'eſprit affligé eſt vn ſacrifice qui honore Dieu, qui ne meſpriſera iamais le cœur contrit, & qui ſe tient humilié deuant ſes yeux.*

Entre les ſujets qu'elle prenoit de s'humilier eſtoit la penſée de la corruption de ſon corps, ſe ſeruant de toutes les miſeres humaines pour ſe tenir dans vn plus grand abaiſſement. C'eſtoit auſſi le ſujet le plus frequent de ſes entretiens, de faire toucher au doigt des veritez ſi capables de faire mourir l'orgueil. O que ſommes-nous, diſoit-elle, qui ne rendons à Dieu que des puanteurs. Vn iour regardant vn pauure innocent qui trauailloit dans la maiſon, l'ayant conſideré long-temps, & ſe tournant vers celle qui l'accompagnoit, elle luy dit ; O ma grande fille, l'heureux eſtat de ce pauure garçon! C'eſt le rebut & le joüet des hommes. O ſi ie pouuois enuier quelque choſe, ce ſeroit cét aneantiſſement, & céte abjection. Ce fut ce qu'elle en dit, qui ne fit pas ſeul juger combien ſon cœur eſtoit touché par cette conſideration: Ses regards fixes ſur l'objet, le ton de ſa voix, & la couleur de ſon viſage firent encore connoiſtre l'émotion ſecrete qu'elle ſentit en ce rencontre.

Vne perſonne de ſon ſexe, remarquable par ſa naiſſance, & par le rang qu'elle tenoit dans la Maiſon de Dieu, paſſant à Hautes-Bruyeres, deſira voir la Mere de ſaint Sauueur, & dans l'entretien qu'elle eut auec elle, luy témoigna qu'elle bien euſt ſouhaité de viure touſiours en ſa compagnie : A quoy la Mere ne fit réponſe que par céte humble parole ; ſi vous n'eſtiez rien, j'en ſerois bien contente. Ce qu'elle diſoit à cauſe qu'elle n'aymoit rien tant que d'eſtre cachée, & que la perſonne qui luy parloit, viuoit dans quelque éclat par la frequentation des Grands, qui luy donnoient ſouuent des viſites, & luy rendoient pluſieurs honneurs. Sur ce propos, il ne faut oublier l'inclination particuliere qu'elle auoit pour les perſonnes qu'on eſtimoit moins : comme, entre ſes Sœurs de Religion, celles qui auoient moins de talens pour

de Saint Sauueur.

seruir à la Communauté, quand d'ailleurs elle les reconnoissoit bonnes seruantes de Iesus-Christ. Ce qui est admirable, c'est que par ce motif, qui luy donnoit de l'estime pour les autres, elle se méprisoit soy-mesme, & s'estonnoit de la charité qu'on auoit euë à Hautes-Bruyeres, quand on l'y auoit admise en vn si grand âge; reconnoissant cette grace deuant Dieu, dont elle s'estimoit indigne, parce qu'elle croyoit ne seruir que d'empeschement. Pendant le trouble qu'on eut par la crainte de sa sortie qu'on vouloit procurer comme nous auons veu, la bonne Mere ignoroit les prieres de Quarante-Heures qu'on fit alors à son sujet, & son humilité estoit si grande, que long-temps apres quand on luy parloit de l'alarme qu'en auoit eu la maison, elle auoit peine de le croire, & disoit : Comment cela s'est-il pû faire à mon égard, qui ne sers que d'empeschement, qui mange la pitance, & tiens la place d'vne qui seruiroit à la Religion?

Le respect qu'elle portoit à toutes ses Sœurs, estoit cause que si-tost qu'elle entendoit marcher prés de soy, elle se destournoit pour donner passage à toutes. Vn iour quelqu'vne des Sœurs luy dit d'vne façon vn peu austere, qu'elle ne deuoit pas passer par vn endroit, où passant elle incommodoit vne Nouice; tousiours depuis la Mere éuita soigneusement d'aller par là, disant à celle qui la menoit; O fille il ne faut pas incommoder cette Nouice, tant il est vray qu'elle se consideroit au dessous de toutes.

Quant on luy bailloit ce qui seruoit aux Sœurs Layes, elle s'en resiouyssoit bien fort, & prenoit satisfaction qu'on la traitast comme celles qui seruent en la maison de Dieu. A leur égard comme à l'égard des autres, elle se comportoit en sorte, que si par quelque parole simplement dite, elle s'apperceuoit qu'on eust pris quelque ombrage, ou receu le moindre mécontentement de ce qu'elle auoit dit, elle estoit aussi-tost aux pieds de ces personnes pour leur demander pardon. Dans vne conference qu'elle eut vn iour auec vne Sœur Laye touchant la volonté de Dieu absoluë ou de per-

Aa ij

mission ; cette Sœur ne donnoit pas bien la différence qu'il faut faire en ce poinct, & la Mere qui sçauoit la chose, luy en dit son opinion. & la verité : Mais la sœur insistant fort en la sienne, donna dans ce rencontre occasion de faire voir ce que fait l'humilité dans vne ame sainte, qui se défie de tout ce qui procede d'elle. Car c'est où la bonne Mere en fut reduite, quand au lieu d'en vouloir instruire vne autre de ce qu'elle sçauoit, elle fit au contraire de ce qu'elle sçauoit le sujet de son doute, & demeura dans la crainte de se tromper; de façon que pour en sortir & rentrer en paix, elle eut besoin qu'vne personne tierce l'asseurast qu'elle croyoit ce qu'elle deuoit. Plusieurs fois on l'a consultée dans les diuers besoins qu'en ont eu les vnes & les autres, mais elle n'a jamais donné d'aduis qu'auec deffiance de soy-mesme, & cette parole qui en estoit la marque, *si ie ne me trompe.*

Cette défiance qu'elle auoit d'elle, me fait passer au septiéme degré d'humilité, qui est *de croire qu'on est moindre que les autres*, & d'imiter saint Iean Baptiste dont il est dit; *Confessus est & non negauit, Confessus est quia non sum, &c.* c'est à dire; *Qu'il a confessé qu'il n'estoit pas tout ce qu'on pensoit.* Comme ce grand Sainct fut le Patron de nostre Religieuse, il fut aussi l'vn des modeles sur lesquels elle forma son humilité. Elle ne se voyoit plus elle-mesme, comme si vrayment elle n'eust plus eu d'Estre. Souuent elle prioit nostre Seigneur Iesus-Christ en cette sorte : O quand sera-ce que ie ne seray plus ? Iettez, s'il vous plaist, vne amoureuse œillade qui me fasse oublier moy-mesme, comme vous auez fait à vostre Amante Magdeleine, qui d'vn seul regard fut entierement fonduë en vous.

Estant encore Nouice, vne Sœur la pria de luy expliquer cette haute perfection, dont Nostre Seigneur parle en son Euangile, soyez parfaits comme mon Pere Celeste est parfait. A quoy la Mere repartit en s'excusant d'en rien dire par ces mots d'humilité : Ma Mere ie vous prie de m'excuser, ie n'ay pas estudié en Theologie ; Ie n'ay apris qu'à m'aneantir aux pieds de mon Iesus. Vn de ses mots familiers estoit de dire ainsi : O Iesus le Dieu de mon cœur, ayez pitié de moy.

Tousiours elle auoit ces paroles en bouche : *Portez ma Croix, soyez humbles & renoncez à vous mesmes*. O que peu de gens, disoit-elle, comprennent ces veritez, combien moins les mettent en practique ! Que cela est sensible à nostre bon Maistre qui nous a frayé le chemin, & nous ne le voulons pas suiure ! ô que nos ames sont coupables d'vne telle ingratitude ! A ces mots, ses yeux s'ouurant aux larmes luy fermoient la bouche, & ses discours ainsi accompagnez touchoient le cœur des personnes auec lesquelles elle traitoit.

Elle pesoit fort cette parole de Nostre Seigneur : *Si vous ne deuenez comme ces petits enfans, vous n'entrerez point au Royaume des Cieux*. Iamais, disoit-elle, nostre Seigneur n'a promis aux grands du monde cette felicité; au contraire il a dit qu'il est fort mal-aisé qu'ils entrent en Paradis. Elle auoit fort au cœur le sentiment de sa bassesse, connoissant son impuissance, & disant que s'il y auoit quelque bien en elle il venoit de Dieu. Elle ne pouuoit comprendre comment on peut auoir des complaisances en ses actions, & des pensées de vanité. N'y a-t-il pas bien dequoy? disoit-elle, nous sommes comme vn fumier; quand on le remuë, il engloutit de sa puanteur tous ceux qui s'en approchent, il en est ainsi de nous.

Si quelqu'vne luy donnoit des marques de bien-veillance, ou qu'aucun des seruiteurs de la maison demandast de ses nouuelles, elle s'estonnoit grandement qu'on pensast à elle; tant elle s'estimoit digne de l'oubly de toutes les creatures. Quoy qu'elle fust à toute la communauté vn exemple de singuliere vertu, neantmoins elle pensoit n'estre bonne à rien, & se persuadoit qu'elle seruoit de Croix à toutes ses sœurs.

Elle fit d'instantes prieres à vn des Visiteurs, pour obtenir de luy qu'il la priuast du pouuoir que luy donnoit la Religion de donner sa voix pour la reception des filles ; jugeant, sur le rapport de quelques paroles, qu'aucunes en auoient de la peine, à cause de son defaut de veuë, & d'autant aussi qu'elle s'en jugeoit incapable. Le Visiteur, sur son defaut de veuë qui l'empeschoit lors de discerner la capacité des sujets proposez, trouua bon qu'elle se dispensast de donner sa voix sur la reception des filles, mais il voulut qu'elle continuast de la donner sur l'eslection des Prieures, dautant qu'elle auoit connoissance de celles qui pouuoient entrer en cete charge, & qu'en cete occasion son choix particulier ne pouuoit estre trop consideré.

Possedant les vertus en vn eminent degré, c'estoit sans le sçauoir, & comme vn Parfumeur qui ne sent pas les parfums dont il est couuert en les faisant sentir aux autres. Elle n'auoit discernement quelconque pour elle-mesme, ny connoissance d'aucune vertu qui fut en elle. La premiere fois qu'elle entendit lire la vie de Bien-heureuse Sœur Marie de l'Incarnation, comme on en estoit sur la vertu d'humilité qu'elle auoit pratiquée, elle en fut extraordinairement touchée, & dit à vne Sœur qu'elle auoit vne grande confusion en elle mesme de ce qu'elle estoit au prix de cete bien-heureuse Ame. Et quoy qu'elle receust de Dieu des graces tres-particulieres ; quand dans la lecture qu'on luy faisoit des Liures Spirituels, comme de Henry Suso, du Bien-heureux Iean de la Croix, de saincte Therese, & d'autres, il se rencontroit des choses qui auoient rapport à ses Estats, & qui luy pouuoient donner quelque asseurance que l'œuure estoit de Dieu ; tant s'en faut qu'elle s'en seruit pour en flater son esprit, & en tirer la moindre complaisance, qu'elle en tiroit sujet de s'humilier dauantage. Mesme elle a souuent refusé les lectures qu'on luy vouloit faire des familiaritez que Dieu a prises auec aucuns des Saincts; & la raison de son refus, ou de sa peine en ces rencontres, estoit, disoit-elle, qu'on s'en fait tousiours accroire entendant ces lectures par la pensée qu'on a qu'il se passe en soy quelque chose de pareil : Et puis elle adjoustoit, parlant de l'abondance de son cœur: *Vn Dieu, & rien plus, Estre fondue en luy, ne voir que luy, n'estre plus.*

C'estoit de bonne sorte resister à vn charme qui en surprend d'autres; & le Bien-heureux François de Sales, en quelqu'vne de ses Epistres, dit qu'il a veu & ouy parler des personnes, qui ayant beaucoup leu les Liures de saincte Therese, trouuoient par leur compte qu'elles estoient dans les mesmes voyes, bien qu'en verité elles en fussent fort éloignées, tant l'amour propre nous éblouyt & nous trompe. Il y a bien plus de seureté & de perfection de s'humilier & de craindre, comme a fait la Mere de saint Sauueur, qui disoit que ce seroit des-honorer l'heureuse memoire de quelques Saintes, de croire que Dieu luy parlast de la façon qu'il leur auoit parlé. Sur quoy, pour porter ou pour maintenir les ames dans cette sainte & humiliante crainte, ie ne puis obmettre en ce lieu qu'elle s'est rencontrée auec le grand saint Ioseph, dont il est dit qu'il craignit de retourner d'Egypte en Iudée, pour la consideration que l'Escriture en porte. C'est vn grand secret des desseins de Dieu sur les ames qu'il choisit, qu'il possede, & dont il se sert, que Ioseph craigne, soit dans l'Egypte, soit en Galilée, soit par tout ailleurs, ayant tousiours Iesus auec soy, & receuant d'vn Ange l'ordre de ce qu'il doit faire.

Son sentiment estoit, que ceux qui gouuernent les consciences ne doiuent pas témoigner qu'ils fassent estat de l'esprit & des talens naturels qu'ils rencontrent aux personnes qu'ils conduisent. Il est bon, disoit-elle vn iour dans vne occasion de parler sur ce sujet, il est bon de dissimuler ces auantages, la nature nous en fait tousiours assez accroire. Il est vray qu'il y a plaisir dans l'entretien d'vne personne d'esprit, mais cela est trop humain. Faire estat des dons de nature & de fortune, parler de sa naissance & de son extraction, c'est estre bien éloigné de l'humilité de nostre bon Maistre, lequel estant Fils de Dieu, a voulu passer pour le Fils d'vn Charpentier, & autrement, pour le Fils de l'Homme. Voila les qualitez qu'il se donne: Hé quoy! a t'on oublié qu'il a dit que son Royaume n'est pas de ce monde ? Apres cela, faut-il alleguer sa Noblesse ? O fille ! les vrais Nobles sont les humbles, qu'il reueft de sa robe : Hé de quelle robe, sinon du mépris, du rebut & de l'abjection du monde? Quand elle parloit dans la liberté de son cœur, ce qu'elle faisoit à l'égard de quelques-vnes qui prenoient confiance en elle, & qui luy découuroient leur interieur, elle ne leur permettoit jamais de parler aucunement à leur auantage, ny de leurs parens, & quand par surprise il leur en échapoit quelque parole, elle les interrompoit aussi tost par ce discours : Rendez graces à Dieu, dont procedent tous les biens de grace & de nature, & n'en dites rien sous quelque pretexte que ce soit, de peur que le Diable ne fasse éleuer en vostre ame quelque mouuement de vanité.

C'estoit vn effect de tant de bons sentimens qu'elle auoit pour l'humilité, que l'auersion qu'elle témoignoit de tous les termes d'honneur, & de toutes les qualitez dont on se sert dans le monde, & qui ne sont pas conformes à la condition Religieuse. L'appeller Madame, comme il arriue aux seculiers, qui ne sçauent pas comment il faut saluër les personnes Religieuses, c'estoit luy donner vne charge qu'elle ne pouuoit supporter; & si ce terme se disoit au milieu d'vn discours, pour serieux qu'il fust, elle l'interrompoit, & prioit qu'on le reseruast pour les personnes du monde, ausquelles seulement il est conuenable. Elle auoit peine aussi qu'vn Predicateur deuant des Religieuses les traitast de la qualité de Dames, qui n'est pas vn attribut propre aux Espouses du Roy Celeste, ny qui doiue estre en vsage & bien receu parmy les Filles de Sion.

Vn jour, vne fille estant nouuellement entrée à Hautes-Bruyeres, & parlant à la Mere, dont elle auoit ouy dire tant de bien au monde, luy demāda si elle n'estoit pas Mademoiselle Hotman ; mais la réponse que fit la Mere à cette demande, fut faite auec vn visage & vn ton de voix, d'où l'on connut que cét ancien terme qui la faisoit nommer dans le siecle, ne luy pouuoit plus que déplaire extremement. Je
ne

ne me souuiens plus, dit elle, de tout ce qui est du monde, retirez-vous d'icy ; discours qui mortifia fort céte pauure Nouice, edifiée en ce rencontre par cét exemple d'humilité, & quant & quant instruite de l'oubly qu'il faut auoir en Religion, des coustumes & des façons du monde.

Vne autrefois vne Sœur estant fort malade, prit cette creance de l'estime singuliere qu'elle auoit de la Mere, que si elle pouuoit la toucher elle seroit guerie, & à cette fin elle l'enuoya prier de la venir voir : Et comme l'humble Mere reconnut que c'estoit par estime qu'on auoit de sa personne, elle en fut incontinent si touchée qu'elle en parut comme hors d'elle, & dans vn transport qui fut accompagné de ces paroles : Si ie sçauois que le Diable me voulust joüer ce tour là, ie sortirois de ceans. O mon Dieu, ne le permettez pas, ie vous en prie.

Elle faisoit si grand estat des vertus qui se practiquent en Religion, qu'elle appelloit vn Paradis commencé, qu'en faisant comparaison auec les vertus qui se practiquent dans le monde, c'estoit en disant que les vertus de Religion estoient d'vn prix inestimable, & quant aux vertus du monde, que si elles estoient à vendre elle n'en donneroit pas quatre sols. La raison estoit que ces vertus mondaines ont ordinairement plus d'éclat que de solidité. Si vne Dame se porte à la pieté, tout le monde l'admire, on luy rend par tout mille déferences, chacun dans sa famille cherche à luy plaire & rendre seruice. Les meilleurs morceaux luy sont choisis & presentez à table, & la meilleure place luy est tousiours laissée auprés du feu, aux lieux & aux occasions qui fauorisent les delicatesses de la nature. C'est pour Madame que tout est fait du mieux qu'on peut, elle demeure tousiours Maistresse, & souffre ainsi ces honneurs, ces seruices, ces déferences & ces complaisances, sans qu'elle s'apperçoiue des recherches de son amour propre, & du peu de rapport qui se trouue entre sa vie & celle d'vn Iesus crucifié. Mais en Religion, adjoustoit l'humble Mere, il en va bien autrement; la nature est connuë & bien esloignée de son compte.

Tous les titres d'honneur sont cachez & aneantis sous le mot de Sœur, & sous le nom simple de Religieuse. Celle à qui tout le monde faisoit estat de seruir, doit estre en estat de seruir toutes les autres, & quand on luy voit en main le balet ou les escuelles, on la regarde comme en son deuoir, sans qu'on se souuienne aucunement de sa premiere condition pour la faire monter plus haut, ou pour la descharger ou pour la plaindre.

Suite du precedent sujet.

CHAPITRE XXXI.

Effet du septiesme degré d'humilité, de s'abaisser au dessous des inferieurs.

Nous voyons dans l'Escriture que Nostre Seigneur Iesus-Christ se sousmettant à saint Iean pour en estre baptisé, cét humble Precurseur estonné de cét abaissement de son Maistre, a de la peine à se resoudre de luy donner le Baptéme, & de mettre la main sur la teste de celuy dont il auoüoit qu'il estoit seruiteur, & qu'il ne meritoit pas l'honneur de luy rendre les seruices les plus bas, que les valets puissent faire à leur maistre. Mais Nostre Seigneur luy fit voir qu'il falloit que cela fust, afin de laisser aux hommes cét exemple d'humilité, capable de les attirer au dernier poinct de perfection, dont elle seroit vne marque. *Sic decet implere omnem iustitiam*: sur quoy la Glose ordinaire reduisant tous les degrez d'humilité à trois principaux, dit que le premier, est de se sousmettre à son Superieur, & de ne se pas preferer à ses égaux, ce qui est bien parfait: Le second, est de se sousmettre à ses égaux, & de ne se pas preferer à ses inferieurs, ce qui est plus parfait: Le troisiéme, est de se sousmettre mesme à ses inferieurs, comme a fait Iesus-Christ, ce qui est tres-parfait, & le comble de la Iustice.

A bien parler de l'humilité de nostre bonne Religieuse, il n'en faut parler qu'au superlatif, ayant à faire voir qu'elle s'est soûmise à toute sorte de personnes, & mesme à celles qui luy estoient inferieures. I'ay apris que sortant du monde pour entrer en Religion, & disant adieu à ses enfans, elle se mit à genoux deuant aucuns d'eux, & leur demanda pardon de plusieurs choses, où tant s'en faut qu'elle eust manqué de soin, de vigilance, d'instruction, & de bon exemple; qu'au contraire tous ses enfans, pour ce regard, protestoient luy deuoir toutes sortes de reconnoissances deuant Dieu, & deuant les hommes.

Dans la Religion, où elle auoit sa fille Religieuse, on ne peut dire quels respects elle luy rendoit, ne la regardant pas comme sa fille; mais comme sa Mere de Religion, parce qu'elle estoit plus ancienne Professe. Par céte consideration, elle l'appelloit sa Mere, & luy donnoit en tout la preference, quoy qu'on eust bien desiré qu'elle l'eust prise sur sa fille qui en estoit tout à fait mortifiée. En vne maladie qu'eut la fille, la Mere luy rendit ses soins & ses seruices, par le commandement qu'elle en receut de la Superieure, ce qu'elle fit par le pur motif de l'obeyssance, sans y suiure l'inclination naturelle, qui ne manquoit pas au cœur d'vne Mere si bonne & si vertueuse qu'elle estoit à l'endroit des siens. Sa raison estoit en cecy, que la Religion est si pure, qu'il n'y faut voir ny chair ny sang. Souuent la Superieure luy enuoyoit baiser les pieds de sa fille dans le Chapitre; ce qu'elle faisoit auec vn contentement qui paroissoit sur son visage. Vn iour faisant la cuisine, sa fille la pria d'oster le linge gras qu'elle auoit deuant soy, quand on la demanderoit au Parloir; surquoy la Mere, sans rien répondre de bouche, mais baisant plusieurs fois le linge, fit à la fille vne réponse assez ample & capable de faire mourir en elle le sentiment d'orgueil qui l'auoit fait parler. Ha! ma fille, luy disoit-elle quelquesfois, que la nature & l'amour propre ont de pouuoir sur toy, quand t'en verray-je quite?

Vne autrefois comme on apperceut à son visage des signes d'vne gayeté extraordinaire, on prit confiance de luy en demander la cause; à quoy la Mere répondit qu'elle estoit arriuée à vn haut degré, & que n'ayant jusqu'alors laué que les escuelles, on luy auoit donné vn chodron à escurer. On en voit plusieurs que l'obeyssance ou la necessité de leur condition font descendre à des emplois de céte nature, mais le nombre est plus rare de celles qui s'y prennent auec la grace de céte humble Religieuse, qui frotoit ce chodron auec telle ferueur d'esprit & si grande affection de volonté, qu'elle donnoit de la deuotion, dit l'écrit qu'on m'en a donné. C'est ainsi que nostre Seigneur qui se cache aux ames tiedes à l'Oratoire, se monstre & se fait sentir aux ames feruentes & fideles, aux exercices de la cuisine.

Par ce principe de vertu pris du septiéme degré d'humilité, la bonne Mere au temps qu'elle conduisoit les jeunes Professes, s'abaissoit souuent au dessous d'elles; ce qu'elle ft particulierement, lors qu'vn iour les voulant obliger à l'obseruation d'vn silence exact, selon l'importance & les fruits de céte vertu, elle donna conseil à quelques-vnes qui sentoient plus de peine à le garder, d'écrire en vn petit billet pour le mettre au dehors sur la porte de leur cellule ; *Ie veux garder le silence malgré tous les respects humains.* Comme donc elle les sollicitast de se declarer de la sorte, sans auoir égard aux repugnances contraires, il y en eut vne qui pour s'en excuser sous vn pretexte specieux, luy dit qu'elle n'osoit mettre cét écrit au lieu proposé sans le demander à la Superieure, qui peut-estre ne trouueroit pas cela bon. Surquoy la bonne Mere se jettant aussi-tost aux pieds de toutes, accompagna cét acte exterieur d'humiliation de ces paroles, qui marquent vne veritable humilité de cœur : Mes enfans, ie vous demande pardon de mon grand orgüeil, vous estes plus auisées que moy, il faut en effect demander la permission à nostre Mere & en demeurer là. Il y a plusieurs circonstances en cette action, qui sont autant de leçons de plus d'vne sorte de vertu, & celles qui la virent en furent si viuement touchées, qu'elles en prirent sujet de s'affectionner non seulement au silence, par les discours & l'inuention de la Mere, mais aussi par son exemple à la sousmission de jugement, & aux pratiques d'vne humilité profonde, qui ne trouue rien de si bas qu'elle ne se mette encore au dessous.

De ce mesme principe procedoit l'amour qu'elle auoit pour la condition des Sœurs Layes, & pour leurs personnes. Dieu l'auoit appellée à l'office de la Magdelaine; & neantmoins il sembloit que si ses forces eussent esté capables de seruir à son humilité, elle fut sortie des pieds de Iesus-Christ, où son cœur l'écoutoit par l'Oraison, pour s'aller joindre à Marthe, se disant à soy-mesme qu'elle ne deuoit pas la laisser toute seule dans le trauail. Mais Dieu la priuant de la veuë, comme il a esté dit, luy osta cette peine, & non pas l'amour qu'elle eut tousiours pour la condition & les personnes.

Elle se plaisoit tellement en leur compagnie, qu'elle y trouuoit son centre, c'est à dire, le lieu de son repos, comme elle a souuent protesté. Elle prenoit vn singulier plaisir à les obliger; c'est à dire, pour parler au style des Saincts, à leur faire toutes les charitez qu'elle pouuoit dans la condition Religieuse. C'estoit tousiours auec vn courage merueilleux & vn cœur plein d'amour, qu'elle les assistoit selon ce qu'elle en auoit de forces; prenant mesme du temps de son repos pour leur en procurer dans leur trauail: Ce qu'elle faisoit à l'égard de toutes, mais particulierement à l'endroit de celles qui luy donnoient quelque sujet d'exercer ses cheres vertus, la patience & l'humilité. Mais quand nostre Seigneur la rendit aueugle, il fallut qu'elle prit de leurs soins vers sa personne ce qu'elles en auoient receu, & Dieu permit à l'aduantage de ces bonnes filles que la Mere de saint Sauueur, apres la perte de sa veuë, fut mise entre leurs mains: La Mere en eut beaucoup de joye, & céte satisfaction de r'entrer par cét accident, où ses premiers desirs auoient esté de mourir; & ce fut pour les Sœurs vne occasion de faire vn grand progrez en la vie Spirituelle, que celle d'approcher souuent durant six années d'vne si sainte Religieuse, & de se former sur ses instructions & sur ses exemples. Ce qui les faisoit cherir si tendrement de cette bonne Mere, c'étoit parce qu'il se rencontre en leur condition plus de sujets d'humiliation, de contradictions, de patience, & d'autres pratiques de la vie souffrante; & peut-estre à cause que dans la Maison de Dieu, comme dans la famille d'Abraham, il arriue souuent que celle qui sert est plus feconde que celle qui commande.

Durant sa vie & en sa mort elle leur promit vn souuenir particulier; elle aymoit fort toute la maison, mais elle disoit que ses Meres, les Sœurs Layes, estoient tousiours les premieres dans son cœur: Ce que ie suis bien aise de laisser par écrit pour la consolation de ces bonnes filles, qui sçauront bien en tirer du fruict en temps & lieu. Elle les appelloit ses Meres, & mesme entr'autres, vne qui auoit esté Nouice auec elle; & quand elle estoit dans leur vacation, elle prenoit plaisir d'auoir des occasions de le faire sçauoir au dehors. Estant aueugle, & s'estimant inutile, elle se tenoit par ce sentiment inferieure aux Sœurs Layes : Ie ne suis, disoit-elle, de pas vne des deux conditions, mais ie loüe nostre Seigneur de ce qu'il m'a renduë vn Neant.

SECTION VI.

Huitiéme degré d'humilité.

CHAPITRE XXXII.

De suiure la Regle commune du Monastere.

LE huictiéme degré d'humilité est de suiure en tout la Communauté. Ie n'ay guere qu'à marquer ce poinct, pour le mettre en son rang auec les autres ; ayant fait voir comment nostre sainte Religieuse l'a mis en pratique dans les Chapitres où j'ay traité des trois Vœux, & dans celuy qui les suit, *de l'Obseruance des Regles*, obseruance qu'elle estendoit jusqu'à la pratique tres-exacte des nouueaux establissemens qui se font quelquesfois par les Superieurs pour de bonnes & legitimes raisons. Et sur ce sujet elle disoit, qu'en ces occasions il faut renouueler son courage pour mieux seruir Dieu par la vertu d'obeyssance, comme l'Aigle qui se renouuelle tous les ans. C'estoit bien prendre la chose, puisque c'est par cête vertu que tous les membres d'vn corps estans vnis sous vn mesme Chef, & par vniformité de Regles, demeurent tousiours dans l'vnion, & dans vne parfaicte correspondance qui maintient le tout. La personne Religieuse ne sçauroit auoir vn meilleur esprit que celuy de son Ordre qu'elle doit honorer, & quant & quant aymer plus que tous les autres, parce que c'est sa voye, hors laquelle plus elle va viste, plus elle s'égare. La Mere de saint Sauueur goustant bien cête verité, la practiquoit de mesme ; comme nous voyons dans tout le cours de sa vie qu'elle a passée en la Religion, comme sur le Caluaire, d'où son saint Ordre a pris son origine : comme nous voyons par les peines qu'elle auoit de ce qui se passoit d'extraordinaire en elle, ne voulant rien de singulier, non seulement à l'exterieur, mais en l'interieur mesme, & craignant tousiours qu'à cause de son âge, & du defaut de sa veuë, ou par d'autres considerations, on fist des exceptions pour elle : Vne de ses Superieures luy rend ce témoignage, qu'aux moindres imperfections qu'elle commettoit contre les Regles communes, elle l'alloit trouuer en sa Cellule, & luy portant vne corde, la prioit de la luy mettre au col, & de la traîner comme vn chien mort, qui ne merite que d'estre jetté à la voirie. Elle prioit aussi la Mere Prieure de la bien mortifier, de declarer publiquement toutes ses imperfections, & de ne la point épargner ; disant que ce seroit gaigner les œuures de misericorde.

Vn iour s'eſtant oublié d'aller à la Communion au point qu'il falloit pour garder l'ordre, en ſorte qu'elle fit vn peu attendre, elle ne ſe leua poins de la place où elle eſtoit à genoux prés de la Sacriſtine, qu'elle ne luy euſt humblement demandé pardon. Elle eſtoit tellement ponctuelle aux moindres ceremonies, que quand elle y manquoit par inaduertance (depuis meſme qu'elle eut perdu la veuë) ne pouuant alors aller à ſon Confeſſeur, elle prioit inſtamment la Sœur qui l'aſſiſtoit de l'aller trouuer de ſa part, de l'accuſer à luy de céte faute, & d'en demander penitence.

SECTION VII.

Derniers degrés d'Humilité.

CHAPITRE XXXIII.

De compoſer l'exterieur à la modeſtie ; de regler la langue & la veuë, moderant l'vſage de l'vne & de l'autre.

C'Eſt à quoy ſe peuuent reduire ces derniers degrez d'humilité, qui conſiſtent à garder ſoigneuſement les dehors de la place, les auenuës de noſtre ame, par la modeſtie exterieure, & par la mortification de la langue & de la veuë ; c'eſt à dire, en retranchant à l'vne & à l'autre tout ce qu'on trouue dans l'vſage, qui porte le peril au cœur, ou qui fauoriſant trop la nature, met touſiours quelque obſtacle dans le chemin de la perfection. Quand les reſſorts d'vn horloge ſont bons, la monſtre en eſt juſte, & le timbre ſonne à propos : Auſſi, quand l'interieur eſt bon, quand le cœur eſt humble : le front, les yeux, les paroles, les mouuemens de tout le corps s'acordent auec le dedans; ce n'eſt que pudeur, que modeſtie, qu'honneſteté, qu'vne belle, ſimple,

&

& pure expreſſion de la Vertu qui tient le reſſort du cœur.

Le neufiéme degré eſt, *de garder le ſilence*, ce que la bonne Mere a touſiours eſtroitement obſerué. O, ma Sœur, diſoit-elle quelquefois retournant du Parloir, où l'on l'auoit appellée, ce m'a eſté aujourd'huy vn grand Purgatoire, que de paroles perduës! que de vanité, que le monde eſt eſloigné de Dieu ; Me voicy maintenant dans mon Paradis. Puis elle ſe mettoit deuant Dieu pour laiſſer écouler tout ce qui auoit paſſé par ſon eſprit, & pour honorer le ſilence obſerué ſi long-temps par noſtre Seigneur. O fille, diſoit elle auſſi bien ſouuent à celle qui en auoit ſoin, que ma ſolitude m'apprend de ces choſes, & que c'eſt vn grand Liure. Quand on s'accouſtume à la retraite, on ne trouue preſque rien à dire : Elle nous fait voir inutile, ce qui nous ſembloit auparauant neceſſaire : Ie ne puis parler que de Dieu, & neantmoins j'ay de la peine de pluſieurs de mes diſcours.

Touſiours elle faiſoit quelque penitence, & de l'excez & des defauts qu'elle diſoit commettre en parlant, & pluſieurs fois on l'a ſurpriſe dans ſa Cellule proſternée contre terre, y faiſant des Croix de ſa langue, pour en tirer reparation des fautes qu'elle eſtimoit touſiours auoir faites dans les meilleurs entretiens. Et quand on luy repreſentoit que ſes entretiens eſtoient tous pour conſoler & pour encourager le prochain : Il eſt vray, répondoit-elle, que ie n'ay point d'autre deſſein ; mais il ſe peut faire que j'en dis plus que la neceſſité n'en requiert : c'eſt pourquoy ie fais cette penitence. Pour odoriferantes que ſoient les fleurs, elles perdent touſiours de leur odeur quand on les meſle en du fumier : Il me ſemble qu'il en eſt ainſi des meilleures choſes quand elles paſſent par l'organe de noſtre voix, elles s'infectent en quelque façon par la puanteur dont nous ſommes toutes remplies. C'eſtoit ainſi qu'elle en parloit.

Tous les ans, depuis l'Aſcenſion juſqu'à la Pentecoſte, elle ſe rendoit plus exacte au ſilence & à l'Oraiſon, pour ſe disposer à la venuë du saint Esprit, à l'imitation des Apostres; ce qu'elle faisoit aussi durant l'Octaue du saint Sacrement. En ces temps là elle ne partoit presque point de l'Eglise, en ayant pris permission de la Mere Prieure; & bien qu'en tout temps elle fut tres-ponctuelle à garder le silence, elle en faisoit encore en ces iours vne pratique plus exacte, retranchant mesme les plus saints discours, si la charité bien reconnuë ne les exigeoit d'elle, pour la consolation de quelques esprits affligez.

Le 10. degré est, *de ne se monstrer facile ny prompte à rire*, qui est le signe d'vne joye indiscrette. Nous auons remarqué de céte bonne Mere qu'elle estoit d'vne tres-agreable conuersation, & qu'elle auoit des rencontres qui pouuoient plaire aux humeurs les plus melancholiques. Elle s'en seruoit quelquefois, mais par vn motif excellent de charité, pour diuertir le prochain dans le temps de la recreation; & lors qu'elle estoit au monde elle s'en seruoit pour faire diuersion de beaucoup d'autres propos de raillerie, & de plaisanterie, ou de médisance, où la charité est offensée. C'estoit par le motif de cette vertu, qui la faisoit condescendre aux besoins du prochain, que lors qu'elle estoit en Religion, elle mesloit dans ses entretiens quelques propos agreables, & saintement joyeux, obseruant neantmoins tousiours vne grande simplicité, modestie, & grauité. Ce qu'elle faisoit encore quelquefois par vn motif d'humilité, pour cacher ses dispositions interieures, qui paroissoient quelquefois au dehors sans son consentement.

Selon ses dispositions interieures, elle n'auoit garde de se laisser emporter aux ris immoderez; parce qu'estant vraye fille de son Ordre, fondé sur les paroles de Iesus souffrant au Caluaire, elle n'auoit pour objet que le Crucifix, dont la consideration luy a fait souuent jetter des larmes. C'estoit là le sujet ordinaire des siennes; & quand il arriuoit que d'autres mouuemens en tiroient de ses yeux, comme à la perte de quelqu'vn des siens, elle desauoüoit cette inclination de la Nature, quoy qu'inuolontaire, & ne trouuoit rien qui deuſt attirer nos larmes que nos infidelitez vers Dieu, & l'amour d'vn Dieu ſouffrant pour les hommes. Sur ce propos, il eſt à remarquer que ſon humilité auoit tellement ſimplifié ſon eſprit, que dans vne affliction qui luy arriua par la mort d'vn de ſes enfans, elle demanda congé de pleurer à la Superieure, quoy qu'il ne ſoit pas en noſtre pouuoir de retenir les pleurs en certaines occaſions, & que ces eaux qui coulent neceſſairement, ne payent ny ports ny paſſages.

    Nous auons deſia fait voir cy-deſſus au precedent degré d'humilité, traictant de ſa façon de conuerſer & de parler, comment elle s'acquitoit de ce que demande l'onziéme degré, qui eſt, *de dire peu de paroles, & raiſonnables, humblement, & auec douceur.* La bonne Mere a touſiours practiqué ce poinct parfaictement, dans les exercices meſmes où ſe rencontrent plus d'embaras, où l'on eſt bien ſouuent ſurpris, & ſujet à laiſſer échapper la patience, comme aux offices du Tour & de la Porte. Eſtant en celuy du Tour, tous les mois elle appelloit au Parloir les Tourieres du dehors, & ſe mettant à genoux, ayant les mains jointes, elle leur demandoit pardon de pluſieurs choſes, qui ſembloient des fautes à ſon eſprit parfaictement humble & mortifié. Les Tourieres en demeuroient toutes interdites, & ne ſçauoient comment répondre à céte humiliation, qu'en témoignant par leur ſilence, la ſainte confuſion qu'elles tiroient d'vn ſi bon exemple. Et parce qu'vn iour il y en eut vne, qui ſur les inſtances du pardon que la Mere demandoit, luy dit; Ouy, ie vous pardonne, la bonne Mere repartit : Ha ma fille, que ie vous ayme de parler ainſi ſincerement ! & depuis, outre l'affection particuliere qu'elle conceut à ſon égard, elle eut auſſi plus de confiance en elle, à cauſe de ſa franchiſe; & dit aux autres qu'elles n'auoient pas aſſez de ſimplicité pour eſtre auec des Religieuſes.

    Le douziéme degré, *de tenir la veuë baiſſee en terre,* rapporte au conſeil que noſtre Seigneur nous donne, de nous arracher l'œil s'il nous scandalize, c'est à dire, de nous mortifier en l'vsage de la veuë. Hé! comment, dit vn Sainct, osons-nous leuer les yeux au Ciel, apres auoir peché contre le Ciel ? Regardons la terre, & nous connoistrons que nous en sommes venus, & que nous y deuons retourner. I'ay touché cy-deuant ce qui regarde ce poinct à l'égard de nostre parfaicte Religieuse, quand j'ay fait voir dans ses Exercices journaliers la coustume qu'elle auoit de se prosterner tous les matins contre terre, & de la baiser par trois fois, auec ces mots: *O terre! qui pourriras cette charongne, ie te baise de tout mon cœur.* I'ay encore touché ce poinct, quand j'ay dit au chapitre de ses Mortifications exterieures, qu'ayant l'vsage de la veuë, elle la gouuernoit si bien, pour répondre à cét endroit de sa Regle, qu'elle ne permettoit pas à ses yeux de voir vne chose superfluë : jusques là qu'elle a dit à son Confesseur, que si Dieu luy eust rendu la veüe, elle n'eust reconnu personne, parce qu'elle n'auoit aucune idée des choses qu'elle auoit veües, tant elle les auoit peu consi-derées.

Voila les degrez par lesquels la Mere de saint Sauueur est paruenuë au poinct de perfection où nous la considerons. Elle se plaisoit d'entendre prescher du Royaume de Iesus-Christ, sous la comparaison familiere du grain de moutarde dont il s'est seruy. Nostre Seigneur vouloit monstrer par ce grain tres-petit entre les grains, qui se fait grand qui s'estend en des branches larges, & s'éleue par dessus les herbes & les plantes, les accroissemens de son estat spirituel, c'est à dire, de son Eglise, d'autant plus merueilleux en leurs grandeurs, qu'ils ont commencé par des abaissemens extraordinaires. C'estoit vn poinct de doctrine & d'instruction, apporté par Iesus-Christ, dont céte bonne Mere tiroit vn sens moral pour nourrir en soy sa chere vertu, disant qu'elle estoit ce grain de moutarde, & encore moins, considerant son neant deuant Dieu: *Ie suis bien moins que le rien,* disoit elle, *à cause que le rien ne s'oppose point à Dieu comme moy.* Il faut estre sçauant en la practique de la vraye humilité, pour connoistre la profondeur de cette pensée, qui est le grand & le solide fondement de la perfection Chrestienne & Religieuse.

Plaise à la Diuine bonté de nous donner d'assez bons yeux pour bien voir ce petit grain, & que passant dans nos cœurs il y soit caché, il y germe, il y pousse, il y prenne tels accroissemens que Dieu voudra: A nous mépris & confusion, à Dieu seul honneur & gloire dans le temps & l'eternité. Ie ne puis finir tout ce discours de l'humilité que par ces paroles de nostre Seigneur, addressées à ceux de son temps, qui pensoient estre parfaits pour porter des noms & des titres qui n'enrichissent point l'ame. *Quomodo vos potestis credere qui gloriam ab inuicem accipitis, & gloriam quæ à solo Deo est non accipitis?* C'est à dire, ce n'est pas merueille que vous soyez infideles: Comment pourriez-vous auoir la foy, vous qui ne cherchez que l'honneur mondain, & qui par vn desir insatiable de gloire en donnez pour en receuoir, vous flatant les vns les autres, sans vous soucier de celle qui seul merite d'estre recherchée, & qui consiste en l'approbation de Dieu; en vn mot, qui fait les Saincts, les esleuant apres les auoir humiliez.

CHAPITRE XXXIV.

Des sentimens qu'elle auoit sur le suiet de la vie souffrante.

POur ce qui regarde le corps, elle disoit qu'il le faut gouuerner comme vn Maistre fait vn cheual dont il a besoin; qu'il nourrit pour le mieux faire trauailler. Il ne faut point prendre garde à ses repugnances, non plus qu'aux inclinations d'vne beste, mais mettre tout son soin à le contrarier dans les choses mesmes indifferentes. Elle auoit fort ce sentiment qu'il faut tousiours faire ce qui repugne dauantage à la Nature, afin de ne rien laisser viure en nous selon ce sentiment, quelqu'vne des Sœurs ayant dit vn iour prés d'elle cete parole de naïueté, que la Mere estoit entassée comme vn fagot, ce discours luy fit peine en la partie inferieure, mais pour vaincre en cela la nature, souuent dans l'occasion elle repetoit ces paroles, & demandoit gayement pour se mortifier & se mocquer de l'amour propre, s'il n'estoit pas vray qu'elle auoit le corps fort mal fait.

Quant aux souffrances interieures, ce qu'on trouue de remarquable en elle, c'est qu'elle estoit tellement abandonnée aux desseins de nostre Seigneur, pour souffrir à son imitation les delaissemens & la priuation de tout ce qui peut plaire à la nature, que quand Dieu par des visites interieures luy enuoyoit quelques consolations pour la fortifier, elle ne s'y arrestoit point, & protestoit en son ame qu'elle ne vouloit que la Croix, disant quelquefois ; *Vostre Croix, mon Dieu, vostre Croix dénuée de toute consolation.* Lors que quelqu'vne des Sœurs luy faisoit ou disoit quelque chose pour sa consolation, il n'estoit pas bien receu de la Mere qui s'en plaignoit, disant que ce n'estoit pas répondre aux desseins de Dieu sur elle, ny à ses desirs; que ce n'estoit pas l'aymer en Dieu, mais selon la chair & le sang. O fille, disoit-elle, que nostre amitié ne sente plus la terre, & qu'il n'y ayt que Dieu en nostre affection.

Quand il luy arriuoit de s'excuser, elle en auoit de la peine, comme si elle eust fait quelque grande faute, parce qu'elle croyoit s'estre opposée au dessein de Dieu, qui vouloit qu'elle souffrit en ce rencontre.

Les souffrances, disoit-elle, sont aspres, & difficiles au commencement, mais à la fin elles sont douces à celles qui les prennent de la main de Dieu. Aussi nostre Seigneur, disoit-il ; *Venez à moy, vous qui estes trauaillez & chargez, & ie vous soulageray.* Et encore, *Mon ioug est doux, & ma charge legere.* Tous les Saincts ont passé par là. Il ne se faut pas estonner, adjoustoit-elle, de la diuersité de souhaits qui se trouuent en nous; elle s'est bien rencontrée en la personne des

Sainsts. Souuent la Nature se plaint de ce que l'esprit desire. Et là dessus elle aportoit l'exemple de nostre Seigneur au Iardin des Oliues, ou dans la premiere partie de son Oraison, ce qui est de l'homme demande l'esloignement des peines; *Transeat Calix*, & dans la seconde partie, ce qui est de Dieu se sousmet aux desseins du Pere Eternel, accepte les souffrances, le supplice de la Croix, & enfin la mort. Elle alleguoit aussi l'exemple de sainct Paul, qui se plaignoit de son corps, & souffroit par la Loy de la partie inferieure, qui resistoit à la Loy de l'Esprit : Se faut-il estonner si nous souffrons ce qu'ont souffert les Saincts?

Conformément à ces veritez, & à ces exemples qui les confirment, voicy le conseil qu'ordinairement elle en donnoit : Mettez-vous entre les mains de Dieu, comme vne table d'attente, afin qu'il fasse en vous, de vous, & par vous tout ce qu'il luy plaira; comme vne pierre deuant vn Sculpteur, afin qu'il fasse en vous telle image qu'il voudra, (c'estoit sa plus familiere comparaison) En cet estat vous n'auez autre chose à faire, sinon d'acquiescer de moment en moment à ses adorables volontez, en luy disant : Mon Dieu que voulez-vous que ie fasse ? Ie consens à ce que vous pretendez de moy en ce moment;& d'autresfois,vous & vostre sainte Mere,tout le reste m'est croix.

Or ce n'est pas assez que vous fassiez ces actes interieurs, il faut qu'en vos actions exterieures vous ne cherchiez que Dieu, refusant tout à la Nature, & choisissant de deux actions indifferentes qui se presentent à faire celle où vous auez plus de repugnance ; afin de contredire toûiours cete nature, ne vous abaissant jamais jusqu'à escouter ses plaintes;mais demeurant ferme en la partie superieure. Ne vous estonnez point de la peine que vous auez à la faire humilier, ny d'aucunes de vos fautes; car c'est tout ce que vous pouuez faire de vous mesme. Demandez pardon à Dieu auec vn amoureux regret,luy disant;Mon Dieu, faites ce qui est en vous,i'ay fait ce qui est en moy. Apres cela dela demeurez en repos, faisant tousiours ce qui est de vostre pouuoir, & laissant faire à Dieu le reste.

QVATRIESME DEGRE' DE la perfection Religieuse.

Des Vertus qui regardent le prochain.

CHAPITRE XXXV.

De l'amour & du soin qu'on doit auoir pour le prochain. Exemples en la Mere de saint Sauueur.

C'Est vn grand bien que d'estre destaché des creatures, mais il ne faut pas que cét estat, pour croire qu'il vient de l'Esprit de Dieu, soit contraire à la charité. Il faut estre tellement destaché des creatures, qu'on ne laisse pas d'estre parfaictement vny au prochain. Il faut qu'vne ame soit cachée, & perduë en Dieu, de telle sorte neantmoins que la charité la fasse rencontrer partout : Par l'aneantissement n'estre qu'à Dieu, & par la charité estre toute à tous : Voila la matiere d'vn grand discours que ie ne veux pas estendre plus loin qu'en joignant à céte maxime, l'exemple de nostre Seigneur Iesus-Christ, qui dit qu'il est vn auec son Pere, & neantmoins il passe toute sa vie à faire l'œuure du Salut des hommes, & tasche de nous faire connoistre cét amour sous la comparaison du Pasteur qui cherche sa brebis égarée, & plusieurs autres. L'exemple aussi de saint Paul, qui proteste de souspirer souuent en luy-mesme attendant l'adoption des enfans de Dieu & la deliurance de son corps, de desirer ardemment iouyr de Iesus-Christ dans le Ciel, & neantmoins d'auoir vn autre amour au cœur qui le possede sans le partager, & qui luy fait aymer la vie, quoy que laborieuse, pour l'employer au seruice du prochain.

Venant

de Saint Sauueur.

Venant par quelque application de ce discours aux actions de la Mere de saint Sauueur, ce n'est pas comme donnant vn exemple de pareil merite à ces deux, mais pour monstrer vne copie assez bien prise du premier exemplaire nostre Seigneur Iesus-Christ, & quelque imitation du grand Apostre en l'amour du prochain, selon les graces que Dieu a données à cête bonne Mere pour le seruir dans sa maison en la personne de ses autres Espouses. Aucuns ont bien dit que Dieu luy ayant osté l'vsage de la veuë, il ne la vouloit que pour luy : La bonne Mere de sa part sembloit ne respirer que Dieu par l'amour de la vie cachée, & par ce mot souuent repeté, mais plus souuent dit par elle; *Vn Dieu, & rien plus* : Il est vray neantmoins qu'elle estoit toute au prochain dans les occasions que Dieu luy enuoyoit de l'assister, & de le seruir; ayant dit plusieurs fois qu'elle portoit toutes ses Sœurs dans son cœur, y faisant mille vœux souuent reïterez pour le bien de toutes, & de chacune en particulier, comme aussi plusieurs souhaits tres-ardens pour le bien general de son Ordre, & de sa Maison.

Or j'ay pensé qu'on pourroit tirer de l'vtilité de voir icy les sentimens qu'elle auoit sur ce sujet, que j'ay tirez des discours qu'elle en a faits dans les occasions que l'obeyssance, & la charité l'en ont fait parler. Il est bien souhaitable, disoit-elle, que quiconque est admis en cête maison, pour nous conduire à Dieu, soit prudent, secret, & des-interessé, qu'il n'ayt rien au cœur que la gloire de Dieu, qu'il ne considere ny sa personne, ny celles qu'il conduit; qu'il nous fasse bien comprendre les veritez Euangeliques, comme de suiure vn Iesus-Christ dans ses souffrances, & dans sa vie aneantie; qu'il nous apprenne à pratiquer les solides vertus qui sont contenuës dans nostre saincte Regle, comme vne parfaicte obeyssance, la pauureté, l'estroit silence, la simplicité d'esprit, la charité, & le support du prochain; qu'il nous apprenne à faire estime de nos Meres, & de nos Sœurs, & à mépriser tout ce qui vient de nous.

Celuy qui est possedé & regi de l'esprit de Dieu, nous en donnera tousiours vn grand signe, quand il nous parlera tousiours auec estime de nos Superieurs & Confesseurs, pour nous maintenir dans la confiance, le respect, & l'obeyssance que nous leur deuons. Auec cette condition, les vns & les autres s'vnissent, & conspirent à nous vnir toutes en Iesus-Christ; & sans cette condition, les Directeurs perdent tout leur temps, & le font perdre aux autres qu'ils conduisent, & jamais ainsi nous ne pourrions estre telles que Dieu nous demande. Il en faudroit peu de cette qualité pour faire de grands fruicts : Mais, helas ! que Dieu a peu de fidelles seruiteurs qui cherchent de luy plaire en verité.

De nostre part, il est souhaitable que nous autres anciennes donnions tousiours aux jeunes vn grand exemple de l'exacte obseruance de nos Regles : Ie pense qu'il ne faudroit pas tant se familiariser auec elles, ny leur découurir à tout rencontre & sans choix, les sentimens que nostre Seigneur communique à l'Oraison. Car quelque bon esprit qu'elles puissent auoir, elles manquent tousiours d'experience. Il ne faut point faire tant d'estat de leur bon esprit, & autres dons naturels; on ne les connoist que trop, & l'on s'en fait tousiours plus accroire qu'il n'y en a, tant la nature est fragile. Ha, quand sera-ce que nous serons toutes vnies à mesme dessein, de suiure vn Iesus-Christ, n'auoir à cœur que de luy plaire, & de mourir à nous-mesmes, retranchant à cette charongne tous ses contentemens, qu'elle prend aux dépens de ceux d'vn Dieu? Helas! pendant que ie parle, ie ressens vne grande confusion de la laisser tant viure, quand sera-ce qu'elle ne paroistra plus?

CHAPITRE XXXVI.

De sa façon de traiter auec le prochain.

COmme elle estoit tousiours vnie à Dieu, & que par cette vnion bien-heureuse il se faisoit en son ame vne grande infusion de graces sanctifiantes, il s'en faisoit au dehors vn rejallissement, qui estoit comme l'odeur du parfum caché, & Dieu s'en seruoit comme d'vn attrait pour les autres. Quoy qu'elle fust fort retirée, elle auoit des vertus pour le prochain pour entrer dans les cœurs, & pour y faire regner celuy qui daignoit les toucher par ses discours, par sa charité, sa douceur, sa patience, & son addresse. Et pour parler d'elle sous la comparaison qu'elle faisoit de soy au grain de moutarde en d'autres occasions, on peut dire que cette petite semence est deuenuë vn arbre où les oyseaux du Ciel ont souuent cherché du repos. Sa conuersation estoit de celles dont parle saint Pierre, en loüant les Dames Chrestiennes de l'Eglise primitiue, dont la bonne odeur gaignoit dans les esprits ce que la voix des Predicateurs y laissoit à faire.

Mais venons au particulier. Quand quelqu'vne s'adressoit à elle pour luy parler de son interieur, elle luy faisoit vn si doux accueil qu'elle commençoit à vaincre auant que l'ennemy fust découuert. Ie parle ainsi des peines dont on s'alloit soulager par ses entretiens; Elle sçauoit que c'est vn des premiers moyens de consoler vn cœur que d'en receuoir bien à propos l'ouuerture, & d'y entrer sans bruit & sans violence. Au premier entretien elle encourageoit à souffrir, compatissant auec le sujet qui souffroit : Elle écoutoit, elle répondoit, elle s'accommodoit à l'infirmité d'vne fille. Mais quand elle l'auoit vn peu fortifiée par vne charitable industrie, elle la renuoyoit quelquesfois sans luy rien dire que ce peu de mots : Ie sçay bien ce que la Nature, & le

Diable sçauent faire, on a peut-estre touché vostre orgueil, & vous venez icy pour vous descharger & satisfaire à l'amour propre : Allez vous-en souffrir entre Dieu & vous tout ce qui luy plaira, & si vous estes capable de dire quelque chose, vous direz; *Acceptabis sacrificium iustitiæ*. Quand vous serez reuenuë à vous, vous m'en direz des nouuelles, & ie m'asseure que nous rirons ensemble de ce qui fait à present vostre peine.

Plusieurs des filles de cête maison témoignent, que dans les conferences qu'elles ont euës auec la bonne Mere, elle discernoit si bien l'estat de leur interieur aux moindres ouuertures; & quelquefois auant tout discours en l'abordant, qu'il leur a semblé quelquefois qu'elle en eust pris la connoissance ailleurs que sur la terre. En effect, on en pourroit faire quelque iugement semblable sur le rapport des choses particulieres, mais ie n'estime pas que j'en doiue rien mettre icy.

La charité luy faisoit quiter l'Oraison, & facilement elle cessoit d'écouter Dieu en cét estat pour luy donner ailleurs audience, & pour luy parler en la personne du prochain. Voicy comment elle s'opposoit à vn naturel violent, trouuant le moyen d'esteindre le feu auec de l'huyle; comment elle faisoit perdre l'aiguillon à l'Abeille sans qu'elle blessast personne. Ha, ma grande fille, ie quite tout aussi-tost que ie t'entens (luy parlant ainsi par affection)tu me fais beaucoup de pitié, car ie te connois bien : Or sus, fille, qui a-t'il; ie voy que tu n'en peux plus; ce qu'elle disoit auec tant de grace & d'efficace, qu'ouurant le cœur de la fille, l'adoucissant, & le tenant tout saisi, il ne restoit plus de plaintes à faire, l'ame estoit entierement soulagée, & la consolation estoit telle, que la bouche n'en pouuant rien dire, les yeux l'expliquoient par des larmes. Nostre Seigneur luy donnoit ainsi la grace de toucher les cœurs, & porter les ames à leur deuoir; on ne sortoit presque point d'auec elle qu'auec satisfaction par la décharge ou du tout, ou d'vne grande partie du fardeau qu'on y portoit.

Elle conseilloit à celles qui ont quelques graces & douceurs extraordinaires en l'Oraison, & sainte Communion, de ne s'y point arrester. C'estoit aussi son aduis que quand il se passe quelque chose qui paroist au dehors, il se faut diuertir par quelque exercice exterieur, & faire en sorte que le corps n'y ayt point de part; à cause, disoit-elle, que ce n'est qu'vne ruyne de santé, & vn apas du Diable: Qu'au reste les dons de Dieu n'empeschent point les obligations, & que quiconque laisse son deuoir en s'y flatant par des pensées de complaisance rend la chose suspecte. Elle disoit qu'il y a sujet de crainte quand on sçait si bien declarer ce qui se passe d'extraordinaire aux choses spirituelles, & qu'il y a plus de seureté dans les Estats qui nous font ignorer à nous-méme, & nous maintiennent dans l'humilité.

La premiere disposition qu'elle demandoit en vne ame, qui vouloit estre conduite, estoit qu'elle eust vne bonne volonté pour le bien; mais qu'elle n'eust ny iugement ny raison.

La seconde qu'elle negligeast toutes les pensées, & paroles qu'on dit de nous, quand il est question de bien faire, mettant nos personnes, & toutes nos actions entre les mains de Dieu, parce que c'est à luy d'auoir soin de tout ce qui nous touche.

Elle disoit qu'on doit porter les ames à seruir Dieu par amour, & non par crainte; ce qu'elle practiquoit à l'égard de celles qui prenoient confiance de luy découurir leur interieur. Elle exhortoit à ne jamais laisser la sainte Communion, dautant que c'est, disoit-elle, en ce Sacrement que Dieu prend vne particuliere possession de nous, & que le Diable fait tout ce qu'il peut pour nous la faire perdre par les scrupules qui s'éleuét en nostre interieur, ou par des sentimens de nature, & qu'il luy faut rompre les cornes. Aussi lors qu'elle voyoit que quelques-vnes auoient difficulté d'aprocher de la sainte Communion, elle parloit au Confesseur & à la Superieure, afin de voir par quelle adresse on les pourroit obliger à leur deuoir.

La sainte Mere connoissant bien que les difficultez qu'on peut auoir quelquefois de communier, viennent la pluspart des scrupules, elle conseilloit les Superieurs d'vser en ce récontre d'vne douce contrainte vers les ames, afin de ne point donner lieu au Diable, & de ne pas negliger les desirs qu'elles voyoient en elles de se confesser à des extraordinaires, afin que ne s'y attendant point elles ne quitassent le bien de la sainte Communion; & sa raison estoit, parce qu'elles ont toutes la crainte de Dieu.

Quand elle voyoit quelque personne en émotion, elle en attendoit la fin ou la moderation pour donner les aduis qu'elle jugeoit necessaires, afin d'adoucir vne autre fois l'humeur, & pour empescher les surprises qui arriuent aux naturels trop actifs & trop mouuans. Elle ne luy parloit jamais en cét estat, & sa prudente charité luy auoit apris que ce n'est pas dans la grande chaleur de la fiévre qu'il faut donner le remede.

Elle attendoit l'occasion fauorable, & taschoit tousiours de ramener les Esprits, & de les reduire doucement au poinct de leur deuoir. Selon les naturels, elle parloit aux vnes de se haster pour vaincre la paresse & la nonchalance; & aux autres d'aller plus doucement pour conseruer la paix, la tranquillité & la douceur de l'esprit. L'humeur qui luy faisoit plus de peine, estoit celle qui porte à la precipitation, qui fait agir tumultueusement, sans choix, sans intention, & sans aduertance, aux choses principalement qui regardent le culte de Dieu, & les plus importans deuoirs d'vne Religieuse. Ce qu'elle fit paroistre vn iour à vne Sœur, qui luy auoit dit; Ie m'en vay vistement reciter mon Office; Il faut donc, repartit la Mere à ce discours, que vous disiez à nostre Seigneur qu'il se haste de vous entendre. O fille! ce n'est pas ainsi qu'il faut faire; si vous auiez à parler à quelque personne de merite & d'authorité, en vseriez-vous de la sorte? O que cela ne soit plus. A l'égard des personnes qui la voyoient rarement, elle se contentoit de leur parler aux occasions selon l'inspiration qu'elle en auoit, de compatir à leurs peines, & de prier Dieu pour elles, afin de procurer leur paix.

CHAPITRE XXXVII.

De la conduite qu'elle eut des Nouices, & de sa maniere de les gouuerner.

ON sçait assés combien est importante dans vne maison Religieuse la charge de Maistresse des Nouices ; on sçait assez les grandes parties qui sont souhaitables en celle qu'on choisit pour nourrir, esleuer, & gouuerner les filles du Prince, & celles qui doiuent estre Epouses de Iesus-Ch. On ne les trouue pas aisément en plusieurs personnes, mais il faut choisir celles où il en manque moins. Si Quintilian souhaitoit que pour faire de bons Orateurs, on pust donner aux enfans des nourrices qui sçeussent bien parler pour ne leur rien apprendre de Barbare, & pour leur former la langue de bonne heure : Combien est-il plus souhaitable aux maisons Religieuses, qu'il s'y trouuast plusieurs filles parfaictement imbuës de l'esprit de la Regle, afin de le donner aux autres?

La Mere de saint Sauueur disoit qu'il faut estre fort exemplaire en cette charge, & ne parler jamais deuant les Nouices que de Dieu, de la vertu, & de l'obseruance des Regles. Ce qu'elle pratiqua quand elle y fut esleuë selon les pensées qu'elle en auoit. Elle voulut imiter nostre Seigneur, commençant à faire plustost qu'à dire, instruisant les Nouices par les yeux, & par les oreilles, leur faisant voir en soy ce qu'elle desiroit en elles, leur donnant des exemples de ses instructions. I'ay fait voir dans le cours de sa vie, & le recit de ses vertus, qu'elle auoit les qualitez conuenables pour enseigner auec fruict, ce que doiuent sçauoir & pratiquer des Ames choisies pour estre consacrées à Dieu, & pour viure en parfaites Religieuses: c'est à dire pour ne plus viure, selon ses humeurs, ses passions, inclinatiõs, & auersions; mais selon l'Ordre de la veritable pieté, faisant toutes choses par raison Chrestienne, & ne se seruant de son esprit, de son cœur, de sa langue, & de ses mains, que pour seruir à la sainte Dilection de l'Espoux, & non pour satisfaire à de petites humeurs, & à des inclinations purement naturelles.

 C'estoit dequoy cette bonne Mere faisoit ses ordinaires leçons au Nouitiat, où elle n'entra qu'auec peine, & apres beaucoup d'instances pour se faire dispenser de cette charge, dont elle se disoit incapable. Mais la Superieure, jugeant bien des fruicts que pourroit tirer la maison d'vne si sainte & si judicieuse conduite que la sienne, ne voulut point receuoir ses excuses, & pour l'obliger à cét employ, se seruit de l'obeyssance contre son humilité. Elle accepta donc la charge en obeyssant, & commença de l'exercer en s'humiliant; car ayant permis auec repugnance, mais par deference à la volonté de sa Superieure, que toutes les Nouices luy baisassent les pieds, ce fut auec de singulieres demonstrations de joye, qu'à mesme temps elle fit le semblable à chacune en particulier.

 Son opinion estoit, qu'en cette charge il se faut faire plus aymer que craindre, & en effect, c'est vn meilleur moyen de s'insinuer dans le cœur de celles qu'on gouuerne, & par consequent de discerner les esprits, de connoistre l'attrait interieur, & l'estat de chaque fille, pour les conduire toutes selon le bon plaisir de nostre Seigneur. Dieu refusoit autresfois en l'vsage des sacrifices les Lyons, & les Tygres, parce qu'il ne veut point de victimes qu'on luy meine par force. Or par la voye que prenoit cette bonne Mere, elle pouuoit mieux juger de la vocation d'vn ame, & voir, si son mouuement vers Dieu estoit vn mouuement d'amour & de liberté. C'estoit donc auec douceur qu'elle les traitoit, & neantmoins tousiours sans indulgence à leur fautes, qu'elle leur rendoit odieuses par vne industrieuse charité, qui en faisoit trouuer les remedes agreables, lors mesme qu'ils

estoient

estoient aucunement amers à la nature. Elle tenoit qu'vn correctif donné auec aigreur n'est pas ordinairement profitable. A bien juger des choses, il n'y a point de chemin abregé à la perfection : Il y a des commencemens & des progrez, & l'on n'arriue point des premiers degrez aux derniers qu'apres auoir beaucoup marché. La bonne Mere qui leur vouloit apprendre les vertus solides, n'en faisoit pas pourtant ses premieres propositions : Mais taschoit auparauant de les seurer de plusieurs choses qui tiennent encore de l'enfance : ce qu'elle faisoit en se mocquant de ie ne sçay quelles petites foiblesses du premier âge. Elle estimoit faire plus en se mocquant ainsi qu'autrement : D'autant, disoit-elle, que la nature s'accoustume bien à estre criée, mais non pas à estre mocquée ; cela luy est tousiours nouueau.

Elle taschoit de les rendre peu à peu capables de toutes les humiliations où la nature a plus de repugnance, comme de s'accuser publiquement, de demander penitence de leurs fautes, de faire des actes qui attirent confusion, & de declarer aussi publiquement les peines & contradictions qu'on y ressent. Elle les exerçoit dans les pratiques qui font mourir en nous le vieil homme pour y faire viure le nouueau, par l'establissement du Royaume de Iesus-Christ: Ce qui se fait en destachant vne Ame de toutes choses exterieures & interieures: Exterieures, comme des biens & des commoditez du corps, des plaisirs & satisfactions des sens: Interieures, comme de son jugement, de sa volonté, de l'amour propre, des inclinations & tendresses du cœur: & d'autres encore qui ne sont qu'imaginaires, comme de l'estime & de l'opinion.

Elle vouloit que les Nouices eussent vne grande sincerité, & que lors qu'il s'estoit esleué dans leur cœur quelque mouuement d'orgueil, d'auersion, ou d'impatience contre quelqu'vne, elles s'en accusassent publiquement. Neantmoins quand quelqu'vne auoit quelque peine interieure, c'estoit en particulier qu'elle l'écoutoit, luy donnant toute

E e

l'audience qu'elle pouuoit fouhaiter, afin de luy donner en cela mefme du foulagement ; fçachant bien qu'il y a des bleffures qu'il ne faut que voir pour les guerir, & des traits qui n'ont plus de coup lors que le fer en eft tout nud. Auffi les voyant triftes, elle eftoit foigneufe d'examiner d'où procedoit cette humeur melancholique, afin d'empefcher les deffeins du Diable qui fe fert fouuent de nous contre nous.

Il faut, difoit-elle, accouftumer les Nouices à fe porter grand refpect l'vne à l'autre, à fe parler auec douceur, à n'accufer que leurs propres fautes, à ne s'excufer jamais. Il ne leur faut donner ny permettre qu'on leur donne ce qu'elles n'ont pas demandé par des paroles conuenables. Il eft à propos de les faire recommencer les actions qu'elles ont faites precipitamment, & fans y prendre garde, quand ce ne feroit que pour leur aprendre la modeftie. Tels eftoient-les confeils que cette bonne Mere donnoit fur ce fujet, & dans cette charge, ou gouuernant, elle demeuroit toufjours foufmife à fa Superieure, luy rendant compte de tout, & ne permettant jamais la Communion à fes Nouices, fans l'auoir efté premierement demander à la Mere Prieure, dont elle a toufiours voulu defpendre en toutes chofes.

Vne Nouice entre les autres fentant de grandes peines à faire profeffion, & ne s'y pouuant déterminer, alla trouuer la Mere, dans la refolution de prendre pour marque de la volonté de Dieu, ce qui luy feroit dit de cette part. Le Diable fit affez d'effort pour la deftourner de ce deffein, & luy donna plufieurs inquietudes par cette feule penfée, que la Mere luy confeilleroit de demeurer ; de forte qu'il fembloit qu'en ce rencontre elle euft deux volontez, l'vne de fuiure fes propres mouuemens, l'autre de les tenir fufpects, & d'aller confulter l'Oracle. Cette derniere refolution fut la plus forte, & la fille en fin prit le temps & l'occafion de propofer fon trouble à la Mere, qui l'ayant écoutée, & puis fait quelque priere à genoux, & auec vn vifage où paroiffoit l'ardeur de Saint Sauueur. 219

de sa charité, elle dit à céte fille; ne vous affligez point, faites, courage! voftre profeffion fera heureufe. La Nouice luy repartit auec beaucoup de larmes, qu'elle fentoit vn grand combat pour prendre vne ferme refolution de demeurer, & pour le dire à fa Mere, qui eftoit venuë exprés pour la fçauoir. Surquoy la bonne Mere de faint Sauueur l'enuoya deuant le S. Sacrement, pour y dire vn *Veni Creator*, & puis luy confeilla de fuiure apres cela ce que Dieu luy feroit connoiftre vouloir d'elle.

La Nouice y fut, & fit fa priere, mais froidement, pour la multitude des penfées dont fon cœur eftoit agité; Elle en fortit toufiours irrefoluë, & fut au Parloir trouuer fa Mere qui attendoit fa refolution. Il y auoit vne partie en elle qui difoit, ie veux fortir, mais c'eftoit l'inferieure de l'ame d'où venoit le combat; & confiderant la chofe par la partie fuperieure, elle ne pouuoit faire réponfe que conformément à l'efperance que noftre fainte Religieufe luy auoit donnée; & en effect, elle conclud par ce difcours, que la Mere de S. Sauueur luy auoit confeillé de faire fa profeffion à Hautes-Bruyeres; grace que cette fille attribuë aux prieres & au confeil de cette bonne Mere.

En céte matiere, la grande & meilleure maxime, qui eftoit la fienne, eft d'empefcher de bonne heure que les Nouices ne fuiuent des attraits particuliers, & de les confirmer de *l'Efprit principal*, qui n'eft autre que l'efprit de la Regle qu'il leur faut bien infinuër. Car comme des plus beaux corps où l'ame n'eft plus, il s'engendre de la vermine, auffi des plus belles & fpecieufes maximes, il ne s'engendre rien de bon, fi ces maximes ne font animées de l'efprit de Religion, & de l'efprit particulier de l'ordre & de la maifon dont vne fille eft profeffe.

Ee ij

CHAPITRE XXXVIII.

De sa façon de conduire les ieunes Professes.

PLusieurs jeunes Professes ayans vn grand zele de la perfection Religieuse, & cherchant vn moyen d'y faire du progrez, jetterent les yeux sur la Mere de saint Sauueur, pour en prendre non seulement les exemples, mais aussi la direction. Mais comme elles sçauoient que dans la proposition qu'on luy pourroit faire de ce dessein, on auroit à combatre son humilité, qui luy faisoit refuser tout ce qui la mettoit en quelque rang de Superiorité; ces bonnes filles s'adresserent à vn Visiteur de l'Ordre, & le prierent d'obliger la Mere à prendre le soin de leur conduite. Le Visiteur deferant à vn si bon desir, dont il preuoyoit de grands fruits pour la maison, par la connoissance qu'il auoit des grandes & solides vertus de cette sainte Religieuse, luy ordonna d'entreprendre la direction des jeunes Professes; & ne receuant d'elle aucune excuse, luy en fit accepter le soin.

Dieu qui donna le mouuement aux filles de la demander, donna de grandes benedictions à la Mere, pour répondre à ses desseins dans ce rencontre. Elle leur donna de si seures adresses au chemin qu'elles deuoient, & vouloient tenir qu'en peu de temps elles eurent le moyen de beaucoup auancer, & qui voudroit suiure les vestiges qui en restent, & que ie vay marquer icy, ne feroit pas vn petit progrez dans la vie spirituelle. Or comme les jeunes Professes ont encore besoin de lait, la nourriture que leur donnoit cette bonne Mere tenoit des qualitez de cette liqueur; mais l'on peut dire que c'estoit vn lait, comme celuy de l'Espoux du Cantique, dont la douceur accompagnée de la force du vin, a dequoy plaire, & tout ensemble dequoy fortifier.

Pour en iuger il ne faut qu'y gouſter dans ce petit Recueil de ce qu'on en a conſerué.

En leur parlant de l'Oraiſon, elle leur diſoit que pour s'y bien preparer, elles ſe deuoient mettre en la preſence de Dieu, comme prenant ce temps pour laiſſer écoüler de leur eſprit toutes les diſtractions & occupations d'affaires qu'elles auoient auparauant, afin de donner lieu au ſouuenir de Dieu, en la preſence duquel il falloit croire fermement qu'on eſt. Puis cela fait, qu'elles deuoient faire vne reueuë de leurs infidelitez, pour luy en demander pardon, & dire apres humblement à Dieu; Mon Seigneur, rendezmoy digne de vos ſaintes inſtructions, & puis prendre vn poinct de la Paſſion pour ſujet de leur Oraiſon, s'y occupant doucement, & mettant pour fondement la ferme croyance que celuy qu'elles voyoient ſouffrir eſtoit Dieu & le Roy de gloire, qui auoit ſouffert pour elles, qui n'eſtoient que des neans.

Elle leur conſeilloit de conſiderer bien la maniere auec laquelle il enduroit, & les vertus qu'il exerçoit; ſur tout le grand amour qui l'auoit reduit à cét eſtat d'humiliation, faiſant en ſuite reflexion ſur elles-meſmes pour voir la grande diſproportion de leur amour au ſien, & leurs infidelitez à correſpondre à cét abyſme d'amour; aduoüant leur impuiſſance au bien, & luy diſant en cette veuë auec amour : O mon Dieu quel amour! changez, mon Seigneur, mes infidelitez en vos vertus, diſant auec vn grand deſir de ſe rendre toute à luy, & ſemblable à luy en volonté de l'imiter, principalement en ſon humilité & vie ſouffrante; car elle diſoit qu'il y a touſiours quelque choſe à ſouffrir interieurement ou exterieurement en cette vie, dautant que le Diable & la Nature ne dorment pas, mais que l'vn & l'autre s'entendent bien enſemble.

Elle recommandoit fort que le poinct de la Paſſion qu'elles auoient conſideré leur fut preſent en toutes les actions du iour, ſur tout parmy les contrarietez & humiliations qui leur arriuoient. Elle taſchoit fort de les affermir dans vne viue foy de la présence de Dieu, leur monstrant que c'estoit vne voye pour bien souffrir toutes les sortes de dispositions interieures qui leur pouuoient arriuer, comme les ariditez & autres, leur disant ce passage de Dauid ; *Mon Dieu, vous auez connu mes pensees auant qu'elles fussent formees.*

Pour fortifier les esprits dans cette foy, elle se seruoit de cette comparaison, que le Soleil estant leué, si on ferme les fenestres, vn lieu deuient obscur, mais le Soleil ne laisse pas d'estre, & qu'ainsi dans quelque obscurité où elles fussent, Dieu ne laissoit pas d'estre, & que cette verité leur deuoit suffire, disant adieu, il me suffit que vous soyez.

Pour leur exprimer encore dauantage cette creance de la veritable presence de Dieu, elle donnoit céte comparaison, que comme deux personnes parlant ensemble auec attention, & affection negligent tout ce qui se passe, & ne se destournent pour quelque chose qu'elles voyent, ou qu'elles entendent : de mesme deuoient-elles faire pour ce qui se passoit en leur interieur & exterieur, laissant tout passer pour demeurer plus arrestées par céte foy viue que Dieu est plus que tout ce que nous voyons & entendons.

Elle les exhortoit à voir tout ce qui leur arriuoit, comme vn effect des volontez de Dieu, & leur disoit qu'elles deuoient s'asseurer sur céte verité, que comme il ne tombe pas vne fueille d'arbre que par sa volonté, aussi rien ne leur arriuoit que ce qu'il veut ou permet: cela estant, qu'il falloit prendre tout de sa part, sans regarder les creatures qui peuuent y concourir.

C'estoit son sentiment qu'il falloit vne si grande pureté, simplicité, & fidelité au seruice de Dieu, & à ses inspirations dans le moment qu'il les donne, particulierement quand elles regardent la pureté de conscience, où la mortification, qu'il y faut obeyr promptement, parce qu'elle tenoit que tous les autres sentimens, qui viennent apres ceux là, peuuent estre de la Nature, le premier estant plus veritable.

Quand les distractions les auoient éloignées de la presen-

de Saint Sauueur. 223

ce de Dieu, elle leur donnoit aduis d'y r'entrer par vne douce aspiration, en céte sorte, ou autre : O mon Dieu ! combien y a-il que ie ne pense point à vous, & que ie vous oublie ! mon Dieu, hors de vous tout m'est Croix. Elle tenoit que tout ce que nous pouuons faire de nostre costé, c'est de vuider nostre esprit de tout ce qui ne nous conduit point à Dieu, mais que cela dépend de luy de nous donner la grace de nous souuenir de sa Majesté.

Toutes les instructions plus ordinaires qu'elle leur donnoit ne tendoient qu'à les porter à se rendre conformes à Iesus-Christ en son humilité & mortification, & à viure dans vn tel oubly de toutes choses, que s'il n'y eust eu que Dieu & elles au monde. Elle leur disoit souuent qu'elles mortifiassent leur esprit en tout, mais que pour le corps elles vsassent de discretion, & fissent la guerre à la sensualité, sans faire tort à la santé.

Elle leur faisoit pratiquer de petites mortifications, comme de les obliger de découurir quelques ressentimens qu'elles auoient eu contre la Superieure, de baiser les pieds l'vne de l'autre, & autres choses qui tendoient à abaisser l'orgueil de la Nature. Elle recommandoit fort de demeurer ferme contre toutes les contrarietez interieures & exterieures. Pour les interieures, elles leur disoit : Il ne faut pas, mes Sœurs, que vostre partie superieure, qui doit estre éleuée en Dieu, décende pour voir ce qui se passe dans l'inferieure, mais qu'elle fasse vn doux écoulement, disant à Dieu : Vous voyez, mon Dieu, ô quelle Croix de souffrir ces imperfections ! mais, mon Dieu, tant qu'il vous plaira, pourueu que ie vous sois fidelle : Fidelité, mon Dieu, plustost la mort, que de vous offenser. Elle leur conseilloit de renouueller par fois ces actes pendant qu'elles demeureroient dans ces peines ; D'autant, disoit-elle, qu'opposant au Diable cette pensée de vouloir souffrir ces defauts comme vne Croix, on le fait fuyr, tant il a d'horreur de la Croix.

Pour les contrarietez exterieures, elle leur conseilloit de

jamais ne se plaindre de chose du monde qui leur depluft, ne s'excusant point quand on les reprenoit, coupables, ou non; mais écoutant la reprehension qu'on leur faisoit à genoux, & demandant pardon.

Lors qu'elles auoient fait des fautes, elle leur disoit qu'elles ne s'en deuoient point estonner, parce que c'estoit tout ce qu'elles pouuoient, que de faire des fautes, & qu'il ne pouuoit sortir autre chose d'elles que cela, que comme les personnes qui pencent les bestes, ne peuuent sentir que mal; qu'ainsi de nous, qui ne sommes que puanteur, il ne peut sortir que de l'infection, comme est celle de nos pechez. Et apres ces fautes, disoit-elle, il faut s'humilier & s'aneantir deuant Dieu, en luy disant, voila ce que ie suis: O quelle puanteur! Iusques à quant, mon Dieu? Ha! mon Seigneur, que cela ne soit plus, faisant ces actes comme de doux & amoureux regards vers Dieu, & comme pour consommer ses fautes dans cet amour: Cela fait, son aduis estoit de ne se point décourager, d'oublier le passé, & recommencer à bien faire de nouueau.

Elle leur demandoit vne grande fidelité à toutes les Obseruances, & principalement de la Regle. Elle auoit affection particuliere de leur recommander la douceur, leur representant que c'estoit l'Esprit de Nostre Seigneur, qui nous l'a témoigné par ses propres paroles; *Apprenez de moy que ie suis doux & humble de cœur.* Elle demandoit qu'on eust vne grande retenuë en toutes ses actions, paroles, & maintien, & qu'on éuitat toute precipitatiõ, qui est toûjours contraire à la modestie sans laquelle nos actiõs manquent d'vn grand poinct de perfection, outre qu'en s'empressant on retarde plus qu'on n'auance. Elle les portoit fort à la retraite & au silence, & tenoit que la Religieuse le doit garder de telle sorte, qu'on ne sçache pas quand elle est en sa Cellule: Elle leur disoit aussi qu'il faut faire ces actions en temps conuenable, & selon que la Regle ordonne, & l'obeyssance le requiert, & touſiours s'accommoder par esprit d'humilité & mortification, aux personnes auec lesquelles on est en

obe-

obedience; ceder tousiours son jugement, pourueu que ce ne soit point en chose qui soit contre l'intention de la Superieure; d'autant qu'en ce cas il faut demeurer ferme, souffrant ce qui en arriue comme vne Croix, mais tousiours auec humilité, & faisant ses excuses, comme si l'on auoit offensé, afin de ne perdre pas le bien de pratiquer vn acte d'humilité.

Ne vous plaignez jamais de ce qui vous aura esté dit, sinon à des personnes qui vous aydent à vous mortifier. Si vous estes assez fortes pour passer vos petites peines entre Dieu & vous, ce sera encore mieux: & quand cela sera passé, mocquez-vous de la Nature, le disant à quelqu'vne qui soit capable de cela; mais c'est vne grande pitié qu'il y a si peu de personnes qui se rendent capables de ces choses, mesme parmy les personnes Spirituelles; car tout le monde écoute la Nature, il semble que nous ne soyons en céte vie que pour elle : & au contraire, nous n'y sommes que pour luy resister. O bien ! mes cheres Sœurs, laissons aux morts enseuelir les morts, nous n'auons que faire des autres, suiuons nostre bon Maistre, qui nous dit : *Renoncez à vous-mesme, portez vostre Croix, & me suiuez.* Allons, & hastons-nous de le suiure, marchons pas à pas à ce petit sentier par où il a passé, & nous reuestons de sa robe de mépris & d'abjection. Mes cheres Sœurs, ne desirez-vous pas qu'il en soit ainsi ? & sans attendre leur réponse, mais la supposant, elle adjoustoit: Ne nous arrestons donc plus à rien, suiuons nostre Seigneur tout à fait, & que ce soit nostre mot de rencontre : Allons à ce petit sentier, & suiuons nostre bon Maistre qui nous appelle. Ne nous arrestons à rien, n'ayons jamais les yeux ouuerts sur les autres, quoy qu'on fasse, & que l'on dise. Ne nous enquerons que de ce qui concerne l'obeyssance ; mais des choses vaines jamais ; comme de demander pourquoy on a fait telles actions, qui est venu du dehors, & autres semblables, il faut retrancher tout cela: Ces discours estoient selon ses pratiques, & la bonne Mere prioit chacune de ses Sœurs qui luy parloit, que si elle leur demandoit quelque

Ff

chose dont elle ne deuſt pas ſe meſler, on ne luy fiſt aucune réponſe.

De ces diſcours & de ces pratiques on peut tirer d'excellentes inſtructions, non ſeulement pour l'vtilité des Nouices, mais auſſi pour le bien de toute ſorte de perſonnes en quelque degré qu'elles puiſſent eſtre de la vie Spirituelle. Les Meres Abeilles y trouueront vn miel, dont elles pourront ſe nourrir quelque temps auſſi bien que les petites, & Dieu en ſoit beny.

CHAPITRE XXXIX.

Diuers diſcours qu'elle a tenus, & conſeils de perfection qu'elle a donnez aux vnes & aux autres.

PRemierement elle diſoit : C'eſt vne marque infaillible que Dieu poſſede vn eſprit, quand la façon d'vne perſonne eſt graue, le viſage ſerain, l'œil fixe & arreſté, tous les ſens compoſez; quand on y voit vne égalité dans les mœurs, lors qu'elle s'accommode aux diuerſes diſpoſitions des eſprits, & qu'elle n'eſt point curieuſe d'apprendre, & de parler des nouuelles du ſiecle, ny meſme de ce qui ſe paſſe dans les Communautez; qu'elle ne ſe meſle que de ſes obediences agiſſant en tout rencontre auec douceur & tranquillité. Ce ſont toutes marques qui font croire que Dieu poſſede vn eſprit qui fait agir de la ſorte.

Quand les Superieures luy demandoient conſeil ſur quelque occurrence, elle leur diſoit auec beaucoup d'humilité ſon ſentiment ſur la choſe propoſée, & demeuroit en repos, ſans s'enquerir en ſuite quel en auoit eſté le ſuccez. Et quand la Superieure luy repreſentoit quelque difficulté ſur ſon aduis, au lieu de faire venir l'amour propre pour le ſouſtenir, c'eſtoit ſon humilité qui reſpondoit ainſi : Ha! noſtre Mere, ie vous ſupplie de m'excuſer, c'eſt que ie me trompe.

Il seroit souhaitable, disoit-elle, que les Superieures n'eussent point d'audiance à donner à celles qui accusent les autres de certaines fautes legeres qui ne portent point de scandale. Il ne faut qu'vn peu de charité pour les couurir. Que si quelquesfois on ne peut éuiter d'entendre les rapports, il est bon de les receuoir d'vne façon si froide qu'vne autre fois on n'y reuienne pas. Et supposé que la faute exigeast quelque correction, ie pense qu'il seroit fort à propos de la faire secretement, & de sorte que rien n'en parust à celle qui auroit fait le rapport. Car en effect toutes ces accusations là sont capables de causer de grandes des-vnions dans les Communautez : La paix ne se nourrit point de telles viandes.

Lors qu'on luy parloit des Directeurs, voicy quel en estoit son sentiment. Il faut faire vn bon choix du Directeur : Car il s'en trouue peu qui ne fauorisent la nature, mais on doit faire grand estat de ceux qui donnent de bons exemples, & qui témoignent en leurs paroles, & dans leurs actions vne grande humilité, mortification, & mépris de tout ce qui n'est pas Dieu. Ie sçay bien, disoit-elle, qu'il est quelquesfois necessaire de condescendre à nostre fragilité, disant des choses indifferentes; mais ce doit estre rarement. O que les grands exemples sont de bons Sermons, & qu'ils sont efficaces! les personnes exemplaires font plus de fruict en vne heure qu'en plusieurs Sermons eloquents. Ha! si l'on connoissoit l'obligation qu'on a de bien edifier le prochain, on ne perdroit pas tant de temps au Parloir. Et quand on luy disoit que c'estoit pour attirer les esprits, & les gaigner dauantage à Dieu par ce moyen; Elle répondoit, ô fille, ne dites point cela, tout ce qui n'est point Dieu, ne touche point l'esprit: mais dites plustost, ce sont des apas pour l'amour propre qui entretiennent les tiedes dans leurs langueurs.

C'est trop d'vn quart d'heure d'entretien de choses indifferentes pour les ames Religieuses. Ceux qui sont employez à les conduire, sont Messagers d'vn Dieu : Ils viennent pour nous annoncer ses volontez, & nous monstrer le chemin de la perfection plus par exemples que par paroles. C'est de nos Regles qu'ils nous doiuent parler, dans lesquelles il n'y a rien de petit, il n'y a rien qui ne nous oblige à vne grande pureté de vie.

Vne autrefois elle disoit sur ce sujet : Il est bien souhaitable que ceux qui nous conduisent à la perfection soient bien fondez en mortification, & que leurs conseils ne soient que de nous apprendre à mourir à nous-mesme pour suiure Iesus Christ crucifié.

Entre plusieurs conseils qu'elle a donnez, en voicy quelques-vns qui m'ont semblé dignes de consideration, & capables de produire du fruict. C'estoit ordinairement à quelqu'vne de ses Sœurs Religieuses qu'elle parloit.

I.

Ne vous arrestez qu'à Dieu seul, quelque grace qu'il vous communique; les graces viennent de Dieu, mais elles ne sont pas Dieu.

II.

Tout ce qui s'entend, se voit, & comprend, tout cela n'est point en Dieu, c'est pourquoy il ne s'y faut point arrester; mais seulement à l'humilité, & mépris de toutes nos actions. Ie confesse, disoit-elle, que j'ay de la peine quand j'entens qu'on fait estat de ses bons sentimens, & qu'on en parle comme si c'estoit chose à quoy nous nous deussions arrester, & ne point passer outre. I'aymerois bien mieux qu'on fist estat de l'humilité, simplicité, & pauureté d'esprit, & de l'exacte obseruance de nos Regles, & enfin de ce qui nous doit faire le plus humilier. Ce n'est qu'en nous humiliant que nous agreerons plus à nostre Espoux : il n'y a que cela seul qui nous fera passer pour ses legitimes Espouses.

III.

Lors que vous estes à l'Oraison, & que vostre partie superieure est dans le cabinet parlant à son Prince, il le faus escouter auec grand respect, luy representer vos besoins auec humilité, & vous bien garder de l'interrompre pour le bruit que vous font le Diable & la Nature, afin de vous oster l'attention : Ne prenez pas la peine de mettre la teste à la fenestre, pour voir ce que c'est : Et apres l'Oraison, ne vous amusez point tant à examiner ce qui s'est passé : Mais par vne humble reconnoissance, dites à nostre Seigneur : Mon Dieu, voila tout ce que ie puis faire, tirez-en vostre gloire s'il vous plaist. Elle disoit que le Diable se seruoit de ce trop grand examen, sous couleur de nous faire humilier, mais c'est pour nous descourager de l'Oraison, nous faisant voir que nous n'y faisons rien que perdre le temps.

I V.

Il faut tousiours demeurer stable dans les vicissitudes, voyant passer toutes choses sans vous estonner, demeurez tousiours égale en vous-mesme, & tousiours contente en quelque accident qui vous arriue, adherant continuellement à Dieu.

Estudiez-vous d'auoir vne telle indifference que vous n'ayez choix, eslection, ny desir, & qu'en voulant toutes choses, vous ne vouliez toutesfois rien. Ne perdez jamais la memoire de vostre Espoux crucifié. Ne soyez jamais singuliere, sinon en amour, suiuant en toutes choses le train de la Communauté, & ne vous permettant rien de particulier. Deuinez s'il se peut ce que nostre Superieure veut de vous, & l'accomplissez comme si nostre Seigneur vous le commandoit de sa propre bouche. Tout le temps que vous aurez hors l'obedience, employez-le à l'Oraison : Sur tout, taschez de demeurer tousiours tranquille au fond de vostre ame auec vostre amoureux Iesus.

V.

Faites grand estat de Dieu, assistez en sa sainte presence auec crainte & reuerence en tout lieu. Ne faites nul conte des aises de vostre miserable corps. Méprisez vos sentimens, soyez côtente d'estre méprisée de toutes, pource que Dieu le veut. Ne refuyez point les confusions, mais demandez à Dieu de les pouuoir supporter. Accoustumez vous pour l'amour de Iesus-Christ à conuerser indifferemment auec toutes, & monstrez vne liberté toute ronde en toutes choses, & que sur tout Iesus regne en vostre cœur, comme souuerain Maistre de tout vous-mesme.

VI.

Faictes toutes vos actions pour le pur Amour de Dieu; Rendez-vous exacte à l'obseruance de nostre sainte Regle, & prompte à l'obeyssance. Soyez si retenuë que vous ne parliez point sans necessité. Ne vous excusez jamais pour peu que ce soit, mais accusez-vous tousiours. Fuyez la moindre imperfection comme la mort. Prisez la bassesse de vostre condition, & voyez comment nostre Seigneur l'a aymée, disoit-elle, parlant à vne Sœur Laye, il a preferé à toutes les grandeurs cette bassesse, luy qui a erigé toutes les Principautez.

VII.

C'est vn bon moyen pour nous aduancer à la perfection d'auoir vne personne qui nous soit fort confidente, afin d'auoir la veuë sur nos actions pour nous ayder à mourir à nous-mesmes; Nous sommes aueugles, & auons besoin de la lumiere d'autruy. O qu'il se rencontre rarement des amies pour l'esprit! Que ie tiendrois chere cette amie qui se rendroit capable de faire creuer la Nature comme vn crapaut.

VIII.

Elle disoit, Soyez prudente comme le Serpent, & simple comme la Colombe, vous accommodant auec l'esprit & l'humeur de celles auec qui vous auez à conuerser, parlant tousiours sincerement, & nuëment, en choses qui ne sont point contre le secret.

IX.

Euitez toute compagnie hors l'obedience, pour demeurer seule auec Dieu; cela ne vous empeschera pas d'aymer vostre prochain; au contraire vous l'aymerez dauantage, car c'est le propre de l'Esprit de Dieu de nous porter à cela.

de Saint Sauueur.

Quoy que vous éuitiez vos compagnes, vous les porterez toutes dans voſtre cœur, ce qui vous rendra plus prompte à les aſſiſter en leurs beſoins.

X.

Apprenez à ne deſcharger vos ſentimens, lors qu'on vous aura repriſe de quelque faute, dont vous eſtes innocente, mais reſiouïſſez vous de ce que noſtre Seigneur vous fait cette grande miſericorde, de permettre que vous ſoyez repriſe ſans eſtre coupable. Si vous en voulez parler, que ce ſoit de cette ſorte. Ie vous prie de loüer Dieu auec moy de ce qu'on croit que j'ay fait telle faute. Cela eſt difficile, mais il y faut trauailler, & en demander la grace à Dieu.

XI.

Il ne ſe faut pas eſtonner que nos actions ſoient mal interpretées, puis qu'on a mal expliqué celles de noſtre bon Maiſtre, quoy qu'elles fuſſent actions d'vn Dieu; mais pluſtoſt s'eſiouyr de luy eſtre ſemblable, pour ſupprimer les mouuemens & paroles de colere, d'impatience, & reſſentimens de la Nature : Dire auſſi *Gloria Patri*, pour glorifier la ſainte Trinité. Cette ſainte Mere conſeilloit de le dire à toutes les heures du iour quand l'horloge ſonne, auec ce Verſet, *Tunc acceptabis ſacrificium*, pour ſe ſacrifier à Dieu comme vn holocauſte, pour eſtre toute conſommée à ſa gloire.

XII.

Ce n'eſt point, diſoit-elle, à nous autres Religieuſes de ſçauoir demeſler les poincts de conſcience, mais bien d'apprendre à aymer Dieu, dautant que nous ne ſommes choiſies que pour cela. Le titre d'Eſpouſes que nous portons ne requiert qu'amour. Toutes nos demandes ne doiuent eſtre que pour ſçauoir nous conformer à la tres-adorable volonté de noſtre Eſpoux.

XIII.

S'il n'y auoit que vous qui connuſſiez vne faute de consequence, vous la pouriez dire à la Superieure, mais s'il y en a d'autres qui la sçauent, tenez-vous en repos, & n'en dites mot. Et quand par obligation vous en parlerez, excusez la personne tant que vous pourrez à mesme temps que vous ferez voir sa faute, & ne vous mettez en peine comme la Superieure s'y comportera, si elle en parlera, ou non.

XIV.

Portez respect à toutes les creatures de quelque basse condition qu'elles soient. I'ay repugnance quand j'entens ces noms de Laquais ou Seruante ; il me semble qu'il faudroit dire, c'est vn homme arriué de la part d'vn tel, pour parler tousiours auec respect de qui que ce soit. Ce qui me donne ce sentiment, c'est de voir que Dieu est aussi bien en ces basses creatures qu'en d'autre plus honorables.

CHAPITRE DERNIER.

Des tesmoignages qu'on a rendus d'elle.

MOn dessein n'est pas de luy faire vn éloge de ce dernier Chapitre, dautant que les fleurs, que ie pourrois y laisser répandre, ne sont pas les semences des fruits que ie me promets de cette lecture. Ie n'y veux mettre qu'vn tesmoignage particulier, mais qui vient de si bonne part, que le merite & la vertu de celuy qui l'a donné, le peuuent rendre public. En effect, pour combien deuons-nous compter l'Illustrissime, & Reuerendissime Prelat, Philippe Cospean Euêque de Lisieux ? Sans faire de réponse à cette question, mais la laissant faire à tous ceux qui connoissent le poids & l'authorité de ses paroles ; Ie me contenteray de mettre icy le discours aduantageux qu'il a tenu de nostre sainte Religieuse.

Ce fut lors qu'allant visiter ses bonnes filles de Hautes-Bruyeres, peu de temps apres la mort de la Mere de saint Sau-

Sauueur, il leur dit en les confolant dans l'affliction qu'elles en auoient. Mes filles, vous auez fait vne tres-grande perte, vous feriez bien infenfible, fi vous ne la reffentiez pas, vous auez perdu cette bonne Mere, qui demeurant toûjours en fa Cellule feruoit beaucoup à cette maifon. Pour mon particulier, j'ay fait trois grandes pertes en cette année, (parlant de perfonnes qu'il cheriffoit fingulierement en noftre Seigneur, pour leur rare vertu) dont celle cy eft la plus grande.

Cette bonne Mere m'auoit depuis quatre ans donné connoiffance de fes exercices. Tout y eftoit bien folide, elle auoit naturellement l'efprit bon, & parloit de fa confcience en bons termes, fincerement, & candidement. Elle a excellé particulierement en vne profonde humilité, en vne grande charité & ponctuelle obeyffance : Mais fur tout elle s'eftoit renduë recommandable à negliger tout ce qui n'eftoit point Dieu. Ie n'ay connû perfonne qui en receuft d'auffi grandes communications, mais comme elle eftoit extremement humble, elle apprehendoit extremément d'eftre trompée.

Elle a vefcu felon les maximes du faint Euangile, & à elle conuient proprement ce paffage de faint Paul fi peu entendu ; *Mortui eftis, & vita veftra abfcondita eft cum Chrifto in Deo* : Vous eftes morts, & voftre vie eft cachée auec Iefus-Chrift en Dieu. Car elle eftoit morte à elle-mefme, fa vie eftoit entierement cachée en Dieu qui s'en referuoit la connoiffance, & fes difcours ne traitoient que de la mortification de Iefus-Chrift. Ie la regardois comme vne Sainte, & la tiens telle. Il paroift bien par ce difcours que ce digne Prelat auoit grande connoiffance d'elle, par ce qu'il femble qu'en ce témoignage qu'il en a rendu foit l'abregé de tout ce liure.

Plufieurs autres que ie ne nomme point, en ont parlé fouuent en termes qui portent vne grande recommandation. Aucuns ont dit qu'elle marchoit par cette voye que noftre Seigneur auoit enfeignée, de renoncer à foy-mefme,

G

de porter sa Croix & de le suiure, & qu'elle faisoit cela parfaictement. D'autres Docteurs & personnes de vertu, ont dit qu'ils ne pouuoient comprendre qu'on pust descendre plus bas dans la connoissance de soy-mesme que cette bonne Mere; qu'elle auoit vn grand discernement des mouuemens de la Grace & de la Nature ; qu'elle estoit de ces enfans, dont parle l'Euangile, ausquels appartient le Royaume des Cieux, à cause de sa grande simplicité & candeur, qu'elle auoit trouué la pierre Philosophale, voulant dire le secret de la Perfection, que la maison de Hautes-Bruyeres possedoit vn grand thresor; que les filles qui la composent, auoient en cette sainte Religieuse, vne voye bien droite pour aller à Dieu, & qu'apres leur Regle, elles n'auoient qu'à suiure celle-là.

Plusieurs Religieuses (que le peril de quelque trouble arriué par la guerre fit sortir de leurs Monasteres, pour chercher ailleurs de la seureté) passant par Hautes-Bruyeres s'estimoient heureuses d'auoir veu cette bonne Mere. Aucunes luy prenoient son Chapelet, d'autres luy coupoient sa ceinture, & luy baisoient sa robe, & toutes s'en alloient auec des paroles de conjouyssance à la maison qui possedoit vne Sainte, vn si grand Thresor, vn si beau Modele de perfection. Si ie voulois donner lieu dans ce rencontre au témoignage domestique, il me seroit aisé de faire voir qu'on l'y consideroit par toutes ces qualitez, & particulierement par les dernieres, de Thresor, & de Modele. Plusieurs dans ces sentimens, qui leur en donnoient de respect pour sa personne, en passant deuant elle, quoy qu'elle fust aueugle, & ne pust voir ce qu'on luy rendoit d'honneur, ne laissoient pas de luy faire de tres-profondes reuerences, & de la regarder de l'œil dont on regarde les choses saintes, c'est à dire de deuotion : Iusques-là mesme qu'aucunes passant deuant sa Cellule, quoy que fermée, faisoient quelque inclination, & donnoient par cét acte exterieur vn signe de l'amour, & de l'estime qu'elles auoient de sa sainteté. Ie ne doute point que plusieurs de ces bonnes filles ne soient mortifiées de la referue qu'on fait de publier plufieurs chofes extraordinaires qui fe font paffées en leur bonne Mere. Mais ie fçay bien auffi qu'elles feront pourtant fatisfaites de ce qui s'en écrit à prefent, en attendant qu'il plaife à Dieu de donner fujet au fupplément de céte hiftoire, & mettre à tel iour qu'il voudra pour fa gloire, ce que nous courons du filence & laiffons dans le fecret. A luy feul foit la gloire de toute penfée, de toute parole, & de toute action.

Viue Iefus & Marie.

MODELE
DE LA
PERFECTION
RELIGIEVSE,
en la Vie de la Venerable Mere
de Saint Sauueur.

Dans le troisiéme estat de la vie spirituelle, de Contemplation
& d'Oraison.

TROISIESME PARTIE.

VOEV
POVR LA TROISIESME
PARTIE DE CE LIVRE,

Au Bien-aymé Disciple de IESVS, & fils adoptif de MARIE.

Rand Saint, apres vous auoir rendu l'honneur que ie dois à la dignité, qui est en vous selon les titres glorieux qui vous rendent considerable en l'Eglise comme Apostre, Prophete, Euangeliste, Martyr, & Vierge, & ce qui surpasse tout cela, comme le Bien-aymé Disciple de Iesus, & le fils adoptif de sa sainte Mere : Ie prends la confiance de vous dédier ce petit Recueil d'vne vie Sainte & Religieuse, que i'ay dressé pour estre offert au cœur des amours, & à l'amour des cœurs l'aymable Jesus, dont vous auez esté le bien-aymé, pour en receuoir vne benediction, dont le fruict s'estende sur moy, qui vous en fais la priere, & sur toutes les personnes qui liront cette Histoire Religieuse.

Plusieurs motifs m'ont obligé de m'adresser à vous pour cet effect, dont le premier est que ie vous ay consideré comme vn des premiers Modeles que nous ayons dans l'Eglise, du genre esleué d'oraison, de contemplation, de quietude, & d'vnion ; Comme le Patron des ames, qui dormant auec vous sur le sein de Nostre Seigneur, y font plus que ceux qui veillent par tout ailleurs ; comme vn Exemplaire parfait de vie abstraite & cachee, de martyre d'esprit & d'amour.

Le second Motif que i'ay de vous dédier cette troisiesme Partie sur le suiet de l'oraison, est que vous auez esté le premier des Docteurs en Theologie Mystique, & que Saint Denis vous ayant visité, a sans doute apris de vous ce que vous auez apris de Iesus-Christ, & ce qu'il nous a dit de la science des Saints.

EX Pel. Sixt. 4. pro ref. Mon. D. Mag. Aurel. an. 1474.

Le 3. Motif de ce vœu est pris du rang que vous tenez dans l'Ordre de Fontevrault, où selon les fins de cét Institut, la Dedicace du premier Temple se fait au nom de la Ste Vierge & celle du second en vostre nom. Ce qui se fait de bien dans cet Ordre vous est acquis, comme à la sainte Vierge, selon l'estroite liaison d'amour qui fut faite d'elle & de vous sur le Caluaire, dont les Maisons de ce saint Ordre font profession de conseruer, non seulement la memoire, mais aussi la grace & l'esprit.

C'est donc à vous, grand Saint, Disciple Bien-aymé, qu'appartient ce qui doit estre rapporté des actions Religieuses d'vne seruante bien-aymée de Iesus, & vous ne tiendrez pas que ce soit vne offrande indigne de vostre grandeur, s'il vous plaist, de la regarder des yeux de vostre
cha-

charité. L'Eglise mesme me donne cette confiance en nous donnant & nous obligeant à lire l'Epistre que vous auez escrite à la sainte Dame Electa, auec pareille attention & reuerence que vos autres œuures, où vostre esprit plus esleué n'estoit pas plus à Dieu, qu'en vous abaissant pour donner pasture à cette Colombe esleué.

Le nom qu'a porté celle dont i'ay descrit la vie, & les voyes, ayant esté le vostre, c'est encore vn motif de vous presenter des actions conformes à la grace dont il est remply. Ce qui me donne suiet de faire reflexion sur moy-mesme, & de vous coniurer qu'ayant aussi l'honneur de porter vn si S. Nom, il vous plaise de m'obtenir les graces necessaires pour respondre aux obligations de mon Baptesme où ie l'ay receu, aux deuoirs du Sacerdoce royal, & aux fins du S. Sacrifice que i'ay celebré pour premiere fois au iour de vostre feste; afin que ma vie soit celle d'vn enfant, & d'vn Prestre de l'Eglise, & que reposant si souuent durant la Cene, sur le sein du Sauueur, i'ayme tout ce qu'il faut aymer pour en estre bien-aymé, & que i'aprenne à demeurer debout en fidelle, comme vous au pied de la Croix, en la compagnie de la sainte Vierge, pour auoir part à la gloire de Iesus-Christ ressuscité.

Voila les Motifs du vœu que ie fais à vostre grandeur en ce iour de vostre Feste, où ie me sens attiré par amour vers mon cher Patron, le plus éminent de tous les Apostres en ce qui regarde les lumieres extraordinaires & connoissances de la Diuinité, qui vous ont esleué iusqu'au dessus de S. Pierre mesme. Mais ce que i'admire en la hauteur de vostre vol, est que l'Aigle a ployé les aisles pour s'humilier au dessous du fils de la Colombe, en se tenant inferieur en

Orig. l. o. 2. in diuers.

Hh

authorité à ce Chef de l'Eglise vniuerselle. D'où ie prends suiet, en vous dédiant cette Histoire, de protester que s'il y auoit quelque trait de plume contraire à ce qu'il faut croire, ie le desaduouë, & ie le sousmets de tout mon cœur à la correction de ceux qui sont mes Maistres en l'Eglise, à laquelle ie veux viure & mourir fidelle, en tesmoignage dequoy i'ay signé ce present escrit.

Iean Auvray, Prestre indigne.

Fait à Montfort, apres la sainte Messe, le iour de saint Iean l'Euangeliste.

MODELE
DE LA
PERFECTION
RELIGIEVSE,
Dans le troisiéme estat de la vie spirituelle,

En la Vie de la Mere de Saint Sauueur.

TROISIESME PARTIE.

De son Oraison & de ses effets.

CHAPITRE I.

E faisant pas vn Traité de l'Oraison, mais seulement vn recit particulier de l'vsage qu'en a fait vne ame Religieuse, ie ne dois pas m'estendre à parler de ce qu'on peut voir touchant ces voyes extraordinaires, dans les Liures des Theologiens plus sçauants en telles matieres, qui en connoissent les sentiers & les adresses, tant par estude que

Hh ij

par vne longue & sainte experience. Quoy que dans l'hiſtoire Sainte & Religieuſe, nous trouuions des endroits où l'on a traité ce ſujet, ce n'a eſté qu'en paſſant & en abregé, comme ont fait aucuns des Autheurs Modernes, écriuant de la vie de ſainte Thereſe, à qui Dieu dans ces derniers temps s'eſt communiqué par tant de graces fort extraordinaires. Le vol que prit cette Colombe arreſta la veuë de pluſieurs Aigles, qui pour en iuger employerent tout ce qu'ils auoient de lumiere de la raiſon & de la grace.

Ceux qui voudront mieux iuger des choſes qui concernent cête matiere, n'ont qu'à conſulter le Pere Rodrigue Aluarés Ieſuite, au liure & Recueil qu'il a fait de pluſieurs cas particuliers, & pluſieurs regles pour ſçauoir diſcerner les eſprits; La lettre du ſaint Preſtre Auila, Iuge ſçauant en ces matieres ; Le jugement du Pere Louys de Leon, Religieux de l'Ordre de ſaint Auguſtin, qui ſert de Prologue à la vie de ſainte Thereſe écrite par elle ; Les deux premiers Chapitres qui ſeruent d'introduction au liure écrit par Ribera, de la vie & des graces de la meſme Sainte, qui ſont cômme vn Recueil de tout ce qu'on peut deſirer ſur ce ſujet de l'hiſtoire Eccleſiaſtique, & d'ancien & de nouueau. Et pour auoir pluſtoſt fait, il ne faut que lire ce qu'a écrit l'Euéque de Tharaſſonne au Prologue du Liure qu'il a fait de la vie de ſainte Thereſe, où ces Autheurs & autres tres-conſiderables, ſont rapportez auec des lumieres de doctrine & d'elegance dignes de l'aſſemblée, & du merite de tant de doctes Maiſtres de l'Egliſe, & de ſes Peres produits dans vn ſi beau liure.

Selon ce qu'ils ont écrit ſur pareils ſujets, on pourroit faire vn jugement fauorable des choſes extraordinaires qui ſe ſont paſſées en la Mere de ſaint Sauueur, on en pourroit faire auſſi quelque Relation, d'où quelques ames tireroient du fruict. Mais on trouue encore plus à propos de ne rien dire de ces voyes, & de ces dons qu'on appelle gratuits, qui pour jetter plus d'eſclat ne ſont pas pourtant d'vn prix égal, auec les dōs qui fanctifient l'ame, & qui font plus cachez. Les plus rares parties du Ciel ne font pas celles qui rendent plus de lumiere. Ce qu'il y a d'éclat aux graces extraordinaires & gratuites, eſt d'ordinaire ce qui eſt plus confideré, mais ce n'eſt pourtant ce qui eſt plus confiderable : Et comme au Ciel naturel ce que les Aſtres ont de lumiere n'eſt pas en eux, tant pour le Ciel que pour la Terre; ces graces gratuites font aux ames faintes, pluſtoſt pour le prochain que pour elles meſmes. Ce qu'il y a de meilleur & de plus aſſeuré dans ce degré d'Oraiſon, accompagné d'effets extraordinaires & extatiques, eſt l'abaiſſement d'eſprit & de cœur, où ſe tient l'ame pendant ſon éleuation, comme on peut voir par les exemples que nous en auons dans l'hiſtoire Sainte, & dans la vie de cette Religieuſe.

CHAPITRE II.

De ſa maniere d'Oraiſon.

IL y a bien de l'apparence que ſa maniere d'Oraiſon eſtoit vne Oraiſon qu'on appelle paſſiue, de quietude, ou de ſilence, qui ſe fait par la ceſſation des facultez de l'ame, qui lors eſt plus ſouffrante qu'agiſſante; & c'eſt ce qu'on appelle dans la Theologie Myſtique, ſelon ſaint Denis, *Pati diuina*, ſouffrir les choſes diuines. En cét eſtat l'ame eſt tellement occupée de Dieu, ſelon tout ce qui eſt en elle, c'eſt à dire, ſelon toute ſa capacité de nature & de grace, qu'elle ne peut dire ny diſcerner où, ny comment cela ſe fait, & céte voye eſt plus par puiſſance, & operation de Dieu en l'ame, que par des actes de l'ame vers Dieu. Le meſme eſtat peut eſtre enuers N. Seigneur Ieſus-Chriſt, quand il luy plaiſt occuper & poſſeder vne ame par la puiſſance de ſon eſprit.

C'eſt céte Oraiſon dont parle du Pont en la vie d'Aluarés, qui n'eſt pas Meditation, mais elle en eſt la fin; le but, &

le terme, dautant que tirant l'ame de la multitude des actes de l'imagination, & du raisonnement, & liant ses trois facultez ensemble, elle les vnit en Dieu pour en estre remplies & pleinement possedées. En cét estat il ne faut qu'écouter & receuoir, selon ce mot du saint Esprit, Eccles. 32. 9. *Audi tacens & pro reuerentia accedet tibi bona gratia.* C'est en cét estat que l'Espouse dort, & que l'Espoux luy parle; c'est le poinct d'éleuation où nous lisons, que sainte Therese fut éleuée apres dix-huict ans entiers qu'elle employa dans l'exercice de l'oraison ordinaire.

Ce qui est plus extraordinaire, c'est que la Mere de saint Sauueur ayt esté si-tost attirée à cette façon de prier. En effect, son premier Directeur, qui estoit vn homme fort entendu en ces matieres, comme il paroist par ses écrits, la voyant si-tost dans l'estat de Magdeleine, & craignant que deuenant trop interieure, elle se rendist inutile aux actions exterieures, il s'efforça pour diuertir ces traits de la reduire aux emplois de Marthe, par des actes multipliez de l'entendement & de la volonté. Cette bonne Damoiselle (car elle estoit encore au monde) faisoit de sa part son possible pour se laisser conduire par ce chemin, & se destourner de l'autre. Mais Dieu qui la vouloit en cét estat, l'attiroit toûjours à l'écouter plustost qu'à luy parler. Elle a dit depuis, que lors qu'il plust à Dieu la dépoüiller des Images des choses exterieures, elle sentit vn si grand changement en son interieur, qu'elle ne se connoissoit plus, & ceux qui la dirigeoient luy demandant quelque comparaison qui leur fist connoistre son estat, elle leur répondit qu'il luy sembloit estre comme en vn lieu vaste & vuide, que les puissances de son ame ne pouuoient plus estre occupées que de Dieu, & qu'elle ne pouuoit plus agir.

Ie disois tantost, comme ie l'ay apris de ceux qui ont escrit sur des matieres si delicates, que l'ame ne peut dire ny discerner où, ny comment le tout se passe. En effect, quand la Mere de saint Sauueur dans la crainte d'estre trompée, vouloit consulter les gens doctes & spirituels, elle auoit

de Saint Sauueur.   247

vne peine incroyable à dire ce qui se passoit en elle, & à retenir les resolutions qu'on luy donnoit. Si bien qu'il luy fallut auoir recours à vne Religieuse de la maison, qui luy fut donnée par sa Superieure, pour en auoir soin, qui conseruoit le souuenir des choses qu'elle pouuoit luy dire, & luy representoit dans son besoin les conseils qui luy auoient esté donnez.

Fille, disoit-elle, retenez bien ce qu'on vous dit pour m'en ayder à mon besoin, car ie me suis tellement accoustumée à ne m'arrester à rien, que j'ay besoin de tout secours. Cela est cause qu'on a sceu peu de graces que Dieu luy a faites, parce qu'elle negligeoit tout ce qui se passoit d'extraordinaire en son Oraison, & n'en faisant point d'estat, elle n'en parloit qu'autant qu'elle craignoit d'estre trompée. La Sœur qui receuoit son secret, estoit exacte à le recueillir, & pour n'en rien perdre, écriuoit ce qu'elle auoit entendu d'elle. Or comme vn iour elles estoient toutes deux deuant leur Confesseur, la Sœur luy dit ce qu'elle auoit écrit qui estoient choses fort particulieres, surquoy la Mere demeurant toute confuse, luy repartit; Vous ay-je dit cela, fille; ie ne m'en souuiens plus, où l'auez-vous pris? Ie ne puis croire vous l'auoir dit. Ce qui est souuent arriué ; elle adjoustoit, il ne faut point faire d'estat de toutes ces choses.

Quand elle parloit de son Oraison, elle disoit qu'elle estoit deuant Dieu, comme vn tableau deuant son Peintre, pour y laisser crayonner tout ce qu'il luy plairoit. O mon Dieu, disoit-elle, me voicy deuant vous, acheuez vostre ouurage, ie ne veux que l'accomplissement de vostre sainte & adorable volonté. Ainsi elle demeuroit souffrante par tout ce qui plaisoit à Dieu.

Ce qu'il y a donc d'extraordinaire en la conduite de Dieu sur cete ame, à l'égard de son oraison, c'est que dés son entrée en la sale de nopces, dés que la mort de son mary luy fit entendre aux graces d'vn autre Espoux immortel qui s'offrit à elle, qu'elle receut, & qu'elle n'a jamais quité de- *Voyez la vie de S. Th: par M l'Euêq de Tharass p. 153. & seq.*

puis; Son habit d'épouse se trouua si beau, si juste & si conuenable aux desseins de Dieu sur elle, qu'on l'a fait monter au haut bout de la table du festin où l'on mange cette viande vnique, & inuisible, dont Iesus-Christ estoit luy-mesme nourry, qui n'est autre que l'vnion de cœur à cœur, & la conformité de volonté, qui fut la voye où tout d'abord Dieu l'appella par vn trait de sa prouidence, qui luy donna pour premier Directeur vn homme celebre par l'experience qu'il auoit dans les choses spirituelles, & par le liure qu'il a fait de la conformité de la volonté de l'homme à celle de Dieu.

Il est vray que le Pere Benoist Capucin, qui fut le premier Directeur de nostre Religieuse, encore alors seculiere & dans l'estat de son veufuage, la fit passer au commencement par les exercices ordinaires de la vie purgatiue, dont elle parloit sous la comparaison de pain bis, & des croutes du pain, & des plus dures croutes. Il luy fit vser du pain des larmes & de douleur. Il l'abreuua du vin de compunction, il donna ordre que son Confesseur la menast par la voye des pratiques ordinaires de vertu, surtout de mortification selon les sujets qu'on luy en faisoit prendre en la Meditation des souffrances de Iesus-Christ, de sa vie penible, & de sa mort en Croix. Mais apres six mois de temps qu'elle eut mangé de ce premier pain que la loy donne, & dont les Prophetes ont esté nourris; apres qu'elle eut vsé de celuy qui se trouue en la doctrine des Apostres, que chacun peut prédre selon qu'il est coupé pour les petits dans les Escrits des Peres, & dans la Vie des Saincts : Deslors Magdelaine sentit vn attrait qui l'a fit monter des pieds à la teste du Sauueur, & l'esprit de Dieu qui doit estre la regle de tous les Directeurs, fit connoistre au Pere Benoist qu'il vouloit faire gouster à cette ame le mets delicieux, & le repos que la sainte Espouse souhaitoit au temps du midy, ie ne sçay quoy qu'il n'est pas en moy de dire, que la chair & le sang ne peut gouster, que saint Pierre trouua dans le sein du Pere Eternel, S. Paul au troisiéme Ciel, & S. Iean à la Cene sur

D. Ber. ser. 34. in illud Cant. Indica mihi vbi pascas in meridie, p. 671.

la poictrine de Iesus-Christ, où l'on dort mieux qu'on ne veille par tout ailleurs.

Le P. Benoist estonné de voir, que la force de ces premiers traits auoit si tost fait atteindre la fin de son liure à cette ame, craignant que la Colombe eut pris d'abord vn vol trop éleué, & que céte vertueuse veufue entrant trop a-uant en céte voye interieure, se rendit inutile aux actions journalieres, tascha de la diuertir & de la faire retourner au soin des troupeaux. A quoy céte ame fidelle taschoit de sa part d'obeïr & d'entendre selon son possible aux sujets de distraction qui luy estoient prescrits comme necessaires. Et suiuant le conseil qui luy fut donné, elle resista tant qu'elle pust à la suspension & au recueillement d'esprit qu'elle sentoit, essayant d'arrester son entendement en des considerations vtiles, & de l'occuper par les exercices ordinaires de la Meditation. C'estoit alors tout ce qui se pouuoit faire de meilleur de sa part, que d'estre docile & d'obeïr à son Directeur en laissant faire Dieu d'ailleurs, dont les desseins furent accomplis, en faisant connoistre à ceux qui côduirent céte ame, qu'il n'estoit pas en son pouuoir de faire autrement, que ce qui l'esleuoit estoit vn trait d'vn autre esprit que l'humain, & que c'estoit Dieu qui luy donnoit les aisles, dont elle se seruit pour chercher dans la solitude & hors du monde, vne retraite où l'Espoux luy parlast au cœur.

Comme nous auons dit en l'histoire de sa vie, son premier vol fut au Monastere des Capucines de Paris: c'estoit vn lieu propre à suiure l'atrait dont nous parlons: mais c'estoit pourtant ailleurs que sa demeure estoit marquée. Son second vol la tourna depuis vers vne autre maison de Religieuses, tant veufues que filles, ainsi que j'ay dit cy-deuant.

On luy fit prendre vn troisiéme vol en l'Abbaye de saint Sauueur d'Evreux, où elle demeura prés d'vn an: Mais la Prouidence Diuine la voulut encore enleuer de ce lieu pour l'arrester pour tousiours à Hautes-Bruyeres. Ce fut en céte solitude que Nostre Seigneur luy voulut parler au cœur, & en la façon qu'il a fait depuis dans l'éloignement & l'abstraction de toutes choses, & par vne voye d'Oraison qui rapporte à la façon d'agir des Anges & des Bien-heureux dans le Ciel, qui fait l'ornement de la solitude & des Cloistres, & qui est vn effect de l'esprit primitif de la maison de Hautes Bruyeres, selon qu'on peut voir dans l'histoire sainte, où il est dit des anciennes Religieuses de céte famille, qu'on les appelloit *les Muetes* par l'estroite observation d'vn silence exterieur, qui contribuant au silence interieur des facultez de l'ame, les rendoit capables d'vne plus parfaicte vnion auec Dieu, & les mettoit dans cét estat de quietude qu'éprouuent les Saincts, & que Surius explique en disant que ces saintes filles estoient où l'Espoux repose au midy, *In thalamo sponsi.*

Or ce qui fait la gloire de ce Monastere doit passer en leçon à celles qui l'habitent d'aspirer au bien de leurs Meres, en faisant seruir à la fin de leur ordre & de leur profession, ce qu'elles ont d'ancien & de nouueau, ce qu'elles ont d'ancien en l'exemple de deux cens Religieuses, dont il est parlé comme d'autant de Saintes en la vie de saint Pierre, Archeuéque de Tarentaise, qui les ayant visitées durant qu'il estoit en France, pour consacrer vn Autel en leur Eglise, demeura tres-edifié d'auoir senty toutes les odeurs de vertu qui remplissoient ces Temples animez, & qui sortoient par leurs oraisons de l'huyle & du feu de leurs lampes: Ce qu'elles ont de nouueau dans la vie vrayment Religieuse de la Mere de saint Sauueur, qu'il a plû à Dieu de conduire dans leur maison pour y renouueller l'Esprit primitif, & l'ancienne vertu, pour en susciter les sainctes semences, pour en faire voir des fleurs & des fruicts.

J'ay fait voir en quoy l'on peut l'imiter, & reuenant à ce qu'on en doit admirer, c'est comme j'ay dit, qu'au lieu que plusieurs ames, comme entre les autres sainte Therese, souffrit long-temps plusieurs ariditez, & plusieurs absences de Dieu dans la voye commune, auant qu'elle en reçoiue les visites & communications que nous lisons dans les liures, nostre sainte Religieuse fut esleuée à Dieu par cette maniere d'oraison, qu'on appelle de simple regard & de quietude, de sainte assiduité & d'vnion parfaicte, où l'ame selon saint Denis & autres Contemplatifs, est plustost patiente qu'agissante, qui la met dans vn estat de vie sur-eminente, en la façon dont en a traité tres-éminemment Monsieur le Cardinal de Richelieu, suiuant & surpassant comme vne Aigle Maistresse, le vol de tant d'autres qui ont écrit sur cette matiere; ce traité comprend tout ce qui se peut dire de plus haut & de plus parfait sur vn sujet si éleué, & c'est vne des meilleures regles qu'on sçauroit choisir pour juger bien-tost des choses extraordinaires pareilles à celles dont ie fais icy le recit.

M. le Card. de Rich. l. de la perfection du Chrestien, aux ch. de l'oraison.

CHAPITRE III.

Les moyens qui ont fait connoistre quelle estoit la voye de la Mere de saint Sauueur.

ON a connû quelle estoit sa voye par ses traces & par ses odeurs. On en a iugé 1. Par la façon dont elle en parloit. 2. Par vn exercice spirituel qui luy seruoit de regle pour l'interieur. 3. Par la priuation de la veuë corporelle, 4. Par les effects de son oraison.

Par la façon dont elle parloit de son estat interieur qu'elle representoit sous la comparaison d'vne chambre, dont on auroit osté tous les meubles, monstrant ainsi que Dieu vuida son ame de toutes sortes de formes, images, considerations & Méditations conuenables aux commencemens, pour l'attirer à des biens spirituels, & la faire paruenir au terme d'vn souuerain repos, qui fait demeurer Dieu dans l'ame comme dans son propre lieu, le remplissant seul, & faisant d'elle en elle, & aussi par elle l'œuure de sa grace & de son amour auec tant de facilité & de suauité, & par des traits si purs, si simples, & si intimes que l'ame ne pense pas agir, & n'agit en effect qu'en se tenant presente à Dieu, consentant & cooperant à son bon plaisir, sans pouuoir agir autrement, & faisant toutesfois ce qu'elle fait auec la liberté, qui est necessaire au merite que l'ame reçoit en ces estats. D'autresfois parlant de sa disposition interieure, elle se disoit comme vne table d'atente. Et certes, à bien considerer toute sa vie on peut bien dire que la verité respondoit à céte figure, car elle estoit entre les mains de ses Superieurs, comme estoient entre les mains de Moyse les tables de pierre, pour estre par eux conduite au sommet de la montagne, & pour y receuoir l'impression du doigt de Dieu.

Elle representoit encore sa disposition interieure à l'oraison, par la comparaison d'vne statuë deuant son Sculpteur, qui est la mesme, que le B. François de Sales employe en ses liures, pour faire connoistre l'estat d'vne ame au degré d'esleuation dont nous traictons, ce qu'on peut voir principalement en l'Epistre 53. du second liure, en laquelle il instruit vne sainte veufue, la digne Mere de Chantal a demeurer auprés de Dieu dans vne douce & tranquille attention de cœur, dans vn doux endormissement entre les bras de la sainte Prouidence, & comme vne statuë, ainsi, dit-il, qu'estoit sainte Magdelaine aux piés de nostre Seigneur sans dire mot, sans remuër, & peut estre sans le regarder, en écoutant ce qu'il disoit, cessant d'écouter quand il cessoit de parler, & demeurant tousiours deuant luy. Céte sainte Disciple profita beaucoup de céte leçon, dont elle a dit depuis, que c'est vn moyen par lequel Dieu faisant tout dans vne ame, y fait bien de l'ouurage en peu de temps, mais qu'il y en a si peu qui s'y disposent, que comme disoit son Directeur, elles sont vniques de leur Mere, qui est la Diuine Prouidence. Or faisant l'application de ces discours à la vie de nostre bonne Religieuse, jugeant de son estat, parce qu'on dit des esprits si éclairez, il n'y a point de doute qu'elle a esté de ce petit nombre d'ames parfaites, qui sont vniques de leur Mere.

En la vie de la M. de Chãtal au ch. de ses maximes & enseignemens sur l'oraison.

La comparaison de chambre sans meubles & sans ta-bleaux, monstre qu'elle estoit vuide de tout ce qui n'est pas Dieu, pour estre mieux occupée de luy, selon le mot d'vn grand Saint, qui dit des Apostres qu'ils estoient tres-pleins, parce qu'ils estoient tres-vuides. La comparaison de la table d'atente, monstre qu'en son cœur il n'y auoit rien qui pust empescher que Dieu n'y grauast la loy de son amour, & celle du prochain en des characteres de feu ; & par la poincte des traits de ce double amour, qui est comme vn enfant jumeau de la contemplation. Et la comparaison de la statuë deuant son Sculpteur, où qui demeureroit dans sa niche ; fait voir que la Mere estoit seulement capable de souffrir les impressions de Dieu, de laisser agir Dieu, de consentir à ses desseins, de demeurer en sa niche deuant luy, ou, comme elle disoit dans son petit coin. Que si Platon a dit qu'entre les pierres, il n'en est point de plus heureuses que celles qu'on fait seruir aux Autels ; tournant sa pensée en vn sens plus haut, Chrestien, & Mystique, Ie puis bien dire qu'entre les pierres celles-là sont les plus heureuses, qui sont choisies pour le sanctuaire, & qui se trouuent disposées à souffrir la sculpture necessaire pour estre dignes d'y entrer & d'en faire vn ornement : Comme au contraire, ce sont pierres tres-communes & de bas prix, que celles qui sont, ou si tendres & douïllettes, qu'au moindre coup de ciseau on les brise & met en pieces ; ou si dures qu'on y rompt ciseaux & marteaux, sans y pouuoir rien faire de l'œuure de Dieu. Ces sortes de pierres ne sont pas propres à estre mises en œuure, pour auoir place en aucune partie du Temple, où les autres sont bonnes à faire l'ornement du Tabernacle, qui est le lieu de repos du Fils de Dieu.

In Apostolis multū erat pleni quia multumerat vy

CHAPITRE IV.

L'Exercice spirituel qui luy seruoit de regle pour l'interieur.

JE pense pouuoir dire, auant qu'exposer cét exercice au jugement des Lecteurs, ce qu'a dit saint Bernard des sens cachez dans le Cantique, que si le cœur est sans amour, l'esprit s'efforce en vain d'entendre vn ouurage qui n'est que d'amour. Qui le voudra voir à present selon l'ordre & le sujet qui m'en fait icy parler, le trouuera sur la fin du liure où ie l'ay mis pour en donner l'explication en suite, jugeant que l'vn & l'autre estant de trop longue estenduë, apporteroit trop d'interruption au recit des choses que j'ay maintenant à dire. Il suffit qu'on sçache que ce fut de cét exercice, dont la Prouidence de Dieu prit sujet de luy former deux aisles d'Aigle grande & forte, dont elle fut portée au desert comme au lieu qui luy estoit propre. Ces deux aisles sont *l'abstraction & le silence*, qui sont les deux principaux moyens donnez par les Contemplatifs, pour s'esleuer jusqu'à l'vnion parfaicte de Dieu, & qui font tout le secret de l'exercice proposé. Ce fut aussi le mesme exercice qui seruit à l'entretien de l'Aigle au desert, par la vertu qu'il a de céte Manne cachée, que Dieu a promise à ceux qui le seruent dans la plus excellente voye qui est celle de l'amour. Celuy qui nourrit les petits corbeaux, qui fait seruir la rosée aux fleurs, les fleurs aux Abeilles, & les Abeilles aux hommes, eut vn soin tout particulier de pouruoir céte ame fidelle de graces conuenables à sa vocation. Il faut adjoûster que ce mesme exercice ayant esté le principe d'vne grande & longue croix à la Mere de S. Sauueur, la fidelité de son ame à la souffrir, en a fait aussi le principe d'vne grande & longue gloire, comme nous verrons dans la suite.

datæ sunt mulieri alæ duæ aquilæ magnæ vt volaret in desertum locum suum. Apoc 12.

CHAPITRE V.

Que la Mere de saint Sauueur ne se porta pas d'elle-mesme à cette maniere d'oraison & de vie, mais qu'elle y fut attirée.

A L'approbation qui fut donnée à son exercice spirituel, les Docteurs adjousterent cét aduis, ou cét ordre. *Il faut que la personne qui s'en sert ne se iette pas d'elle-mesme dans le dépoüillement, & si Dieu ne l'attire, il est à propos qu'elle s'occupe en des actes, mais doucement, simplement, & sans effort.*

L'aduis venant d'vne si bonne part fut receu, comme il estoit conuenable, auec respect & deference par l'humble seruante de Iesus-Christ ; Mais l'atrait fut plus fort, qui continuant tousiours à la preuenir, à l'appeller & attirer, elle s'y laissa conduire par le Maistre des Docteurs. Elle prenoit l'arrosoir d'en-bas dans les liures & dans les methodes ordinaires, mais Dieu faisoit seruir l'arrosoir d'en-haut aux accroissemens qui se faisoient en elle.

Thaulere grand Contemplatif & Maistre en cette science, a dit qu'il n'y a point de plus vtile conseil, que d'aspirer & tascher d'entrer dans le degré de conteplation. En effet, il en parle par vn terme qui seble conseiller de s'establir dans cette voye. Il y en a d'autres qui donnent à present des clefs pour entrer dans le Sanctuaire, & pour marcher seurement dans ces tenebres lumineuses, comme le Docteur Antoine Royas Prestre Espagnol, en son liure de la vie de l'Esprit, traitant des moyens de s'auancer en l'exercice de l'oraison, & d'auoir vne grande vnion auec Dieu. Mais la plus seure & plus commune est, qu'il est meilleur de n'y pas entrer de soy-mesme demeurant aux premiers degrez, s'auançant par les pratiques ordinaires, & n'osant pas aspi-

<small>Nihil hoc consultius nihil vtilius quam in obscuritate quadam & ignorantia se constituere, Thaul.</small>

rer à l'éminence d'vn tel estat, ny le demáder, ny le desirer, & moins encore y tendre sans vn mouuement particulier & bien reconnu de son esprit, qui en doit seul faire les ouuertures, qui en est le guide, la lumiere, la voye & la verité. Comme ce pain de pur froment est le pain des enfans de Dieu, personne ne doit tant presumer de soy-mesme que de s'asseoir au haut bout de la table où l'on le mange, sans y estre conuié. Il se faut contenter de ramasser auec les Apostres les restes des pains que nostre Seigneur multiplia dans le desert.

Plusieurs esprits sont capables de la Meditation, les vns plus, les autres moins, & fort peu le sont de la contemplation. On cherche Dieu dans la pratique de la premiere, & il faut se laisser trouuer dans l'excellence de la seconde, comme a dit vn grand Cardinal. Or il est certain que la Mere de saint Sauueur s'est laissé trouuer & mener dans céte excellente voye, & que Dieu l'y a conduite par sa Prouidence, qui a fait seruir les causes secondes à son dessein. L'histoire de sa vie fait voir que d'elle-mesme elle se tenoit aux valons à cueillir l'hysope, & n'auoit aucune pensée d'estendre ses bras jusqu'au Cedre du Liban, qu'elle se contentoit d'estre aux pieds de l'Espoux, & s'estimoit indigne du baiser de sa bouche, qu'en admirant le vol des Aigles elle ne pensoit pas seulement pouuoir prendre celuy de la Colombe.

Mais Dieu qui se plaisoit en son humilité, la voulut bien-tost éleuer de l'hysope au cedre, des pieds au baiser de la bouche, du vol de la Colombe au vol de l'Aigle. C'est ainsi que sa Prouidence en disposa, en luy donnant dans le monde le premier Directeur qu'elle eut, en l'appellant du monde dans la solitude pour luy parler dauantage au cœur, en la priuant de la veuë, & la tirant ainsi des fonctions de Sœur Laye, que l'humilité luy auoit fait choisir, & des autres offices où l'on la desiroit dans la maison de Hautes-Bruyeres, pour la tenir mieux dans l'interieur du desert, dans vne plus grande abstraction de toutes les choses

ses visibles du monde present, dans la retraite de sa petite Cellule, dans la solitude du cœur,& dans le mysterieux silence de toutes les facultez de l'ame,qui fait entendre plus parfaictement l'harmonie du Ciel, & la voix de Dieu,selon qu'il luy plaist de se communiquer à l'ame, & d'agir en elle par le genre esleué d'oraison dönt nous parlons.

CHAPITRE VI.

De la priuation qui luy arriua de la veuë corporelle que Dieu fit seruir à son recueillement interieur.

IE sçay qu'vn Autheur a fait vn Recueil des saints Aueugles, mais ne l'ayant pû rencontrer apres plusieurs enquestes & recherches que plusieurs en ont faites, selon le desir que j'auois de le faire seruir à mon dessein dans ce liure; Ie me suis contenté des exemples que m'a pû fournir la lecture que j'ay faite de l'histoire Sainte, qui me sont venus, & se sont offerts à moy par l'ordre de la Prouidence, qui m'a soustenu par tout dans céte voye où ie suis entré. Il est vray qu'il ne manque pas d'aueugles au monde, & il est vray aussi qu'il n'y en a pas beaucoup de Saincts, comme remarque vn Escriuain sacré de ce temps : Ce qu'il semble rapporter à la peine qu'il y a de souffrir en la perte des yeux, la priuation de tous les sujets de joye,& des plaisirs mesme legitimes qui se peuuent prendre par le bon vsage de la veuë, par l'employ qu'on en fait au seruice de Dieu, & des autres puissances du corps qui tombent en interdit,quand elles ont perdu leurs guides.

D'autre-part saint Augustin dans l'Examen qu'il fait de ce sens en écrit, comme ont fait quelques Payens mesme, en luy attribuant plusieurs desordres qui ne seruent que d'empeschement à l'esprit, qui veut s'esleuer au dessus des

Kk

choses visibles par le moyen de la contemplation, & d'vne lumiere diuine qu'on ne peut voir sans l'aimer, & qu'on ne peut aymer sans haïr, ou peu considerer la lumiere naturelle, qui a autant de dangers qu'elle presente d'atraits. C'estoit de cete diuine lumiere dont ce saint Docteur entendoit parler, quand il souhaitoit d'estre du nombre de ces aueugles clairuoyans, dont il rapporte les noms; d'Isaac, de Iacob, de Thobie : D'Isaac, lequel ayant les yeux fermez par vne extrême vieillesse, en benissant ses enfans qu'il ne connoissoit pas, merita d'auoir quelque iour des veritez diuines, dont cette action n'estoit que la figure. De Iacob dont la veuë estant affoiblie, & n'ayant plus de discernement pour les choses visibles, eut le bon-heur de découurir par des rayons diuins les generations futures, croisant les bras auec mystere sur ses nœueux, non pas comme Ioseph le pretendoit au dehors, mais selon ce qu'il voyoit au dedans. Du saint homme Thobie qui priué des yeux corporels, ne laissoit pas d'estre vn guide asseuré pour dresser son fils dans les voyes de salut. Ie ne sçay si l'on doit mettre en ce nombre l'Apostre saint Paul, pour le peu de jours qu'il fut aueugle ; Mais il est certain que Dieu fit seruir cét estat de priuation de lumiere naturelle, pour en faire vn homme d'oraison, & pour l'esleuer à des visions & des connoissances extraordinaires, qu'il dit n'estre point entrées par la voye des sens au cœur de l'homme. Ainsi l'on peut dire que l'aueuglement l'a fait saint, en luy fermant les yeux pour le mieux éclairer, & que les veuës interieures qu'il eut de Dieu, & les choses qui se passerent en luy, furent autant de poincts de doctrine celeste, dont cét aueugle deuint parfaitement illuminé.

  C'est le nom de clairuoyant & d'illuminé que donnoit saint Hierosme à Dydime, aueugle Saint, & celebre dans l'histoire de l'Eglise, qu'il alla consulter jusques dans l'Egypte en Alexandrie, d'où sa reputation s'estendoit par tout comme d'vn homme remply de sagesse, de vertu, & des sciences mesmes qui pour estre acquises semblent exiger

D. Aug. Côf. lib. 10. c. 34.

Non opus habebat alia doctrina, sed quod accide-rat doctrina erat, D. Chr. hom in c. 9.

absolument l'vsage de la veuë. C'est ce qui luy manquoit au corps, mais qui se trouuoit en son ame auec de si pures clartez de l'esprit de Dieu, que saint Hierosme comparoit ses yeux interieurs à ceux de la Colombe, dont il est parlé dans le Cantique, & quoy qu'il fut en aage d'enseigner plustost que d'aprendre, il se rendit Disciple de ce Maistre pour s'éclaircir auec luy de quelques doutes qu'il auoit sur les saintes Escritures.

La vertu de saint Parmenie est considerable, & doit faire vn des ornemens de l'histoire de nostre aueugle, puis qu'il a passé par vne des plus ennuyeuses espreuues de la vie, & qui a seruy beaucoup à sanctifier celle que ie descris. Ce saint homme fut Precepteur de Iulian l'Apostat, ennemy du Christianisme, qui ne pouuant pardonner à la profession qu'en faisoit vn si bon Maistre, creut luy faire grace d'épargner sa vie, l'enuoyant en exil, où l'on peut dire qu'il en perdit la moitié perdant la veuë; & d'où l'esprit de Dieu qui conduit les Saincts, l'ayant fait retourner à Rome, comme vn iour l'vn & l'autre se rencontrerent par la ruë, l'Empereur ayant témoigné de la ioye de ce rencontre, dont il rendit hautement grace à ses Dieux & à ses Déesses, qui luy faisoient encore voir Parmenie, ce saint Aueugle esleuant sa voix, repartit ainsi d'vn ton plus ferme à son ingrat Disciple & Prince Apostat : *Gloire soit à Iesus-Christ, mon Sauueur, de ce que ie ne te voy point!* Ce fut vn zele de Confesseur qui en fit vn Martyr, dautant que Iulian irrité par cette responses, en fit aussi-tost jetter l'Autheur dans le Tybre, pour esteindre par ce moyen le flambeau qui l'éclairoit de trop prés, & qui luy faisoit voir son aueuglement pire sans comparaison que celuy de Parmenie.

Saint Omer & saint Remy furent deux grands Euéques en l'administration de leurs charges, dont Dieu voulant éprouuer dauantage la vertu, permit qu'ils deuinssent aueugles sur la fin de leur vie, dont ils se resiouyssoient comme d'vn moyen d'aspirer auec plus de loisir, apres les vrais biens qui ne s'apperçoiuent que par les yeux de l'ame parfaictement épurée, passant par le temps de cette espreuue en oraison auec tant de satisfaction, que l'vn d'eux, qui fut saint Omer, ayant recouuré la veuë par l'attouchement d'vn corps Saint, & ne goustant plus l'aduantage qu'il y a d'auoir les yeux fermez à toutes les vanitez du monde, pria Dieu par les merites du Saint, qui auoit impetré sa guerison, de luy rendre son premier aueuglement, afin de pouuoir mieux contempler les veritez celestes des seuls yeux de l'esprit.

Ie trouue dans l'histoire Sainte, que sainte Lutgarde Religieuse de l'Ordre de saint Benoist, dont il est fait mention dans le Martyrologe Romain au seiziéme de Iuin, eut de grandes communications auec Dieu par les voyes ordinaires & extraordinaires de l'oraison, & qu'afin de la rendre plus éclairée au dedans, Dieu l'éprouua par la priuation de la veuë corporelle onze ans auant sa mort.

I'aurois peine à laisser, traitant ce sujet, l'exemple domestique d'vn de nos Comtes de Montfort, André de Foix, dit de l'Espare, ou plus communément Asparot, qui pour n'auoir pas esté dans l'opinion de toute la sainteté des autres, n'a pas laissé de se rendre considerable par des actions d'vne pieté tres exemplaire. Et nous en deuons les lumieres à la perte qu'il fit de ses yeux qui arriua, comme il est dit dans les Memoires que nous en auons, par fortune de guerre, & dans l'exercice des armes. Ce fut d'où cét illustre aueugle prit occasion d'ouurir les yeux de l'esprit à Dieu, en ce qui luy resta de vie apres la perte de sa veuë, de contempler les choses inuisibles, & de se preparer aux combats de la Milice Chrestienne, en se reuestant des armes de lumiere, dont il fit plusieurs bonnes œuures. Ce qui nous en reste de sacrez monumens, ne peut estre obmis sans mesconnoissance en cette occasion de le publier. Le premier monument est l'Eglise Parrochiale de cette ville, que ce vertueux Comte fit bastir, & dont on dit qu'il se faisoit mener prés des piliers pour juger par proportion, en

de Saint Sauueur. 261

les embraſſant de tout le corps de l'edifice. Le ſecond fut l'erection d'vne Confrairie, en l'honneur des cinq playes de N. S. la plus ancienne & la plus deuote de toutes les autres, comme la mieux eſtablie ſur la ſolidité de la pierre, dont les trous ſeruoient d'aſile à céte ame, qui dans les ennuis d'vne nuict continuelle, ſe faiſoit de ces ouuertures de ſalut vn chemin au ſejour des lumieres immortelles. Mais il eſt temps de reuenir à mon ſujet.

De Montfort & de noſtre pieux Comte, ie retourne donc à Hautes-Bruyeres vers noſtre bonne Religieuſe, ſans m'excuſer de ma digreſſiō que ie n'ay pas faite ſeulement pour orner céte hiſtoire particuliere, mais pour mōtrer ce qu'elle peut aporter d'ornement à l'hiſtoire ſainte & à la doctrine meſme de Ieſus-Chriſt, parlant comme S. Paul, en faiſant voir par des exemples anciens & nouueaux, comment tout reüſſit à rendre gloire à Dieu dans les ames ſaintes, faiſant voir comment leur aueuglement corporel ſeruoit à purifier dauātage leur veuë interieure, faiſant voir en la vie particuliere que ie décris ce qu'a fait la grace de Ieſus-Chriſt en noſtre ſainte aueugle, par le bō vſage qu'elle a fait d'vne eſpreuue de ſept ans, qu'on peut bien mettre au nombre des martyres ſpirituels. Et ce qu'il faut conſiderer à cét égard, eſt que la Mere ne fut pas ſeulement aueugle par la priuatiō de la veuë exterieure, pour la ſatisfaction de laquelle, ſelon S. Aug. on a introduit des inuentions nouuelles en la repreſentation des choſes ſaintes, meſme par des ouurages trop eſtudiez de Sculpteurs & de Peintres, au delà du beſoin & du bon vſage, & qui bien ſouuent ne ſeruent qu'à diſtraire l'eſprit de Dieu, qui eſt infiniment au deſſus de tout ce qui remplit le Temple. Auſſi comme la bonne Mere eſtoit attirée à ce haut degré, qu'on apelle d'vnion immediate, Dieu voulut la priuer de la multiplicité de tant de veües interieures, qui fait retirer l'Epoux ſelon qu'il le dit luy-meſme au Cantique. Non ſeulement céte ſainte aueugle perdit la veuë des objects, mais auſſi l'idée, & non ſeulement la veuë & l'idée des

D. Aug. l. 10 conf. c. 34. Ea quæ ſub ipſo erant replebant Templum. Auerte oculos tuos quia ipſi me auolare fecerūt. Cant. 6.

choses visibles, mais aussi de ces subtiles images interieures, où l'esprit s'arrestant trop n'en va pas si-tost, ny si droit à Dieu. C'estoit par ces dispositions que la Mere fut conduite au degré d'oraison sublime, dôt j'écris & de ses effets, selon l'experience qu'elle en a faite, & selon ce qui a esté dit; que bientost apres qu'on eut presché de sa voye, comme si elle eust esté suspecte d'estre illuminée, elle perdit entierement la veuë du corps, en sorte qu'il fallut toûjours depuis la conduire : Elle perdit aussi tellement l'idée des choses qu'elle a dit, que si Dieu luy eust rendu l'vsage des yeux, elle n'eust reconnu personne : En fin, son esprit par ce moyen fut simplifié de plus en plus, & cét œil vnique qui rauit l'Epoux, se formoit & s'ouuroit en elle à l'oraison, à mesure que les autres se fermoient, & que l'vsage des Meditations ordinaires luy estoit interdit. Ce qui en a fait non pas vne *heretique illuminée*, mais vne aueugle clairuoyante dans les voyes de salut & de perfection.

Certainement, Dieu est admirable en ses Saincts, par la diuersité de ses graces, & des voyes qu'il tient pour accomplir en eux ses volontez de bon plaisir. La B. Nicole, autrement dite, mais improprement, Colete, Vierge, & Reformatrice de l'Ordre de sainte Claire, ayant connu sa vocation pour le dessein de Dieu, par vne voye extraordinaire de reuelation & d'apparition, son humilité luy fit craindre que ces visites du Ciel fussent des effets d'illusion, jusqu'à tant que tout à coup elle deuint aueugle & muette par vn ordre de Dieu, qui la vouloit punir de sa défiance & des oppositions qu'elle auoit à ses desseins ainsi reconnus. Et voicy qu'vne autre seruante de Dieu deuint aueugle par vn autre ordre de sa Prouidence, qui veut faire seruir cét obscurcissement d'yeux corporels, à rendre vne ame Religieuse plus pure & plus esclaircie : Voicy que ses yeux luy sont fermez pour tousjours à toutes les choses du monde present, pour rendre son estat encore plus sanctifiant, & afin que par vn recueillement plus parfait elle n'ayt plus qu'vn seul

seul & simple regard interieur vers Dieu, qui ne la veut que pour soy. L'vne & l'autre deuient aueugle, l'vne par vn effet de justice amoureuse, l'autre par vn dessein d'amour; l'vne, afin qu'elle apprenne à estre vne verge veillante sur quelques brebis qui s'égarent; & l'autre, afin qu'elle demeure au desert, & comme la brebis mignarde dans le sein du Pasteur. L'vne en effect recouure la veuë apres quelques jours, & comme saint Paul, apres auoir connû ce qu'il luy falloit souffrir en se consacrant au seruice du prochain: Et l'autre demeure jusqu'à la mort tousiours aueugle & tousiours sainte, pour estre comme vne victime tousiours immolée aux desseins de l'amour, par le glaiue d'vn martyre d'esprit continuel; comme nous verrons dans la suite en traitant des sujets de craintes, qui faisoient l'espreuue & l'asseurance de cette ame, pendant que d'ailleurs elle estoit dans le repos du sommeil Mystique, & demeuroit cachée en Dieu dans le secret de sa face, auec ceux dont il est parlé par le Prophete Roy.

Abscondes eos in abscondito faciei, Ps. 30. 21.

CHAPITRE VII.

Effets extraordinaires de l'oraison, venant de Dieu & de l'ame.

ENtrant tousiours dans chaque sentier de cette voye, selon les guides que nous en trouuons dans les meilleurs liures des plus sçauans Maistres, il faut supposer qu'il y a trois principaux degrez d'oraison: Au premier desquels l'homme agit dauantage selon l'estenduë de son pouuoir, mais tousiours pourtant par le concours de Dieu: Au second, Dieu fait plus que l'homme par des traits extraordinaires de sa grace, qui esleuent l'ame au dessus d'elle: Et quelquesfois au troisiéme degré, ce qui se passe est presque tout de Dieu, quand l'ame tousiours libre ne fait que consentir au mouuement du saint Esprit; simple, doux, paisible, facile & plein d'onction, plus passif qu'actif de la part de la creature. C'est le troisiéme estat qu'on appelle silence interieur, la parfaite oysiueté de l'esprit qui consiste en la cessation de toutes les manieres d'agir qui sont defectueuses par la multiplicité de l'esprit naturel. C'est de cét estat dont saint Bernard a dit, que c'est estre en l'estat d'vn homme mourant, que de n'auoir aucun temps en sa vie pour prendre vn peu de repos que donne cette pieuse oysiueté, qui n'est pas inutile & sans occupation, puis qu'elle est pleine de Dieu mesme & de son œuure, pour en parler selon le mot celebre de saint Augustin, dont le trait ne peut bien estre exprimé que par luy-mesme; *Otium nostrum magnum habet negotium,* c'est vn grand affaire que nôtre loisir.

C'est ie ne sçay quoy de ce qui se passe par la vertu de l'aiman, attirant vne aiguille à soy, & la tenant suspenduë hors de son lieu naturel contre le mouuement de son poids, & de l'aiguille qui se tient entierement adherante à l'ayman, dont elle est attirée sans qu'elle contribuë autre chose à son esleuation, que la propension qu'elle a vers l'ayman qui est la seule chose qui l'ayde de sa part à surmonter l'imperfection de sa pesanteur, dont elle est attirée en bas. Sainte Catherine de Sienne, ou plustost Iesus-Christ parlant à elle, explique ce sacré commerce par la comparaison d'vn enfant colé sur le sein de sa mere, dont il tire le laict presque sans mouuement & sans aucun effort, tandis que les vapeurs subtiles d'vne si delicieuse nourriture gaignent son petit cerueau pour le disposer au sommeil. Or ce peu d'action à l'égard des voyes ordinaires, est appellé dans la voye Mystique, impuissance d'agir, à cause que les puissances de l'ame & leurs façons ordinaires sont en suspens, & ne font rien que prendre & succer ce que Dieu leur donne. Et cét estat extraordinaire a esté l'estat ordinaire de la Mere de S. Saüueur, durant vingt-trois années qu'elle a passez en Religion.

Le desir qu'elle auoit de la perfection, luy faisoit aymer

&

de Saint Sauueur. 263

& prendre tous les moyens qui se presentoient de l'acquerir, & comme les exercices spirituels seruent beaucoup à s'y auancer, elle estoit fidelle à les faire auec les autres Religieuses, selon les ouuertures qu'elle en auoit, & sous la conduite de ceux qui estoient appellez pour les donner. Mais comme ces guides ordinaires la menoient par la voye des autres, elle auoit grande peine à reuenir, & à se tenir dans la multiplicité des actes. La pluspart ne comprenant pas son trait se trouuoient en peine auec elle, en la voyant deuant eux muette, & dans l'impuissance de prendre la methode commune de s'en seruir, & de leur en rendre le compte qu'ils en attendoient. De tous les poincts des Meditations qu'on luy donnoit, apres que son humble docilité l'y auoit fait arrester, elle se sentoit tousiours appellée au seul necessaire, qui laisse Marthe en l'action, & demeure dans le repos de Magdelaine.

Et hors ces temps, qui estoient vrayment des jours d'exercices pour cete ame, elle estoit tousiours dans la retraite, sur tout durant les sept dernieres années de sa vie, qu'elle ne hantoit que trois lieux, l'Eglise, le Refectoir, & sa Cellule, souffrant auec peine & violence quand on la tiroit de son petit coin pour aller au Parloir, selon le desir de ceux qui la demandoient, y demeurant souuent comme interdite de la parole, & demandant tres-rarement d'y communiquer auec les Peres spirituels, à l'égard desquels mesme elle a tousiours paru parfaitement en la disposition de sainte Magdelaine, laquelle estant crucifiée & enseuelie auec Iesus-Christ, & ne cherchant que luy ne peut s'arrester aux Anges, ne les regarde qu'en passant, ne leur dit que deux ou trois mots, de peur, dit excellemment Origene, que leur entretien ne soit plus empeschant qu'expedient à son amour, & qu'il ne serue plustost à en retarder l'vnion selon sa coustume, qu'à l'aduancer selon son desir.

Imitant tout ce qu'on peut, on se contentera d'admirer ce qu'il y a de plus en la vie des Saints. Mais comme toutes

Nolo videre angelos nolo eum illis loqui, ne si cœperint mi hi multa narrare amorem meum magis impediant quam expediant: Orig. de Mar. Magd.

Ll

les ames ne font pas en pareille difpofition d'imiter fainte Magdelaine , chacune imitant ce qu'elle peut fe contenter d'admirer ce qu'il y a de plus , foit en céte vie, foit en d'autres. Ainfi continuant le recit de ce qui s'eft paffé d'extraordinaire en noftre Religieufe, nous admirons comme Dieu vouloit non feulement qu'elle fe paffaft des creatures pour la tenir plus proche de luy ; mais auffi qu'elle fe paffaft d'elle-mefme la dépoüillant de l'vfage de toutes les facultez de fon ame , en la mettant en eftat de ne pouuoir s'appliquer à quoy que ce fut , d'oublier plufieurs chofes, & de s'oublier elle-mefme felon ce que raporte fon Confeffeur.

Que fi dés fes commencemens, il ne luy falloit donner pour l'oraifon qu'vne feule confideration pour l'entretenir long-temps, il ne luy falloit apres pour toute methode qu'vn fimple regard de Dieu en toutes chofes, & de toutes chofes en Dieu, & depuis feulement vn Dieu & rien plus, ce qui rendoit fon oraifon continuelle. Et mefme à la Confeffion, quand on luy donnoit quelque penitence en l'obligeant de prier pour quelque neceffité que ce fut, elle difoit à fon Confeffeur ; ie crains, Mon Pere, d'oublier les fins que vous me propofez , mais ie feray felon voftre intention que j'offre maintenant à Dieu, témoignant au refte que céte difpofition de fon efprit luy faifoit peine, voyant toutes les autres qui s'empreffent tant à prier pour diuerfes fins qu'elles fpecifient ; Et moy, difoit-elle, ie ne fçaurois faire tant de fortes d'applications, mais j'offre à noftre Seigneur toutes les neceffitez qu'il voit & connoift, ou fi ie viens au particulier , c'eft en luy offrant mes Superieurs, tous ceux que Dieu a eftablis pour nous gouuerner felon l'ordre qu'il a mis dans fon Eglife , & mes Confeffeurs que ie n'oublie jamais.

Céte impuiffance de l'ame à s'appliquer & à fe fouuenir n'eft pas fans exemple, & l'hiftoire Sainte de nos jours nous apprend encore que Dieu a fait paffer par cét eftat entre plufieurs autres, la digne & bien-heureufe Mere de Chantal qui se trouuant dans vne grande cessation des operations interieures, s'aduisa d'écrire & de signer de son sang des prieres, des loüanges, & des actions de graces pour les benefices generaux & particuliers, pour les parens & amis, pour les viuans & les morts, & autres sortes d'obligations, portant ce papier jour & nuict auec sa protestation du Messel, apres auoir fait céte conuention amoureuse auec nôtre Seigneur, que toutes les fois qu'elle les serreroit sur son cœur, ce seroit à dessein de faire tous les actes de foy, de remerciemens & de prieres, contenus en ses écrits. En la vie de la M. de Chātal part. 3. c. 4

CHAPITRE VIII.

Que ce genre éleué d'oraison est vn suiet de Croix à la Mere de saint Sauueur.

C'Est vn sujet de gloire pour les saintes Ames, & comme vn rayon de la gloire future que ce genre d'oraison de quietude & d'vnion. C'est vn estat où souuent le saint Esprit prend la place du cœur, pour en faire l'office deuant Dieu, priant & gemissant, comme a dit saint Paul, & comme nous l'apprenons par la doctrine de Dieu mesme enseignée à sainte Catherine de Sienne. Mais comme Dieu cache cét estat à l'ame, il arriue qu'elle s'inquiete de sa quietude, qu'elle fait sa croix de ce qui fait sa gloire, & qu'elle se trauaille de ne rien faire en apparence, quand Dieu fait tout en elle & auec elle. Si bien que ce rayon de la vie future luy estant caché, elle est comme sur la croix & sous vne couronne d'espines, par vne inuention de la prouidence amoureuse de Dieu, qui veut qu'elle commence de jouyr, mais sans cesser de souffrir par quelque imitation de Iesus-Christ sur terre, tousiours jouyssant & tousjours souffrant. Ch. 7. p. 377.

En effect, cét estat où passent les Saincts, est vne Image de dépoüillement de Iesus-Christ en Croix, selon que le

Bien-heureux François de Sales l'a décrit en plusieurs endroits de ses liures, & dont sa sainte fille la digne Mere de Chantal entre les autres, a senty la douce rigueur durant toute sa vie, ayant témoigné par ses lettres peu de temps auant sa mort, la grande peine qu'elle auoit dans cét estat où elle se tenoit patiente & souffrante, sans rien faire & sans rien dire ne le pouuant, sinon rarement quelque parole d'vnion ou d'acquiescement, en quoy dit-elle; *I'ay de la peine par la crainte que ce n'est rien faire: Mais ie la souffre & continuë tant que ie puis à me tenir ferme là. Il est impossible d'exprimer la qualité de ma souffrance.*

On en peut juger par le soin qu'elle auoit d'y chercher du secours, apres tant de saints enseignemens qu'elle auoit receu de son Bien-heureux Pere, sur tout en alleguant l'Épistre soixante-cinquiéme du quatriéme liure, que ce grand Euéque luy auoit écrite autresfois pour l'asseurer de son estat. Apres quoy neantmoins céte sainte Ame ne laisse pas encore de dire que dans sa foiblesse & son impuissance, elle a tout selon le sentiment tout luy fait peur. Ce que ie raporte parce que ie m'y suis instruit, & que cela sert à faire voir par la doctrine d'vn si saint Euéque, & par l'épreuue d'vne sainte Fondatrice d'ordre, ce qui s'est passé de semblable en la Mere de saint Sauueur, qui fut reduite par l'exercice du dépoüillement interieur à telle nudité ou simplicité, qu'on peut juger qu'elle auoit entendu cette voix de Dieu, qui demande à l'ame par vn Prophete qu'en luy prestant l'oreille, & faisant attention à sa parole, elle mist en oubly tout ce qu'elle auoit de plus proche & de plus cher.

Enuiron dix ans deuant sa mort, nostre Seigneur la mit dans vn estat de dépoüillement si extraordinaire, qu'elle dit à ses Sœurs qu'en vn instant elle demeura incapable d'auoir aucune intention ny veuë sur ses actions, elle ne pouuoit produire aucun acte en ses oraisons, ny se souuenir d'aucune action qu'elle eut faite. Seulement il luy demeura la veuë de Iesus-Christ crucifié. Ce qui fit vne si for-

marginalia:
Dans les ep. de M. de S. Ciran, vol. 1. p. 67.

Audi filia & vide, & obliuiscere populum tuum & domũ patris. ps. 44.

té impression dans son esprit qu'elle en demeura malade, & fut contrainte de garder le lict durant quelques iours.

Parlant de ce changement qui s'estoit fait en son ame, voicy ce qu'elle en disoit. Il y a grande difference entre les mortifications des creatures & celles de Dieu, car bien que les hommes au commencement me traitassent bien rudement, ce n'estoit rien en comparaison de cete souffrance interieure où Dieu me fait passer à present. O fille disoit-elle, j'auois bien ouy parler d'vne mort viuante, mais maintenant ie l'espreuue. La défiance & la crainte de moy-mesme ne me permettant pas d'auoir aucune satisfaction, estant priuée de toute autre veuë que de celle de mes fautes. I'ay des peines continuelles de tout ce que ie dis, & de tout ce que ie fais, parce que la nature y participe. Ie ne voy que ce corps, & ie voudrois ne le plus voir. Ie ne sçaurois parler que de Dieu, & quand j'en parle j'en ay de la peine par des retours sur mes paroles. Il est bien vray de dire, comme ie l'ay entendu d'vn grand personnage, qu'vne parole est bien dite, si elle n'est mieux cuë que dite. Vn autre disoit qu'il ne s'estoit jamais repenty de n'auoir pas parlé. Pour moy j'ay dit peu de paroles, dont ie ne me sois point repentie.

Les spirituels pourront juger selon les lectures & les experiences qu'ils ont faites, si ces estats d'impuissance ou de dépouillement en l'oraison, & d'oubly de ce qui s'y passe, n'est pas ce qu'en ont remarqué les anciens Contemplatifs, à sçauoir qu'on n'a jamais mieux fait son oraison, que quand on ne sçauroit se souuenir en suite de quelle façon on l'a faite, dautant que c'est vn signe asseuré que l'ame s'y est tellement attachée à Dieu, qu'elle n'a pas eu assez d'attention de reste pour faire reflexion sur soy-mesme. Mais en fin ce qui est de meilleur en ce rauissement du mystique Tabor, c'est qu'on ne parle que de l'excés des souffrances qui ont receu leur comble au Caluaire, & que ces lumieres extraordinaires, comme nous verrons tantost plus ample-

Antonij hæc quoque est super orationis fine, icælestis & plusquâ humana sententia. Non est, inquit, perfecta oratio in qua se monachus vel hoc ipsum iquod orat intelligit Cassian. 9. Collat. 31.

ment, se terminent à n'auoir en veuë, en amour, en desir, & dans la pratique que Iesus crucifié. Ce qu'il y a de bon & d'asseuré dans cête voye , & dans les dispositions de la Mere, ce sont ces craintes & défiances, & ces veuës ordinaires sur ses moindres fautes & sur son neant : C'est sa fidelité dans tous les estats de souffrances , & tant d'autres vertus qu'elle a témoignées en agissant pour Dieu comme elle a fait , & portant la Croix de Iesus-Christ selon toutes ses dimensions.

CHAPITRE IX.

Des suiets particuliers qu'elle eut de craindre qu'elle fut trompée en son oraison par le Diable, de sa defiance d'elle-mesme, humilité, fidelité vers Dieu, soûmission à ses Superieurs en ces estats.

Durant ces dix dernieres années de sa vie que ie viens de dire, ce qui luy donna plus de peine encore , ce fut qu'en ce temps il se formoit des paroles interieures en elle , lors qu'elle estoit en l'oraison , & mesme hors ce temps, se pourmenant dans sa cellule, ou faisant autre chose sans qu'elle y apportast rien de soy , & qu'elle sceust comment cela se faisoit. Ces paroles n'estoient pas vn effect de l'imagination, ny mesme vne operation de l'entendement, à cause que quand c'est vne de ces deux Puissances qui agit, la personne en qui la chose se passe, s'apperçoit bien que son entendement opere , & qu'il n'est pas simplement dans l'attention de quelque chose qu'on luy dise , & lors il est en sa puissance de se diuertir comme il est en nostre pouuoir de nous taire quand nous parlons: Mais à l'égard de ces paroles interieures qui se formoient en l'ame de la Mere de saint Sauueur, on a jugé qu'elles venoient d'ailleurs que de son entendement , parce qu'il n'estoit pas en elle de les former, ou de les retenir. La plus grande difficulté consiste, à sçauoir de quel esprit procedoient ces voix qu'elle entendoit en son interieur plus clairement, qu'on ne peut ouïr aucune chose bien articulée auec les aureilles corporelles. Selon ce que j'en voy décrit, il y auoit, ce me semble, quelque chose de pareil à celles dont parle sainte Therese au vingt-cinquiéme chapitre de sa Vie, où elle dit, que ce parler interieur vient quelquesfois de Dieu, & quelques fois aussi du Diable, elle en donne des marques, & dit que ce discernement luy a causé beaucoup de peine & de trauail, Dieu s'estant communiqué à elle par ce moyen, & quant & quant ayant permis que le Diable ayt tasché de la tromper par de semblables paroles, qui auoient vne grande apparence de bien.

Saint Iean conjure les Fideles de ne pas croire legerement à toutes sortes d'esprits ; mais d'éprouuer s'ils sont de Dieu. Encore que Iosué fust gratifié de la veuë de son bon Ange, il luy demanda neantmoins quel il estoit, s'il tenoit son party, ou celuy de ses ennemis. Saint Paul mesme, quand nostre Seigneur luy apparut, n'obeït pas si promptement qu'il n'eust auparauant demandé, *Quis es Domine?* Qui estes-vous, Seigneur? Cét Apostre dit bien que nous auons l'esprit de Dieu, & que cét esprit rend témoignage au nostre que nous sommes enfans de Dieu. Mais on dit aussi que ce témoignage n'est pas certain d'vne certitude de foy, comme veulent les Heretiques ; ce qui est condamné par le Concile de Trente, & par saint Paul mesme en termes exprés, en la premiere aux Corinthiens, chapitre quatriéme. Il n'est pas aussi certain d'vne certitude infaillible, comme veulent quelques spirituels, mais seulement d'vne certitude de conjecture compatible, auec la défiance qui est tout à fait necessaire pour l'experience journaliere qu'on fait de plusieurs tromperies en ce sujet.

Voila pourquoy toutes visions, reuelations, predictions, paroles interieures, qui sont desia de soy suspectes, comme inutiles ordinairement, vaines & dangereuses, le sont encore dauantage lors qu'elles sont frequentes ; & qu'elles portent des manifestations de certaines choses que Dieu declare fort rarement, comme l'asseurance du salut eternel, la confirmation en grace, le degré de sainteté de quelques personnes, & autres choses pareilles qui ne seruent du tout à rien. C'est ainsi qu'en parle Monsieur de Geneve, ce saint Prelat de nos iours, en vne de ses Epistres. Or comme pareilles choses se sont passées en céte bonne Mere, il y a sujet de s'en défier comme elle a tousiours fait durant sa vie.

I'ay dit pareilles choses, comme quand priant ainsi Dieu: *Seigneur, que ie ne sois iamais separée de vous, & que ie sois fonduë dans vostre sainte & adorable volonté, & que ie ne me voye plus:* interieurement il luy estoit dit, *Ne vois-tu pas bien que tu n'es plus? Qu'est-ce qui te reste.* &c. *Ie t'aime plus que toutes tes semblables. Tu n'es plus pour toy, mais pour moy, qui veux prendre mes pures delices en toy* ; Qui est vn témoignage que Dieu n'a rendu qu'à son Fils au iour de sa Transfiguration. Neantmoins nous auons des exemples de quelques saintes Ames, ausquelles nostre Seigneur s'est communiqué par de tresgrandes & douces priuautez: Comme de sainte Catherine de Sienne, dont nostre Seigneur ayant pris le cœur, & mis le sien à la place, elle disoit apres en ses Oraisons ; *Mon Espoux, ie vous recommande mon cœur.* Nous trouuons qu'il dit à sainte Therese; *Ma fille, tu seras desormais mon Espouse, & ie seray ton Espoux, tu seras toute mienne, & ie seray tout à toy.* Il n'y a point de doute que le meilleur conseil & la plus seure conduite qu'on puisse donner aux ames qui éprouuent choses semblables, c'est de s'en défier, de craindre & de s'humilier, comme a fait la Mere de saint Saueur, à cause qu'il y a plus de seureté dans les voyes ordinaires, & qu'en ces autres Estats, selon la doctrine de saint Paul, on est sujet, dit cét Apostre, à prendre vn Ange pour vn autre. Car comme vn amas de vapeur jette quelque lumiere qui l'a fait passer pour vn Astre aux yeux de quelques vns, le Diable quelquefois

quefois prend vne forme lumineuse pour tromper. Il est bien difficile d'obseruer, si c'est Dieu qui parle ou bien quelque Ange des tenebres, qui emprunte son nom, & se couure de belles apparences pour deceuoir ceux qui se fient en sa parole.

C'est en ces sujets, où le iour n'est jamais entier, il y a tousiours des ombres & de l'enigme. Voila pourquoy en attendant qu'il plaise à Dieu donner de plus grandes lumieres sur ce sujet particulier que nous traitons, jugeant des choses par ce qui se fait ordinairement, nous deuons croire que par la permission de Dieu, qui se sert quelquesfois des mauuais Anges pour en faire de bons, le Diable a fait tous ses efforts pour tromper la Mere de saint Sauueur, sans que jamais elle ayt aucunement succombé par vn seul petit consentement aux desseins de cét ennemy, quoy que cela ayt duré plusieurs années. Continuellement elle estoit attaquée, & continuellement elle resistoit dans la veuë de son neant, & de la grandeur, & Majesté de Dieu, de la communication duquel elle s'estimoit indigne.

Au milieu de ses plus grandes peines, & craintes qu'elle auoit d'estre trompée elle se faisoit des armes de deffense de tous les moyens qu'elle pouuoit. Premierement de la priere en s'addressant souuent à Dieu, & à nostre Seigneur Iesus-Christ, qui s'estant bien voulu laisser soy-mesme au pouuoir de Satan, nous a donné l'exemple de luy resister, & de le vaincre, nous instruisant en cela comme vn aigle qui soustenant de ses aisles ses petits leur apprend à voler. Lors mesme que ces discours se faisoient, elle disoit : *Mon Dieu vous sçauez que ie ne demande que les abaissemens, la nuë pauureté, la Croix de mon Sauueur; ie ne desire que d'estre priuée de toutes douceurs & consolations, que d'estre l'opprobre & le mépris de toutes les creatures pour estre conforme à Iesus-Christ, & luy appartenir par sa sainte conduite, & de sa Mere.* Ha Seigneur! ne permettez point que le Diable & la Nature me deçoiuent, & s'adressant à la sainte Vierge; *Ha Mere de mon Dieu ne per-*

Mm

mettez pas que ie sois trompée, vous & voſtre Fils, & rien plus, tout le reſte m'eſt Croix.

S'adreſſant à ſainte Thereſe, c'eſtoit de cète façon: *Bien-heureuſe Mere priez pour moy, que ie ne ſois point deceuë par le Diable.* Elle faiſoit auſſi la meſme priere à la bien-heureuſe Sœur Marie de l'Incarnation, la qualifiant ſa bonne amie, par ce qu'elle l'auoit connuë au monde, & communiqué ſouuent auec elle fort familierement. Or parce que ſouuent à ſemblables prieres, elle auoit des réponſes en ſon interieur qui redoubloient ſes craintes, elle eſtoit extrémement en peine de ſon eſtat, & d'autant qu'vn des grands moyens de vaincre le Diable, eſt de découurir ſes deſſeins, elle n'y manquoit point.

Le Diable ſouuent nous en fait accroire, & nous amuſe par de ſpecieuſes apparences, pendant qu'il dreſſe des pieges, qu'il eſt bien mal-aiſé d'appercevoir : *Narrauerunt vt abſconderent laqueos, quis videbit eos* ? Et comme tous les eſprits n'ont pas les lumieres ny les veuës de ſaint Paul, tous ne peuuent pas s'aſſeurer, comme luy, de ſçauoir les deſſeins de Satan, & par conſequent de n'en eſtre pas ſurpris. De ſorte que pour éuiter le peril où l'on pourroit tomber, il faut s'adreſſer à vn Directeur, à ſon Confeſſeur, à des perſōnes habiles, de vertu & d'experience, auoir à leur égard vne poictrine de cryſtal, leur découurir tout l'eſtat de l'ame, ne rien obmettre de ce qui peut faire connoiſtre quel eſt l'eſprit qui ſouffle, d'où vient la tentation, où elle va, quelle eſt ſa racine, ſon cours & ſon progrez, & ce qu'il en peut arriuer de bien, ou de mal à l'ame. La Mere de ſaint Sauueur eſtoit trop prudente pour ne ſe pas ſeruir de ce moyen en ſçachant la neceſſité, & trop humble pour ne pas obeïr aux conſeils qu'elle receuoit. Son recours, apres Dieu, eſtoit ſon Confeſſeur ordinaire, auquel elle communiquoit de tout, & le bon Pere croyant que ce fuſſent illuſions du Diable, luy commandoit de cracher contre ce qu'elle verroit, & de ne s'y point arreſter, ce qu'elle faiſoit par obeyſſance & ſoûmiſſion.

Mais comme les choſes continuoient, ſon Confeſſeur

Vt non cir- cumueniamur à Satana, non enim ignora- mus cogita- tiones eius. 2. Cor. 2.

jugeant bien de l'importance d'vne si difficile affaire, fut à Paris pour en communiquer à quelques Docteurs, & personnes spirituelles. On demandoit si elle estoit humble, & si elle n'auoit point d'atachemet à ces choses: Quant à l'humilité, la siene estoit d'autant plus grande qu'elle n'en pensoit point auoir, & disoit qu'il n'y auoit en elle qu'hypocrisie, & qu'elle croyoit que tout l'orgueil de son Ordre estoit renfermé en elle. Quand à l'atachement tant s'en faut qu'elle en eust, qu'elle la detestoit, Son plus grand doute estoit si elle deuoit quiter l'Oraison, mais on n'en fut jamais d'aduis à cause de sa grande humilité, qui paroissoit d'autant plus veritable que ses actions en estant toutes remplies, elle ne laissoit pas de se croire toute pleine d'orgueil.

Ceux que son Confesseur consulta sur ces difficultez furent Monsieur du Val, Docteur, le defunct pere de la Bretesche Iesuite, qui est mort en opinion de sainteté, & le Pere Ripaut Capucin, qui tous furent d'aduis qu'elle ne deuoit point quiter l'Oraison, mais écouter cela comme vne chose indifferente, sans s'y arrester neantmoins. Cette resolution ne satisfit pas la Mere, en telle sorte qu'il ne luy restast tousiours de grandes peines dans la crainte qu'elle auoit de donner tant soit peu de lieu à quoy que ce fut du Diable. Elle demeuroit neantmoins dans la conformité de ses volontez à celles de Dieu, se sousmettant à ses desseins, & desadoüant tout ce qui luy estoit contraire, si bien qu'il ne paroissoit rien au dehors des choses qui se passoient au dedans.

Il faut adouër qu'en cét estat de cete sainte vie il y a des ombres qu'il est bien difficile de penetrer : Pour moy j'en écris sans iuger de rien, & pour laisser la liberté aux ames plus esclairées que la mienne, de distinguer le iour de la nuict, & la lumiere des tenebres. Ie me souuiens de ce que dit l'Apostre, *Quæ Dei sunt nemo nouit nisi Spiritus Dei.* Quoy qu'il se passe dans les ames, & principalement en celles qui viuent d'vne vie de grace extraordinaire, ce sont des voyes de Dieu, ce sont effets de sa voloté de bon plaisir, ou de permission, pour en connoistre les secrets, il faut auoir son esprit, & pour auoir l'esprit de Dieu, il faut posseder Dieu, & en estre possedé il faut estre plus Ange qu'homme. En cecy donc ie suis Historien & non pas Iuge, ie rapporte la chose, & ne fait pas vn arrest. C'est à Dieu, par les moyens qu'il en a, de decider l'affaire quand & comment il luy plaira. Cependant taschons de répondre à ses desseins sur nos ames en adorant ses volontez, & ses iugemens secrets sur celles des autres.

Suite du precedent Chapitre.

DVrant que céte bonne Mere estoit en ces peines, & sur céte croix sans y trouuer d'appuy pour donner quelque repos à sa teste pleine d'espines; Il arriua pour son contentement, que le Reuerend Pere Iacquinot Iesuite, fit quelque sejour à Hautes-Bruyeres. Cét homme de grande experience en la vie spirituelle, & qui a passé par les premieres charges de sa compagnie, ayant pris beaucoup de connoissance des actions de la Mere de saint Sauueur, par la communication qu'il eut auec elle, & les rapports qui luy en furent faits par la pluspart des Sœurs, & principalement par celle qui la conduisoit & l'obseruoit; il en conceut l'opinion de sainteté qu'il a tousiours conseruée : Et sur ce qu'on luy dit qu'il sembloit que la Mere se mettoit trop en peine pour auoir des asseurances de son estat, & qu'elle deuoit dauantage s'abandonner à Dieu, il répondit que ce n'estoit pas faute de s'abandonner à Dieu, mais par des sentimens de crainte qu'elle auoit de ne luy estre pas assez fidele, & de mettre empeschement à la grace, car pour le reste, il ne luy importe. Elle s'asseuroit bien sur les resolutions de ce bon Pere, mais d'autre part elle auoit tousiours peur de ne s'estre pas bien expliquée, & disoit que ce luy seroit vne grande consolation de pouuoir donner connoissance de toutes les recherches de sa nature. Or ce sujet qui la tenoit dans vne continuelle crainte estoit, au iugement du Pere Iacquinot, ce qui faisoit son asseurance, & vne marque infaillible que l'esprit de Dieu la conduisoit. En mesme temps il gouuernoit vne personne qu'il disoit auoir les mesmes traits que la Mere, horsmis qu'elle auoit asseurance de ce qui se passoit en elle, & qu'il faisoit ce qu'il pouuoit pour luy donner les craintes & défiances qu'auoit la Mere de saint Sauueur. Ce qui l'en faisoit bien iuger, estoit de voir en elle tant de signes de sainteté : Elle voudroit estre, disoit-il, sous les pieds de tout le monde, elle se tient la plus imparfaite de la maison, & la derniere de toutes. Quels exemples de vertu n'a-t'elle pas donnez auant qu'elle eust perdu la veuë? On luy demandoit d'où pouuoit venir que la Mere ayant naturellement vn bon esprit, & tant d'experience, estant aussi d'ailleurs si grande seruante de Dieu, sembloit neantmoins incapable de seruir à la Religion, parce qu'on n'en pouuoit tirer de conseils que conformes à l'esprit, dont elle estoit conduite, & qu'elle ne vouloit point qu'on se seruist de raisons, ny des veuës du iugement humain, ce qui est pourtant necessaire selon les occurrences. Ne vous en estonnez pas, répondit le Pere, il y a assez de personnes capables de donner conseil ; Dieu se reserue la bonne Mere pour prendre ses delices en elle, & c'est bien la raison qu'il en ayt vne entre tant d'autres.

Vous auez veu cy-dessus dans le cours de sa vie, ce que fit Madame de Longueuille vers Madame de Fontevrault, afin d'obtenir la Mere de saint Sauueur, dont elle vouloit se seruir pour la gloire de Dieu. Pendant qu'on faisoit à Hautes-Bruyeres les Oraisons de quarante heures sur ce sujet, & que le Pere Confesseur estoit à Paris pour la mesme affaire : Il fut dit à la Mere en son Oraison, que les prieres de la Communauté & les siennes estoient exaucées, & qu'elle ne sortiroit point. Le succez en fut tel, & la Mere en receut vne tres-grande ioye, en beniffant Dieu, & fans communiquer ce qu'elle en auoit apris par vne voye extraordinaire, à d'autre qu'à la perfonne confidente, fur le fecret de laquelle elle fe defchargeoit de tout, de peur d'eftre trompée, felon qu'elle difoit. Fille, ie vous le dis, afin que fi c'eftoit le Diable il fuft découuert, & rapportoit de plufieurs qu'elle auoit connuës eftant au monde, où le Diable faifoit plufieurs effects remarquables, mais à la premiere découuerte il s'enfuyoit. Car, difoit-elle, il ne peut fouffrir d'eftre découuert, il faut qu'il quite la place.

Vn iour on luy rapporta qu'vn Pere, confulté fur fon eftat, difoit; Que dans le Ciel il reftoit à Iefus-Chrift vn defir de fouffrir pour glorifier fon Pere, & qu'il laiffoit la bonne Mere fur la terre pour le glorifier en fa place. Ce trait eftoit bien hardy, ce me femble; auffi celuy qui l'auançoit auoit deffein d'affeurer vne ame parmy des peines & des craintes extraordinaires. Mais il falloit qu'il connuft bien l'humilité de la Mere pour parler ainfi, d'autant qu'il n'y en a guere qui fut à céte efpreuue comme la fienne, qui luy fit ainfi repartir à ce difcours. Seroit-il bien poffible que ce fuffent veritez, & que Dieu fe daignaft communiquer à vne fivile creature que moy, qui fuis fi plongée dans ma nature, & fi pleine de reffentimens. Vous auez, ma Sœur, de grandes obligations d'auoir la veuë fur mes actions pour m'aduertir de mes fautes, & m'en donner penitence, vous en répondrez deuant Dieu, fi vous ne le faites.

Elle a plufieurs fois obligé céte Sœur d'obferuer fes actions foigneufement, & d'en écrire à perfonnes de doctrine, d'experience & de vertu; Afin, difoit-elle, qu'on me connoiffe, & qu'on n'y foit point trompé. Car fous ombre que ie fuis en folitude, on s'imagine que ie fais beaucoup d'actes de vertu, & ie n'en fçaurois faire. Au contraire, ie ne fais que des actes d'orgueil. Mandez bien tout cela.

Vne autrefois sur ce qu'on luy disoit, que les choses extraordinaires qui se passoient en elle estoient des veritez, & non point des effects d'illusion. O fille, respondoit-elle, à quoy nous amusons-nous, croyans qu'vn Dieu se communique de la sorte à ses creatures ? Pourquoy fermons-nous la porte à vn Dieu pour l'ouurir à la nature ? Faut-il preferer cête charongne à vn Dieu? Ie ne m'estonne point des familiaritez qu'on lit que Dieu aùoit auec vne saincte Therese, & vne sainte Catherine de Gennes, & autres semblables, parce qu'elles aportoient de grandes fidelitez à tout ce que Dieu demandoit d'elles, mais de dire à l'égard de moy qui suis si imparfaite, qu'il se communique par de pareilles faueurs, helas ! Ie prophane leur heureuse memoire d'en parler.

De tous les discours qui luy estoient faits, ie ne rapporte icy que ceux par lesquels ie dois faire connoistre sa vertu, les dispositions de son esprit en ces estats, & les responses qu'elle faisoit. Vne fois entr'autres il luy fut dit à l'Oraison: *Comme les riuieres coulent en la mer, ainsi, ma fille, toutes tes affections coulent en moy.* Et à ces paroles elle sentoit vn grand attrait interieur qu'elle ne pouuoit exprimer. Ie ne voudrois attribuer ce discours à aucun esprit, ou bon, ou mauuais ; selon Monsieur de Geneve, il est suspect en ce qu'il semble asseurer vne ame de ce qu'elle est deuant Dieu, qui ne reuele pas semblables choses ordinairement ; mais qui tient au contraire les esprits, pour les humilier en des doutes de leur estat, selon cête parole du Sage en l'Escriture, que l'homme ne sçait pas s'il est digne d'amour ou de haine, & que toutes choses demeurent dans l'incertitude jusqu'au grand iour qui doit venir, & qui doit decider de toute par le discernement qui se fera des bons & des mauuais ; *Opera iustorum in manu Dei, & tamen nescit homo vtrum amore an odio dignus sit, sed omnia in futurum seruantur incerta, sicut bonus sic & peccator.*

Il y en a d'autres qui tiennent que parmy ces ombres, il plaist à Dieu quelquefois de faire éclater vn petit iour pour nous faire bien iuger des choses extraordinaires qui arriuent aux ames choisies, & disent, que quand elles sont accompagnées de vertu, & qu'elles produisent des effects dont le Diable a de l'horreur, il faut croire que ce qui se passe est de Dieu. C'estoit l'argument que nostre Seigneur apportoit à ceux qui luy reprochoient qu'il faisoit ses œuures en la vertu de Beelzebuth. Pour ne pas faire vn point de controuerse d'vne chose que ie donne à iuger, & que ie ne veux point establir pour le fondement de la sainteté d'vne ame, voicy comment celle dont nous parlons se comporta dans ce rencontre, & dans tous les autres pareils. Elle s'abaissa dans son neant deuant la grandeur infinie de Dieu, luy disant en ces mots; *Ha! Seigneur, quelles sont mes affections pour retourner dans vostre source d'amour, hé, que cette charongne ne paroisse plus!* Et puis se tournant vers les Bien-heureux, elle disoit ; *Hé! quand sera-ce que comme vous ie seray abysmée dans cét Ocean de la Diuinité, & que tout empeschement me sera osté?*

Enuiron quatre ou cinq môis deuant sa mort, comme elle estoit en d'extraordinaires derelictions & peines interieures sur cét estat, qui continuoit tousiours, elle donna charge à vne Sœur d'en écrire au Reuerend Pere Iacquinot, & de le supplier qu'il eut pitié d'elle, & luy mandast ce qu'elle deuoit faire, parce qu'elle estoit tousiours dans les mesmes peines. Voicy la réponse que fit le Pere à la lettre de céte Sœur.

MA SOEVR,

Vostre lettre m'a esté agreable, d'autant qu'elle me met en memoire la Mere de saint Sauueur, dont l'humilité & les autres grandes vertus que i'ay remarquées en elle, lors que i'estois auec vous, m'ont tousiours grandement edifié. Dites luy que ie luy confirme ce que ie luy ay dit de son estat, & que si les hommes ne se fussent opposez, les desseins de Dieu se fussent accomplis, qu'il permet des choses qu'il n'agrée pas pour de tres-hautes fins, qui ne sont connuës qu'à luy seul. Et quant

aux

de Saint Sauueur. 279

derelictions qu'il luy semble experimenter, ce sont des secrets, dont la diuine Sagesse vse enuers les Esleus, & que Iesus-Christ n'est mort en Croix, qu'apres auoir dit à son Pere : *Mon Dieu, mon Dieu, pourquoy m'auez-vous abandonné* ; & partant qu'elle se console persistant fidelement dans ses Religieuses pratiques, & que le temps est proche qu'elle receura la couronne reseruée dans le Ciel à ses enfans. Vostre charité fera vn grand seruice à Dieu, si elle continuë de soigner vne ame qui luy est si chere, & vous en receurez de grandes benedictions.

CHAPITRE X.

Effets de l'oraison, qui sont des signes de discernement pour iuger de tous les autres qui sont plus douteux; De l'extase d'esprit & de l'extase de volonté.

CE que dit le Prophete Osée, que les rets & les filets sont tendus au Thabor, est vne Metaphore qui peut estre entenduë en diuerses façons, & qu'aucuns expliquent des scandales qui arriuent par les paroles & mauuais exemples de ceux qui sont sur la montagne, & font les maux qu'ils deuroient empescher. C'est le sens du Prophete, selon qu'on peut iuger de tout le passage qui se peut entendre aussi des artifices & tromperies de Satan, des diuers moyens qu'il employe à seduire & perdre les ames, prenant l'habit de la condition qu'il a perduë, & paroissant comme s'il estoit vn Ange de lumiere, dressant ses pieges & tendant ses filets iusques sur le Thabor; c'est à dire, aux lieux consacrez à la priere, en l'estat le plus eminent de la vie spirituelle, comme on peut voir par les liures qui ont découuert les malices de cét ennemy commun, qui est le singe des œuures de Dieu. C'estoit le sujet ordinaire des craintes & défiances de nostre bonne Religieuse, qui se tenoit indigne de la grandeur ou de l'excez des faueurs diuines si frequentes & familieres faites à quelques Saintes, &

Rete'te expansum super Thabor. Osee 5.3

prenoit sujet en elle-mesme, par la consideration de sa bassesse, de craindre ce qu'a fait le Diable en des personnes tres-signalées & tenuës pour tres spirituelles, & particulierement dans les femmes.

Il y a tous les iours des spirituels qui se jettent dans les filets tendus au Thabor, qui se laissent éblouïr par l'éclat de la vision, & qui tombent en fin dans quelque erreur. Il ne s'en faut pas estonner apres l'exemple de saint Pierre, qui ne faisant pas d'attention à ce qui s'y dit, y dit ce qu'il ne faut pas dire, & qui dans la suite, quand il se croit plus fort, se trouue foible ; iusqu'à se laisser ébranler comme vn roseau, par les paroles d'vne seruante. C'est pour cela que les Maistres donnent conseil de ne s'arrester aux visions mesme veritables & bien reconnuës, de peur de donner ouuerture au Diable d'vser de tromperie par d'autres semblables, qu'il est ingenieux à contrefaire, jettant des rets & des filets imperceptibles sur le sommet de la montagne.

Ce conseil bien pris & mieux suiuy par la bonne Mere, a fait son asseurance & sa force quand elle a crû qu'elle estoit foible & dans le danger d'estre trompée. Nous allons voir, comment elle s'est tenuë à Iesus-Christ crucifié, comment elle n'a parlé que des souffrances du Caluaire, au temps qu'elle a pû croire que la voix du Ciel s'adressoit à elle, & que le Pere Eternel & son Fils luy faisoient quelque part de leurs entretiens, de leurs plaisirs & de leur gloire : Comment elle a fait son Caluaire du Thabor mesme, & comment en fin elle est deuenuë vne Religieuse parfaicte, en faisant seruir, ainsi que i'ay dit ailleurs, des voyes extraordinaires, aux solides practiques des vertus ordinaires. En quoy i'estime qu'elle peut seruir de modele de perfection à ceux qui sont appellez au degré sublime de vie que nous appellons vnitiue.

Entre les signes naturels du Ciel, il n'y en a point qui ne soient considerables pour la fin du Createur, & par leurs effects : Mais il y en a d'autres qui ne sont pas du Ciel, qui n'en ont que le nom, comme ils n'ont que l'apparence des Astres, & dont on craint l'apparition à cause que l'effect en est à craindre. Il en est de mesme de certaines apparitions de vertus en l'air, dont l'esclat est trompeur, & qui se dissipent, comme vne vapeur, apres auoir arresté les yeux des simples & des ignorans. C'est de semblables signes dont il se faut défier, comme au contraire il y en a dans l'ordre de la grace, au Ciel mystique de l'Eglise, qui n'ont que de bons effects, & dont on peut dire auec le Prophete, qu'à leur égard il n'y a rien à craindre, sinon de ne les pas regarder ou de les regarder sans profiter de leurs lumieres, & de leurs influences. Les signes que nous allons voir sont de cette nature, comme on peut voir par leurs effects, ou les effects qui suiuent sont des signes pour discerner le vray d'auec le faux, vne ame saincte d'auec l'ame hypocrite.

A signis cæli nolite metuere Ier. 10. 2.

Entre ces signes de discernement, le Bien-heureux François de Sales en a pris deux, qu'il dit suffisans pour faire connoistre la verité d'auec l'illusion dans les voyes extraordinaires. Le premier est, que ce qui se passe en l'ame fait moins d'impression & d'effet en l'entendement qu'en la volonté qui se sent émeuë, eschauffée, & remplie d'vne puissante affection vers Dieu. Comme au contraire, lors qu'en ces voyes on a plus de clarté en l'entendement pour admirer Dieu, que de volonté pour l'aymer, si l'extase est plus belle que bonne, plus lumineuse que chaloureuse, plus speculatiue qu'affectiue, il y a sujet de soupçon & de danger, il faut se tenir sur ses gardes, craindre, & se défier.

Suiuant cette doctrine, qui fait la regle des bons Iuges en ces matieres, il est à propos d'examiner la vie de nostre Religieuse, & de voir si ce premier signe ne se rencontre pas dans les voyes extraordinaires, mesme où Dieu l'a fait marcher. Il le faut voir par les effects de son oraison, en ce que i'en ay dit cy-deuant, & ce qu'il en reste encore à dire. Au chapitre dixiéme de la seconde Partie, il y a des choses

Tibi dixit cor meū exquisiuit te fa cies mea Hæc est generatio quæ rentiū faciē pei Iacob. rſ. 23. Meno cl ius & Cæter. Com.

qui sont conuenables à ce sujet. Ses façons ordinaires de parler faisoient bien connoistre que c'estoit au cœur que Dieu parloit, que c'estoit le cœur qui parloit à Dieu, en sorte qu'elle pouuoit dire aussi bien que le Prophete, que ce qui sembloit d'elle à l'exterieur procedoit du cœur que l'amour vnissoit à Dieu, que c'estoit le cœur qui portoit ses yeux vers Dieu, qui la tenoit tousiours en sa presence, & dans le soin de luy plaire, que son oraison estoit vne oraison d'amour, ou l'amour mesme en oraison qui luy tournoit la face vers la face de Dieu, pour parler d'elle & de son estat mot à mot, comme le Prophete, & ceux qui sont mieux entendus.

Ce langage de cœur qui est celuy de l'Espouse estoit celuy de la Mere, dont il est dit d'ailleurs qu'elle auoit l'esprit & le zele pour en attirer d'autres à son Espoux par cette voye d'amour, & qu'elle n'auoit point d'égale amertume de cœur, comme en considerant l'estat de certaines ames qui ne vont pas à Dieu purement, & qu'elle appelloit selon la lumiere qu'elle en receuoit à l'oraison, *des Espouses de chemin*. En quoy cette Espouse de cabinet monstroit la difference qui se trouue entre vne espouse de cabinet & vne espouse de chemin, entre vne Religieuse interieure, exacte à la retraite, au silence, à l'oraison, & vne Religieuse pretenduë reformée, toute exterieure & dissipée, hors de Dieu & de ses voyes, & qui se tient trop sur le grand chemin par affection aux passans, aux nouuelles du monde, aux choses du dehors, aux discours inutils des parloirs.

Certes, ie ne puis passer sur cette qualité donnée aux mauuaises Religieuses, sans m'arrester vn peu par Meditation, pour considerer ce que veut dire *Espouse de chemin*; qui veut dire, ce me semble, à la lettre, vne fille que l'instabilité *Disperſi ſunt lapides ſan ctuarii in ca pite ,larea- rum Thr.4ᵉ* de son esprit, le dégoust & l'ennuy de sa vocation font sortir souuent hors la closture, sous tant de pretextes qu'on prend aujourd'huy, comme de santé, & autres, qui font q l'on ne voit que trop des pierres du Sanctuaire, dans la fange des places publiques. Ou bien dans vn sens mystique, qui est le meilleur *Espouse de chemin*, est vne ame qui cherche Dieu dans la voye cõmune, & non dans la retraite, qui demãde toûjours, qui cherche sans cesse l'Espoux, & ne prend point la route du desert, où il se trouue. C'est là, c'est dans ces routes inconnuës, c'est dans les petits sentiers qu'on le peut suiure à l'odeur de ses parfums; car dans les grands chemins ses odeurs estans meslées auec les pas des passans, on s'arreste aux passans, on n'y prend rien de la bonne odeur de Iesus-Christ, on en laisse vne toute contraire qui le des-honore, & sa Religion, & le voile d'Espouse qu'on en a receu pour entrer & pour demeurer auec luy dans le cabinet, comme la Mere de saint Sauueur; pour craindre comme la premiere des Espouses, toutes les occasions d'aller à l'Espoux mesme, quand il y faut aller sur la terre apres qu'on s'est laué les pieds, & qu'on est au lieu de repos. Ce que j'en dis ne sera point trouué hors de propos, sur tout, si faisant reflexion sur toute la vie de nostre Religieuse, on considere combien l'Espoux a pris de soin de la tenir dans la pureté d'vne espouse de cabinet, en la priuant de la veuë, en la tenant tousiours dans le petit Monastere de sa cellule, & plus cachée encore dans la retraite du cœur, hors les emplois & les occasions, quoy que saintes, qui souuent diuertissent l'exercice du saint amour sous pretexte d'amour.

Laui pedes meos quomodo inquinabo illos. Cant. 5. *Timet sponsa quia per terram vadit.*

Or il est certain que le Diable peut deceuoir l'entendement par de fausses lumieres, mais il est difficile à cét ennemy de toute vertu, de se resoudre à échaufer la volonté au bien; & s'il le fait quelquesfois ce n'est pas pour long-temps. D'où nous pouuons iuger que les rauissemens d'affection estans frequens & de durée, c'est vn signe comme asseuré que Dieu en est Autheur. Sur tout quand ce bon signe est accompagné d'vn autre encore meilleur, qui est vn extase d'effect, d'action & de pratique, selon les principes & les motifs qu'en donnent les deux autres par de pures lumieres en l'entendement, & de saintes affections en la volonté.

C'est à quoy les vrays parfaits doiuent aspirer, & c'est à quoy le Diable ne porte jamais l'ame solidement & constamment. C'est le meilleur fruict du bon arbre, c'est la fin des graces ordinaires & extraordinaires, c'est l'accomplissement de l'Euangile ; & ie puis dire sans hesiter, que ç'a esté l'exercice journalier de la bonne Mere de saint Sauueur, comme on peut voir, par ce que j'en ay dit cy-deuant en la seconde Partie, où j'ay fait le dénombrement de ses vertus. Ce sont lignes qu'il faut faire reuenir à ce centre, aussi bien que celles qui suiuent, qui sont encore d'autres effects, d'autres exemples, & d'autres signes d'vne vertu vrayment Religieuse, & d'vne vie solidement Chrestienne & parfaicte.

CHAPITRE XI.

Suite de la matiere precedente : Autres marques encore plus certaines de l'operation de Dieu dans l'ame en l'oraison, & voyes extraordinaires de la Mere de saint Sauueur. De l'extase d'action, ou des effets de l'amour actif.

POur mieux faire entendre les dispositions de céte ame sainte dans ses estats extraordinaires, il faut distinguer la charité en amour affectif, en amour effectif, & en amour afflictif ou souffrant. D'où l'on peut tirer autant de bons signes, quand ces trois effects de la charité se rencontrent dans vne vie, dont on fait l'examen. Le premier effect est vn bon signe. Le second en est vn meilleur, & le troisiéme est l'excellent & le tres-bon. La perseuerance en tous les trois fait le comble de tous les biens ; c'est le dernier sceau du salut & de la perfection. C'est vn bon signe quand vn cœur touché, soit dans l'oraison, soit hors l'oraison, par vn haut sentiment de la presence de Dieu, ressent des effects de céte presence , comme sont ceux qui l'accompagnent ordinairement , vne profonde paix, vne douce joye, & autres biens spirituels qu'aporte l'vnion de l'ame auec Dieu. C'est vn bon signe que les fruicts ordinaires de l'oraison operent en la Mere de saint Sauueur des effects semblables à ceux que ie viens de dire, dont il n'est pas possible à l'ame mesme qui l'éprouue d'exprimer la vertu selon la force & la douceur de son attrait. Ce qu'en dit de conforme le Bien-heureux Iean de la Croix Iuge clairuoyant en céte matiere , est que l'ame n'a rien à rejetter ny à craindre , que mesme elle n'a rien à faire qu'à laisser parler Dieu , ou plustost qu'à laisser faire Dieu ce qu'il dit en elle.

Que si l'on veut voir quelques-vnes des flames que jettoient ces traits de feu , ou ces operations d'amour affectueux au cœur de la bonne Mere , voicy ses mots plus familiers que poussoient au dehors ordinairement ses communications extraordinaires ; *Vn Dieu, & rien plus. Quand sera-ce que ie seray toute fonduë en Dieu ? Ha, que les creatures sont vn grand empeschement ! Quand sera ce que Dieu aura pris vne entiere possession de nos cœurs , & qu'il n'y aura que luy qui viura.* I'en ay rapporté d'autres cy-deuant , qui sont des effects de cét amour affectueux, de l'extase de l'ame, & de l'operation de la charité lumineuse en elle.

C'est vn signe encore meilleur , & qui sert à confirmer le premier, quand cét amour affectueux passant du cœur au dehors deuient effectif, & ne se cósomme pas en aspirations & en tendresses, mais se fait paroistre par des œuures, & des actions conformes aux Maximes de l'Euangile , & aux exemples de Iesus-Christ ; & sur tout par la pratique des vertus ordinaires de la vie vrayment Religieuse & solidement Chrestienne. Pour voir ce signe en nostre bonne Religieuse, il faut repasser sur toute sa vie, & s'arrester particulierement sur les chapitres de la seconde partie, où j'ay parlé de l'obseruance de ses vœux & de ses regles, du mépris du monde , de sa retraite, de son silence, & de sa vie cachée, de son aneantiſſement. Il faut conſiderer la ſimplicité de cête ame, vertu ſi peu connuë aujourd'huy, ſon humilité ſelon tous les degrez qui en ſont marquez dans la Regle de ſon Ordre, la pureté de ſon regard vers Dieu, qui la met dans vn entier oubly de toutes les creatures & de ſoy-meſme, & ſur tout la fidelité aux dons de Dieu, pour y répondre comme elle a fait ſelon les lumieres d'en-haut, ſelon les Maximes de l'Euangile, la pureté du Chriſtianiſme, & l'eſprit de l'Egliſe ; ſelon la Regle & les Conſtitutions de ſon Ordre, ſelon les ordonnances de ſes Superieurs, ſelon les diuers eſtats de la vie où Dieu l'a fait paſſer; en fin ſelon la maniere, & meſme ſelon l'eſtenduë des graces qu'elle receuoit. Ce qu'on peut voir dans le recit de ſon Hiſtoire, & ce qui fait l'abregé des effects de l'amour en action, & les marques infaillibles de la preſence & de l'operation de Dieu dans vne ame.

Il ſuffit d'adjouſter aux choſes deſia dites, ce qu'on m'a donné de nouueaux témoignages, & de reprendre ſeulement entre les premieres marques de ſa vertu, ce qui deuoit faire l'aſſeurance de ſon ame dans ſes eſtats extraordinaires. Pour voir ſon amour dans l'action, il faudroit repaſſer ſur tout ce qu'elle a fait ; mais pour ne pas faire vn autre liure ſur l'hiſtoire de ſa vie, on peut iuger de ce qu'elle eſtoit, & j'en puis donner vne connoiſſance parfaicte, quoy qu'en abregé, en faiſant voir les diſpoſitions de ſon cœur pour l'amour effectif en la façon dont elle parloit du treiziéme Chapitre de ſa Regle, portant que ſi l'on commande aux Sœurs des choſes fort difficiles, ou meſmes impoſſibles, elles reçoiuent le commandement auec toute douceur & ſoûmiſſion, & qu'aprés vne humble remonſtrance de l'impuiſſance où elles ſe trouuent, qu'elles obeïſſent par charité ſe confiant en l'aide de Dieu. A l'égard de ce poinct de Regle, l'oraiſon de la Mere l'auoit miſe en eſtat de dire, & de monſtrer par effect qu'elle ne trouuoit, & ne penſoit pas qu'on deuſt trouuer aucune choſe impoſſible, quand on auoit de l'amour pour Dieu. Si bien que quand elle

ax charitate, confidens de adiutorio Dei, obediat.

elle voyoit quelque difficulté qui mettoit oppofition au deffein de quelque bonne œuure, elle difoit ordinairement qu'on ne fçauoit pas aymer. Ainfi céte fainte Religieufe auoit appris en l'Efcole myftique, que l'amour fe nourrit d'excés, comme dit S. Denis, & que c'eft fa nature de faire entreprendre ou vouloir au deffus des forces & du pouuoir, felon qu'en efcrit faint Bonauenture apres Platon.

Mais il ne faut pas croire que ce Seraphin qui bat ainfi toufiours des aifles deuant le throne de Dieu par vn amour affectif, & qui les déploye pour fuiure les ordres de Dieu, & faire l'office des Anges par vn amour effectif, n'ayt auffi des aifles dont il couure fa face & fes pieds, par des penfées de refpect vers Dieu, & par des fentimens de fon neant. Il faut voir ces aifles dont il fe couure, & dont il fe maintient dans fon degré d'efleuation, & par application de céte figure à la verité de noftre hiftoire, il faut voir ces aifles en l'humilité de noftre Religieufe, pendant qu'elle eft éclairée comme vn Cherubin, qu'elle ayme comme vn Seraphin, & qu'elle agit & fert comme vn Ange. *Qu'eft-ce que Dieu*, difoit-elle, *fous le nom duquel toutes chofes fondent, & grandeurs, & principautez, rien ne paroift fous ce diuin Nom.* Ce qui luy donne tant d'horreur de tout ce qui s'opofe à Dieu, & mefme de tout ce qui luy déplaift tant foit peu, qu'elle confulte bien fouuent jufqu'à vne Sœur Conuerfe, pour apprendre d'elle fes moindres defauts. C'eft ce qui la tient cachée & dans l'aneantiffement ; ce qui luy donne fatisfaction, de ne rien voir en elle, de ce qui fait connoiftre les autres & les met en eftime, de fe voir auec Iefus-Chrift, la fainte Vierge, fainte Magdelaine, & les plus intimes amis de noftre Seigneur dans la retraite, & dans l'efloignement du monde pour vacquer vniquement à Dieu. C'eft ce qui luy fait dire, quand on la demande pour quelque employ plus efleué où Dieu fembloit l'auoir deftinée, ainfi qu'elle mefme pouuoit croire, par ce qu'elle entendoit en fon oraifon, qu'on luy fait trop d'honneur de la vouloir tenir en la maison de Hautes-Bruyeres y estant inutile, qu'elle n'y sert que d'empéchement, qu'elle n'est propre à rien.

Elle auoit vne si grande connoissance des ruses de la nature, & vn si grand courage pour la tenir basse & sujette, qu'elle auoit plus d'industrie à découurir ses fautes, qu'vne autre n'en auroit à s'en justifier. Au iugement de tous les Peres spirituels qui l'ont entretenuë, de toutes les Sœurs qu'ont veu ses exemples ordinaires, de toutes les personnes de dehors qui ont eu le bien de la connoistre, elle auoit toutes les marques d'vne Sainte: Mais elle-mesme, iugeant autrement de soy, se tenoit la plus imparfaicte, souhaitoit que tous ses defauts fussent connus, demandoit d'estre sous les pieds des autres, & la derniere de toutes, disoit qu'elle estoit vne hypocrite, qu'elle deceuoit tout le monde, que son corps estoit vn crapaut plein de venin, que tout l'orgueil de son ordre estoit renfermé dans son ame, & qu'elle ressembloit vn fumier, lequel estant remué engloutit de sa puanteur tous ceux qui en approchent.

Par ce mesme principe d'humilité, elle ne disoit rien de ses estats extraordinaires, qu'à celles qui luy estoient données pour receuoir ce secret, & le communiquer dans la crainte qu'elle fut trompée. Cela fait, elle s'en oublioit comme de choses qui ne luy touchoient en rien, & dans l'occasion d'en parler, c'estoit afin, disoit-elle, que le Diable soit découuert. Sur quoy mesme elle rapportoit ce qu'elle sçauoit de plusieurs personnes qu'elle auoit connuës estant au monde, en qui le Diable faisant plusieurs choses remarquables, si-tost que sa voye estoit reconnuë, il prenoit la fuite, il quittoit la place, tant il a de peine d'estre descouuert.

Tant s'en faut qu'elle se flatast, & prit complaisance en l'opinion de ceux qui iugeoient plus fauorablement de son estat, qu'au contraire elle alloit chercher ce qui luy donnoit sujet de crainte & de défiance, & quand on luy faisoit la lecture de voyes semblables à la sienne dans l'histoire Sainte & Religieuse, ou lors qu'on luy faisoit part de ce

qu'en penſoient en bien ceux qu'on en auoit conſultez:
Voicy ſes réponſes qui ſont pleines de ſentimens d'vne
humilité parfaicte : O quelle pureté Dieu demande de
moy ! Seroit-il bien poſſible que ce fuſſent veritez, que
Dieu ſe daignaſt bien communiquer à vne ſi vile creature
que moy, qui ne voy que la chair & le ſang, qui ſuis ſi
plongée en ma nature, & ſi pleine de reſſentimens. Vous
auez, ma Sœur, adjouſtoit-elle, parlant à vne bonne Sœur
Laye, de grandes obligations à prendre garde à mes actions pour m'aduertir de mes fautes, & m'en donner penitence, vous en répondrez deuant Dieu ſi vous ne le faites: Comme pour en écrire à ce bon Pere afin qu'il me con-
noiſſe, & qu'il ne ſoit point trompé; car ſous ombre que ie
ſuis touſiours en ſolitude, il croit que ie fais beaucoup d'a-
ctes de vertu, & ie n'en ſçaurois faire, au contraire ie ne
fais que des actes d'orgueil. Mandez luy bien tout.

D'autresfois quand on luy donnoit des aſſeurances, ſelon qu'on les receuoit de ceux qui eſtoient conſultez ſur
ſa voye, voicy ce qu'elle repartoit conformement à cet autre diſcours : O ma Sœur, à quoy nous amuſons-nous? Que
les creatures ſont vn grand empêchement! Nous fermons
la porte à vn Dieu pour l'ouurir à la nature, preferant céte charongne à vn Dieu. Dans vne autre rencontre, ſup-
poſant pour vray ce qu'on luy diſoit de Dieu en elle, &
parlant ſelon les effects qu'elle ſentoit ; Vous ne ſçauriez
croire, diſoit-elle, auec combien d'amour Dieu me communique ſes graces; cela ne ſe peut dire, il faut l'auoir ex-
perimenté.

Regardez combien vn Dieu s'abaiſſe à vne creature ſi
vile & ſi abjecte comme ie ſuis, qui ſuis pleine de reſſentimens d'orgueil. Ne le reconnoiſſez vous pas bien ? Ie ne
m'eſtonne pas des familiaritez qu'on nous lit, que Dieu
auoit auec vne ſainte Thereſe, ſainte Catherine de Gennes, & autres, parce qu'elles ont apporté grande fidelité
à tout ce que Dieu demandoit d'elles : Mais de dire
qu'à moy qui ſuis ſi imparfaite, il faſſe les meſmes graces

Oo ij

& faueurs : Helas ! Ie profane leur heureuſe memoire d'en parler.

Vn iour Monſieur Cocqueret, Docteur en Theologie, eſtant venu la voir comme ſa bonne amie & ſa bonne Mere, par les raiſons qu'il en auoit, qui ſont deuant Dieu, & qui demeureront touſiours dans vn bon cœur comme le ſien, par des ſentimens de reconnoiſſance qu'il conſerue vers elle. Tout leur entretien fut des dernieres eſpreuues qu'elle auoit receuës par la predication qu'on auoit faite il y auoit peu de temps contre ſa voye d'aller à Dieu. Ce qui fut de meilleur eſt, que la Mere en luy diſant qu'on auoit qualifié ſa voye, ou d'hereſie, ou du moins d'erreur, ne ſe plaignit jamais du Predicateur, n'accuſa point ſon zele d'excés, & ne dit pas meſme ſon nom : Seulement elle découuroit la peine de ſon ame, & la juſte crainte qu'elle auoit, conſiderant ce qu'vne perſonne ſçauante auoit auancé contre ſa maniere d'oraiſon : ſeulement elle déploroit ſa miſere, apprehendant touſiours d'auoir quelque choſe en ſoy qui dépluſt à Dieu, ne panchant jamais moins que du coſté de ceux qui tenoient ſes viſions veritables, s'eſtimant indigne de pareilles faueurs, & deferant à l'opinion de ceux qui en penſoient autrement. Ce qui luy fit dire alors pluſieurs fois deuant ce Docteur vertueux ſon intime amy. Mon Dieu aneantiſſez moy, car ie ne puis ſouffrir la qualité de voſtre ennemie, l'Enfer m'eſt plus ſupportable. Voila certes d'excellens effects & des ſignes d'vn amour, qui paroiſt en ſa force dans les grandes eſpreuues.

CHAPITRE XII.

Effets de l'amour souffrant.

APres auoir veu les bons & les meilleurs effets de l'amour, comme affectif & comme actif, il reste à voir les tres-bons effets du mesme amour consideré comme souffrant, qui nous doit seruir d'vn troisiéme & tres bon signe, pour juger des vertus d'vne vraye Religieuse en la Mere de saint Sauueur. Ce qui doit plaire dauantage en la vision d'Ezechiel est qu'entre les animaux, & qu'auec tant de veuës qui viennent du grand nombre d'yeux qui s'y rencontrent, on y trouue le bœuf pour le sacrifice. Ce qu'il y a de plus considerable au Thabor, est qu'on y parle des souffrances qui se doiuent accomplir sur le Caluaire; & ce qui fait la seureté du Caluaire, est qu'il n'y a point de filets tendus comme sur l'autre montagne. Ce qui fait la meilleure marque en la vie de nostre Religieuse, & qui est moins sujette à tromperie, ce qu'on peut prendre pour vne excellente pierre de touche, est son esprit de continuel sacrifice, & l'amour de la Croix, & de la Croix toute nuë & sans aucune motion, qui pust rendre le joug ou plus agreable ou plus facile à porter.

Pour mieux mettre en sa perspectiue cette partie de nostre Tableau, j'ay crû deuoir faire remarquer selon les maximes des Maistres, qu'en l'examen des ames il est à propos de considerer si l'amour de la Croix accompagne, entr'autres vertus, les graces extraordinaires dont on veut connoistre le principe. Il faut voir si l'ame ayme & desire les souffrāces, si elle en fait estat dans l'esprit du Fils de Dieu, si elle les porte dans les sentimens & saintes dispositions de Iesus-Christ, si elle y cherche du soulagement ou de l'ayde, enfin comme elle se comporte dans les printions & dans les croix, soit exterieures, soit interieures.

Car comme la souffrance est l'esprit du Christianisme, comme la croix est le sommaire de la perfection, comme le principal effet de l'amour & de la grace est d'aneantir, & selon saint Paul, de crucifier le vieil homme, de faire mourir la nature, il faut qu'vne ame à qui Dieu se communique par des faueurs singulieres de son esprit, ayt également part à la Croix de son Fils, & à l'esprit de son Fils sur la Croix. Or sans rien determiner, & sans faire d'application de ces veritez & de ces maximes aux pratiques de la bonne Mere, dont j'écris l'histoire, ie me contenteray d'adjouster aux chapitres que j'ay faits en la seconde Partie, touchant les vertus de sa vie souffrante, ce qui peut seruir à faire connoistre la fidelité de cette ame dans les estats moins connus. En quoy ie ne puis mieux faire qu'en écriuant sur ce sujet comme elle a parlé.

Par. ch. 23. 24. 25. 35.

Et quand la Sœur qui l'assistoit l'alloit trouuer, & luy demandoit si elle auoit besoin de quelque chose, elle luy repartoit: *Laissons cela, fille, c'est le corps. Il ne merite pas de nous occuper: ne perdons point de temps, parlons de ce que nous aymons;* Qui estoit de la vie souffrante de nostre Seigneur abaissé & aneanty pour nous.

Considerant que nostre Seigneur, ce Roy de gloire, disoit-elle, n'a jamais ouuert la bouche pour se plaindre, mais au contraire qu'il se disoit vn ver de terre, l'opprobre des hommes, & l'abjection du peuple, n'a-t-il pas moyen, adjoustoit-elle, de ranger la nature à obeyr à Dieu, & de ne plus écouter ses plaintes? Toute sa vie elle ne parla que de mortification & de croix, & peu deuant sa mort son Confesseur estant entré pour l'assister, elle luy demanda s'il venoit pas pour luy ayder à faire mourir la nature.

C'estoit le sujet plus ordinaire de ses entretiens, & c'étoit sur ce theme qu'elle aymoit mieux entendre parler: plus on preschoit naïuement de la Passion de Iesus-Christ, & des mysteres de douleur, plus elle en témoignoit de satisfaction. C'estoit ce qu'elle goustoit dauantage en ce monde : ce sont là, disoit-elle, des veritez qui nous doiuent demeurer au cœur, on ne nous doit parler d'autre chose.

Entre les bonnes marques d'vne ame sainte & fidelle à Dieu, est de voir selon qu'en ont écrit les personnes d'experience & de conduite, si l'oraison la rend plus patiente & desireuse de souffrir, sans vouloir autre soulagement & contentement que celuy de son époux ; si l'attrait qui la porte à Dieu, luy donne le mépris du monde & de soy-mesme, pour n'estimer que la bassesse, les trauaux & la croix. A quoy pour mieux répondre, il vaut mieux que ie fasse encore parler la Mere sur tout, en la façon qu'elle exprimoit l'estat de son ame, depuis qu'il plust à Dieu la priuer de la veuë du corps, pour l'éclairer au dedans par de plus viues lumieres.

Car alors passant les iours en oraison continuelle, où le plus souuent la nature ne luy faisoit trouuer qu'angoisses secheresses, & autres sujets d'espreuues d'esprit & de cœur, neantmoins parlant de cét estat afflictif à quelques ames de confiance, elle leur disoit : Croiriez vous que nonobstant les delaissemens & pressures de cœur, ie ne respire que l'oraison ? l'auance mesme mon seruice pour me mettre en mon petit coin, & pour souffrir ce qu'il plaira à Dieu par vn entier abandon entre ses mains. Voila comment ce n'est pas la vision du Thabor qui l'a fait aller à la montagne, & qui l'y arreste; c'est pour n'y voir que Iesus-Christ, c'est pour y souffrir auec luy, c'est pour y mourir à tout ce qui n'est pas Dieu.

Souuent elle disoit au sujet de ses peines, pourueu que Dieu soit content, ie suis plus que contente; Quand il me reduiroit à l'estat d'vne pierre de taille, il me suffit qu'il est, & qu'il est mon Dieu. Elle disoit encore qu'elle croyoit plus fermement dans ses tenebres & delaissemens que Dieu estoit, qu'elle ne croyoit que le Soleil luisoit quand elle voyoit sa lumiere.

Dans cét esprit elle souffroit auec amour tous les ennuys qui luy arriuoient par la perte de sa veuë, qu'elle appelloit vne visite de Dieu, & son thresor. Au sujet dequoy quand on luy témoignoit de la compassion, & qu'on luy demandoit si elle ne s'ennuyoit point, sa réponse ordinaire estoit de dire en soûriant : C'est mon thresor que ie ne voudrois pas changer à la gloire des Bien-heureux;Hé, qu'est-ce que la veuë du corps que nous auons commune auec les bestes?

En fin, pour ne pas r'enfermer trop à l'estroit les preuues de son amour souffrant, il faut que ie renuoye encore icy l'ame qui en voudra profiter aux vertus de la vie souffrante dont j'ay traité cy-dessus plus amplement, jugeant que pour abreger tout ce qui se peut dire de plus excellent à l'égard des voyes extraordinaires de nostre sainte Religieuse, il suffit qu'on remarque principalement, entr'autres choses, les dispositions merueilleuses de céte ame à receuoir ce qui estoit dit de part & d'autre des effets de son oraison ; en sorte qu'à l'égard de ceux qui tenoient ce qui s'y passoit suspect de l'entremise du demon, c'estoit l'opinion où son humilité la faisoit dauantage deferer contre les sentimens interieurs de joye & d'amour, & autres effets de vertu qu'elle en éprouuoit, & dans l'oraison, & hors l'oraison dans les occasions de pratique ; Et qu'à l'égard des autres, qui ne pouuoient rapporter qu'à Dieu, ce qui ne la portoit qu'à Dieu en la separant de toute creature & d'elle-mesme , elle ne s'y pouuoit jamais tellement asseurer, qu'il ne luy demeurast tousiours plus de défiance & de crainte, que de certitude & de confiance. Ce qui luy faisoit dire souuent selon l'opinion des premiers ; *Mon Dieu, aneantissez moy plustost que ie sois vostre ennemie, ie ne puis souffrir cette qualité, l'Enfer m'est plus supportable, plustost que ie sois trompée, & que ie rende tant soit peu aux desseins de vostre ennemy* : Ce que luy faisoit dire aussi souuent l'opinion des autres, qui jugeoient en mieux de son estat; *Mon Dieu, ie renon-*

ce à toutes ces choses là, ie ne veux que voſtre adorable Croix, & cette Croix toute nuë.

Iugeant aux poids de ces paroles du fonds du cœur & des prix des effets, dont elles n'eſtoient que les ſignes, il y a grand ſujet de croire que le cœur eſtoit remply des deux vertus de Ieſus-Chriſt, l'humilité jointe à la charité, qui ſont les deux meilleures & plus certaines marques des viſites de Dieu dans vne ame, & de la fidelité d'vne ame aux viſites de Dieu : Viſites de Dieu qui donne aux ſiens les graces neceſſaires pour éuiter toutes ſortes de tromperies en tel eſtat qu'ils ſe trouuent; leur ouurant les moyens de conſeruer la lumiere ordinaire des veritez Euangeliques auec la prunelle de la foy, comme il fut dit autrefois à vne éminente en la ſcience Myſtique ; fidelité de l'ame qui s'humiliant en la veuë des grandeurs de Dieu, & dans la connoiſſance de ſa propre baſſeſſe ne s'aſſeure à rien d'extraordinaire, & ne s'arreſte pas aux dons de Dieu pour aller mieux à luy dans la voye ordinaire des vertus qui luy ſont d'obligation, & ſur tout dans le chemin de la croix, où elle marche auec vne conſtance qui vient de l'Eſprit ſaint & d'vn amour auſſi fort, qu'il eſt pur & ſans meſlange de toutes les choſes qui affoibliſſent l'ame & la rendent incapable de comprendre auec tous les Saincts qu'elle eſt la longueur, la largeur, la hauteur, & la profondeur du grand Myſtere, de la charité qui fait tout ſouffrir pour ce qu'on ayme, & qui n'ouure point de chemin plus aſſeuré que celuy des vertus actiues, & de la croix qui eſt vn chemin frayé & battu de noſtre Seigneur, & de ceux qui l'ont ſuiuy portant leurs croix faites ſur la forme & la meſure de la ſienne.

Liu. intitulé doſtr. de Dieu enſeignee a S. Cath. de Sienne ch. 14.

CHAPITRE XIII.

Mesure de la Croix de la Mere de saint Sauueur, pour mieux iuger de la sainteté de son ame, par ce qu'elle a souffert dans ses voyes extraordinaires.

IL n'y a rien qui empêche plus les approches du demon, ou qui le fasse retirer comme la figure de la croix, mais principalement l'honneur qu'on luy rend, & sur tout l'amour qu'on luy porte. Il n'y a rien dont il ayt plus d'éloignement que des practiques de la vie souffrante & crucifiée. S'il ne porte point à bien faire, il porte encore moins à bien souffrir, l'esprit malin & l'homme charnel ne peuuent regarder la croix que pour la fuïr. L'homme naturellement ne peut aymer la peine & la souffrance, & le Diable n'y peut aymer ce qu'il y a de vertu, si bien que ce qui fait aymer la croix ne peut venir que de Dieu, par la grace de Iesus-Christ, qui se faisant aymer fait aymer aussi ce qu'on souffre pour luy. Il est dit que Satan apres auoir tenté nostre Seigneur au desert, le laissa jusqu'à vn temps qui fut celuy de sa Passion selon les Peres : Mais ce ne fut pas à luy-mesme qu'il s'adressa lors; ce fut par les Iuifs qu'il tascha de perdre le Iuste, qu'il n'osoit plus attaquer en sa personne, & quand il reconnut de quel prix deuoient estre sa Passion & sa mort, il employa la femme de Pilate pour empécher vn si grand effet ; D'oùie conclud que la croix, quand elle est receuë & portée auec amour, est vn signe des plus asseurez de la voye de Dieu dans vne ame, & vn grand sujet de croire que le Demon n'a point de part en ce qui se passe en elle, au moins pour ce qui regarde sa façon de souffrir. C'est ce bon signe qu'il faut aprés

Nihil tibi & iusto illi. Math. 27.

tout, & sur tous les autres considerer encore en la vie de nostre Religieuse.

Ce qu'elle a souffert fera voir que la croix estant sur l'Autel, c'est à dire, au cœur de ce temple Mystique, & en toutes les parties du Temple, il n'a pas manqué de ce qui fait dans la maison de Dieu vn des principaux Mysteres de sa consecration. Et ainsi celuy qui lit entendra bien que l'abomination, qui en desole tant d'autres sous des apparences de pieté, ne s'y est point rencontrée, & qu'au jugement mesme de ceux qui ont douté des choses extraordinaires, qui sont arriuées en la Mere de saint Sauueur, le signe de la croix non seulement honorée à l'exterieur, mais par effet en l'interieur & par pratique, selon les mesures & proportions de la croix de Iesus-Christ, a tousiours empeché que rien entrast dans le Temple de cette ame sainte, qui ressentist aucunement le faux culte, l'hypocrisie, & l'erreur des pretendus illuminez. *Qui legit intelligat, Mat. 24. 15.*

Afin d'en estre mieux persuadé, ie croy qu'apres ce qu'on a desia veu cy-deuant, il est à propos de voir encore ce signe de la croix, & de le considerer selon toutes ses dimensions, pour mieux connoistre la vertu de celle qui l'a portée auec amour, selon ce qu'elle a eu d'estenduë en sa largeur, en sa longueur, en sa hauteur & profondeur. Sa largeur nous fait voir en combien de façons cette bonne Mere a souffert au sujet de son exercice spirituel, qu'on voulut faire passer pour suspect d'heresie, ou de l'erreur de cette infame secte, qui se termine en des satisfactions abominables de la chair & du sang, ce qui fut sans doute vne large croix à vne ame qui ne respiroit que de faire mourir la nature.

Ce fut vne grande épreuue à sainte Therese, qu'aucuns d'entre le peuple l'estimassent demoniaque: Mais ç'en fut vne plus grande à la Mere de saint Sauueur d'entendre prêcher publiquement, hautement & deuant toutes ses Sœurs de Religion, que l'erreur estoit dans sa voye, & que cette voye qui sembloit droite menoit à la mort. La bonne Mere durant le Sermon jetta quelques souspirs, mais si doux pourtant qu'à peine furent-ils entendus de la Sœur qui estoit plus proche d'elle. La suite de ce Sermon, à l'égard de la maison de Hautes-Bruyeres, estendit la croix de la bonne Mere, dautant que plusieurs des Sœurs qui s'approchoient d'elle auec confiance, s'en retirerent par crainte où furent plus reseruées à luy communiquer qu'auparauant. La bonne Sœur Dardon, qui auoit l'esprit craintif, & que Dieu conduisit dans vn chemin plein d'épines, par l'apprehension de ses jugemens, ne differa guere de brusler les papiers qu'elle auoit écrit sur ce qui se passoit d'extraordinaire en la Mere, laquelle en ce rencontre se vit dans vn delaissement d'où elle prit sujet de mieux dire son mot ordinaire, vn Dieu & rien plus.

Quelqu'vne des Sœurs compatissant à la Mere en cette épreuue, & l'estant allé voir le lendemain du jour, que ce Sermon fut fait à dessein de tirer profit de son exemple en pareil rencontre, & pour luy rendre quelque petit seruice en luy faisant quelque lecture. O fille, luy dit la sainte Heretique pretenduë, est-ce toy mon enfant ? Sçais-tu pas bien qui ie suis ? A quoy la Sœur répondit, ma Mere, quoy qu'ay dit le Predicateur de vostre Exercice, ie suis tousiours de l'opinion des autres, qui rapportent à Dieu ce qui se passe en vous. Ce discours qu'il plust à Dieu faire seruir à la consolation de la Mere en ce besoin, en fut en effet bien receu, & pour témoignage d'agrément elle embrassa la Sœur, & luy dit : Tu me fais grand bien au cœur, que le tout soit pour la gloire de Dieu. Ce qui nous fait voir combien les ames saintes mesme ont besoin quelquesfois de confidents d'esprit & de cœur, selon le sentiment du Bien-heureux François de Sales, & combien cette bonne Mere estoit resignée en tout aux volontez de Dieu, de n'auoir pas cherché ce soulagement de cœur, & l'auoir receu quand il luy fut offert, honorant en cela les dispositions de l'ame de nostre Seigneur, lors que dans les angoisses de son oraison au Jardin des Oliues, il nous apprit par son propre exemple à receuoir comme il faut de l'Ange confortant, le moyen de porter la croix auec patience & courage.

Adjoustez à cela les diuerses peines qu'elle eut au sujet des paroles interieures, qui luy estoient dites dans l'incertitude du principe d'où elles procedoient. Ses défiances continuelles & craintes d'estre trompée : Le peu d'apparence qu'il y auoit au succés de céte sortie qui luy estoit proposée : Le premier jugement qu'en firent ceux que son Confesseur consulta, qui fût vn autre des motifs, d'où Sœur Dardon prenant sujet de défiance des voyes de la bonne Mere, qu'elle estimoit tousiours pourtant vne Sainte, déchira les écrits qu'elle auoit sur son oraison, cracha dessus, les foula aux pieds, & les brusla dans vne chaleur & auec des ceremonies d'vn zele, qui n'en eust pas deu faire dauantage sur des papiers de Magie. La Mere ne sceut pas toutes les circonstances de cette action, mais elle apprit de la Sœur mesme, & qu'elle auoit fait les écrits, & qu'elle les auoit bruslez à cause des doutes qu'on en auoit, elle l'apprit aussi par la voix qui luy parloit en l'interieur, sans qu'elle témoignast à céte Sœur qu'elle eust en cela bien ou mal fait.

Il faut encore faire entrer dans céte largeur la priuation de sa veuë qui la tenoit dans la dépendance d'autruy contre l'inclinatiō de la nature & de grace, qu'elle auoit de seruir aux autres plustost que d'en estre seruie. Priuation qui la mettoit dans l'impuissance d'écrire de ses estats, à ceux qu'elle en eust pû consulter, dans l'impuissance de lire & de prendre selon ses besoins dans les liures spirituels des moyens tousiours presens, ou pour soulager nos peines, ou pour les adoucir & diuertir. Comme aussi dans l'impuissance de pouuoir faire aucuns exercices manuels qui ont esté jugez si necessaires par les Peres du desert, pour éuiter la tentation, & fermer aux demons les aduenuës de la solitude.

Ces mal-heureux Esprits, qui ne veillent qu'à empécher les Sainct̃s de gagner ce qu'ils ont perdu, n'ont pas manqué d'attaquer la Mere, & d'employer à leurs desseins ces impuissances que la grace faisoit seruir à la rendre plus forte, & mieux occupée en Dieu & de Dieu. Plusieurs fois elle a ouy les Diables qui faisoient de grands bruits dans le Dortoir, par des huées & des paroles de mocquerie, de la confiance qu'elle auoit en Dieu, & qui disoient: Elle est à nous, c'est maintenant que son hypocrisie va estre découuerte. Ce qui luy donnoit de grandes craintes, & vne fois entr'autres semblables bruits la fit sortir de sa cellule, pensant que toute la compagnie en fut en allarme, parce qu'elle entendoit ce bruit par les sens. Mais connoissant que c'estoit vn stratageme de son ennemy, elle rentra dans sa chambre, & s'abandonnant entre les mains de la Diuine prouidence, elle disoit ce mot qui luy estoit familier, *Tunc acceptabis sacrificium*. Ie ne m'estendray point à faire peser partie de la croix, que porta cette bonne Mere depuis qu'elle eut perdu l'vsage des yeux, chacun peut juger combien elle luy deuoit estre pesante, selon ce qu'elle en disoit, & que j'ay fait voir au chap. 23. de la seconde Partie.

L'histoire sainte nous apprend que Dydime, qui fut vn des saints aueugles que j'ay rapportez cy-dessus, souffroit auec peine semblable perte; & que saint Antoine s'estonna qu'vn homme sage comme luy, s'affligeast de n'auoir point d'yeux qui nous sont communs auec les fourmis & les mouches; & que de l'entretien qu'ourent ensemble ces deux bons seruiteurs de Dieu, Dydime prit sujet de se consoler de la priuation des yeux du corps, & de s'esiouyr, selon que luy dit saint Antoine, d'auoir les yeux qui sont propres & particuliers aux Saints. Semblable épreuue fit autresfois considerer entre les fideles seruiteurs de Dieu le saint homme Tobie.

L'Escriture mesme le met en comparaison auec le saint homme Iob, & dit que Dieu permit que l'vn & l'autre fust tenté, pour faire de l'vn & de l'autre deux exemplaires de patience remarquable à la posterité. Il est parlé de la vertu de Tobie en des termes qui la rendent beaucoup recommandable ; Il est dit expressement, qu'il ne s'affligea point de son aueuglement,& qu'il en rendit graces à Dieu tous les iours de sa vie, demeurant ferme en la crainte de Dieu. Ce qui n'empécha pas pourtant que céte affliction ne luy fut tres-sensible ; en sorte qu'il en fit quelque sorte de plainte, quoy que douce & modeste, quand il dit à l'Ange qui luy desiroit la ioye : *Hé quel suiet puis-ie auoir de ioye estant priué de la lumiere du Ciel?*

Cependant, c'est le defaut de la veuë,& céte priuation de tous les sujets de joye que la Mere appelle son thresor, parlant ainsi de cette large branche de sa croix , & d'vn estat qui l'exposoit, disoit-elle, comme i'ay fait voir à toutes sortes de tentations,& la reduisoit à la mercy de ses ennemis. Vous ne croiriez pas, adjoustoit elle, ce qu'il faut que ie souffre. Ceux-là le croiront facilement , qui sçauront bien prendre céte mesure de sa croix en sa largeur, sur tout estant accompagnée d'vn autre sujet de peine, qui estoit son impuissance d'agir en l'oraison , dont i'ay fait voir aussi la pesanteur au chapitre 8. de céte troisiéme Partie , & qui pour mettre l'ame dans vn estat qu'on appelle sommeil & repos , la fait passer dans vn exercice de patience ou de souffrance , qu'aucuns Contemplatifs, comme saint Bernard appellent, *negotiosum otium*, c'est à dire vn repos qui n'est pas oisif, tiede, lasche, & de basse perfection ; mais qui fait tout plus parfaictement en laissant faire tout à Dieu , & s'opposant par vne sainte violence, par force d'amour, à tout ce qui est en l'homme de la nature & non pas de Dieu.

Voila ce qui faisoit en la vie de nostre Religieuse la largeur de sa croix, dont la longueur doit estre prise sur la durée de ses peines, qui n'eurent point de fin que par la mort, non plus que celles de nostre Seigneur. Nous auons veu qu'elle n'eut iamais d'asseurance de ce qui se passoit en elle,& c'estoit ce qui en donnoit à ceux qui estoient consul-

Ribera en sa vie ch. 10. tez où appellez pour en juger. Mais à l'égard de la Mere elle reuenoit tousiours à ses défiances, qui luy ayant duré toute sa vie rendirent sa croix aussi longue. Nous lisons que sainte Therese s'asseuroit à la voix qu'elle entendoit par les effects qu'elle en ressentoit en son ame, & son asseurance estoit telle qu'il luy sembloit qu'elle pourroit soustenir contre tous les Docteurs du monde, que c'estoit Dieu qui luy parloit.

Au lieu que la Mere de saint Sauueur, apres auoir entendu dans son interieur ; Que les Docteurs s'écoutent trop eux-mesmes pour répondre des voyes extraordinaires de Dieu, demeure pourtant tousiours en estat de les écouter, de suiure les voyes ordinaires, de se tenir dans la dépendance de ses Superieurs, & cependant de souffrir la croix autant de temps qu'il plairoit à Dieu dans la crainte d'estre trompée. Elle reçoit les mains qui se presentent pour la soulager, mais cependant elle demeure sous celles de Dieu, selon qu'il trouue à propos d'estendre en longueur ce qu'elle endure dans les dispositions & dans les intentions toutes saintes de nostre Seigneur, dont la vie ne fut jamais separée de la croix. Et c'est dans ces dispositions & dans ces intentions plus diuines qu'humaines, qu'il en faut chercher & considerer la hauteur & la profondeur.

La hauteur de sa croix est en sa façon de la demander & de la souffrir toute nuë, comme elle a fait, & de renoncer à toutes les graces qui luy pouuoient seruir d'onction, & rendre ce joug plus leger. Cette hauteur est en l'excellence de son amour qui est si pur, que du mesme cœur qu'il ayme Dieu il ayme aussi la Croix de Iesus-Christ, entrant dans les desseins de sa Sagesse, de sa Iustice, & de sa Bonté sur elle, en l'acceptation volontaire de tout ce qu'elle souffre; sur tout se voyant reduite en l'estat qu'elle a dit elle-mesme, incapable d'auoir aucune veuë sur ses actions, de pouuoir produire aucũ acte en ses oraisons, de se ressouuenir d'aucune chose qu'elle eust faicte, d'auoir

uoir d'autre veuë que de Iesus-Chrift, & de Iesus-Chrift crucifié. C'eft fans doute à cette mefure qu'on doit juger des meilleures croix, pour ce qui regarde la hauteur. Ce qui rendit confiderable la vertu du faint homme Tobie, mefme auant l'Euangile, fut qu'ayant perdu la veuë au feruice de Dieu, il ne s'en plaint pas tant comme d'vne peine que comme d'vn empéchement à continuer son feruice, & comme dit faint Ambroife, il ne regrette la perte de fes yeux qu'à caufe qu'il eft interdit par ce moyen des mains & des actions de charité qu'il exerçoit. La bonne Mere viuant à l'Euangelique, comme parlent les Sainéts d'aujourd'huy, adjouftoit beaucoup à la perfection des Sainéts, qui n'auoient eu que les figures des veritez qu'elle touchoit. Et ce qui faifoit la hauteur de fa croix, eft qu'elle appelloit la perte de fes yeux fon threfor, entrant dans les deffeins de Dieu qui l'auoit permife pour faire exercer la charité au prochain vers elle, quand elle auoit plus de defir de l'exercer vers le prochain, & adjouftant qu'elle n'euft pas voulu changer ce threfor, c'eft à dire cette croix continuelle, qui met en interdit les mains & les pieds, ainfi que dit faint Iean Chryfoftome, comme fi des cloux les attachoient à la croix. Ie ferois trop long fi reprenant ce que j'ay dit ailleurs, pour mieux monftrer cette croix par fa hauteur, ie faifois voir comme auant que d'auoir perdu les yeux, elle les auoit tellement mortifiez qu'elle a confeffé que fi Dieu luy euft rendu la veuë, elle n'euft reconnu perfonne, parce qu'elle n'auoit aucune idée des chofes qu'elle auoit veuës auparauant, tant elle les auoit peu confiderées. La priuation de veuë interieure ou cét œil fimple qui voit plus clair dans les tenebres, luy caufoit bien encore auffi bien qu'à d'autre vne plus longue & plus large croix, dont elle a fait voir la hauteur en décourant les richeffes de fa patience dans cette pauureté d'efprit, & en difant de ces eftats de mortification exterieure & interieure ; *Ce m'eft affez que Dieu foit & qu'il foit mon Dieu.*

Fraudare magifte do luit obfequiorū quā oculorum numero nec cæcitatem pœnam, fed impedimontum putabat. D Amb. l. de Tob.

Ce qui l'asseuroit dans les estats d'esleuation, où la charité l'auoit mise, & où l'ame n'est pas sans danger, quoy que sur la croix, c'estoit l'humilité qui en a fait la profondeur; c'estoit qu'elle a tousiours eu grande affection pour la vie cachée & aneantie, aymant mieux demeurer solidement en soy dans la consideration de son neant, que de s'esleuer vainement au dessus de soy, comme il est dit de saint Iean, dont elle portoit le nom, & dont l'Eglise nous represente la vertu en ce saint temps de l'Aduent, & particulierement en ce troisiéme Dimanche. Pour mieux connoistre céte profondeur de sa croix, il faut rentrer vn peu dans l'abysme de son neant comme elle y entroit. Il est bon de se souuenir de ce qu'elle disoit qu'il faut estre des glorieux de nostre Seigneur, qui ne se vantent pas quand on les a batus. Car sous ces mots nous deuons entendre toutes les agonies interieures qui accompagnoient le haut estat de ses contemplations, tout le fiel, toutes les épines, tous les abaissemens, les craintes & les peines où Dieu la faisoit passer pour la tenir tousiours sur ses gardes, & ne la laisser descheoir des derniers degrez d'esleuation, & du throne de Dieu mesme, s'il est permis d'en parler ainsi, dans le precipice & aux portes de l'Enfer.

La profondeur a donc soustenu la hauteur en elle par diuerses manieres, sur tout par la veüe continuelle de ses infirmitez, par la peine qu'elle auoit d'ailleurs de discerner vn peché veniel d'auec vne imperfection, par l'humilité qui luy faisoit consulter sur ce sujet vne Sœur Laye, & par l'abnegation qu'elle receuoit quand céte Sœur luy disoit auec vne façon de mépris : *Que cela m'est à peine de vous voir si ignorante*, & quand s'adressant à nostre Seigneur sur ce sujet, il luy estoit dit; céte Sœur t'ayme, & a grand soin de toy. Pareil soin ne plaist guere aux ames qui n'ayment pas l'humiliation, parce qu'elles n'ayment pas la croix, & qu'en la croix elles ne craignent rien tant que la profondeur.

En d'autres liures on en voit de larges, de longues, de hautes, mais on n'en voit guere ailleurs de si profondes qu'en céte vie. Sainte Therese a passé vingt ans dans l'exercice de l'oraison ordinaire comme sur vne Croix; elle a passé par des estats qui luy ont fait craindre d'estre trompée du Diable, qui ont fait croire qu'elle estoit Demoniaque: Elle eut beaucoup de peine des contradictions qui se trouuerent sur ses estats entre les seruiteurs de Dieu qui en prirent connoissance: Mais en fin, ce fut vn grand sujet de satisfaction & de repos, de voir que le Pere Baltazar Aluarés son Confesseur, homme de grande doctrine & d'experience, apres l'auoir fait passer par des épreuues, qui luy firent dire au commencement selon la nature qu'il estoit mal gratieux, demeura d'accord auec plusieurs autres personnages saints & sçauans que sa voye estoit de Dieu. Le Bien-heureux François Borgia General de la compagnie de Iesus, le Pere Pierre d'Alcantara, & le Maistre Iean Auila, auquel elle enuoya tout ce qu'elle écriuit de sa vie, entre les autres qui l'éclairerent dans les tenebres de sa voye, furent trois flambeaux qui l'y firent marcher comme en plein iour, outre les asseurances qu'elle receuoit par tant de bons succés, dont Dieu benissoit ses bons desseins qui en estoient comme le couronnement, & des signes visibles des choses inuisibles qui se passoient en elle.

Il n'y a que Dieu qui connoist les cœurs & leurs plus secrets mouuemens, qui puisse faire comparaison de la hauteur d'vne croix auec vne autre. Mais il semble selon le iour que nous auons pour iuger de la profondeur des croix, que celle de nostre Religieuse en a plus que beaucoup d'autres, puis qu'il est vray qu'il s'y trouue plus d'humiliation, & que sur la montagne de son Caluaire, c'est à dire en son estat de vie crucifiée, ce qu'il y a d'extraordinaire, ce sont des tenebres qui la cachent dauantage. Ce fut sans doute vn ordre de Dieu sur elle bien humiliant, qu'aucuns des Peres & des Maistres d'Israël destournoient ailleurs celles des filles de Sion, ie veux dire aucunes de ses Sœurs qui pensoient de la suiure & d'entrer en sa voye, d'où la pauure Mere prenoit sujet de croire, non qu'elle estoit au sommet d'vne montagne, où les autres n'estoient pas appellées, selon le sentiment qu'en auoient les Directeurs, mais qu'elle estoit sur le bord d'vn precipice, ou comme sur les montagnes de Gelboé, où il ne tomboit point du Ciel ny de pluye ny de rosée. Quand on la considere comme admirable à toutes, & imitable à peu par la hauteur de sa voye, ce qui en a fait la profondeur est qu'elle se regarde comme vne hypocrite, & qu'elle apprehende d'estre ennemie de Dieu, ou le jouet de Satan qu'il faut plustost euiter qu'imiter.

Ailleurs, il se fait mesme sacrifice qu'icy, mais ailleurs les victimes sont couronnées de fleurs & de fruicts par des succés d'éclat qui tournent visiblement à la gloire de Dieu; les cornes en sont dorées par l'honneur qu'on rend à ce qu'il y a d'éminent en la vertu de certaines ames, au rang qu'elles tiennent, & à la charge qu'elles exercent soit dans l'Eglise, soit dans vn ordre particulier; L'oblation de ces viuantes hosties se fait au milieu de plusieurs branches de palmes, par les triomphes qui accompagnent toutes leurs entreprises, & ce qui leur donne la mort est aussi-tost suiuy des lumieres & de la gloire de leurs resurrections, des douceurs & des plaisirs d'vne nouuelle & meilleure vie. Mais en cette histoire ce que ie fais voir de bonnes œuures n'est couronné que d'espines, & donne sujet de croire que Dieu se reseruant à luy seul la complaisance, qu'il a prise aux actions de sa fidelle seruante, les a voulu tenir cachées en la sainteté de son esprit, & luy en garder la gloire, la recompense, & la satisfaction en Paradis, pour en parler selon le langage d'vn Pere tres-esleué de nostre temps.

P. Condren lettre 86.

Voila ce que j'ay crû deuoir produire d'effets de vertus solides, qui sont remarquables en cette vie Religieuse pour faire mieux iuger du reste, sur tout par la meilleure marque qui eſt le ſigne de la croix, où l'œuure de l'amour fort agiſſant, & ſouffrant, pour Dieu dans les occaſions de le ſeruir, ou de combatre & de vaincre tout ce qui s'oppoſe à ſes ordres, tout ce qui luy peut déplaire, tout ce qui ne vient point ou n'eſt pas de luy.

CHAPITRE XIV.

Autres graces données à la Mere de ſaint Sauueur pour le bien ſpirituel des ames, comme ſont le don de diſcerner les eſprits & de toucher les cœurs.

CEtte charité lumineuſe qui eſt vn des meilleurs effets de l'oraiſon, & vn des ſignes infaillibles de l'vnion de l'ame auec Dieu, ne répandoit pas ſeulement en la bonne Mere les clartez qui ſeruoient à luy donner la connoiſſance d'elle-meſme, de ſon neant & de ſa baſſeſſe, à ſe purifier des moindres fautes à diſcerner & faire mourir les mouuemens & ſurpriſes de la nature : Ce don eſtoit auſſi en elle pour l'vtilité du prochain, au moins pour les perſonnes qui conuerſoient auec elle hors les temps de ſa retraite & de ſon ſilence. A l'exemple de Ieſus Chriſt reuenant de l'oraiſon vers ſes Diſciples, qu'il traitoit en freres, elle eſt venuë du lieu de la priere vers ſes Sœurs pour les éueiller, & pour les exciter à l'oraiſon par la conſideration des promptitudes de l'eſprit, & des infirmitez de la chair. Car quoy qu'elle fut choiſie de Dieu ſeulement pour luy, ainſi qu'il luy fut dit en l'oraiſon au fonds de ſon ame, & comme on a reconnu par experience : Neantmoins ce Cherubin qui eſtoit touſiours deuant le throſne de Dieu, deuint Ange à certains temps, il fut enuoyé, & il ſeruit à quelques miniſteres, côme en la conduite qu'elle eut des Nouices auât qu'elle eut perdu l'vſage des yeux. I'ay traité ce sujet en vn chapitre exprés en la seconde Partie, où l'on peut voir auec quelle grace de discretion la Mere fit les offices d'Anges, qui sont d'éclairer, de purifier, & d'exciter à la perfection. I'ay fait voir aussi cy-deuant quelques traits de cét esprit qu'on appelle de Prophetie, & qui font connoistre des choses cachées comme l'estat des ames apres cette vie. Mais dautant qu'on peut douter du principe de ces lumieres, ie ne les veux point mettre en compte, comme ie pourrois faire en cét endroit, si j'écriuois auec plus de iour & d'asseurance des choses extraordinaires qui se sont passées en elle.

Mais ie n'ay pas crû deuoir obmettre vne grace qui se trouue en plusieurs sans visions, & dans la voye ordinaire de l'oraison & de la foy, qui est la grace de discernement pour iuger des esprits, & pour y reconnoistre les attraits de Dieu d'auec les mouuemens de la nature. Nous en auons des exemples en la vie de nostre Religieuse, que ie n'ay pas rapportez en la seconde Partie, à cause qu'ils conuiennent dauantage aux choses qui deuoient composer cette troisiéme. La Mere donc sçachant que Dieu a donné charge à chacun de l'ame de son prochain, a tasché de répondre à cette loy qui se trouue dans l'ordre de la charité, non seulement par des signes d'amour affectif, mais par des témoignages effectifs d'affection, par le support & par des œuures de misericorde spirituelle, & par communication des lumieres dont elle estoit pleine ; non pas en se rendant directrice d'elle-mesme, mais selon les occasions qu'on luy en donnoit, monstrant le chemin à qui luy demandoit, par l'adueu, l'aggrément, & le desir mesme des personnes superieures, entre lesquelles plusieurs se sont bien trouuées de faire seruir les conseils de la Mere à la conduite du Monastere.

En quoy ie puis dire selon la connoissance que j'en ay, que durant la vie de cette sainte Religieuse, comme il arriua du temps & en la personne des Mages d'Orient, vne Estoile extraordinaire a seruy beaucoup à conduire des ames dans la voye ordinaire, plus droite, & plus seure qui meine où Iesus se trouue veritablement entre les bras de la sainte Vierge. A cette fin, comme l'Eutrapelie est vne vertu receuë en la maison de Dieu, & bien approuuée en la Morale Chrestienne, la Mere s'en seruoit selon les dispositions qu'elle auoit à cette vertu par nature & par grace, à dessein de gaigner les cœurs, & par les cœurs les esprits, & pour porter le tout à Dieu. Il est vray que considerant d'autre part qu'vn article de sa Regle dit qu'il faut éuiter les paroles émouuantes à rire, elle eut quelquesfois peine d'en dire d'agreables mesme, lesquelles estans du ressort de la charité ne sont pas celles que deffend la Regle, si bien que dans les rencontres de recreation elle agissoit en cela contre son scrupule, faisant venir à soy par cét attrait du vieil Adam, ceux qui craignoient d'ailleurs d'approcher d'elle, & de s'y tenir par les liens du nouueau.

 Dés le temps qu'elle estoit au Nouitiat, il y auoit vne autre Nouice Conuerse, à laquelle ses discours, ses exemples & ses lumieres seruirent beaucoup contre les tentations qu'elle eut de sortir, & dans les sujets qu'elle donna de douter de sa vocation. Cette fille auoit esté dans le monde de ces deuotes, qui pensent que toute la vertu consiste à se laisser remplir l'esprit & le cœur de la vision, de la joye, & des douceurs du Thabor; c'est à dire, ce qu'il y a d'agreable dans la Meditation de nos mysteres. Elle auoit esté conduite par des voyes extraordinaires, sans aucun fondement d'humilité ny d'autres vertus solides. Son esprit estoit lors de ceux qui ayment mieux aller à Dieu en s'esleuant à luy, qu'en s'humiliant pour luy. Six heures d'oraison luy sembloient courtes; mais quand elle fut dans les exercices d'vne Communauté Reguliere, où les morceaux luy estoient coupez, où l'on regloit ses oraisons par la Regle de l'obeyssance; où l'on estendoit ses occupations exterieures selon sa condition de Marthe, & les necessitez du Monastere, où l'on vouloit qu'elle se laissast ceindre, comme il est dit de saint Pierre pour estre conduite, & pour marcher par des voyes contraires à ses volontez & premieres inclinations, ces contraintes luy procurerent des douleurs de circoncision insupportables, & la Religion ne luy sembla pas moins rude qu'vn Ciel d'airain & qu'vne terre de fer. Tout son temps de Nouitiat fut vn temps de combat & de sueur, elle ne se pouuoit resoudre à faire profession, & d'entrer dans l'alliance d'vn Espoux de sang, qui luy faisoit plus d'horreur qu'il ne luy donnoit d'amour. Enfin, apres auoir long-temps attendu le iour qui deuoit succeder aux tenebres d'vne si longue nuict, où la pauure fille se trouuoit. Elle en vit l'aurore, quand la Mere entra dans Hautes-Bruyeres. Cette fille auoit demandé plusieurs fois d'en sortir, & plusieurs fois on l'auoit remise à vn autre temps qu'on luy faisoit esperer meilleur : Mais elle n'en sentit l'effet que quand elle vit Mademoiselle Hotman, que plusieurs excellentes qualitez rendoient considerable dans le monde, & qui auoit quité le monde où elle pouuoit viure Mere & Maistresse, d'vne famille honorable pour venir dans vn Monastere, à dessein d'y seruir en qualité d'vne simple Sœur Laye. Ie serois trop long à déduire ce que firent en l'ame de cette Nouice irresoluë, les entretiens & les exemples de la Mere de saint Sauueur, pour luy faire aymer ce qui faisoit alors l'objet de son auersion.

Souuent ce que la Mere luy disoit ne faisant point d'impression sur cét esprit tenté, son oraison estoit son recours, d'où sa charité prenant du diuin Esprit ce qui la rend ingenieuse, elle s'aduisa de luy dire, que si elle sortoit elle l'obligeroit de sortir aussi, parce qu'alors elle estoit encore Nouice, le succés de cette industrie estant heureux, & la Mere s'en apperceuant, elle s'en seruit plus d'vne fois, selon que l'autre se laissoit aller à la tentation de tout quiter & de sortir. Ce qui fortifioit dauantage la tentation, estoit que cette fille ayant communiqué ses peines & ses raisons à quelques personnes spirituelles, toutes luy conseillerent
de

sortir, si bien que la Mere de saint Sauueur n'eut aucun sujet, selon les apparences humaines, de s'asseurer d'vn esprit qui demeura tousiours irresolu jusqu'au iour, & mesme jusqu'à l'heure qu'elle deuoit faire sa profession, que toutes choses estoient disposées à cette action, & que la grille estant ouuerte, il ne restoit plus à la fille qu'à prononcer ses vœux.

C'estoit ce que chacune attendoit, mais c'estoit à quoy cette fille ne pouuoit encore se resoudre demeurant interdite, & sans parole, & si long-temps, qu'on fut contraint de fermer la grille, & de ne passer pas outre. On voyoit toutes choses prestes ; voila le bois & le feu, pouuoit on dire auec Isaac, mais où est la victime ? C'estoit ce qui sembloit manquer. On ne sçauoit quel Ange arrestoit le coup, quand la bonne Mere, par vn mouuement extraordinaire, & comme ayant l'esprit de Dieu, se mit à genoux, & supplia la Communauté de ne s'arrester pas aux peines que la pauure Sœur auoit témoignées, que c'estoit vne tentation, & qu'elle seroit vne bonne Religieuse. Surquoy la Communauté condescendant à la priere de la Mere de saint Sauueur, quoy qu'alors nouuelle Professe, se rapportant à ses pensées & aux asseurances qu'elle donnoit, on permit à la Sœur de faire ses vœux, qui de sa part prenant force & courage de cét éuenement, & d'vn signe si particulier des desseins de Dieu sur elle, fit ses vœux, & les a gardez si saintement qu'on en a pris sujet de croire que deslors la Mere de saint Sauueur auoit receu de l'esprit de Dieu, ce qui donne le discernement des autres. Mais pour en mieux parler, il faudroit auoir connu Sœur Anne Dardon, qui fut cete fille si long-temps tentée, & si long-temps irresoluë, & que j'ay dit ailleurs auoir vécu jusqu'à la mort en opinion d'vne sainte Religieuse. I'en pourrois bien rendre quelque témoignage, dont Dieu soit beny pour l'edification qu'en a receu mon ame, aussi bien que par la connoissance d'vne autre, qui portant le nom de saint Pierre taschoit de l'imiter en son amour vers

Rr

son bon Maiſtre, & que la charité tenoit dans vne liaiſon particuliere auec Sœur Dardon, quoy que leurs naturels euſſent peu de rapport, & que l'vne & l'autre fuſſent conduites de Dieu par vne voye fort differente. Cela ſoit dit en paſſant pour rendre gloire à la grace de noſtre Seigneur qui fait les Saints.

Il faut rapporter à cét eſprit de diſcernement, dont on éprouuoit la grace & la vertu, le reſpect & la déference que les Superieurs rendoient aux penſées de la bonne Mere, qu'elles auoient couſtume de conſulter ſelon les beſoins genereux & particuliers qu'elles en pouuoient auoir. Comme en des choſes qui regardoient le reglement de la maiſon, la reception des Nouices, & autres occaſions plus importantes au bien de la Religion. Et comme en tout la Mere faiſoit voir que l'eſprit de Dieu la conduiſoit ſes conſeils en eſtoient ſuiuis, lors quelquesfois qu'on en euſt pris d'autres ſelon la prudence ordinaire & les apparences humaines : Ainſi qu'il arriua lors qu'vn iour vne Nouice doutant auec raiſon, qu'elle deuſt s'engager à faire profeſſion, dont le temps eſtoit proche, à cauſe d'vne indiſpoſition notable à laquelle elle eſtoit ſujette, incompatible à la vie Religieuſe, mais dont elle ne s'eſtoit point ſentie il y auoit pluſieurs années.

Elle n'auoit pourtant oſé la découurir craignant l'excluſion, & d'autre-part elle n'oſoit faire ſes vœux, de peur de manquer à Dieu, & de tromper la Religion en celant ſon mal. Surquoy voicy le conſeil que luy donna la prudente Mere : Mon enfant, il faut que vous preniez confiance à noſtre Mere Prieure, ne craignez point, eſperez en Dieu, il ne vous abandonnera point, & vous en verrez des effects, ſi vous vous humiliez à découurir voſtre infirmité. La honte retenoit la Nouice, & il fut beſoin que la Mere de ſaint Sauueur la conduiſant à la Superieure, luy donnaſt le courage & l'ouuerture d'en parler, ce qu'elle fit auec beaucoup d'humilité, d'où la bonne Mere prit ſujet de parler en faueur de céte Nouice, en ſorte qu'il ſembloit qu'elle eust asseurance de l'aduenir, comme elle répondoit de la santé future, & faisoit esperer que desormais elle ne seroit plus sujette à céte indisposition. Dieu permit qu'on en crût la Mere, & dans la suite du temps il a tenu ce qu'elle auoit promis par confiance en sa bonté, & par vn mouuement de son esprit. Le succés s'est trouué conforme aux asseurances données, & cette grace receuë en vn sujet reconnoissant, oblige la fille maintenant Professe de continuer toute sa vie à faire du bien pour le mal qu'elle ne sent pas, & de rendre gloire à Dieu, de ce qu'elle attribuë aux merites de sa bonne seruante.

 D'autres ont receus pareilles graces de discernement par le moyen de la Mere, cherchant en ses levres la science des Saincts, pour entrer & pour s'auancer dans les voyes de Dieu, pour se lier à son seruice ou pour reserrer les vœux de l'alliance qu'elles auoient faite auec luy, pour se determiner ou confirmer au choix de la vie Religieuse, selon l'experience que plusieurs ont faite, que l'esprit de Dieu reposoit en céte ame Sainte, ainsi qu'il est dit par le Prophete des humbles & des debonnaires. Entre les autres il y en eut vne qui se trouuant lassé dés l'entrée du chemin de perfection, trouua dequoy marcher jusqu'à la montagne en ces paroles de la Mere : Fille, ie vous promets de la part de Dieu, que toutes vos peines passeront dans trois mois à vostre heureux contentement : Ce sont épreuues de nostre Seigneur. Ce qui est arriué comme il auoit esté promis, céte bonne fille ayant demeuré fidelle à sa vocation, & connu par effet que si les espines demeurent, & les roses passent aux rosiers naturels, il en est autrement des rosiers spirituels, où les epines passent & les roses demeurent pour seruir de couronne.

 Vne certaine fille estant dans l'incertitude, si elle deuoit se seruir d'vne occasion presente, de faire les exercices spirituels, ne s'y pouuant resoudre, & sçachant que pour bien entrer dans l'interieur de ce desert, il y faut estre conduit par l'esprit de Dieu, elle crût en trouuer l'oracle en la bon-

Rr ij

ne Mere, qu'elle pria de communier à ce deffein, & l'allant voir apres la Communion, voicy la réponfe qu'elle en receut. Ma Sœur, Dieu ne me donne qu'vn feul fentiment pour vous, fi vous ne faites à prefent les Exercices, vous vous en trouuerez mal : Le retardement fera caufe que vous irez de mal en pis, & les inquietudes de voftre confcience en deuiendront plus grandes. A quoy la Sœur voulant repartir en expofant à l'ordinaire des repugnances & des apprehenfions, qu'elle auoit pour céte action, la Mere luy dit : Ma Sœur, le Diable & la nature font beaucoup en vous : Ie vous affeure que fi vous ne faites ce que ie vous dis, vous ne refufez pas les hommes ny moy, mais vn Dieu; car ie vous dis de fa part, & quand ie ferois à vous parler jufqu'à midy, ie ne fçaurois vous dire autre chofe, feruez-vous de la perfonne que Dieu vous donne, & communiquez en forte auec luy, que vous puiffiez faire vn parfait renouuellement.

Il femble que ce fut par cette lumiere qui vient d'enhaut, qu'vn iour elle eut quelque preuoyance, & jugea de l'eftat futur d'vne perfonne de qualité, qui viuant dans le monde fans en auoir l'efprit, en faifoit voir des preuues venant à Hautes-Bruyeres, pour y vifiter vne fienne Sœur Religieufe. Cette bonne Sœur recommandant fon bon frere à la Mere de faint Sauueur, au fujet d'vne peine qu'il auoit d'entendre aux propofitions du mariage que luy faifoient fes parens, la Mere qui connoiffoit le frere particulierement, auoit fouuent affeuré la Sœur qu'il feroit tout à Dieu, fi bien qu'aux nouuelles qu'elle eut qu'il l'alloit marier, elle alla trouuer la Mere, afin d'obtenir par elle la benediction de Dieu fur ce mariage, & dans l'entretien qu'elles eurent enfemble fur ce fujet.

La Sœur ne puft s'empécher de dire à la Mere, vous m'auiez tant dit que mon frere feroit tout à Dieu, & cependant voila qu'il s'engage dans vne condition qui le diuife & le partage : A quoy la bonne Mere repartit, comme fi Dieu luy euft fait voir ce qui eft arriué depuis par l'ordre de sa Prouidence, qui a permis que la femme mourut apres peu d'années, & que le mary demeurant dans vne plaine liberté de suiure l'Esprit de Dieu, entra dans les saints ordres Ecclesiastiques, fut fait Prestre, & est à present vn tres-digne Euesque. Fille, dit la Mere, Dieu fera son coup en son temps : Voila le coup qui s'est fait au temps destiné de Dieu, & dont l'efficace ne se peut dire qu'en faisant voir ce que donnent d'esperances les premiers progrés de ce Prelat & des autres Apostres, qui l'accompagnent & luy seruent dans le Perigord, à commencer le restablissement de toutes choses, des mœurs anciennes, & de la pieté Catholique par vn parfait renouuellement de l'esprit Ecclesiastique, de l'ordre Leuitique de la Religion du Clergé.

Vn iour elle dit d'vne des Sœurs à Sœur Anne Dardon, qui luy en parloit comme d'vne personne qu'elle auoit en affection ; Ha, fille, elle ne sçait pas ce que ie fais pour elle. La Mere n'en dit rien plus, mais la Sœur dont elle parloit, a grand sujet de se persuader, selon ce qu'elle a bien voulu m'en écrire auec confiance, qu'estant alors en de grandes & dangereuses maladies, cette bonne Mere auoit peut-estre obtenu pour elle vne prolongation de vie, quand il sembloit qu'elle deust mourir, afin qu'elle eust encore du temps pour faire penitence, & satisfaire à la Iustice de Dieu, selon le besoin que son humilité luy fait dire qu'elle en auoit, & qui donnoit sujet à la Mere de se presenter deuant Dieu qui luy en pourroit auoir donné quelque confiance. Vne autre estant en grande peine d'esprit, souhaitoit fort d'y mettre fin en l'exposant à la Mere, mais d'autre-part elle craignoit les façons d'agir, dont elle faisoit les remedes de semblables maux, disant en soy-mesme : Elle ne voudra écouter aucune raison, elle dira qu'elles sont de la nature, ie n'iray pas. C'estoit conclure en faueur de la tentation, dont on ne sçait comment la Mere en eut la conoissance que par voïe extraordinaire Car cela se passa dans le cœur de la fille, & cependant la

Mere la fit appeller en sa cellule, l'y fit asseoir, & après l'auoir entretenuë sur des sujets generaux des souffrances & autres semblables, voyant qu'elle demeuroit tousiours reseruée à luy découurir sa peine, elle luy declara ce qu'elle en auoit appris, & peut-estre par vn Autheur, à qui rien n'est caché ainsi qu'en iugea la Sœur, par les circonstances des choses que luy dit la Mere, & l'asseurance qu'elle luy donna, que personne ne luy auoit parlé d'elles, ce qui mit son esprit dans l'estonnement, & seruit à sa volonté de motif d'aymer & de seruir plus purement & fidellement Dieu, dont elle sortit toute joyeuse d'auec sa bonne Mere.

On rapporte encore à la viuacité de sa veuë interieure, ce qu'elle dit vn iour à vne Sœur qui la consultoit sur vne difficulté de conscience, dont la Sœur ne s'expliquant pas assez bien, quoy que ce fut au mieux qu'elle pouuoit, la Mere luy declara nettement ce qui faisoit le sujet de sa peine, luy découurit l'espece du peché, & luy dit qoe c'étoit en bas aage que la chose s'estoit passée, encore que la Sœur ne luy en eust point fait d'ouuerture. Mais seulement luy eust fait connoistre la difficulté qu'elle auoit de se confesser à quelque personne. Ce qu'il ne faut pas pourtant attribuer à miracle, mais à céte clarté d'esprit qui donne aux personnes d'oraison en s'approchant de Dieu, le discernement de tout ce qui en peut éloigner les autres, selon les vices ordinaires & communs à certains aages, aux conditions, & aux humeurs de quelques personnes.

Il est vray qu'à bien prendre les choses, ce sont autant de miracles dans l'ordre surnaturel de la grace, que les diuers & admirables effects que le saint Esprit opere inuisiblement par les ames saintes, dont il se sert à la direction des autres. C'est vn miracle, vn œuure de l'Esprit de Dieu, que d'auoir la grace pour entretenir l'vnion des cœurs, & les tenir liez par la seule charité de Iesus-Christ, en sorte que l'ame demeure dans la regle du double amour, pour ne manquer à Dieu ny au prochain, éuitant l'abus de celles qui passent de l'amitié à l'auersion, sous-pretexte d'aller à Dieu par vn détachement qui n'est pas vertu ; & vn autre abus de celles qui sous couleur d'vnion Chrestienne & Religieuse, n'entretiennent ensemble que des amitiez partiales, qui sont les pestes des maisons Religieuses, des pierres ruineuses à l'Autel de la concorde, plus propres à l'abatre qu'à l'édifier, & au sujet desquelles ce saint Curé de Lorraine, dit le Pere de Mataincourt, dit dans la Regle & Constitutions qu'il a données à ses filles Religieuses, de la Congregation de Nostre-Dame, qu'il faut qu'elles ayent grand soin de fermer la porte de leurs cœurs à l'oysiueté, *& sur tout, sur tout, sur tout, à l'affection demesurée ou indiscrette enuers quelque creature quiconque soit-elle*, monstrant par cette repetition l'importance de la chose qu'il ordonne.

Or il est certain que la bonne Mere eut vne grace singuliere, pour faire éuiter cét abus dans les occasions qui luy en furent données, selon les lumieres d'esprit qu'elle receuoit d'en-haut pour discerner parfaitement ce qu'il falloit rompre ou lier par des nœuds plus saints, dans les personnes qui s'adressoient à elle pour estre aydées en ce dessein de si grande importance ; sur tout dans vn ordre comme celuy de Fontevrault estably sur le Caluaire, où Iesus-Christ meurt auec tout ce qu'il ayme le mieux, pour faire viure l'vnique amour qui le fait mourir. Sur tout dans vn ordre fondé comme celuy-là, sur l'vnion des cœurs de la sainte Mere du Fils de Dieu, auec son bien-aymé Disciple, sur tout dans vn ordre dont la Regle enjoint à celles qui s'y sont assujeties, *que toutes se rendent les deuoirs de la charité fraternelle d'vn pur & chaste amour, & ne preferent chose quelconque à Iesus-Christ*. *Regle de l'ordre de Fontevrault ch.17*

C'est à quoy tendoit l'intention de nostre bonne Religieuse, selon la grace qu'elle auoit receuë de connoistre les esprits, & de tourner les cœurs où ils se doiuent porter, ainsi qu'elle a fait voir en plusieurs rencontres, & que le peuuent témoigner celles dont ie trouue écrit, qu'eſtant violemment trauaillées de l'affection de quelqu'vne de leurs compagnes, qui les rendoit incapables de l'oraiſon & des autres exercices ſpirituels, s'en reconnoiſſant trop occupées, & ne s'en pouuant défaire, elles alloient vers la ſage Mere, pour obtenir par ſes conſeils & ſes prieres vn deſtachement parfait, qui les approchant de Dieu ſelon qu'il y faut aller, ne les éloignaſt pas de ce qu'on doit au prochain pour Dieu. Ma Mere, luy dit vne Sœur, obtenez moy le détachement accompagné d'vne autre grace, qui m'empéche de paſſer d'vne extremité à l'autre, car ie crains l'auerſion & la repugnance. A quoy la Mere promettant la priere & donnant le conſeil, repartit prudemment : Fille, faites de voſtre coſté ce que vous pourrez, & croyez que Dieu ne vous manquera pas. O que vous auez de prouidence pour vous, les graces de Dieu ne ſont jamais imparfaites, ſi vous n'y apportez de l'empéchement: Allez, mon enfant, vous aurez voſtre compte. Ce qui arriua peu de temps apres, ainſi que la fille le vint dire à la Mere dans vn eſtat de liberté, qu'elle attribuoit auec raiſon aux conſeils & aux prieres de céte ſainte Ame, dont elle receut encore pour comble de tout ce dernier aduis, qu'il n'y a que Dieu qui merite l'amour de nos cœurs, qu'il en eſt jaloux & ne veut point de compagnon, que les creatures ne nous doiuent ſeruir qu'à nous porter à luy, & nous faire admirer ſes bontez & miſericordes.

    Vne autre ayant entrepris, ſelon l'attrait qu'elle en auoit de Dieu de ſe ſeparer de toute creature pour s'vnir mieux à luy, fut trouuer la Mere qui la receut auec grande douceur, qui luy promit toute ſorte d'aſſiſtance, & qui pour premier conſeil luy recommanda d'eſtre vn mois entier ſans parler en particulier à vne compagne, qui juſqu'alors auoit partagé ſon cœur, qui ne deuoit plus auoir d'autre ſoin que de contenter Dieu. Ce point de pratique obſerué, comme il eſtoit conuenable ſelon l'importance de la choſe, & l'vtilité du conſeil receu, fut vn grand ſujet

d'afflid'affliction à cette compagne, qui ne pouuant parler à son amie sur le sujet de son éloignement, s'aduisa de luy en écrire. Vne tendresse naturelle fit écrire céte lettre qui fut receuë auec pareille disposition de cœur, mais ayant esté monstrée à la Mere à dessein d'obtenir permission d'y répondre, son aduis au contraire fut que la Sœur tiendroit ferme dans la resolution de ne rien dire & ne rien écrire, en l'asseurant qu'il arriueroit vn grand bien de ce silence. En effect ce qui en arriua de bien, fut que le courage de cette fille éleua celuy de l'autre sans l'enfler d'indignation ou d'auersion, & que toutes deux ne tenant plus aucun lien d'Adam, mais par celuy de Iesus-Christ, ne s'aymerent plus que selon Dieu, & par les aduis de la bonne Mere, laquelle en ces rencontres témoignoit vrayment son amour vers la Communauté, par le reglement qu'elle apportoit à l'amour particulier des vnes & des autres, puis qu'il est vray qu'autant que la charité commune est vtile à la Religion, autant luy est pernicieux vn petit monstre d'affection, qu'on appelle amitié particuliere entre deux, trois, ou dauantage, comme l'experience l'a fait connoistre à ceux qui pour estouffer ce monstre en naissant, ont donné conseil aux Superieures d'y apporter vn prompt & efficace remede, si-tost qu'on reconnoist que quelques-vnes font bande à part, parlent ensemble sans permission, se témoignent en leur conuersation ou par leurs actions exterieures des priuautez & affections singulieres. C'est alors qu'il faut tascher de faire valoir auec la force de la discipline Reguliere, le mot familier de la Mere de Saint Sauueur, qui tend à rompre toute familiarité capable de retirer l'ame de l'vnique objet de nostre amour, vn Dieu & rien plus.

CHAPITRE XV.

Quelques signes d'vne vie sainte, qui ont suiuy la mort de la bonne Mere.

ENtre les conseils que donne saint Paul, j'en trouue vn qu'il est bon de suiure tousiours, & particulierement en ce qui regarde la vie des hommes, dont il faut laisser le jugement à Dieu, & suspendre le sien jusqu'au iour de l'Espoux qui doit decider de tout, ou du moins jusqu'au temps que l'Espouse, la sainte Eglise, declare ses pensées sur la vie & la mort de ses enfans, qui ne reçoiuent jamais mieux le couronnement de leurs merites, que par les mains du chef qui la gouuerne, & qui s'est reserué le droit de declarer les justes que l'on doit inuoquer publiquement en qualité de Bien heureux. Ainsi j'estime qu'en la deduction de nos histoires saintes & Religieuses, nous deuons tousiours demeurer fort retenus à juger, nous contentant du simple recit des choses qui sont arriuées, & qui peuuent seruir à l'édification particuliere des ames. C'est à quoy j'ay deu m'arrester plus qu'aucun autre dans l'exposition d'vne vie & d'vne mort, qu'il a pleu à Dieu de cacher auec Iesus-Christ en soy, en attendant que ce qu'il en paroist en ce liure, soit suiuy des signes que plusieurs souhaitent, pour confirmer ceux que j'ay donnez auec certitude, ceux que voicy dans ce chapitre, & ceux que ie laisseray sous le silence, comme n'en ayant pas vn plein iour, & pour répondre à ce mot de S. Iean, qui nous conseille de ne pas croire à tout esprit.

Il est vray qu'entre les signes d'vne sainte vie les plus certains sont les vertus, & sur tout les souffrances dont j'ay parlé cy-dessus. Mais aussi ceux d'apres la mort sont aucunement confiderables, comme de petits rayons de la vie future, & de ces eftats de gloire que faint Pierre appelle Pofterieure, parce qu'elle arriue apres céte vie, & en fuite des bonnes œuures. Or c'eft de cette forte de fignes qu'on peut faire vne couronne aux merites de cette bonne Mere, & rendre fa memoire auffi glorieufe qu'elle s'eft renduë elle-mefme admirable, aymable, & digne d'eftre imitée.

C'eft en faifant voir ce qui compofe en terre le premier appareil de fon triomphe, c'eft l'vnion d'efprit & de cœur, laquelle depuis la publication de fa vie, fe trouue dans tout l'Ordre de Fontevrault, comme auffi dans plufieurs autres familles Religieufes, à tenir cette bonne Mere pour vne grande feruante de Dieu, & comme vn Modele de perfection Religieufe en tous les eftats de la vie fpirituelle, à honorer fes vertus, à l'inuoquer en particulier & dans le fecret du cœur. Ie mets entre ces fignes les ouuertures, les traits & difpofitions de la fainte Prouidence, qui ont fauorifé le deffein qu'on a eu de faire vn liure de fa vie, & les premiers fruicts qu'on a veus en plufieurs perfonnes, qui ont tafché de former leur vie fur ce liure, comme vn Modele de perfectiõ de la vie Religieufe, dont il fait voir les degrez dans les faintes œuures dont il eft cõpofé. C'eft icy qu'il faut rapporter ce que j'ay dit au dernier Chapitre de la feconde Partie, des témoignages qu'on a rendu d'elle, & fur tout ce qu'en a dit vn homme Apoftolique, vn des plus grands Prelats de noftre France, Philippe Euêque de Lizieux, éminent en fcience & en vertu, qui n'a jamais flaté perfonne, & qui dans l'experience qu'il auoit faite de plufieurs faintes ames retirées en des Monafteres, & peu connuës que de Dieu, a dit, entr'autres chofes de la fainteté de noftre Religieufe, qu'elle s'eftoit renduë recommandable à negliger tout ce qui n'eft pas Dieu; qu'il n'auoit connu perfonne qui en receuft d'auffi grandes communications, mais comme elle eftoit extremement humble, elle apprehendoit extremement d'eftre trompée,

Sf ij

qu'elle a vécu selon les maximes du saint Euangile, & qu'à elle conuient proprement ce passage de saint Paul si peu entendu, vous estes morts, & vostre vie est cachée auec Iesus-Christ en Dieu. Dautant qu'elle estoit morte à elle mesme, & que sa vie estoit entierement cachée en Dieu qui s'en reseruoit la connoissance : Qu'il la regardoit comme vne sainte & la tenoit telle. Voila ce qu'il en dit, & quelque chose de plus que j'ay cy-dessus allegué, dont les paroles jettent vn éclat particulier, & meritent bien d'estre considerées & mises entre les signes d'vne vie sainte, comme est celle que j'ay décrite en ce liure. Ainsi ce digne Prelat en fut l'approbateur auant qu'il fut fait, & la lecture qu'il en fit depuis ne fit que le confirmer dans les sentimens qu'il auoit des sujets que j'y traite. Vne de ses plus illustres, dignes, & saintes filles spirituelles a souuent cherché dans ce liure le directoire de la sienne parmy les croix, les souffrances & les estats de mort viuante, où il a plû à Dieu de la faire passer jusqu'à present. Elle a dit à Hautes-Bruyeres parlant aux filles de ce Monastere, que jamais lecture ne l'auoit plus touchée, & ce qu'elle a fait en cette maison a bien confirmé ce témoignage, lors qu'entrant au dedans par le droit qu'elle en a comme Princesse, Duchesse de Vandosme, illustre de naissance, & par pieté singuliere qui la rend Religieuse dans le monde, elle alla faire ses prieres sur le tombeau de la Mere de saint Sauueur, y demeura long temps prosternée, & l'arrosa si bien de ses larmes qu'on en trouua la place moüillée.

Apres quoy s'estant releuée elle conjura la Communauté, & particulierement celles qui auoient eu le bon-heur de rendre seruice à la bonne Mere, de prier Dieu pour soy & pour sa famille, selon les besoins qu'elle en auoit. Et comme en suite elle témoigna grand desir & beaucoup d'affection, d'auoir quelque chose qui eust esté à l'vsage de la Mere, on luy donna de ses cheueux & de son sang, auec vn dizain de son Chapelet. Voila comment la sainteté met à haut prix les moindres choses, que la Princesse receut comme grandes, & en effet precieuses; mais plus pour les honorer, ou pour honorer la vertu de la personne qui les auoit portées, que par vn autre pensée d'interest, comme font tant d'autres, qui ne cherchent & n'ayment rien tant des Saincts que ce qui fait des miracles à leur auantage particulier.

Céte vertueuse Princesse ne faisoit cas des dons qu'à cause d'Abel, ny d'Abel mesme qu'à cause que son sacrifice auoit esté de bonne odeur deuant Dieu : & comme en effet dans ce rencontre, elle témoigna d'auoir vn grand mal de teste, quelques Religieuses eurent mouuement de luy proposer de mettre à l'endroit malade des cheueux de la Mere : Mais elle repartit ne le voulant pas faire, mon mal n'est pas assez grand pour y appliquer vne chose si sainte. Discours considerable venant d'vne telle personne, & qui fait leçon à plusieurs autres, lesquelles ne considerent ordinairement les souffrances des Saincts, que pour se deliurer de celles qui leur pesent, au lieu qu'elles sont écrites, comme celles de Iesus-Christ, pour nous apprendre à souffrir de bonne grace ce qu'il faut necessairement souffrir.

Ce que i'ay dit d'odeurs en la premiere Edition de ce liure, a continué depuis, & plusieurs à diuers temps en ont senty le parfum, comme vn bouquet composé de diuerses fleurs, tantost sur le tombeau de la bonne Mere enuiron le temps de son decés, tantost en ses habits, en sa derniere guimpe, en ses cheueux, au lieu de son oraison au Chœur, en sa cellule, & mesme au parchemin où la profession de ses vœux est écrite, & dont ie vay maintenant parler, selon le sujet particulier que i'en ay. Ces odeurs sont des parfums du Paradis, & comme les odeurs des fruicts de vie qu'il plaist à Dieu de répandre dans l'Eglise, faisant ainsi quelque part aux sens de ce qui est purement spirituel. C'est vn des signes qu'il donne des sacrifices qu'il a receus en odeur de suauité ; par la consideration des victimes sainctes qui se sont volontairement immolées à son amour, ce signe n'est point oublié dans l'histoire Saincte, quand on a le sujet que i'ay de l'y mettre. Mais ce que i'estime tousiours plus considerable, est l'odeur des vertus qui passe iusqu'à l'ame, & que Dieu rend efficace par la conuersion des mœurs, & par la resurrection de l'ame.

Il faut qu'vne pareille odeur soit aussi forte que douce, pour produire vn si grand & si agreable effet, comme l'éprouua celle qui n'a declaré qu'à present ce que ie vay dire, quoy qu'arriué durant la vie de la bonne Mere. Nous auons veu cy-deuant qu'aucunes des Sœurs passant deuant sa cellule quoy que fermée, monstroient par vn acte exterieur d'honneur, & de reuerence au lieu, vn signe de l'estime & de l'affection qu'elles auoient pour la sainteté de la personne. Mais voicy quelque chose de plus extraordinaire & vne grace cachée, qu'vne fille receut en passant vn iour deuant ce petit & saint Oratoire, selon l'écrit qu'elle m'en a fait donner. Céte fille estant donc vn iour dans vne disposition de conscience qu'elle auoit peine à découurir, & autant pour le moins à la celer, elle ne sçauoit à quoy se resoudre dans le trouble que luy causoit ce combat de la honte auec le remords; & comme la honte auoit l'auantage, passant vne fois deuant la cellule de la bonne Mere, il arriua tout à coup qu'elle se sentit arrestée, en sorte qu'elle ne pouuoit auancer vn seul pas quelque effort qu'elle fit.

Enfin, apres l'auoir plusieurs fois essayéé dans l'estonnement de se voir ainsi empéchée, elle fut touche interieurement & si fortement préssée, que ce mouuement extraordinaire l'obligea de se mettre à genoux à l'heur mesme, & sur le lieu, quoy que d'ailleurs elle eut repugnance à faire céte action dans vn lieu de passage où elle pouuoit estre veuë. Mais le mouuement de la grace estant le plus fort, luy fit en effet fléchir les genoux, & en cette humble posture s'adressant à Dieu par l'oraison, elle luy promit de se confesser au pluſtoſt, puis en ſe releuant elle paſſa ſans aucune peine. Voila ſans doute vn miracle ſpirituel plus conſiderable, que la reſurrection d'vn corps mort, & celle en qui la choſe s'eſt paſſée, euſt beaucoup manqué de le ſuprimer. Il ne falloit pas que ce trophée de grace máquaſt à la gloire de Dieu, & de ſa bonne ſeruante. Il faut que ces odeurs ſoient répanduës, ſelon qu'elles tombent du Chef qui n'eſt autre que Ieſus-Chriſt, & ſur ſes membres, & ſur les moindres franges de ſa robe, qui ſont les Saincts & tout ce qui les concerne.

Pareilles odeurs quant aux ſens, & quant à l'eſprit ont eſté reconnuës juſqu'au parchemin, qui contient par écrit la profeſſion des vœux de cette ſainte Ame. Ce parchemin auoit eſté long-temps meſlé auec pluſieurs autres dans vn coffre, ſans qu'on y fit d'attention pour le tirer de ce genre du commun, & en faire l'eſtat particulier qu'on a fait depuis qu'vne Sœur ayant ordre de vuider ce coffre, & de bruſler les écrits dont il eſtoit plein, s'aduiſa que les vœux de la bonne Mere y pourroient bien eſtre, & les ayant rencontrez, jugea que c'eſtoit vne piece à conſeruer; qu'il ne falloit pas faire conſommer par le feu de la terre, ce qui deuoit touſiours repreſenter à leur maiſon vn ſacrifice conſommé par le feu du Ciel, & qu'elle en pouuoit faire vne Relique precieuſe, comme elle fit, ſans en rien dire, qu'apres quelque temps dans l'occaſion qu'elle eut d'en parler à vn Viſiteur de l'Ordre, qui luy témoigna beaucoup de ſatisfaction du ſoin qu'elle auoit eu d'vn ſi rare depoſt, & fut inſpiré de le faire ſeruir à vn deſſein & dans vn rencontre que nous allons voir. Ce bon Pere & quelques filles, alors comme luy reconnurent que cét écrit jettoit vne odeur agreable, auſſi bien que les autres choſes que i'ay dites; & jugeant par ces odeurs qui n'eſtoient que pour les ſens que de ce monument de vœux ſi ſaintement faits, & ſi religieuſement gardez, il pourroit bien ſortir vne vertu plus efficace, qui ſe pourroit communiquer iuſqu'à l'eſprit, il eut la penſée de les mettre entre les mains de Madame de Fontevrault, & de luy propofer de les mettre fur fon cœur dans vn rencontre, où cette illuftre, vertueufe, & prudente Abbeffe deuoit parler en Chapitre à la Communauté de Hautes-Bruyeres, auec laquelle alors elle auoit quelque differend.

La propofition fut receuë & mife en effet, & ce fut vne marque du haut eftime que la Princeffe auoit des vertus & de la fainteté de fa Religieufe. Elle fut au lieu du Chapitre auec cette armure ou ce fceau fur fon cœur. A quoy ie ne puis penfer fans me fouuenir de ces Bulles ou de ces fceaux faits en forme de cœur, qu'on mettoit autresfois à Rome fur la poictrines des enfans des Senateurs, qui feruoient comme dit l'hiftoire, à temperer les premieres chaleurs d'vn fang illuftre & noble qui boüilloit dans leurs veines. Ie ne veux pas dire que les vertus Morales, Chrétiennes & Religieufes, d'vne fi digne Abbeffe & Princeffe, n'euffent fait en fon cœur le temperament que d'autres confiderations pouuoient empêcher ; mais il me femble que ie dois faire remarquer en ce rencontre qu'entre fes autres vertus, fon humilité luy fit chercher par le moyen des vœux écrits de la Mere de faint Sauueur, ce qu'elle defiroit de grace à fon entretien, pour perfuader les efprits de fes bonnes intentions.

Vne fi excellente difpofition ne pouuoit auoir qu'vn heureux fuccés, toutes chofes reüffirent au contentement des vnes & des autres, chacune demeura dans de grands fentimens de refpect & d'amour vers la Princeffe Abbeffe; Tout ce qui fut dit, fut bien receu ; ce qui fut ordonné fut accepté pour eftre fuiuy, & les foibles mefme n'eurent pas peine d'entendre propofer des chofes fortes pour le maintien de la difcipline Reguliere. La ioye en fut vniuerfelle, & rien ne répondit aux apparences qu'on auoit d'en craindre autre chofe. D'où l'on iugea que du cœur couuert des vœux de la Mere de faint Sauueur, la grace qui toucha tous les autres cœurs fe répandit fur les levres de

Mada-

Madame de Fontevrault, laquelle apres l'action estant de mésme sentiment, en alla rendre graces à Dieu dans l'Eglise, ou par condescendance à la deuotion d'vne Sœur, luy remettant en main cét écrit des vœux de la Mere, ce fut en luy disant : Ma fille, ie croy que cette bonne Mere a prié pour nous.

Vn semblable témoignage est considerable, venant de personnes de ce rang & de cette qualité, pa rce que Dieu d'ordinaire & en ces rencontres, donne ses sentimens à ceux qui par leurs charges representent son gouuernement ; & dautant qu'autresfois cela suffisoit pour remplir les esprits des opinions raisonnables qu'on prenoit de la sainteté d'vne ame. Mais comme à present nostre saint Pere, vnique Chef souuerain de tous les ordres de l'Eglise, s'est reserué tout le droit de iuger des graces & du merites des justes, c'est à luy qu'il se faut rapporter de tout, c'est de luy seul qu'il faut attendre, ce qui doit regler nôtre creance, & c'est à luy qu'il est à propos d'obeïr pour ne pas publier sans son aueu, ce que nous apelons miracles, & qui s'est passé durant la vie & apres la mort de ceux qui nous semblent justes, pour les dire Saincts ou Bien-heureux.

Ainsi, par ce motif d'obeyssance & de soûmission aux ordres du saint Siege, ie croy deuoir laisser dans les memoires qu'on m'a donnez, ce que j'y trouue de ce genre de signes touchant quelques guerisons de maladies du corps, ou le soulagement des peines de l'esprit, qui firent dire en soûriant à vn Medecin de la maison de Hautes-Bruyeres, peu de temps apres la mort de nostre sainte Religieuse ; *Ie voy bien que la Mere de saint Sauueur me veut oster ma pratique.* Ainsi celle qui a eu le bon-heur de luy rendre seruice durant les dernieres années de sa vie, & la priuation de sa veuë, Sœur Michelle des Champs se doit contenter de iouyr des effects qu'elle ressent du secours particulier de la Mere, apres six ans d'vn mal d'estomach, qui la rendoit incapable de toutes les obseruances des jeusnes de Regle &

Tt

d'Eglife, & des moindres offices de fa condition, & depuis huict années de parfaicte fanté, qu'elle rapporte aux prieres de fa bonne Mere, auec les raifons qu'elle en a prifes du fentiment de trois Medecins fur le mal dont elle a guery. Elle fe contentera que fes feruices foient fi bien payez par les voyes qui luy font ouuertes pour fuiure fur les pas de Iefus-Chrift, celle qui la fuiuit de fi prés. Ainfi feront les autres qui m'ont fait voir les fingulieres affiftances qu'elles ont éprouuées, fur tout dans les befoins qui regardent l'interieur, dont ie rends gloire à Dieu qui fe veut feruir de fa fidelle feruante, pour eftablir ou pour confirmer fon regne, dans les ames qui feront infpirées de lire ce liure & de fe former fur le Modele de perfection, dont il eft parlé dans cette vie.

 Quant aux circonftances particulieres de ces miracles fpirituels, ie penfe encore les deuoir laiffer dans le fecret de Dieu, qui eft le Pere de lumiere, dont il faut attendre le iour d'vn plus grand éclairciffement fur ces fujets. Ce qui fe paffe dans le fanctuaire de l'efprit & du cœur, eft proprement le fecret de Dieu. C'eft au fouuerain Pontife d'en iuger, qui s'eft en effet referué la connoiffance de pareils fecrets cachez dans le Ciel, auffi bien que la publication des chofes qu'on appelle miraculeufes, & qu'il plaift à Dieu d'operer par l'entremife des perfonnes qui font mortes en opinion de fainteté. Voila ce qui me retient d'en écrire dauantage, & qui m'empéche de donner d'autres fignes que celuy de Ionas, pour monftrer la vertu de celle dont j'écris l'hiftoire. C'eft vn trait de prouidence remarquable, que cette bonne Mere mourut & fut mife en terre au iour que l'on fait memoire de la mort & de la fepulture de Ionas. Ce qui me donna lieu de faire voir dans vn entretien qu'à pareil iour fur la montagne de Hautes-Bruyeres, defira de moy qu'il falloit principalement regarder en leur bonne Mere les fignes qu'on a plus confiderez en ce faint Prophete.

 Ionas eft mort viuant, figure de ceux dont la vie cachée

est vne mort viuante, comme parle S. Paul. Estre au milieu des flots de la mer sans se noyer, & mesme sans estre moüillez par l'abondance des eaux dont on est couuert, estre agité des vents sans faire naufrage, & parmy les rochers sans se briser, faire vn lieu d'Oraison, vn Oratoire, vn Sanctuaire, vn Ciel du ventre du monstre marin, que le Prophete appelle le ventre, ou le fonds de l'Enfer, à cause de la profondeur & de l'obscurité du lieu qui le tient captif; ce sont les miracles qui se passent en sa personne, & les signes plus remarquables qu'il a laissez de sa vertu dans la foiblesse & l'infirmité de l'homme. Et quoy que d'autres puissent penser de toute céte vie, ie n'y trouue point de plus grand miracle ny de signe plus certain de sainteté que ceux que i'ay donnez en parlant des vertus solides de céte vraye Religieuse, de son humilité, de sa vie cachée, de sa mortification, & de son amour pour la croix & pour l'aneantissement, en parlant de ses craintes & de ses défiances; en traitant de son oraison continuelle, de la quietude de son ame, & de son abandon à Dieu dans ses estats extraordinaires, qui ont esté les épreuues ordinaires de sa vie, & qui l'ont tenuë au milieu des flots, des vents & des rochers, sans qu'elle ayt fait naufrage, ny souffert de débris, ny senty d'agitation que celle qu'il n'est pas possible d'éuiter en pareils estats, & qui n'empéche pas d'aller au port. C'est dequoy ie rends gloire à Dieu considerant céte ame en luy, côme en son port, d'où ie veux esperer qu'elle m'obtiédra la grace pour entrer au petit sentier, pour estre du petit troupeau pour répondre aux desseins de Dieu par vne entiere & parfaite conuersion de mœurs, par la pratique de toutes les vertus conuenables à ma condition, & par toutes les droites intentions qui sont plus capables de me faire dire auec verité qu'en tout, comme en cet œuure, ie cherche & veux tousiours chercher, suiuant le modele que j'y donne, *vn Dieu & rien plus*.

De ventre inferi clamaui & exaudisti me, Ion. 2.

ADVIS
SVR L'EXERCICE SVIVANT.

Bien qu'on ayt donné des Methodes approuuées de quelques-vns pour commencer l'Exercice de l'Oraison, par la contemplation qu'on appelle actiue; bien qu'on ayt écrit pour monstrer qu'il est en la puissance de l'ame de l'acquerir, & que c'est la plus courte voye pour arriuer au plus haut degré d'oraison qui est la contemplation passiue; neantmoins i'estime qu'à l'égard de l'Exercice suiuant, la pluspart feront mieux de suiure le conseil que les Docteurs donnerent à nostre Religieuse, lors mesme qu'elle estoit beaucoup auancée en la perfection de cét estat. En voicy les termes que i'ay desia raportez cy-deuāt en la 2. Partie de cette Histoire; Cét Exercice est aprouué, mais il faut que la personne qui s'en sert, ne se iette pas d'elle-mesme dans le dépoüillement, & si Dieu ne l'attire pas, qu'elle s'occupe en des actes, doucement & simplement, sans faire d'effort.

Que si ce conseil fut trouué meilleur pour vne ame, que Dieu preuenoit de tant de graces d'vnion, il n'y a point de doute que la plus commune voye d'oraison, est celle qui doit estre suiuie ordinairement, & qu'il faut commencer par les preparations, & les poincts ordinaires de la Meditation, par les considerations de l'entendement, & les affections de la volonté, en attendant qu'il plaise à Dieu de dire à l'ame le mot d'honneur qui la fasse monter plus haut en la table de son festin, puisque c'est luy seul auquel appartient d'ouurir ce qu'aucun ne ferme, & de fermer ce qu'aucun ne peut ouurir, comme il est dit en l'Apocalypse.

Aperit, & nemo claudit, claudit, & nemo aperit. Ap. 3. 7.

Il ne faut donc pas s'ingerer de soy-mesme d'entrer dans l'interieur de ce desert, dans ce iardin fermé, dans les delices de ces celiers, dans le secret du cabinet, pour parler comme S. Bernard, de l'estat d'oraison sublime. Ce qui a fait dire à ceux qui ont plus d'intelligence & d'experience sur cette matiere, que plusieurs Autheurs qui ont donné des methodes pour commencer par la plus excellente voye, sans entremise de discours & des actes ordinaires, doiuent estre suspects, ou doiuent

Aduis sur l'exercice suiuant.

estre leus auec beaucoup de precaution ; qu'il faut prendre garde qu'en voulant choisir vn moyen plus court pour s'vnir à Dieu, on ne s'en éloigne dauantage; que l'oraison ordinaire est vn excellent moyen pour s'établir dans la pratique de toutes les vertus solides, & pour faire vn grand progrés dans tous les exercices de la vie spirituelle, au lieu que l'oraison extraordinaire n'est pas tant vn moyen que la fin, ny la voye que le terme, qu'on se peut proposer comme le prix.& la recompense de l'autre: qu'aussi l'oraison extraordinaire apartient au troisiéme estat de perfection, & l'ordinaire au premier & au second, par lesquels il faut monter au troisiéme.

 Le B. François de Sales, dont ie fais seruir les paroles à l'explication de l'Exercice suiuant, qui a si bien connû le vol de l'Aigle Mystique, & qui a si dignement écrit dans son liure de l'Amour de Dieu, & ailleurs dans ses Epistres de direction, pour les ames que Dieu rend capables d'vn si haut vol, n'a fait prendre à sa Philotée que le vol de la Colombe dans l'Introduction à la vie Deuote, qu'il commence par les exercices de l'oraison ordinaire, & par vne methode aussi seure que pieuse, tam tuta quàm pia, pour en parler comme S. Bernard. Car puisque l'oraison a ses degrez, il y faut monter comme les Anges en l'Eschelle de Iacob qui n'y voloient pas, mais qui passoient de l'vn à l'autre, grauement & pas apas. Ce seroit presomption de vouloir monter de soy-mesme d'vn plein vol au haut de la contemplation & supréme vnion auec Dieu, & il se faut auparauant exercer doucement, & à loisir aux autres actes preparatoires, s'arrestant sur chacun autant de temps qu'il sera besoin pour le pratiquer parfaitement ; & quoy qu'on ne paruienne pas au plus haut, on ne laisse pas de faire beaucoup de profit, qui est grand mesme au bas degré. C'est le sentiment du P. du Pont, c'est ainsi qu'en ont écrit deuant luy, & apres luy les meilleurs Maistres, & c'est ce que i'ay crû deuoir mettre icy pour seruir de preparation d'esprit à la lecture suiuante, & afin que chacun se contentant du don qu'il a receu, en vse simplement selon le bon plaisir de Dieu, qui fait ses plus grandes œuures dans nostre neant.

Du Pont dãs vn traité de l'or. traité, 1. C. 1. par, 6.

EXERCICE SPIRITVEL,

QVI FVT DONNE' POVR
Directoire à la Mere de saint Sauueur,
lors qu'elle estoit encore dans
le siecle.

 1. Vssi-tost que vous serez éueillée, vous jetterez promptement vostre pensée en Dieu, le voyant par le moyen de la foy, demeurant en cette diuine presence par vn doux silence & tacit consentement d'amour, souffrant qu'il prenne vne entiere possession de tout vous mesme comme d'vne chose sienne.

2. Venant à dire vostre office, vous le direz doucement & familierement, demeurant plus attentiue à celuy à qui vous parlez qu'à ce que vous dites.

3. Apres l'auoir dit vous perdrez incontinent l'Image d'iceluy, demeurant auec Dieu en silence, par lequel vous entrerez en l'oraison, laissant cette diuine Majesté faire & accomplir en vous tout ce qu'il voudra, & afin qu'il puisse mieux faire vous demeurerez nuë de toute pensée, tant de Dieu que de vous-mesme, estant sans rien penser & sans discerner mesme que vous soyez en silence.

de Saint Sauueur. 333

4. Quand il vous suruiendra des distractions demeurez tousiours aussi tranquille, comme si rien ne fut arriué soyez tousiours égale à vous-mesme.

5. Pour ce qui est de la saincte Messe, vous continuerez vostre silence, par lequel vous vous vnirez auec le saint Sacrifice lequel est offert, & lors que vous voudrez communier vous ne ferez autre preparation que le mesme silence, souffrant que cette diuine Majesté prepare en vous vne demeure qui luy soit agreable, & lors que vous l'aurez receu, vous demeurerez patiente à tout ce qu'il luy plaira disposer de vous, & pour ce faire, vous vous dépoüillerez de toute pensée, tant de vous que de Dieu mesme, afin que quitant vostre estre & tout vous-mesme, & ce que vous estes au bon plaisir de Dieu, il puisse librement sans aucun empêchement iouyr de vous.

6. Quand vous tomberez en quelque deffaut quel qu'il soit, à l'instant que vous vous en apperceurez, Vous vous resignerez par vne amoureuse souffrance de tout vostre cœur, à tout ce qu'il luy plaira de vous enuoyer pour satisfaction de ladite faute, & demeurerez tranquille, continuant vostre vnion auec Dieu. Ne vous ébranlez pour chose qui se presente, ny qui se passe continuellement en vous.

7. Lors que vous sortirez de toute occupation, vous quitterez le discernement & images des choses que vous aurez faictes, vous continuerez cette douce vnion & saint silence, y rentrant si vous en estes sortie par vn tacit consentement d'amour, laissant doucement vnir & transformer vostre volonté à celle de Dieu.

8. Lors qu'il vous arriuera quelque affliction, soit de corps, soit d'esprit; vous tascherez le plus qu'il vous sera possible de demeurer en vôtre silence & vnion auec Dieu, souffrant & consentant qu'il fasse en vous par luy-méme

& ses creatures, tout ce qu'il luy plaira d'en disposer, demeurant tousiours inflexible & ferme en vostre douce & amoureuse vnion, nonobstant quelques euenemens qui vous puissent arriuer.

Vous serez aduertie que ce silence contient en soy continuellement, & specialement à l'entrée vn tacit consentement d'amour, à tout ce qu'il plaira au bon Dieu, par lequel nostre volonté est vnie & transformée auec celle de Dieu, auquel il ne faut jamais manquer de fidelité.

Explication du precedent Exercice spirituel, sur les conseils dont il est composé.

CE qui se passoit d'extraordinaire en la Mere de saint Sauueur, ayant fait naistre plusieurs doutes, difficultez & craintes, non seulement en son ame, comme jay fait voir ; mais aussi dans l'esprit de ceux dont elle eut voulu prendre aduis pour s'en éclaircir & s'asseurer, voicy l'explication qui fut donnée à son exercice, pour faire voir que ce trait estoit bon & de Dieu, & qu'il ne tenoit rien de la trempe de cette fléche, qui pour voler en plein iour, comme il est dit par le Prophete, ne laisse pas d'auoir vne pointe cachée, & d'estre teinte d'vn venin mortel, dont il faut demander d'estre deliuré. I'ay adjousté de plus à cette explication, qui fut alors donnée au precedent exercice, ce qu'il a plû à Dieu me donner de lumiere sur le mesme sujet, par la consideration de la chose & par la lecture des liures qui traitent de cette matiere.

A sagitta volante in die. Ps. 90.

A prendre, comme on doit, ce qui est dit au premier conseil du silence interieur, de la cessation des actes, de l'aneantissement, de l'abandon interieur à Dieu, & à sa sainte

ope-

operation ; de souffrir l'operation de Dieu en nous, & autres termes qui sont familiers aux Contemplatifs , il est certain que tout cela n'exclud pas , ne rejette & n'empéche point nostre cooperation , ny la libre élection de nostre volonté , non plus que le concours & consentement de nostre libre Arbitre, lequel en pareil estat opere comme instrument vif & libre , ainsi que l'ame alors le connoist tres-clairement, le ressent tres-efficacement, & n'en peut douter : Car c'est vrayment cooperer & agir, que de consentir au bon plaisir de Dieu , que de receuoir librement la grace, la suiure , & se laisser amoureusement conduire par nostre Seigneur, comme Dauid qui disoit; *J'escouteray la parole de Dieu en moy.* Et tant s'en faut, qu'en cét estat on soit comme vne piece de bois inanimée & sans liberté d'agir, qu'au contraire c'est agir noblement & angeliquement ; c'est adorer Dieu en esprit & en verité , quoy que telle action ou plustost cooperation de nostre esprit, auec la grace soit si simple , si spirituelle & si suaue , qu'à l'égard des actions de la partie inferieure qui sont grossieres, turbulentes , & impetueuses, elle semble estre vne pure cessation.

C'est ce qu'a declaré le saint Concile de Trente, Canon quatriéme, section sixiéme de la iustification : *Si quelqu'vn estoit si hardy d'oser soustenir & dire que le libre arbitre de l'homme estant excité de Dieu , ne coopere point lors qu'il consent à Dieu qui l'excite , & qu'il n'a pas plus d'action qu'vne chose inanimée, mais qu'il est dans vn estat purement passif, qu'il soit excommunié.* Et au chapitre cinquiéme, il declare que ce n'est pas estre oiseux & ne rien faire , que de consentir librement à la grace, mais que c'est cooperer: Que ce n'est pas estre inutile & sans rien faire, de receuoir l'illumination de Dieu, que de s'en laisser éclairer, attirer & conduire : Et ainsi le temps ne doit pas estre dit inutilement employé, quand il se passe à ne faire autre chose qu'adherer, consentir, & cooperer à Dieu.

Voila l'explication qu'on a donnée au premier article

ou conseil de cét exercice, conforme aux sentimens du Concile, & confirmée par toute la Tradition des Saincts & des Docteurs qui ont écrit sur cette matiere, tant anciens que nouueaux. Il ne faut que voir les liures de saint Denis & des autres, les liures du Bien-heureux Iean de la Croix, ceux de sainte Therese, ceux des Autheurs qui ont écrit sa vie, comme Ribera, & l'Euéque de Tharassonne qui a si bien rencontré sur ce sujet; où pour voir tout dans vn Recueil, il ne faut que lire ce qu'en a laissé par écrit l'Eminent Cardinal de Richelieu en son liure de la perfection chapitre trente-deux, *des differences qu'il y a entre la Meditation & la Contemplation.*

Le Bien-heureux François de Sales en plusieurs endroits de ses Escrits, parle de cette maniere d'oraison selon l'instruction, duquel la Colombe prenant le vol des Aigles, & ayant receu force par cette diuine nourriture, la digne Mere de Chantal, dit en termes exprés, qu'il ne faut pas croire qu'on ne fait rien à l'oraison, quand on y est attiré par la simplicité : Car si on ne trauaille en agissant, c'est en patissant & iouyssant. Et parlant d'elle-mesme à son Bien heureux Pere, elle dit que son esprit est dans vne tres-simple vnité, que voulant faire des actes d'vnion, il sent de l'effort, & voit clairement qu'il ne se faut pas vnir, mais demeurer vnie, qui sont des traits aussi pleins de lumiere que d'experience. Il y en a plusieurs autres semblables au liure qu'on a fait de la vie d'vne si digne Mere, & particulierement au chapitre septiéme de la seconde Partie, qui est tout entier & tres considerable sur ce sujet, sur tout où elle demande au Bien-heureux Euéque de Genéue, si l'ame specialement en l'oraison, ne doit pas rejetter toutes sortes de discours, &c. regardant Dieu & demeurant en cette simple veuë de luy & de son neant toute abandonnée, contente & tranquille, sans se remuër nullement pour faire des actes sensibles de l'entendement & de la volonté, non pas mesme pour la pratique des vertus, ny detestation des fautes. A quoy ce Bien-heureux Euéque *de Saint Sauueu.*

répond conformement aux penſées de cette ſainte ame, & de ce qui s'en dit en ce liure, ſelon cét exercice & l'explication qu'on en a donnée, diſant que les perſonnes qui ſuiuent cette voye ſont cheres à Dieu, comme la prunelle de ſon œil.

Explication du ſecond Article.

POur explication du ſecond article, qui donne conſeil qu'en diſant l'office on demeure plus attentif à Dieu, qu'on prie, qu'aux paroles qu'on dit, on allegue ſaint Thomas, ſelon la doctrine duquel il y a trois ſortes d'attention, l'vne aux paroles de l'oraiſon vocale pour n'y point faillir, pour les prononcer diſtinctement & n'en laiſſer aucune ſyllabe; l'autre au ſens litteral des Pſeaumes, & d'autres prieres vocales, les accompagnant d'actes conformes à ce qu'ils ſignifient, faiſant ce qu'ils diſent, ou ce qu'y fait Dauid quand c'eſt luy qui parle, priant, gemiſſant, eſperant, ou craignant, ſelon qu'il prie ou qu'il gemit, qu'il eſpere ou qu'il craint comme enſeigne ſaint Auguſtin. La troiſiéme eſt au ſens myſtique & plus ſpirituel, à la fin de la priere à Dieu meſme, auquel on penſe plus qu'à toutes choſes. La premiere eſt la plus baſſe des trois, la ſeconde eſt meilleure, mais multipliée en autant d'actes qu'on en rencontre de ſujets. La troiſiéme eſt la plus parfaite, & cette troiſiéme a quatre degrez, qu'on peut voir dans le liure du Pere Sufren, dont le plus haut & parfait eſt de regarder Dieu auquel on parle, ſon amour & ſon bon plaiſir, dont le cœur quelquefois eſt tellement poſſedé & remply, qu'aucune autre penſée n'y peut entrer. En cét eſtat l'Aigle regardant le Soleil d'vn fixe regard, ne s'amuſe pas aux Eſtoiles, l'ame parlant & traitant auec vn Dieu, ne peut ſe deſtourner à d'autres objets, dautant que parler & traiter auec vn Dieu eſt vne choſe ſi grande, que tout ce qu'on pourroit penſer hors de Dieu en la priere, eſt infe-

D.Th.1.2.q. *83.a.12.*

Si orat pſal- mus orate ſi gemit ge- mite &c D. Aug. in pſ.

P.Sufren. An.Chr.2. Part.c.2.d.5. ſſ.3.pag 207.

V u ij

rieur à ce bien là, comme écrit le P. Sufren au lieu que ie viens d'alleguer.

Tho. à Kēpis de disc. clauf. 8. statuit Iesū ad dexteram, & Mariam ad sinistram, & omnes sanctos in circuitu corū.

Vn autre Thomas, qu'on peut appeller vn des premiers Anges de la Theologie Mystique, comme l'autre est dit l'Ange de l'Escole, donne ce conseil pour bien reciter l'office Diuin, qu'on mette Iesus à sa droite, & Marie à sa gauche, & tous les Saincts à l'entour d'eux, & qu'on regarde ceux auec qui l'on chante comme autant d'Anges de Dieu, qui est vn moyen de loüer Dieu sur la terre comme au Ciel. Mais l'article de cét exercice donne encore vn moyen plus court & plus parfait à qui en est capable, de regarder Dieu seulement, & en luy tout ce qui l'enuironne, tout ce qui luy rend gloire, ou qui la reçoit de luy.

D Dion. de myst. Th. c. 3. quoad superiora contendimus eo magis verba aspectu rerūquæ sub mentem cadunt contrahuntur, quemadmodū etiā hoc tempore in caliginem, quæ mentem superat, introeuntes, non breuem orationem, sed silentiū & intelligentiæ priuationem reperiemus.

Ce qu'il y a de plus obscur & de plus douteux, est le conseil qu'il donne qu'apres auoir dit l'office, on en perde incontinent l'Image, demeurant auec Dieu en silence pour entrer par ce silence en oraison, &c. ce qu'on explique par des discours tirez de saint Denis & de saint Bonauenture, qui tendent à faire voir que pour arriuer à l'estat d'vnion, & au haut degré de contemplation, où les spirituels aspirent, il faut estre dénué de toutes les formes, & selon le secret de cete doctrine, laisser les Images de l'oraison vocale, c'est à dire, ce qu'il y a de moins parfait dans cette priere, pour arriuer au plus parfait de l'oraison mentale, laissant vuider son esprit, non seulement des paroles exterieures & du sens litteral; mais aussi de ce qui fait la meilleure attention, & le degré plus parfait de cette priere qui se fait de bouche, & qui se fait en regardant Dieu par des intentions tres-pures, comme j'ay dit selon saint Thomas, & Hugues de saint Victor. Mais comme cette attention & ces intentions ne mettent pas l'ame dans l'estat de quietude que donne l'oraison, dont nous parlons, c'est où les Contemplatifs la veulent éleuer en la faisant entrer dans le nuage, & au sommet de la montagne par les degrez de contemplation, dont il est parlé dans la Theologie Mystique.

En effet, l'oraison vocale estant si parfaite, il faut que l'oraison mentale soit bien éleuée. C'est vn haut degré que dans l'oraison vocale on fasse seruir le son articulé des paroles, & les discours des pensées dans l'oraison ordinaire de l'esprit, à la fin de l'vne & de l'autre oraison qui n'est autre que Dieu : C'est vn plus haut degré de sçauoir plustost vnir son cœur à Dieu sans entremise aucune des sens, soit exterieurs, soit interieurs, sans appeler à ce saint œuure le secours ordinaire de l'imagination & du raisonnement : Et c'est vn tres-haut degré, c'est le superlatif & sur-éminent, que d'estre & demeurer dénué de toute pensée, non seulement des creatures & de soy, mais de Dieu mesme, afin qu'il en accomplisse mieux en l'ame tout ce qu'il voudra. Il faut que ce troisiéme estat soit celuy du troisiéme Ciel, dont ceux qui en sont reuenus ne peuuent parler, selon ce qu'ils ont receu de veuës & fait d'épreuues dans la hautesse de cét estat ; & ceux qui n'y ont pas esté sont bien moins capables d'entendre ce qu'on en peut dire & ce qui s'en trouue dans les Directoires, qui sont donnez aux ames pour se conduire en cette voye.

Explication des articles trois & cinquiesme.

ON s'arreste tout court à ces mots des articles trois & cinquiéme, de l'Exercice dont est question, *Vous demeurerez nuë*, ou bien, *vous vous dépoüillerez de toute pensée de Dieu mesme*. Mais ce qui arreste & ce qui semble estrange en ces paroles, est ce qui auance beaucoup ceux qui en sentent les effects ; ce qui est reconnu aussi bon que vray quand il est entendu, ce qui est fondé sur les montagnes saintes de la Theologie Mystique, & ceux qui ont combatu ces veritez cachées, n'ont jetté des dards que contre vn

Soleil, dont les rayons éblouyssent les veuës qui sont foibles, ou qui n'y sont pas accoustumées.

Pour expliquer ce point, on rapporte plusieurs authoritez prises des Escrits des Docteurs Mystiques, comme de saint Denis, de saint Bonauenture, Thaulere, & mesme des liures de saint Augustin, de saint Gregoire & de saint Thomas, qui tendent à faire voir que de ne rien penser de Dieu, est vn moyen d'en mieux penser; que ce qu'est Dieu est infiniment au dessus de tout ce qu'on peut entendre, connoistre & gouster de luy. De sorte qu'en se tenant deuant Dieu sans en rien penser, & dans l'esprit d'vne foy toute nuë, qui commence ou finisse les discours de nos sens interieurs, c'est l'estat dont il est parlé en deux articles de cét exercice.

C'est cét estat dont saint Denis écrit, & auquel on arriue selon sa doctrine par vn silence interieur & par priuation d'intelligence, ce qu'il appelle voye d'ignorance, loüant céte ignorance de Dieu, par laquelle il ne faut pas entendre le deffaut de la connoissance qu'on doit auoir de Dieu, ny vn aueuglement d'esprit par malice, dautant que cette ignorance seroit vne tres grande imperfection beaucoup plus digne de blasme que de loüange. Mais on appelle céte voye de connoistre Dieu voye d'ignorance; dautant qu'alors, dit saint Gregoire, ce que nous connoissons de Dieu est vray, quand nous connoissons que nous n'en pouuons rien connoistre pleinement. Ce qu'a voulu dire S. Augustin, quand il a dit; *Ie croy ce que ie ne sçay pas, & pour ce suiet ie le sçay mieux*, parce que ie sçay bien que ie ne le sçay pas.

C'est ce qui semble aussi auoir esté signifié par le Prophete Elie, en se couurant les yeux de son manteau, quand il vit passer Dieu deuant soy, comme pour monstrer que toute sorte de connoissance estant sans proportion necessaire pour connoistre Dieu, il faut fermer les yeux pour le contempler parfaictement. C'est la pensée de saint Gregoire sur le Prophete Ezechiel, & lors qu'il explique cette

vision d'Isaye, qui dit auoir veu le Seigneur assis sur vn ᴵˢ ᶜ·⁶·
throsne éleué, & que les choses qui estoient au dessous de
luy remplissoient le Temple. Ainsi selon cette figure, &
la pensée de saint Gregoire, ce qui n'est pas Dieu, mais au
dessous de Dieu est ce qui remplit le Temple de l'ame, &
le conseil que donne l'article proposé, est que l'ame se
vuide des pensées de Dieu qui ne sont pas Dieu, mais au D.Th.1.2.q.
dessous de luy. Si quelqu'vn voyant Dieu, dit S. Thomas, 18. a.2.
a entendu ce qu'il a veu, celuy-là n'a point veu Dieu, mais
quelque chose de Dieu.

L'esleuation d'esprit qui se fait par ignorance, dit saint
Bonauenture, alleguant S. Denis, n'est autre chose que d'e-
stre meu immediatemēt par l'ardeur d'amour, sans aucun
miroir ou aide des creatures, sans l'entremise d'aucune
pensée precedente, & sans aucun mouuement present
d'entendement. Sur quoy l'on peut voir ce qu'en a pleinement écrit le Pere Benoist Capucin, en son liure de la
volonté de Dieu, faisant seruir l'authorité de saint Denis
& de saint Bonauenture aux preuues qui confirment, ce
qui est porté dans cét Exercice, & concluant au chapitre
cinquiéme, Partie troisiéme, que ceux-là se trompent qui
pensent qu'il faille tousiours operer & produire des actes
feruens, des aspirations; & encore dauantage ceux qui estiment que semblable façon d'agir soit la veritable vnion, &
condamnent la voye contraire comme vne chose injuste
& vne operation vitieuse, n'entendant pas vne maniere
d'operer intime, pure, & simple, & plus parfaite, dont l'experience seule peut donner la connoissance aux ames qui
sont attirées de Dieu à vne voye extraordinaire.

On pourroit s'estendre sur ce sujet par la deduction de Confortata
plusieurs autres authoritez. Mais ce seroit faire vn Traité est & non
d'vne chose, dont ce n'est pas à moy de me rendre iuge. eam. Pſ.138.
Plus on considere ce poinct de doctrine Mystique, plus il Nox mea
s'éleue au dessus de l'esprit, & plus on le regarde, plus il mea.
semble obscur à ceux qui n'ont pas marché quelque temps
dans ces tenebres, ou d'autres sont éclairez comme dans

vn plein iour. Il faut pourtant que j'adjouste auant que sortir de ce sujet, qu'il me semble que le Bien-heureux François de Sales, dans l'Escole duquel on trouue des leçons pour aller droit dans ces voyes d'vnion, a touché le poinct plus difficile de tout cét Exercice, quand il a dit pour le premier degré d'oraison, qu'il est bon de penser qu'il n'y a que Dieu au monde, cette pensée, ainsi qu'il adjouste, estant capable de retirer fort les puissances de l'ame. Et touchant deux autres degrez plus éminents qui consistent selon cet exercice à se vuider de toute pensée de soy-mesme. *Simplifions nous & vuidons nous de cét ennuyeux soin de nous-mesme, fermons-nous en la simple veuë du tout de Dieu & de nostre neant; Reposons-nous dans les effets de cette souueraine volonté, sans nous remuer pour faire des actes, ny de l'entendemēt ny de la volonté.* Il va plus loin & plus haut quand parlāt à son propre esprit selon le trait qui le porte à Dieu, il dit; *Demeurez simplement en Dieu sans vous essayer de rien faire, & sans vous enquerir de luy ny de chose du monde, sinon à mesure qu'il vous excitera.* Ailleurs, il dit que c'estoit l'estat de saint Iean au desert, à l'égard du Fils de Dieu, qui témoigna ne l'auoir pas connu au moins de visage & par conuersation familiere, auant cette celebre entreueuë qui s'en fit sur les riues du Iourdain, d'où ce bien-heureux Euéque a pris sujet de dire par imitation de cét estat de saint Iean ; *Si Dieu vient à moy, i'iray aussi à luy, & s'il ne veut venir à moy, ie me tiendray là, & n'iray point à luy.*

Et ego nesciebam eū. Ioan 31.33

Ce qu'aucuns ont entendu des consolations, des douceurs, & autres sentimēs de deuotion; ou bien selon d'autres, c'est à dire, qu'aucun ne peut approcher de Dieu, si Dieu ne s'approche de luy. Ce qui semble donner vn grand esclaircissement à ce qu'il y a d'obscur & de douteux à ce conseil de l'Escole Mystique, qui est de laisser faire Dieu selon qu'il luy plaira disposer d'vne ame, qui pour cét effet se tiendra dépoüillée de toute pensée, tant de soy que de Dieu, soit à l'Oraison, soit à la Communion, dont parlent les deux Articles rapportez.

Le

de Saint Sauueur. 343

Le mesme Bien-heureux Euéque écriuant encore ail- Ep.l.2.ep.6. leurs de cét estat des ames saintes, par comparaison du mesme saint Iean Baptiste au desert, c'est en des termes qui semblent encore plus propres à expliquer les deux endroits de cét exercice, qui peuuent faire plus de peine à quelques-vns. *O Dieu quelle mortification d'esprit pour S. Iean*, dit ce B. Prelat, *estre si prés de son Sauueur, & ne le voir point, l'auoir si proche & n'en iouyr point! Et qu'est cela, sinon auoir son esprit desengagé de tout, & de Dieu mesme, pour faire la volonté de Dieu & le seruir? Laisser Dieu pour Dieu, & n'aymer pas Dieu, pour l'aymer tant mieux & plus purement. Cet exemple estouffe mon esprit de sa grandeur.*

Voilà comment écrit vn homme si spirituel conformement à cét exercice plein d'esprit & de vie, sous ce qui paroist de contraire en la lettre. Tous les liures du mesme Autheur en diuers endroits, traitent du silence interieur, & de ce dépoüillement dont est question; sur quoy ie ne puis obmettre ce qu'il dit au liure sixiéme de l'amour de Dieu chapitre 10. où parlant des diuers degrez de la sainte quietude, & de l'estat de l'ame en la presence de Dieu, sans qu'elle en sente aucun signe, il explique ce bien-heureux, insensible & paisible estat par plusieurs comparaisons, d'où l'esprit peut tirer beaucoup de lumiere sur cette matiere, & particulierement par la comparaison des statuës, qui estoit si familiere à la Mere de saint Sauueur; & par celle de Iacob endormy en la presence de Dieu, faisant parler l'ame de son estat comme ce Patriarche du sien; *Vrayment i'ay dormy auprés de mon Dieu, & ie n'en sçauois rien.* Ce sont les termes du B. Euéque de Genéve.

Explication du quatriéme article.

CE qui est dit en cét article de demeurer dans les distractions aussi tranquille, que si rien n'estoit arriué est vn conseil approuué de tous les Maistres. Elie, à qui la puissance fut donnée d'ouurir & de fermer le Ciel, ne pouuoit pas fermer son esprit aux pensées estrangeres en priant Dieu. Il n'y a point de mal dans les distractions que quand on les fait. Il y peut auoir beaucoup de merite à les souffrir ; & les inquietudes font plus de mal que les distractions mesme. Il faut marcher dans les brouïllards qui se leuent, & qui n'empéchent pas qu'au trauers on ne puisse voir le Soleil par vn peu de clarté qui vient du costé où il est.

Les liures nous enseignent plusieurs moyens d'éuiter ou desaduoüer les distractions auant l'oraison, de les souffrir comme vne croix durant ce saint Exercice, & d'y tenir le cœur inseparable du sujet principal & vniuersel de l'oraison qui est Dieu, prenant ces destours pour s'auancer, & regardant le terme où l'on aspire, quand il semble qu'on en soit plus égaré ; vsant de l'excellent conseil que la bonne Mere de saint Sauueur donnoit sur ce sujet, que nous auons dit cy-dessus, & qu'on trouuera conforme à la leçon de cét article Surquoy qui est de demeurer tranquille ; si l'on veut consulter encore le B. François de Sales, on verra qu'il a dit la mesme chose, mais en des termes si clairs, qu'il n'y a rien de si capable pour donner l'éclaircissement entier à ce qui pourroit sembler d'obscur dans cét article.

La paix de l'ame, dit ce S. Euéque entr'autres choses, seroit bien plus grãde & plus douce, si on ne faisoit point de bruit autour d'elle, & qu'elle n'eust aucun sujet de se mouuoir, ny quāt au cœur, quāt au corps, car elle voudroit bien estre toute occupée en la suauité de cette presence diuine; mais ne pouuant quelquesfois s'empécher d'estre diuertie és autres facultez, elle conserue au moins la quietude en la volonté; qui est la faculté, par laquelle elle reçoit la jouyssance du bien. Et notez qu'alors la volonté retenuë en quietude, par le plaisir qu'elle prend en la presence diuine, ne se remuë point pour r'amener les autres puissances qui s'égarent, dautant que si elle vouloit entreprendre cela, elle perdroit son repos, s'éloignant de son cher bien-aymé, & perdroit sa peine de courir çà & là, pour attraper ces puissances volages, lesquelles aussi bien ne peuuent jamais estre si vtilement appellées à leur deuoir, que par la perseuerance de la volonté en la sainte quietude, car petit à petit toutes les facultez sont attirées, par le plaisir que la volonté reçoit, & duquel elle leur donne certains ressentimens, comme des parfums qui les excitent à venir auprés d'elle, pour participer au bien dont elle jouyt.

C'est le conseil qu'il donne non seulement à l'égard des distractions qui sont inuolontaires, & que l'on souffre; mais à l'égard aussi des fautes journalieres, où l'on se laisse tomber au sujet desquelles l'article sixiéme recommande la paix interieure, qui doit accompagner le mouuement d'vn cœur vrayment contrit par amour, & sousmis aux ordres de Dieu, souffrant par amour de tout le cœur tout ce qu'il luy plaist d'enuoyer pour satisfaction des fautes commises, sans que ces cheutes doiuent empécher vne ame de continuer son vnion auec Dieu. Ce qu'il faut entendre, non pas au sens de certains pretendus & tenebreux illuminez, qui sont dans vne fausse oysiueté, & qui dans les cheutes au peché pensent que ce soit assez de dire qu'ils n'ont pas cessé pour vn moment d'estre en la presence, & dans l'vnion de Dieu pendant qu'ils s'en separent par des actes formels de peché mortel; mais au sens

Qui cadit & resurgit iusti nomen non amisit? D. Hier. in illud prou 24. 16, septies cadet iustus & resurget.

que saint Hierôme a dit, que l'homme en tombant sept fois demeure juste, parce qu'en tombant il se releue, & qu'en se releuant à mesure qu'il tombe, il peut tousiours estre appellé juste. Il ne faut qu'ouurir les Epistres du Bien-heureux François de Sales, pour trouuer en tous lieux des conseils qu'il donne conformement à celuy de cét article. En l'Epistre 51. du 2. liure, il dit qu'il faut auoir patience auec tout le monde, mais principalement auec nous mesmes; que tant que nous nous porterons, nous ne porterós rien qui vaille, qu'il faut donc auoir patiéce, & ne penser pas pouuoir guerir en vn iour, &c. qu'il y auroit du danger que l'ame qui a seruy longuement à ses propres passions ne deuint orgueilleuse & vaine, si en vn moment elle en deuenoit parfaitement maistresse. En l'Epistre 10. du 3. liure, il fait vne excellente leçon de l'indifference & façon de se releuer apres les cheutes qui consiste à s'humilier, à representer à Dieu son infirmité, à luy demander misericorde, à se releuer en paix & tranquillité; puis à continuer son ouurage. Ce qu'il fait voir par vne belle comparaison du luth, qu'il ne faut pas quiter ny en rompre les cordes, quand on s'aperçoit de quelque desaccord: Mais il faut voir, dit ce saint Prelat, d'où vient le desordre & doucement tendre la corde, ou la relascher, selon que l'art le requiert, il n'y a rien si commun dans ses liures que le conseil qu'il donne de reprendre son cœur entre ses mains paisiblement, de haïr ses defauts d'vne haine tranquille, & non depiteuse & troublée en tirant le profit d'vn saint abaissement: A faute dequoy nos imperfections, que l'esprit voit subtilement, le troublent encore plus subtilement, & par ce moyen se maintiennent, n'y ayant rien qui conserue plus les taches que l'inquietude & l'empressement de les oster. Voyez l'Epistre vingt-neufiéme du troisiéme liure. Voyez aussi l'Epistre seiziéme du troisiéme liure, & sur tout l'Epistre trente-cinquiéme du quatriéme liure. C'est à quoy tend le conseil qu'il donne de souffrir nostre imperfection pour auoir la perfection, &

tant d'autres aduis qui sont en l'Epistre trente-cinq du 4. liure, qu'on peut appeller vn chef-d'œuure sur le sujet de cét article.

Il n'y a rien au huitiéme article, qui ne soit en tous les Liures spirituels, touchant la maniere de receuoir & de porter la croix, en prenant occasion de nous vnir dauantage à Dieu, qui est la fin de tout l'Exercice spirituel dont il est question, sur lequel les Docteurs de la Sorbonne ayant esté consultez, il en fut approuué comme nous auons dit.

Ce qu'on a trouué depuis sa mort écrit de sa main, a grand rapport à cét Exercice spirituel, & quant au style & quant au sens. Ainsi j'ay crû le deuoir mettre en suite, afin qu'il serue comme le reste, à faire voir l'excellente voye où Dieu faisoit marcher cette sainte Religieuse.

Tout vient de l'vnité.
Renuoyez tout à vn.
N'ouurez vostre esprit & vostre cœur que pour l'vnité.
Agir & patir pour l'vnique charité,
Auec vne intention, sans multiplication.
Vne veuë sans diuersité.
Vne indifference sans anxieté.
Dans la multitude des occupations,
Agir sans se troubler.
Faites comme s'il n'y auoit que Dieu & vous.

Voila des discours de la nature des essences qui contiennent beaucoup en peu de matiere. Ce sont des abregez dont on ne peut bien voir l'étenduë, que par l'experience des effets de la grace dans les ames saintes, où cète huile diuine se répand auec abondance.

En voila peu d'écrit, mais en ce peu l'on trouue beaucoup à faire, si l'on veut imiter cette digne Religieuse, prenant pour soy, s'appliquant, & pratiquant ce qui est écrit par elle, selon qu'on voit qu'elle mesme l'a pratiqué. De ce peu de rosée elle a fait la cire & le miel, comme vne diligente abeille, cachée en sa ruche dont il n'a pas esté besoin de luy boucher les trous & les ouuertures, comme a d'autres, qui sont tousiours au dehors, insatiables de fleurs, ainsi qu'a remarqué le Bien-heureux Euéque de Genéve, qui volent sur toutes les fleurs, qui cueillent sans cesse, & qui se lassent à faire des amas sans qu'elles mettent rien à profit, ny pour le maistre ny pour elles; ne faisant ny cire ny miel de ce qu'elles ont d'acquis, faute de retraite au dedans, & de fidelité aux instructions qu'elles ont prises par les lectures ou autrement. Ces pauures ames meurent de faim dans leur abondance, & quoy qu'elles soient chargées de liures, d'escrits & de recueils, elles sont vuides de bonnes œuures, ce qui n'est pas le moyen d'establir en soy le Royaume de Dieu, dont il est dit qu'il consiste, non en des discours, mais en des effects de vertu. *Non in sermone est regnum Dei, sed in virtute*.

CONCLVSION DE TOVT cet Ouurage,

Du profit qu'on doit tirer des Liures de la Vie des Saints.

ON n'a pas sujet de se plaindre à present, comme autresfois saint Iean Chrysostome, que les Exemplaires soient effacez. Les Modeles ne manquent pas à la perfection, c'est la perfection qui manque aux modeles; la grace de sanctification ne manque pas à l'ame, c'est l'ame qui manque aux moyens de se sanctifier. Entre ces moyens nous auons la lecture des liures Saints, & premierement de l'Euangile, qui est nostre vraye Philosophie, nostre premiere Theologie Chrestienne, nostre Morale & nostre Oeconomie, dont tous les mots & toutes les lettres sont adorables, qui comprend le modele primitif de toute sainteté en Iesus-Christ dans tous les estats de sa vie, la plus belle vie qui puisse jamais estre écrite, & dont le saint Esprit est l'Autheur. *exemplaria deleta sunt. S. Chrysost.*

Le second moyen est la lecture de la vie des Saints, dans lesquels le mesme saint Esprit par leur cooperation écrit les excellences de la sainteté, & imprime dans les tables de leurs cœurs la doctrine de la foy, les lettres viues des vertus, la loy de la charité, auec ses preceptes & ses conseils, les fruits des Sacremens & des sacrifices, la constance dans les trauaux & dans les persecutions : Ce qui faisoit dire à S. Gregoire, que la vie des bons est vne viue leçon de sainteté, & à vn autre Pere que les Saints sont dans leurs mœurs, ce que les loix sont dans les Liures. *Lib. 4. Mor. c 6 Quod leges in scriptis hoc sunt sancti in moribus.*

Il semble que ce soit de ces deux liures dont il est parlé, dans celuy de Ieremie à ce saint Prophete, où nous trouuons que Dieu luy donne ordre de prendre deux liures, dont le premier est appellé liure de redemption, liure scellé; ce qui marque la grace de l'Euangile & de la vie de Iesus-Christ, & ce qu'il y a de secrets & de mysteres si long-temps cachez à la sagesse humaine. Le second est vn liure ouuert & de plus facile intelligence, qui represente l'histoire Sainte, Religieuse, où la Vie des Saints est vn Euangile expliqué dans la pratique des vertus Chrétiennes; & de ces deux liures, il est dit au Prophete, & en sa personne à tout le peuple de Dieu, qu'il les mette dans vn vase d'argile, afin qu'ils soient long-temps conseruez. *Sume libros istos, & pone illos in vase fictili vt permanere possint diebus multis.*

Ce qui arriue quand par l'vsage qu'on en fait auec la grace, quoy que dans vne nature fragile on s'esleue dans les degrez de sainteté, où chacun des Chrestiens est appellé; & ainsi ces deux liures sont long-temps conseruez par des Editions tousiours renouuellées en la Vie des Saints, selon le sens Mystique du passage allegué de Ieremie, & selon l'excellent discours de saint Chrysostome, que j'ay fait remarquer ailleurs, & qui dit qu'en prenant des Saints de bons exemples pour les donner aux autres qui viendront apres nous, nous continuons leur histoire Sainte, & nous faisons que Iesus-Christ est ainsi tousiours loüé dans l'Eglise.

Vt dũ nos ex ipsis, & ex nobis alii proficiunt, sic Christus in suis seper seruis in ecclesia sancta laudetur. D. Chrys. ser. de mart.

Vt perfectus sit homo Dei, & ad omne opus bonum instructus, 1. Ti. 3.

A cette fin quoy que la parole de Dieu, comme elle est écrite, soit suffisante pour rendre l'homme parfaitement instruit de toutes les choses necessaires au salut, & mesme à la plus grande perfection; la prouidence de Dieu neantmoins suscite en tous les temps des ames de grande vertu & de sainteté plus remarquable pour les faire seruir de modele aux autres, & afin que l'Eglise en rende gloire à Dieu en luy presentant, comme l'Espouse, des fruicts anciens

ciens & nouueaux : *Noua & vetera*. Nostre Seigneur a bien daigné se declarer luy-mesme en cela de son dessein, quand parlant à certaines ames choisies : *I'ay mis de telle sorte ma grace en toy*; dit-il, vn iour à sainte Gertrude, *que ie veux qu'on en tire beaucoup de fruict*. *Maintenant que tu sçais que ie parle à toy*, dit-il vne autrefois à sainte Therese, *ne manque pas de l'escrire, parce qu'encore qu'il ne profite pas à toy, il pourra profiter à d'autres*. C'estoit ce qui faisoit dire à l'Archange Raphaël, qu'il est honorable de reueler & de confesser les œuures de Dieu. I'adiouste qu'il est vtile à l'Eglise que ces liures soient mis en lumiere, puisque c'est vn grand moyen de mettre vn bon ordre à sa vie, que de lire & d'estudier la vie des Saincts, ainsi qu'a remarqué S. Basile qui fut vn des premiers Patriarches & Peres de plusieurs ames saintes & Religieuses.

Opera Dei reuelare & confiteri honorificū est, Tob. 12.

Qui sanctorum vitis diligenter studet optime suæ vitæ prouidet, *Basil*.

L'vtilité de ces lectures.

OR l'vtilité de ces liures consiste en trois biens principaux qu'ils nous apportent, dont le premier est de conuertir, le second de soulager & de consoler, & le troisiéme d'instruire.

Premierement les cœurs sont touchez par la lecture de ces liures, qui sont des ruisseaux coulants des fontaines du Sauueur. Par là l'on est desabusé de l'estime qu'on faisoit de plusieurs autres qui ne sont que fables ou curiositez superfluës, dont les vnes n'ont d'apparence ny d'appuy qu'en l'imagination de ceux qui sont maistres du mensonge, & les autres ressemblent à ces arbres qui font vn peu d'ombre par leurs fueilles, & qui n'ont jamais de fruict à donner.

Saint Antoine quita le monde ayant entendu ce mot de l'Euangile, va, vends tout ce que tu possedes, & le donne aux pauures, & tu auras vn thresor au Ciel, viens & me suy.

Depuis, la lecture de sa vie retira plusieurs ames des vanitez du monde, nous en auons quelques exemplaires dans les Confessions de saint Augustin.

Saint Augustin mesme auoit bien esté touché par les predications de saint Ambroise, mais ce qui luy fit mieux conceuoir & plus fortement resoudre vne parfaicte conuersion, ce fut vn passage de la Bible, & la consideration de la vie de l'Hermite Antoine. Ce fut par là qu'il discerna ce qu'il estoit alors, & ce qu'il deuoit estre : *Surgunt indocti & rapiunt nobis regnum Dei*, disoit Augustin à son amy, les idiots se leuent de la bouë, & nous rauissent le Ciel, & nous auec nos sciences nous traisnons sans courage dans la chair & le sang. Auec cette pensée il entre dans vn jardin, ou bien-tost apres il entend vne voix qui luy dit d'vn ton agreable, & par plusieurs fois, *Accipe, lege, accipe, lege*, prens, & lis, prens & lis. Combien ont esté conuertis par la lecture de ses Confessions?

Nous sçauons que saint Ignace fut aussi conuerty par vne lecture. Et la B. Sœur Marie de l'Incarnation, conceut de grands desseins de sainteté, & resolut de se destacher de toute creature par ces paroles d'vn liure, *Trop est auare à qui Dieu ne suffit.*

Rupert escriuant sur le titre de la Croix, *Iesus de Nazareth Roy des Iuifs*, a fait vne remarque conuenable à ce propos. Les Iuifs demanderent qu'on l'ostast, mais Pilate voulut absolument qu'il demeurast ainsi qu'on l'auoit escrit, & ce fut, dit Rupert, & comme luy saint Iean Chrysostome, vn trait de Prouidence de Dieu, qui vouloit par la lecture de ce peu de mots sauuer vn des Larrons qui se conuertit lisant le nom de Iesus, escrit dans vn rouleau sur la Croix. Ce peu de lecture conuertit vn larron, en fait vn Confesseur, vn Martyr, vn Saint, quatre petits mots sont capables de ce grand effect.

Litteræ illæ latronem intra se colligebant, &c. Rupert.

Helas, mon Dieu! à quoy tient-il que mon ame ne se conuertit, j'ay leu tant de fois le nom de Iesus, ie sçay tant de saintes maximes, tant de veritez Chrestiennes, tant de fois, tant de fois vous m'auez dit; *Accipe lege, accipe lege*, prens & lis, prens & lis. l'ay pris & j'ay leu, j'ay pris & j'ay leu tant de fois, tant de bons liures, tant de lettres spirituelles: Ne sera-ce point dans ce nouueau liure que céte œuure s'acheuera, dans ce liure ouuert où vostre bonne seruante me dit si souuent vn Dieu & rien plus, vn Dieu & rien plus ? Ames Religieuses prenez & lisez.

On ne sçauroit prendre & lire ces liures, auec les dispositions necessaires d'esprit & de cœur, sans conceuoir de saints mouuemens d'vne parfaicte conuersion, pour viure religieusement selon le vœu qu'on en fait dans l'Ordre de saint Benoist, & dans celuy de Fontevrault, qui suit la Regle. O quel bien, quel fruict que celuy d'vne parfaicte conuersion! C'est l'œuure de toute la vie, œuure de telle importance que nous l'auons establie dans toute l'Escriture sainte, ordonnée par tous les Conciles, preschée par tous les Peres, pratiquée par tous les Saincts, prise pour vn sujet de vœu dans l'Ordre de saint Benoist, & mise en Regle par tous les legitimes enfans de l'vn & de l'autre sexe : œuure qui rauit les Anges & toute l'Eglise du Ciel, qui fait sortir de jeunes filles des corruptions du siecle pour mieux venir à bout de ce dessein dans le silence du desert, dans le repos des Monasteres, & dans le retranchement du siecle qui se fait par la closture, dont le vœu comprend auec celuy de conuersion de mœurs, tout ce qu'on fait de bien dans la vie Reguliere, & le progrez de perfection que nous auons veu dans cette Histoire.

Aussi le Bien-heureux François de Sales escriuant sur ce sujet, a remarqué qu'en la Profession des Benedictins qui est la profession des plus anciens & peuplez Monasteres, il n'est fait mention quelconque des vœux de pauureté, chasteté, obeyssance; mais seulement de stabilité au Monastere, & de la conuersion des mœurs sous la Regle de saint Benoist. C'est donc vn vœu qu'on peut appeller grand à meilleur titre que celuy des Nazareens, & c'est vn grand bien qu'vn liure & des exemples qui font naistre de saincts mouuemens d'y répondre fidellement selon l'estenduë des obligations comprises en ce vœu, & selon les degrez de perfection marquez en ce liure, & dans cette vie.

2.2.q.184.a. 4. Ce n'est pas assez selon la doctrine de saint Thomas, d'entrer & d'estre dans l'estat de perfection, si l'on n'est dans la vie parfaicte. C'est estre dans l'estat de perfection que d'estre dans l'estat Religieux; mais on n'est pas parfait que par la conuersion de ses mœurs. Il y a dans le monde, c'est à dire hors l'estat de perfection, qui ne laissent pas d'estre parfaits ; & au contraire il y en a dans la Religion, qui est l'estat de perfection, qui ne sont pas pourtant dans la vie parfaicte.

Pour juger donc de soy-mesme, pour voir ce qu'on est, & ce qu'on doit estre sur céte doctrine, & sur les Modeles qui l'ont suiuie, il faut sçauoir qu'vne personne Religieuse est obligée sous peine de peché mortel d'auoir la volonté (qui doit estre suiuie des effets moyennant la grace de Dieu) de tendre à la perfection de son estat , c'est à dire , de garder exactement l'obligation de Chrestien, & de Religieux; de Chrestien en obseruant tous les Commandemens de Dieu & de l'Eglise ; de Religieux en gardant fidellement les vœux qu'on a fait à la profession. Or ceux qui ne veulent pas trauailler pour connoistre quelle est leur obligation, de peur que céte connoissance particuliere par le remords de conscience, qui est vn effet de

D. Aug. in illud cogita- l'inspiration du saint Esprit, ne les destourne de se laisser
tio hominis emporter à leurs affections déreglées, qu'ils connoissent
confitebitur seruir d'empèchement à leur perfection, sont en estat de
tibi, &c. Vo- peché mortel, plus graue en celuy qui a fait vœu de con-
uete &reddi uersion de mœurs, dont la premiere obligation, selon
te & quæ dā saint Augustin, est de condamner sa premiere vie, & d'a-
nat vitam
priorem cui uoir déplaisir de ce qu'on estoit pour estre ce qu'on n'e-
displicet stoit pas.

de Saint Sauueur.

Ceux donc au contraire sont en estat de grace, lesquels allant franchement & librement vers Dieu, & voulant aller à luy par amour, ont la volonté absoluë de faire leur possible pour s'acquiter, auec la grace des obligations de Chrestien & de Religieux; c'est à dire, de garder exactement les Commandemens de Dieu & de l'Eglise, d'obseruer les vœux qu'ils ont faits, & de destacher leur cœur de tout ce qui les empéche d'estre à Dieu seul. Si bien que tous leurs iours sont des iours de paix, de ioye, & de feste, selon ce mot du Roy Prophete : *Reliquiæ cogitationis diem festum agent tibi.* C'est à dire, selon l'explication des Interpretes, le souuenir continuel du bien qui vous est arriué en faisant vœu de conuersion, occupant vostre esprit par la pensée de vostre bon-heur, l'entretiendra tousjours dans des joyes qui seront les fruicts des reliques, des restes si agreables, qu'ils seront capables de vous faire passer chaque iour de vostre vie, comme vn iour de feste.

<small>quod erat vt fit quod non erat ipsa est prima cogitatio.</small>

<small>Ita te lætitia afficiet, ac si dies festus esset qui in hilaritate transfigi solet. Menoc. in Ps. 75.</small>

Prenez & lisez, & voyez dans ce liure si nostre Religieuse n'a pas tousiours esté dans cete paix & dans ces joyes interieures parmy les croix mesmes toutes nuës, & dans ses plus grands delaissemens. Goustez & voyez, si ce n'est pas le second bien qu'aportent les liures.

2. Le second bien qu'aportent les liures de la Vie des Saincts, est le soulagement & la consolation de l'ame dans les plus difficiles voyes de Dieu. Selon qu'en parle Ionathas au premier liure des Machabées, il n'y a rien qui console plus qu'vn bon liure : Il n'y a point d'affliction qui n'y soit soulagée, & de courage abatu qui n'y soit releué: *Habentes solatio sanctos libros qui sunt in manibus nostris.* Ce fut où saint Paul mesme chercha de la force lors qu'estant en prison, au temps mesme qu'il iugeoit qu'on le feroit mourir, il écriuit à Timothée, il le pria de le venir voir promptement, & de luy apporter des liures pour les lire, & du parchemin pour en composer. Mais quel besoin auoit l'Apostre de liures, estant remply, comme il estoit du sain-

<small>1. Machab.</small>

Esprit? S. Thomas répondant à cette question, qu'il forme luy-mesme, dit que S. Paul desira des liures pour en tirer du soulagement dans ses peines ; & d'autres écriuant sur ce sujet, disent que nous apprenons de là que les Apostres diuinement inspirez & auantagez de tant de graces ; ne laissoient pas d'auoir recours aux liures pour apprendre. D'où nous connoissons qu'il n'y a point d'estat si releué où l'on n'ayt besoin de lecture, & l'experience fait voir que les meilleurs esprits & les plus suffisans en la doctrine de l'Escole, trouuent dans ces liures d'histoire Religieuse des lumieres pour l'esprit, & des affections pour le cœur qui les portent à Dieu par des sciences de pratique, & c'est le troisiéme bien qu'aportent ces liures.

Le 3. fruict qu'on recueille de ces liures est, que leur lecture non seulement nous fait connoistre le bien, mais nous y porte : autrement en fermant le liure nous y laissons nostre arrest de condamnation. Il y a des sciences speculatiues, sciences d'entendement, & d'autres sciences pratiques, d'operation, sciences de main. La science des Saints comprend les vnes & les autres. Plusieurs ont les premieres, & non les secondes, principalement à l'égard des vertus solides de l'humilité, de la vie cachée, & de la vie souffrante. S. Augustin se lassa de plusieurs liures, à cause, disoit-il, que leur discours ne représentent pas la pieté des fidelles, ny les larmes de la penitence, ils ne parlent point d'vn cœur contrit, ny d'vn esprit humilié, qui est le plus agreable de tous les sacrifices ; ils ne parlent point de ce Calice qui contient nostre redemption, & personne ne dit dans ces ouurages: *Mon ame sera-t'elle pas sujette à Dieu ?* C'est ce qu'il trouua dans la vie de S. Antoine, & c'est ce qu'on peut voir en plusieurs saintes vies qu'on a mises au iour en ces derniers temps, où la charité de plusieurs est si refroidie. C'est aussi ce qu'il faut que nous y cherchions pour en profiter, en prenant ces liures, & les lisant auec les dispositions necessaires.

Dispositions pour lire auec fruict les vies des Saints.

S'Affectionner aux bonnes lectures, ne manquer pas à les faire, retrancher les liures capables d'en empécher le fruict, ne lire pas seulement par curiosité d'esprit, ou par amusement d'vne heure ; entrer dans les sentimens de pieté & de vertu qu'on y rencontre, en recueillir selon son besoin, & s'en proposer la pratique. N'en faire pas comme les Iuifs à l'égard de saint Iean & de nostre Seigneur, à l'égard de saint Iean, dont il est dit que ce qu'il auoit d'éclat estoit seulement ce qui les arrestoit durant vne heure pour en tirer quelque gloire. Ces nouuelles lumieres ne naissent pas tant pour la gloire que pour l'édification des ordres Religieux, & il en doit estre comme de l'aiguille marine, de laquelle prenant direction il faut tendre au port. A l'égard de nostre Seigneur Iesus-Christ, dont l'Escriture rapporte qu'apres que les Iuifs l'eurent entendu dans la Synagogue sur vn passage d'Isaye, dont il leur auoit fait la lecture, & donné l'explication, ils eurent pour luy des sentimens d'admiration & des paroles de loüanges : Mais apres ils le consideroient seulement comme le fils d'vn Charpentier, & venant de ce qu'il auoit d'extraordinaire à ce qu'il auoit de commun auec eux, ils ne deuenoient ny plus saints ny penitens.

*Ex altaro voluistis ad horam in luce;
illius.*

Le dessein de Dieu sur la vie des Saints, & dans les liures qu'on en écrit est d'en faire des Modeles, afin que ceux qui les ont veus dans leur mesme estat auec la mesme nature, & les mesmes infirmitez qui se trouuent en eux, en soient plus facilement excitez à l'imitation de leur sainteté, chacun selon sa grace, son estat, sa regle, & son deuoir.

2. Auoir vn soin particulier de l'interieur, s'affection-

ner aux vertus de la vie cachée, pluſtoſt qu'aux choſes exterieures, & aux vertus d'éclat, pour n'eſtre pas de ceux dont parle le ſaint homme Iob, qui mangent l'eſcorce des arbres, & laiſſent le fruict, c'eſt à dire, ſelon l'explication de ſaint Gregoire, ceux dont la vanité cherchant de paroiſtre au dehors, les laiſſe vuides au dedans de la charité vers Dieu & vers le prochain, qu'il faut chercher dans les liures ſacrez, comme ce qui fait toute la moüelle de ces arbres plantez ſur le courant des eaux. Les vrays adorateurs dont Ieſus-Chriſt a parlé, ſont ceux dit ſaint Athanaſe, dont la vie eſt contraire à celle du monde qu'ils fuyent, en ſorte qu'ils font de leurs maiſons, de leurs corps, de leurs œuures, de leurs paroles & de leurs penſées des temples & des ſacrifices.

Mandebant arborũ cortices. Iob, vũ in ſacris vo luminibus vim charitatis erga Deũ & proximũ medullitus non exquirunt quaſi ex cortice paſcuntur, quia exterio ra quæ mentes ſuperbiẽ tiũ nutriunt quærunt. D. Greg. in illud Iob.

Aujourd'huy la pluſpart des deuotions ſont populaires, attachées à l'exterieur, en ſorte qu'en negligeant le ſoin de l'interieur, on n'arriue point à vne veritable conuerſion de mœurs ; On ne prend d'vne vie ſainte que quelques pratiques, on ne mange que l'eſcorce de ces arbres myſtiques, on en laiſſe les fruicts plus ſolides & la moëlle, par vn artifice de Satan, qui voyant qu'on fait deſſein de former l'interieur ſur celuy de Ieſus-Chriſt & de ſes Saincts, fait tout ce qu'il peut pour l'empécher, & ſe comporte vers nous comme autresfois Sanaballat & ſes partiſans, pour deſtourner Nehemie de reſtablir la muraille de Ieruſalem. L'Eſcriture porte qu'il enuoya par cinq diuerſes fois vers Nehemie, pour interrompre ſon trauail & ſon deſſein, & pour le diuertir à d'autres choſes.

Veri adoratores qui fugientes mundum, ſic viuunt vt ipſi de domibus, de corporibus, de operibus, de verbis, de cogitationibus templa & ſacrificia faciunt. D. Ath.

Venez, luy diſoit-il, & nous accordons à demeurer enſemble en de petits lieux dans le champ d'Ono. C'eſt ainſi que Satan taſche de nous deſtourner des grands deſſeins, ou des œuures qui ſont de deuoir & de noſtre condition, en nous propoſant de nous diuertir en de petits lieux, *in vinculis*, en de petites deuotiõs ſuperficielles que le B. François de Sales compare aux monnoyes legeres, qu'on qu'on ne s'amuſe point à peſer comme les pieces de plus grand prix. Le deſſein de Satan eſt de nous tirer du petit ſentier, pour nous faire entrer dans le champ d'Ono, c'eſt à dire, ſelon le ſens allegorique que donne Bede à ce paſſage, dans vne voye plus large, dans vne vie moins étroite. En quoy la fidelité conſiſte à répondre à Satan, comme Nehemie à Sanaballat, ie fais vn grand œuure, ie ne puis deſcendre auec vous, ny m'en diuertir de peur qu'il ne ſoit negligé.

In capo Ono, in capo latioris vitæ, Beda. Opus grāde facio non poſſum deſcendere ne fortè negligatur cum venero ad vos, 2. nſd. c. 6.

Ne conſiderer les choſes extraordinaires en la vie des Saints que pour les admirer, & n'en faire état que pour ſe porter auec plus d'affection aux choſes qui ſont propoſées à l'imitation. Ces rayons de la gloire future ne ſont en eux que pour commencer leur couronnement, & les yeux du peuple n'eſtant pas capables d'en ſupporter l'éclat en eux, non plus qu'autresfois en Moyſe, ils ſont mieux cachez ſous le voile. Mais les Tables de la loy ſont dans leurs mains, & les vertus dans leur vie pour regler les mœurs, & pour ayder par la force des exemples à la ſanctification des ames.

L'vſage qu'il me ſemble qu'on en peut faire, quand elles ſont bien reconnuës venir de Dieu, & quand elles ſont approuuées & receuës par l'Egliſe, c'eſt de les raporter à leur principe, d'en rendre gloire à Dieu, & d'en prendre motif d'aymer ſa bonté, qui daigne ainſi ſe communiquer à ſes creatures, & qui ne fait rien pourtant en cela qui ne ſoit ſurpaſſé par ce qu'il a fait dans le myſtere de l'Incarnation, & ce qu'il fait tous les iours en celuy de l'Euchariſtie, où le S. Concile de Trente dit qu'il a fait vne effuſion des richeſſes de ſa bonté.

Que ſi le principe en eſt incertain, ſi l'on a ſujet de juger que les choſes extraordinaires viennent d'illuſion, & par l'entremiſe de Satan, qui pretend d'amuſer les ames, de les remplir d'vne vanité ſecrete, & de les détourner peu à peu de leurs deuoirs veritables, pour les faire tomber en de grandes fautes, c'est vn sujet d'admirer & d'imiter la fidelité d'vne ame sainte, contre laquelle tous les efforts & les ruses du demon n'ont seruy qu'à l'affermir dauantage sur la pierre immobile des veritez solides, & des vertus Euangeliques.

Ce qui releue auec plus d'éclat la fidelité de Iob, est ce qu'a fait Satan pour la corrompre, & que le saint Esprit a bien voulu faire connoistre. C'est vn des endroits plus remarquable dans l'histoire de ce saint homme. Il semble que Dieu ayt pris plaisir d'employer les demons pour en faire vn Ange, & dans la description des auantures de ce Prince souffrant, il n'y a rien d'où il arriue plus de gloire à Dieu, & d'édification aux hommes que le courage, la patience, & l'humilité de celuy qui soustient tous les effets de la haine & de la malice ingenieuse de l'Enfer. Iesus-Christ mesme, dont Iob fut vne figure, a bien voulu qu'il fut dit de luy qu'il s'estoit sousmis au pouuoir du demon, & qu'il a passé par des espreuues où deuoient passer apres luy ceux qu'il a choisis pour estre conformes de vie à la sienne.

Aussi donnant à ses Apostres des aduis de precaution pour l'aduenir, il leur dit qu'il y auroit pour eux des temps, des jours, des heures de tentation que le Diable auoit demandé de les combatre, de les secoüer, & faire *ecce satanas expetiuit vt voscribraret sicut triticū. Luc 22.* passer pour les espreuues, comme on fait passer le bled dans vn crible: Mais comme le crible sert à rendre le fourment plus pur en le separant des moindres ordures, de mesme la tentation, contribuë à faire connoistre les Saints en les espurant tousiours dauantage. Qui pourroit sonder les abysmes que creuse Satan, pour y faire tomber *Apoc. 2. 24.* les ames plus esleuées en Dieu? *Quanta malignatus est inimicus in sancto:* Au moins sans les sonder, on peut admirer, en regardant ces abysmes, les graces qui preseruent les Saints d'y tomber.

Voila l'vsage qu'on peut faire des choses extraordinaires à l'égard de Dieu, & à l'égard des Saints ; mais dans la voye ordinaire & commune à nostre égard, nous n'en deuons faire aucun vsage de nous-mesmes. Ce qui a fait qu'en écriuant pour l'vtilité de tous, en deux histoires Religieuses qu'on m'a fait donner au public, en n'y mettant que les pratiques solides des vertus ordinaires, ie n'ay pas laissé d'ouurir vn grand champ de perfection aux ames les plus éleuées, & plus vnies à Dieu par Iesus-Christ, puis qu'il est vray qu'vne seule chose nous est necessaire, qui est d'estre auprés de luy comme il le veut. Or comme a dit le Bien-heureux François de Sales, qui s'offre à moy par ses escrits en tant de rencontres; *Nous sçauons bien qu'à la naissance du Sauueur, les bergers ouyrent les chants Angeliques & diuins, & furent enuironnez de lumieres celestes; ce qui n'est point dit de nostre-Dame & de saint Ioseph, qui estoient les plus proches de l'enfant. Au contraire, au lieu d'ouyr les Anges chanter, ils oyoient l'enfant pleurer, & virent à quelque lumiere empruntée de quelque vile lampe, les yeux de ce diuin Enfant tous couuerts de larmes, & transissant sous la rigueur du froid. Or ie vous demande, en bonne foy n'auriez vous pas choisi*, dit le saint Euéque, *d'estre en l'estable tenebreux & plein des cris du petit poupon, plustost que d'estre auec les bergers à pasmer de ioye & d'allegresse à la douceur de cette musique celeste, & à la beauté de cette lumiere admirable? Saint Pierre au Thabor dit qu'il y fait bon, mais la sainte Vierge n'y est point, comme elle est sur le Caluaire, où elle ne voit que des morts, des cloux, des espines, des impuissances, des tenebres extraordinaires, des abandonnemens.* D'où ce saint Euéque écriuant à vne de ses filles spirituelles, conclud ainsi : *Aymez Dieu crucifié parmy les tenebres, demeurez auprés de luy, dites : Il m'est bon d'estre icy; faisons-y trois tabernacles, l'vn à nostre Seigneur, l'autre à nostre Dame, & l'autre à saint Iean. Trois croix sans plus, rangez-vous à celle du Fils, ou à celle de la Mere vostre Abbesse, ou à celle du Disciple. Par tout vous serez la bien receuë auec les autres filles de vostre Ordre qui sont là tout autour.*

Que peut-on dire de plus à propos pour conclusion de

liure à toutes les Religieuses d'vn Ordre, comme celuy de Fonteurault dont les fondemens ont esté posez, non sur le Thabor, mais sur le Caluaire, & que puis-je adjouster sur ce sujet sinon ce qui suit, tres important dans la pratique, en quelque voye qu'il plaise à Dieu faire passer vne ame?

Prendre & suiure dans la pratique l'excellent conseil que donnent les plus grands Maistres en la vie spirituelle, qui est *de faire les choses communes singulierement, & les choses singulieres communement*. Ce conseil consiste en deux poincts, qui contiennent vn abregé de tout ce qui peut rendre vn œuure parfaite, le premier est de faire les choses communes & ordinaires, & celles mesmes qui de soy sont basses & petites singulierement, c'est à dire, auec vne singuliere affection, auec la vertu conuenable à chaque action, auec autant d'atention & de deuotion qu'on peut, selon le degré de grace qu'on a receu pour cela; comme si c'estoit la premiere fois, pour la faire auec plus de zele & de ferueur; comme si ce deuoit estre la derniere fois pour la faire auec plus de perfection; & comme s'il falloit en suite en rendre compte à Dieu, comme s'il s'agissoit en la moindre practique de vertu de la conuersion de tout le monde. Voila le moyen de rendre singuliere en la vertu la moindre action quant à sa nature. C'est ainsi qu'vne ame se rend extraordinaire sans danger d'illusion par la pratique des vertus ordinaires. *Communia singulariter.*

Le second poinct de ce conseil, est de faire les choses singulieres communement, c'est à dire, 1. faire ce qu'on fait d'extraordinaire sans façon, auec modestie & humilité, sans le faire valoir ou remarquer, à l'exemple de nostre Seigneur, qui cachoit dans vne vie commune ce qu'il auoit en luy, & ce qu'il faisoit de grand & d'extraordinaire. 2. Faire les choses singulieres communement, c'est à dire, employer ce qu'on a receu de graces particulieres, de dons & de talens, en sorte qu'on ne manque point aux

Et cōmunia singulariter & singularia cōmuniter. Iulian. Haincut tō. 1. ver. prat. de comm. conf. non pont. vnusquisque proprium donum habet ex Deo, alius sic, alius vero sic, 1. Co. 7.

choses communes, aux fins de son institut, à son esprit primitif, aux intentions de sa regle, à l'ordre domestique; en sorte que par l'exercice d'vne vertu, on ne tombe pas dans le vice de singularité, en sorte qu'on ne se tire pas d'auec les autres pour faire quelque chose d'extraordinaire, qu'on sçait & qu'on peut au dessus des autres ; en sorte qu'au lieu de dire auec le Pharisien, qu'on n'est pas comme les autres hommes pour faire ce qu'ils font, on soit tousiours en disposition de seruir plus à la Communauté qu'à sa volonté, comme il est dit au liure Diuin de l'Imitation de Iesus-Christ, où nous trouuons encore cét excellent conseil confirmé par ces paroles : *Les exercices qui ne sont pas communs ne se doiuent pas faire publiquement* : Car les choses particulieres se pratiquent auec moins de danger en secret. *Il faut prendre garde que vous ne soyez pas paresseux aux choses communes, & plus prompt aux singulieres : Mais ayant accomply entierement & fidellement ce que vous deuez, & ce qui vous est prescrit, s'il vous reste du temps, alors, en vous rendant vous mesme à vous mesme, faictes pour vous ce que vostre deuotion desirera.*

Imit. Iesu l. 1. c.15. & 19. n.5.

Ce conseil est encore confirmé par la pratique des Prophetes & des Apostres ; d'vn Elisée, lequel apres auoir receu le manteau de son Pere Elie, & vne abondante part de son double esprit, n'a pas aspiré de monter au Ciel auec luy dans vn chariot de feu, mais de se donner comme luy, aux besoins du peuple de Dieu ; de Dauid qui proteste de n'auoir point pris des voyes esleuées au dessus de luy; & de saint Paul que son rauissement extraordinaire, dont il ne peut dire la maniere luy-mesme, n'empêcha pas de s'accommoder à la petitesse & aux necessitez du prochain en se rendant tout à tous. Et enfin de tant d'ames saintes qui font seruir au bien commun les graces singulieres qu'elles reçoiuent de Dieu, comme on peut voir dans les liures nouueaux d'histoire Religieuse qu'on a donnez au public en nos jours, graces singulieres que Dieu fait encore seruir à exciter les cœurs de tous les Chrestiens aux practiques ordinaires, des solides vertus du Christianisme.

Ainsi par diuers dons qui sont aux Saints, communs & singuliers, qui se rapportent ensemble à mesme fin, Dieu se trouue glorifié, comme de diuers tons se fait vn concert de musique agreable : Ainsi l'Eglise vniuerselle subsiste par les fonctions, quoy que differentes, des membres qui composent ce corps mystique: Ainsi les ordres Religieux se donnent les vns aux autres des exemples d'edification, qui maintiennent l'vnité d'esprit qui est en l'Eglise, dans la diuersité des Constitutions, & des voyes particulieres de plusieurs saintes ames, dont on publie les vertus pour la consommation de l'œuure de Dieu dans les Saints.

Apres tout cela que nous reste-t'il à faire, sinon de prier Dieu pour obtenir la grace de profiter par ces moyés des exemples de vertu & de sainteté qui nous sont donnez. Iob parlant autresfois en la personne des Esleus & des Saints, apres auoir consideré ce qu'il auoit fait de bien, finit par le desir qu'il pluft à Dieu d'en faire vn liure & de l'approuuer : *Ie le porterois sur mes espaules*, dit ce saint homme, *i'en couronnerois ma teste, & à chaque degré que ie monterois ie le prononcerois, & l'offrirois au Prince*. Ce discours est plein de mysteres, dont saint Gregoire donnant l'explication, & le Pere du Pont apres luy, disent que la vie de Iob fut vn liure merueilleux remply de bonnes œuures ; de Religion vers Dieu, de zele à l'endroit de ses enfans, de misericorde aux paures, de justice vers son peuple, de patience dans ses peines, de pureté & de sainteté dans ses paroles & ses pensées ; c'est ce liure de sa vie pour lequel il souhaite, que Dieu qui en est le Iuge, en soit l'approbateur, afin de luy en faire la Dedicace, & c'est pour cét effet qu'il desire auant tout, d'auoir Dieu pour auditeur, ou, selon S. Gregoire, pour ayde ; c'est à dire, qu'il plaise à Dieu d'écouter son desir, qui est la voix du cœur, & de luy donner secours par sa grace.

quis mihi det auditorem alias ad iutorem. Greg. in illud.

de Saint Sauueur.

Ce qui nous reste donc à faire, apres auoir consideré, non pas aucun bien qui soit en nous, mais celuy qui se trouue en la vie des Saints, c'est de prier Dieu qu'il nous écoute, & qu'il nous ayde dans le desir que nous sentons par ces lectures qu'il plaise à sa bonté infinie d'écrire en nous ce que nous voyons écrit de sa main en ses Saints, & de faire de nostre vie vn liure plein de pensées, de paroles, & d'œuures qui soient saintes, & qui ne craignent pas de l'auoir pour Iuge ; que nous le prononçions en allant par degrez de vertu en vertu ; que nous le portions sur nos espaules, c'est à dire, selon saint Gregoire, que nous soyons chargez de merites, en sorte que ce liure serue de couronne à nostre teste ; & que n'ayant pour fin que la gloire de Dieu, nous ayons confiance de luy en faire l'offre, comme au plus grand Prince du monde. Ce que nous pouuons esperer, si nous joignons aux prieres la fidelité necessaire dans la pratique, pour répondre aux graces que nous receuons, chacun dans nostre estat, & pour n'empescher pas en nous l'impression d'vn si saint liure.

Quia nemo infirma deserens repente fit summus additur per singulos gradus prosuntiabo illum, & per singulos gradus librum pronunciet qui percepisse Dei & sactorum scientiã non per verba tantũ, sed etiã per opera demõstrat. Greg. in c.3.Iob.

Il faut beaucoup prier, mais en mesme temps il faut agir : autrement on ne demande rien à Dieu plus injustement, que ce qu'on luy demande de plus juste. Sur quoy il est bon de remarquer qu'il y a deux sortes de personnes, dont les vnes font d'injustes demandes à Dieu, & dont les autres en font de justes, mais injustement. Aucuns semblables aux Iuifs, ne se contentant pas des moyens ordinaires de salut & de perfection, en demandent d'autres extraordinaires, comme les Iuifs demandoient des signes du Ciel, & cependant ils manquent aux graces qui leur sont données & tousiours presentes pour se faire saints dans leur condition. Les autres font des demandes justes, mais injustement, quand ils demandent les vertus dont ils ont besoin, & sans la pratique desquelles il n'y a point de salut, de vie spirituelle ny de sainteté, sans vouloir, comme il faut prendre les moyens necessaires pour les acquerir.

Il n'y a rien de plus juste que la demande d'vne chose, que Dieu demande aussi de nous pour nous sauuer, & sans laquelle il n'y a point de salut: & d'autre-part il n'y a rien de plus injuste de vouloir que Dieu en fasse tout l'œuure sans nous, que de vouloir acquerir l'humilité qu'auoient les Saints, sans l'humiliation par laquelle ils ont passé, la charité sans patience, la patience sans souffrance, la douceur sans contradiction, les triomphes sans victoires, la victoire sans combat, le combat sans aduersaire, sans veilles, sans peines, sans opposition. Semblables prieres ne sont pas receuës non plus que celle des enfans de Zebedée faite par leur mere, quoy que parente de nôtre Seigneur, ny celle de saint Pierre au Thabor, quoy que destiné pour estre le Chef de l'Eglise. Il faut demander auec justice ce qui nous est promis par misericorde, il faut boire le Calice de la Passion de Iesus-Christ, il faut que les Chefs mesme du petit troupeau, il faut que les Saints se laissent mener par grace où la nature ne voudroit pas, il faut destruire cette maudite nature qui oste la part à Dieu, il faut receuoir les croix toutes nuës, comme a si bien dit & encore mieux fait nostre Religieuse. En fin apres auoir pris & leu ce liure, & d'autres semblables, il faut repasser, en agissant plus qu'en lisant par les degrez de perfection cy dessus marquez, & qui sont le sujet & l'ordre des Chapitres en cette sainte histoire. C'est ainsi seulement qu'on peut mettre ce liure sur ses épaules pour le faire seruir de couronne à sa teste.

Plaise à la Diuine bonté d'en donner la grace, à vous qui lisez, & à moy qui vous fournis vne si belle matiere, nous mettant les vns & les autres en disposition entiere, de demander souuent & justement cette grace, les vns pour les autres par les oraisons suiuantes, qui sont de la sainte Eglise, qu'on trouue à la fin du Messel, ausquelles on ne fait

pas

pas tant d'atention, peut-estre à cause qu'elles sont à part, & sans titre, & qui m'ont semblé tres-propres à demander à Dieu d'entrer & de marcher comme il faut dans le petit sentier, par la mortification de la chair & du sang, selon la principale grace qui a esté faite à nostre Religieuse. Ce fut par ce motif que j'en fis autresfois la traduction ; & quelques ames Religieuses en ayant fait vn saint vsage que ie souhaite encore à d'autres, j'ay crû les deuoir apo-ser à la fin de ce liure, comme vn sceau sacré de l'Esprit saint de l'Eglise, dans le sein, la creance, & la pieté de laquelle ie desire viure & mourir.

Oraisons de la sainte Eglise à Dieu, pour demander la grace de viure selon la vocation Chrestienne, & de la vie des Saints.

ORATIO.

Premiere Oraison pour le commencement de la Messe.

Deus, qui nos à sæ-culi vanitate conuersos, ad brauium su-pernæ vocationis ac-cendis : pectoribus nostris purificandis il-labere, & gratiam nobis, qua in te perse-ueremus, infunde : vt protectionis tuæ, mu-niti præsidiis, quod te donante promisimus, impleamus : & no-stræ professionis exe-cutores effecti, ad ea quæ perseuerantibus in te promittere di-

Dieu, qui nous ayant conuertis & fait quiter la vanité du siecle, allu-mez en nous le desir des recōpenses qui sont preparées au Ciel, où vous nous appellez, venez dans nos cœurs par vn effect de vostre presence qui les purifie, & par l'infusion de vostre grace qui nous donne la perseueran-ce : Afin qu'estant à couuert sous vo-stre protection, & munis de vostre secours, nous puissions tenir ce que nous auons promis, & que par vn en-tier accomplissement des choses qui sont de nostre profession, nous par-uenions en fin à l'effet des promesses que vous daignés faire à ceux qui per-seuerent en vostre seruice, par nostre

Comme les oraisons oht esté faites pour estre dites au cō-mencement, au milieu, & à la fin de la Messe, on s'en peut ser uir au méme temps pour les rendre plus effica-ces par le sa crifice & dās les inten-tions de l'E-glise.

AAa

Seigneur Iesus-Christ vostre Fils, qui vit & regne auec vous eternellement, &c.

2. *Oraison, pour le milieu de la Messe.*

Seigneur, en vous offrant la deuotiõ de nôtre cœur, cõme d'vne hostie immolée à vostre gloire, nous vous demandons tres humblement qu'il vous plaise nous rendre entieremẽt vostres, en receuant le sacrifice que nous vous deuons & faisons de nous mesmes: nous vous suplions de nous establir dans vn reglemẽt de mœurs qui soit conuenable à nostre profession; & que comme par l'ardeur d'vne sainte componction, il vous a plû nous separer des autres hommes, & des choses du monde qu'ils se proposent pour fin, il vous plaise aussi nous donner la grace qui en fait le discernement, en nous faisant agir, non pas des motifs terrestres qui sõt pleins d'impureté, mais par l'infusion & l'impression d'vne sainteté qui ne nous peut venir que du ciel, & de la grace de N. S. Iesus Christ.

3. *Oraison, pour la fin de la Messe apres la Communion.*

Dieu, qui preparez au ciel des demeures pour ceux qui n'en veulent point sur la terre, & qui renoncent au siecle present: Dilatez le cœur de nos freres par vne effusion de vos biens celestes, afin qu'estant liez les vns aux autres par le nœud de la charité fraternelle, ils gardent vnanime-

gnatus espertingamus. Per Dominũ nostrum Iesum Christum, &c.

Secreta.

Tibi, Domine Deus noster, deuotionis hostiam immolantes humiliter petimus: vt nos sacrificium tuum mortificatione vitæ carnalis accipias: ac moribus quibus professioni nostræ congruamus, instituas, & quos sanctæ compunctionis ardore ab hominum, cæterorum proposito separasti: etiam à conuersatione carnali, & ab immunditia terrenorum actuum infusa nobis cœlitus sanctitate discernas. Per Dominum nostrum Iesum Christum.

Post-Communio.

Deus qui renuntiantibus sæculo mansiones paras in cælo: dilata fratrum nostrorum corda cœlestibus bonis, vt fraterna teneantur compagine charitatis; vnanimes

præcepta custodiant, sobrij, simplices, & quieti gratis sibi datam suæ professionis gratiam fuisse cognoscant: Concordet illorum vita cum nomine & professio sentiatur in opere. Per Dominum nostrum.	ment vos preceptes, qu'ils se tiennent sobres, simples & tranquilles, qu'ils reconnoissent que la grace de leur vocation leur vient de vous, que leur vie ayt rapport au nō qu'ils portent, & que leur profession soit remarquable en leurs œuures: C'est dequoy nous vous supplions tres-humblement par Nostre Seigneur Iesus-Christ.

Pour l'vsage des filles Religieuses, il ne faut' que mettre en la derniere oraison, le mot de *Sœurs*, au lieu de celuy de *Freres*, & dire ce qui suit en termes feminins, qui conuiennent au mot de Sœurs.

Fautes suruenuës en l'Impression.

Page 29 ligne 7 distraite lisez abstraite, p. 31 ligne 12, du chap. 11, distrait, lisez abstrait, p. 266 ligne 19, ostez le mot elle, & lisez dans son impuissance a tout bien, & à la marge mettez p. 19. p. 291 ligne 18, motion lisez onction, p. 294, ligne penultiéme souuent l'opinion, lisez suiuant l'opinion, p. 281 ligne derniere, il y a au ch. 10, de la 2. partie, & il faut mettre au ch. preced p. 311 ligne 30, & ailleurs encore où l'on trouuera Sœur Anne Bardon, il faut lire sœur Anne Bardon, p. 328 ligne 33, lisez on desira de moy, en la mesme p. ligne 7, lisez qui l'a suiuy, p. 335 ligne 23 section, lisez session, p. 344 ligne 22, ostez ces mots *surquoi*, p. 3,13 ligne 16, il y a l'auons établie, lisez *la voyons établie*.

Fautes suruenuës aux titres des Chapitres.

Page 32, il faut mettre ch. 13, p. 43, mettez ch. 16, p. 151, au titre du chap. mettez de ses mortifications interieures.

Autres moindres fautes.

En la derniere ligne de la 3. page de l'auant-propos, lisez *en me declarant*. Page 4. ligne 6, telle lisez elle, p. 32 l. 4, du ch. 13, lisez contribueroit p. 32 l. penult. ostez ces deux mots pour elles p. 33 l. 12 lisez la vie p. 34, l. 29 lisez delié p. 41 ligne 1, lisez nœud, ib ligne 2 lisez contentement, p. 44 ligne 24 lisez qu'elles p. 56 ligne 1 lisez leurs, p. 58 ligne 19 lisez la veuë, p. 80 ligne 27 lisez desirerois p. 130 ligne 14 lisez instruction, p. 131 ligne 26 lisez auoir, p. 141 ligne 15, lisez 23 ans, p. 154 ligne 34 lisez en repos, p. 157, ligne 10 vanger lisez vanter, p. 240 à la marge lisez *ex Bulla*, p. 41 l. 20 lisez debout & fidelle, p. 160 ligne 2 lisez passant le temps, p. 265 ligne derniere lis. du dépoüillement, p. 167 ligne 20 lisez mieux reuë, p. 273 ligne 9 lisez le detestoit, p. 277 ligne 31 toute, lisez tout, p. 291 ligne 15, lisez suiet, p. 292 l. 18, ostez le mot, &, qui commence la ligne, là mesme ligne 13 lisez à vne ame eminente, p. 300 l. 10 lisez furent, là mesme ligne 17 lisez peser cette partie, p. 303 à la marge ligne 6 lisez *munere*, p. 306 ligne 14 lisez leur Resurrection, p. 312 ligne 11 lisez genereux, ligne 16 lisez les conseils, p. 313 l. 16 lisez les nœuds de l'alliance, là mesme l. 21 lisez lassée, p. 314 ligne 28 lisez qu'il s'alloit, p. 315 l. 3 lisez pleine liberté, p. 316 l. 9 lisez parlé d'elle, p. 319 l. 9, l. par aucun, p. 324 l. 17 l. essayée, ligne 28 lisez touchée, ligne 30 lisez à l'heure mesme, p. 354 à la marge ligne 7 ostez &, p. 357 à la marge l. 1. lisez *exultare*, p. 344 à la marge ligne dern. lisez *fatiant*, à la mesme page ligne 35, lisez *in vinculis*, p. 360 l. 25 lis. par les espreuues, là mesme on a oublié de marquer le yers 3. du psal. 73, cité dans le corps de la page.

ex libris claudii de muey 1671

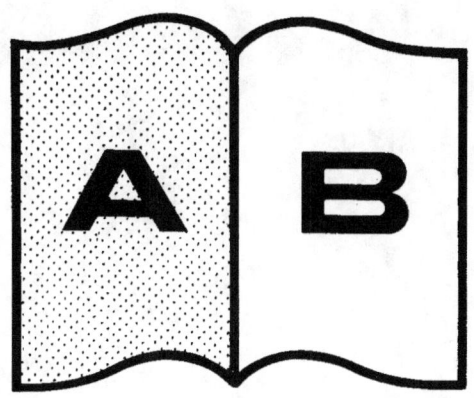

Contraste insuffisant
NF Z 43-120-14

www.ingramcontent.com/pod-product-compliance
Lightning Source LLC
Chambersburg PA
CBHW071945220426
43662CB00009B/1005